JN450366

한국전쟁 이야기 집성 3

- 피난 또 하나의 전쟁 -

신동흔 김경섭 김귀옥 김명수 김명자
김민수 김정은 김종군 김진환 김효실
남경우 박경열 박샘이 박현숙 박혜진
심우장 오정미 유효철 이부희 이승민
이원영 정진아 조홍윤 한상효 황승업

저자 소개

신동흔: 건국대 국어국문학과 교수
김경섭: 을지대 교양학부 교수
김명수: 건국대 박사과정
김민수: 건국대 박사과정
김종군: 건국대 HK교수
김효실: 건국대 박사과정 수료
박경열: 호서대 전임연구원
박현숙: 건국대 전임연구원
심우장: 국민대 국어국문학과 교수
유효철: 건국대 박사과정 수료
이승민: 건국대 박사과정
정진아: 건국대 HK교수
한상효: 건국대 강사
김귀옥: 한성대 교양교육연구원 교수
김명자: 건국대 박사과정 수료
김정은: 건국대 강사
김진환: 통일부 통일교육원 교수
남경우: 건국대 HK연구원
박샘이: 건국대 석사과정 졸업
박혜진: 서울대 박사과정 수료
오정미: 건국대 전임연구원
이부희: 건국대 석사과정 수료
이원영: 건국대 강사
조홍윤: 건국대 전임연구원
황승업: 건국대 박사과정 수료

한국전쟁 이야기 집성 3

초판 인쇄 2017년 6월 20일
초판 발행 2017년 6월 25일

지은이 신동흔 외 ‖ **펴낸이** 박찬익 ‖ **편집장** 권이준 ‖ **책임편집** 정봉선
펴낸곳 ㈜ **박이정** ‖ **주소** 서울시 동대문구 천호대로 16가길 4
전화 02) 922-1192~3 ‖ **팩스** 02) 928-4683 ‖ **홈페이지** www.pjbook.com
이메일 pijbook@naver.com ‖ **등록** 2014년 8월 22일 제305-2014-000028호

ISBN 979-11-5848-301-2 (94810)
ISBN 979-11-5848-298-5 (세트)

* 책값은 뒤표지에 있습니다.

이 책은 2011년도 정부(교육과학기술부)의 재원으로 한국학중앙연구원의 지원을 받아 수행된 연구임.
과제번호: AKS-2011-EBZ-3101. 과제명: 한국전쟁 체험담 조사연구

신동흔 김경섭 김귀옥 김명수 김명자 김민수 김정은 김종군 김진환 김효실 남경우 박경열 박샘이 박현숙 박혜진 심우장 오정미 유효철 이부희 이승민 이원영 정진아 조홍윤 한상효 황승업

한국전쟁 이야기 집성 3

피난 또 하나의 전쟁

(주)박이정

일러두기

1. 이 책은 2011년도 정부(교육과학기술부)의 재원으로 한국학중앙연구원의 지원을 받아 수행되었다. 과제명은 “한국전쟁 체험담 조사연구”이다. (과제번호 AKS-2011-EBZ-3101).
2. 본 자료집은 개별 구연자를 기본 단위로 하여 구성된다. 현지조사를 통해 수집한 약 300건의 자료 가운데 가치가 높다고 판단되는 162건(공동구연 포함)의 구연 자료를 선별하여 주제유형 별로 나누어 각 권에 수록하였다.
3. 본 자료집은 한국전쟁 체험을 기본 축으로 삼는 가운데 전쟁 전후의 생활체험에 관한 내용까지를 포괄하였다. 자료는 제보자가 구술한 내용을 최대한 충실히 반영하는 방식으로 정리하였다.
4. 본 자료집에 이야기를 수록한 구연자들에게는 사전에 정보 공개 동의를 받았다. 구연자가 요청한 경우나 기타 필요하다고 판단되는 경우에는 구연자 성명을 가명으로 표기하고 사진을 생략하였다.
5. 구연자 단위로 구술내용을 반영한 제목을 정하였으며, 기본 조사 정보와 구연자 정보, 이야기 개요, 주제어를 제시하고 나서 이야기 본문을 실었다. 구술내용을 쉽게 이해할 수 있도록 하기 위해 본문 사이사이에 중간 제목을 넣었다.
6. 이야기 본문은 녹음된 내용을 그대로 받아 적었으며, 현장상황을 생생히 전하기 위해 조사자와 청중의 반응 부분을 함께 담았다. 본 구연과 상관없는 대화나 언술은 조금씩 덜어낸 곳도 있다.

머리말

– 수백 명의 구술로 만난 한국 현대사의 생생한 진실 –

처음에 저이들이 누군가 하고 경계심을 나타내던 노인들은 한국전쟁 때의 사연을 들려 달라는 말에 대부분 몸가짐을 달리하고서 조사자들 앞으로 바짝 다가왔다. 당시의 상처를 되새기기조차 싫은지 조사자들을 외면하거나 구술을 사양하는 분들도 있었지만, 자신이 겪은 역사의 진실을 후세에 알려야 한다는 책무감을 나타내는 분들이 더 많았다. 일단 이야기가 시작되면 조사자들이 할 일은 거의 없었다. 그분들이 가슴 밑바닥으로부터 끌어올려 구연하는 놀라운 이야기들에, 60년이 넘도록 가슴속에 생생하게 간직해 온 그때 그 순간의 삶의 진실에 충실히 귀를 기울이는 것으로 충분했다. 조사가 더 늦어지지 않아서 이분들이 그토록 남기고 싶어하는 역사적 체험을 갈무리하게 된 것은 정말 다행스러운 일이었다.

그간 한국전쟁 체험에 대한 조사는 역사학 쪽에서 많이 이루어졌었다. 전쟁의 주요 국면에 얽힌 역사적 사실과 관련되는 정보를 얻는 데 주안점을 둔 조사였다. 이야기 형태의 체험담은 주로 전쟁 참전용사의 수기나 학살피해자들의 진술이라는 형태로 보고가 이루어졌다. 말 그대로 사람을 죽고 죽이는 '전쟁'에 초점을 맞춘 이야기들이었으며, 다소 특수하고 주관적인 방향으로 치우친 성향이 짙은 이야기들이었다. 체험이나 시각이 양 극단으로 나누어진다는 점도 두드러진 특징이었다.

이에 대하여 우리는 처음부터 보통사람들의 다양한 경험을 두루 포용한다는 입장에서 한국전쟁이라는 역사에 접근했으며, 제보자의 진술을 구술 그대로 충실히 반영한다고 하는 학술적 방법론에 의거하여 현지조사와 정리 작업을 수행했다. 그 조사는 구술사보다 구비문학적 방법에 입각한 것이었다. 한국전쟁을 축으로 한 역사적 경험이 구체적 사건과 정경을 생생하게 담아낸 '이야기'로 포착될 수 있도록 하는 데 최대한 신경을 썼다. 그 작업을 하는 데 큰 어려움은 없었다. 수많은 제보자들은 전쟁에 얽힌 기막힌 사연들을 지니고 있었고, 그것을 곡진하게 풀어냈다. 간혹 세상에 대한 논평을 연설 형태로 풀어내는 제보자도 있었으나 경험의 연장선상에서 충분히 그리 할 수 있는 바였다. 우리는 성실한 청자가 되어 그 이야기에 함께 했다. 제보자들의 구술을 가능한 한 끊지 않았으며, 때로는 탄성과 한숨으로 동조하기도 했다. 그렇게 그들의 구술은 오롯한 삶의 담화가 될 수 있었다.

한국전쟁 체험담 자료조사는 조별 작업으로 수행되었다. 서너 명씩 조를 이루어서 지역별로 제보자를 물색하고 조사를 진행하였다. 총괄적 조사인 만큼 지역별, 유형별로 균형과 다양성을 확보할 수 있도록 신경을 썼다. '보통사람'들을 기본 축으로 삼는 가운데, 한국전쟁에 대한 특별한 체험을 한 제보자들을 다양하게 찾아내고자 했다. 전체적으로 남성과 여성 제보자를 균등하게 포괄하였으며, 제보자 구성과 구연내용이 이념적으로 좌우 한쪽에 치우치지 않도록 했다. 한국전쟁이라는 현대사의 국면이 '있는 그대로' 다양하게 포착될 수 있도록 노력했다.

전체적으로 한국전쟁 체험담을 구연한 화자는 약 300명에 이른다. 자료공개 동의를 얻은 194건의 자료로 한국전쟁 구술자료 DB를 구성하여 결과를 보고했다. 그 중 자료적 가치가 높다고 생각되는 자료들을 선별한 뒤 자료의 재점검과 교정 작업을 거쳐 최종적으로 10권의 자료집에 162건(공동구연 포함)의 자료를 수록하게 되었다. 자료는 인상적인 사연을 중심으로 하여 주제유형 별로 분류함으로써 다양한 전쟁 경험이 일목요연하게 드러날 수 있도록 했다. 각 권별 구성을 간단히 소개하면 다음과 같다.

1권 – 이것이 전쟁이다: 전쟁이란 어떤 것인지, 그 참상과 고난과 단적으로 잘 보여주는 이야기들을 실었다. 특정 지역의 전쟁 경험을 여러 제보자가 다각도로 구연한 자료를 나란히 수록하여 전쟁체험이 입체적으로 드러날 수 있도록 했다.

2권 – 전장의 사선 속에서: 다양한 참전담 자료를 한데 모았다. 육군 외에 해병대와 해군, 공군, 경찰, 치안대 등 다양한 형태로 전쟁을 체험한 사연들이 실려 있다.

3권 – 피난 또 하나의 전쟁: 피난에 얽힌 다양한 사연을 모았다. 북한에서 월남한 사연과 남한 내에서의 피난에 얽힌 사연, 피난 수용소에서 생활한 사연 등을 수록했다.

4권 – 이념과 생존 사이에서: 이념 문제로 갈등과 고난, 그리고 피해가 발생한 사연들을 모았다. 보통사람들이 좌우 이념의 틈바구니에서 어렵게 세월을 헤쳐온 사연들도 수록되어 있다.

5권 – 총칼 아래 갸륵한 목숨: 전쟁의 와중에서 죄없이 억울한 죽음과 피해를 겪은 사연들을 모았다. 역사적으로 이름난 주요 사건 외에 일반적인 피해담도 포괄하였다.

6권 – 전쟁 속을 살아낸다는 일: 전쟁의 와중에서 보통사람들이 겪은 다양한 고난 체험을 펼쳐낸 이야기들을 모았다. 특히 여성들의 전쟁고난담이 주종을 이룬다.

7권 – 내가 겪은 특별한 전쟁: 남다른 위치 또는 특별한 직업을 바탕으로 한국전쟁을 특수하게 치른 사연을 전하는 이야기들을 한데 모았다.

8권 – 전쟁 속에 꽃핀 인간애: 전쟁의 와중에 인정을 저버리지 않고 서로를 돕거나 살린 사연 등 미담의 요소를 포함한 사연들을 수록했다.

9권 – 전쟁체험, 이런 사연도: 전쟁중에 겪은 놀랍고 기막힌 사연들을 담은 자료들을 모았다. 설화적 요소가 있는 이야기들도 이 권에 수록했다.

10권 – 우리에게 전쟁이 남긴 것: 한국전쟁 체험을 전하는 한편으로, 전쟁에 대한 분석과 논평을 적극 진술한 사연을 모았으며, 전쟁 후의 사연을 주요하게 구연한 자료들을 수록했다.

160명이 넘는 역사의 산 증인들이 펼쳐낸 생생한 한국전쟁 이야기들은 그간 공식적 역사를 통해 알려진 것과 다른 차원의 의미 있는 자료가 되어줄 것이다.

이 자료집을 통해 사실로서의 역사와 이야기로서의 역사 사이의 균형이 이루어질 수 있는 중요한 기반이 갖추어진 것으로 생각한다. 앞으로 역사적 경험에 대한 문학적 연구의 새로운 장이 열릴 수 있기를 기대한다. 그를 통해 역사적 삶의 총체적이고 균형있는 재구가 가능하게 될 것으로 믿는다. 아울러 이 책에 실린 수많은 사연은 소설이나 드라마, 다큐멘터리, 공연과 웹툰, 게임 등 문화예술 창작에도 좋은 소재가 되어 줄 수 있을 것이다.

이 책은 한국학중앙연구원 기초토대연구 지원 사업에 힘입어 진행되었다. 적시에 지원이 이루어져서 중요한 조사사업을 차질 없이 수행하게 된 것을 다행으로 여기며 연구지원에 대해 감사의 뜻을 밝힌다. 그 의미 깊은 사업을 실질적으로 맡아서 감당한 핵심 주역은 현지조사와 자료정리의 실무를 맡아 수고한 전임연구원과 연구보조원들이었다. 팀장을 맡아서 일련의 길고 힘든 작업을 훌륭히 감당해준 김경섭, 박경열, 박현숙, 오정미 박사와 김명수, 김명자, 김민수, 김정은, 김효실, 남경우, 박샘이, 박혜진, 유효철, 이부희, 이승민, 이원영, 조홍윤, 한상효, 황승업 연구원의 노고에 감사와 사랑의 마음을 전한다. 공동연구원으로서 현지조사와 연구작업을 적극 뒷받침해준 김귀옥, 김종군, 심우장 교수께도 깊이 감사드린다. 까다롭고 복잡한 출판 작업을 기꺼이 맡아서 좋은 책을 만들어주신 박이정 출판의 박찬익 사장님과 김려생님, 권이준님, 정봉선님을 비롯한 편집자들께도 이 자리를 빌려 감사의 뜻을 전한다.

이 책은 다른 누구보다도 이야기를 들려주신 제보자들에 의해 이루어진 것이다. 조사자들을 반갑게 맞이해 주시고 가슴속에 묻어두었던 이야기를 풀어내 주신 역사의 주인공들께 머리 숙여 감사드린다. 그분들의 분투와 고난을 잊지 않고 대한민국의 미래를 훌륭히 열어나가는 것이 우리의 몫일 것이다.

2017년 6월

저자를 대표하여 신 동 흔

차례

아이 일곱을 피난처에 묻다

허 이 쁜

"우리 작은 어머니가 둘, 우리 큰동새 또 우리 친정어무이 애 일곱을 다 묻구왔어"

자 료 명: 20140212허이쁜(구리)
조 사 일: 2014년 02월 12일
조사시간: 40분
구 연 자: 허이쁜(여 · 1919년생)
조 사 자: 박현숙, 황승업, 김현희
조사장소: 경기도 구리시 인창동 (노인회관)

[조사과정 및 구연상황]

조사자가 우연히 노인회관에 들렀더니 허이쁜 제보자와 총무님 계셨다. 허이쁜 제보자에게 조사 취지를 설명하고 추후에 일정을 맞춰 인터뷰 일정을 잡았다. 제보자는 조사자와 약속한 날 아침 일찍 노인회관에 나와 기다리고 계셨다. 조사자가 장비를 설치하고 인터뷰 준비를 마치자 곧바로 구연을 시작하였다.

[구연자 정보]

허이쁜 제보자는 1919년 경기도 포천 미야울에서 태어났다. 18살에 경기도 구리시 동구동 동창마을 파주염씨 집안으로 시집을 왔다. 피난을 갔다가 돌아와 새로 집을 지었는데, 그때 지은 집에 지금까지 거주하고 있다. 제보자는 농사를 짓다가 20년 전에 식당을 운영하여 육남매를 모두 잘 키웠다.

[이야기 개요]

제보자의 친정 부모님이 포천에서 소를 끌고 구연자의 집으로 왔다. 제보자는 그때 처음 전쟁발발 소식을 접했다. 제보자는 부모님과 함께 충청도로 피난을 떠났다. 피난처에서 아이 일곱을 홍역으로 잃고 큰 아들만 무사히 살아남았다. 식구가 많아서 늘 배급이 부족하여 배를 곯았다. 피난처에서 쌀을 얻으러 다닐 때 어떤 사람이 제보자가 자신의 딸과 동갑이라고 배급표를 내주어 많은 피난 가족들이 먹고 살 수 있었다. 피난처에서 돌아와서 집을 새로 지었다. 피난처에서 남편이 염병을 앓아 죽을 뻔 하다가 살아나서 무사히 집으로 돌아왔다. 연합군이 구리에 주둔할 때 젊은 여성을 조사한다고 데려가서 겁탈한다는 소문이 있었다. 그래서 밤만 되면 큰동서, 작은동서와 함께 숨어 지내다가 아침이면 나왔다.

[주제어]　징용, 충청도, 피난, 배급표, 청방, 염병, 연합군, 겁탈

[1] 일제 때 징용 끌려갔다가 온 남편

시골이야 우리 광릉내. [조사자: 할머니 성함이 허?] 이쁜이. [조사자: 올해 나이가 구십 하나?] 으. [조사자: 할머니 지금 주소가?] 오십육 번지. [조사자: 오십육 번지?] 으. [조사자: 그럼 동구동 오십육 번지요?] 으? [조사자: 동구도 오십육 번지.] 동구동 오십육 번지. 조기 살아. 요기 오칠리께. [조사자: 동구도

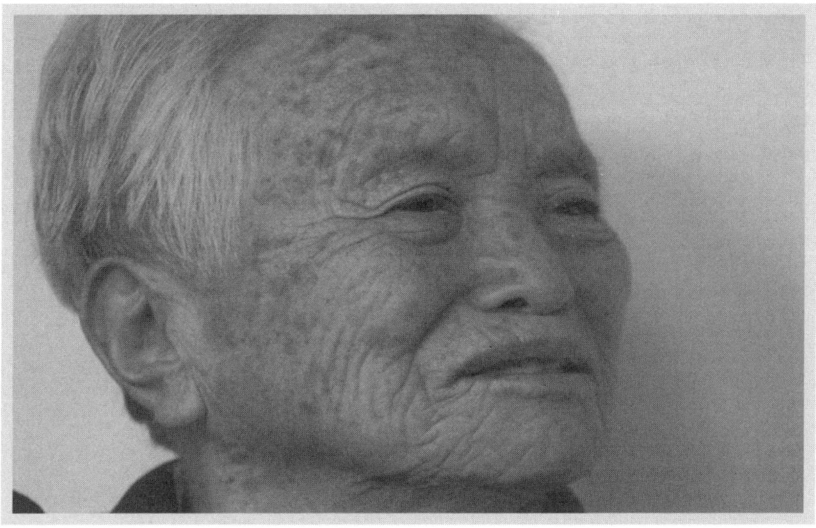

오십육 번지. 원래 고향이 어디시라구요?] 우리 친정은 포천 마야울이라. 그래 시방은 매화동이라 그러는데, 옛날에 마야울이야, 마야울. [조사자: 마야울. 왜 마야울일까요?] 동네가 마야울이야. [조사자: 이름을 왜 그렇게 지었는지는 모르세요?] 처음엔 그롷게 지었는데 인젠 매화동이라 그래. 여기도 동구능인데 동구동이라 그러잖아 시방. [조사자: 그래서 매화동이 됐어요?] 매화동이 됐어.

[조사자: 그럼 할머니는 거기에 몇 살까지 사셨어요?] 그니깐 열여덟에 시집왔지. [조사자: 열여덟에 시집을 왔어? 이 동네로?] 으. [조사자: 동구동으로?] 아주 이 동네 저거야. 우리 염씨가 둘째 번으로 들어왔대, 아주 첨에. 염씨가, 양씨가 첨에 들어오고 그담에 염씨가 들어왔대. [조사자: 그럼 영감님이 염씨세요?] 으. 염씨. 파주 염씨. [조사자: 아. 파주 염씨.] [조사자: 그러면 양씨가 제일 처음에 이동네로 들어오고?] 그담에 염씨가 들어왔대. [조사자: 두 번째 염씨가 들어온 거예요?] 으. 그랬대 옛날에. [조사자: 염씨는 어쩌다가 이 동네 동창현으로 들어오게 됐대요?] 그 여그서 아주 본고향이야. [조사자: 그러면 염씨들이 많이 살아요? 지금도 여기?] 무척 많이 살지. 지금 한 댓집 살구 다 서

울루 갔어. 그루구 또 여기 아파트가 들어와서 저기 이사 가구.

[조사자: 할머니 일제도 겪으셨잖아요?] 으? [조사자: 일제시대. 고때 얘기부터 좀 죽 해주세요.] 일정시대에 내가 열여덟에 시집을 왔는데 스무 살에 우리 딸을 낳거든. 우리 딸 돌이 스무닷새 날인데, 스므날 우리 할아버지 일본을 가셨어. 일본. 일본 가서 거 가서 그냥 저걸 허셨구. 군인들 밥해주고 거 가서 저거 했는데. 그 저 밥을 해주구 그러시다가 이제 그 음력으루 저 오월 스무날 돼가지구 그 이듬해 저 구월 보름날 들어오셨어. [조사자: 일본은 왜 가셨구?] 아 일본 전장 때 쌈 했잖우 전장에. [조사자: 전쟁 때 끌려가셨어?] 그럼 전장에 가셨지. 군석으로 가셨어 군석. 그 물두 거기 뭐 그 산꼭대기 웅댕이가 있대. 거긴 저기 지진이 잘 나잖아. 그 물을 받아가지구 그 벌러지가 있으믄 그걸 내려가지구 밥을 해잡쉈대요. 그 산꼭대기서 일본서. 그르다가 그 이듬해 구월에 보름날 들어오시드라구.

[조사자: 아이 그럼 영감님 없이 어떻게 지내셨어요 할머니는?] 아이 큰집에서 한시 살았지. [조사자: 큰집에 누가 어떻게 사는데?] 시어머니 시아부지 큰동새, 시동상. 무척 많아 식구 열두 식구야. [조사자: 그때 할머니가 막내며느리?] 나 둘째며느리야. [조사자: 그럼 그 밑에 동서가?] 그건 안즉 장개 그때 안 갔지. [조사자: 안 가고 시동생이 있었고?] 으. 시동생은 군 저, 순경 나가구, 셋째는 순경 나가구. [조사자: 열두 명이 어떻게 살았어요?] 큰동새 있구 시어머니 계시잖아. 옛날엔 그룹게 많이 살았다우. [조사자: 어떻게 먹구 살았냐구, 공출도 주구 이래야 되는데.] 그땐 그래두 먹구 사는 건 괜찮았어. [조사자: 그래두 괜찮았어요?] 으. [조사자: 그러면 그렇게 해가지구 해방은 언제?] 그리구 나서 글쎄 우리 딸 두 살에 가셨는데 세 살에, 칠월 달에 해방 됐다구 기냥 동네 할아버지가 손뼉을 치구 댕기셔. 그른데 그때 우리는 봄보리를 떨었어, 내가. 그걸 까불렀어. [조사자: 아 보리?] 으. 그때꺼정두 떨었는데 그룹게 그냥 저거 해방됐다구 떠들구 댕기시드라구 노인네들이.

[2] 피난처에서 아이 일곱을 홍역으로 잃다

[조사자: 그래서 그릏게 해서 해방이 되고 전쟁 난 건 또 어떻게 아셨어요?] 여기 전쟁난 거? [조사자: 으.] 그건 날짤 잘 몰라. [조사자: 으. 그니깐 어떻게 소식을?] 여름인데 저기 우리가 사는데 우리 친정아부지가 소를 끌구 우리 친정 어머니허구 애들허구 오셔.

"아부지 왜 오쇼?"

그르니까

"얘 전쟁이 났다 포천서. 전쟁이 나서 피난 오는 거다"

그러셔. 아 그르니 벨안간에 어떡허우. 저기 인제 저 민벌, 저기 저 이문안 담날 고 밑에 가 죄 앉았었어. 그르다 저녁때 왔지. 그르니까 그때 인민군이 안와. 저 빨갱이들이. 그르니까 우리 아부지는 그 이튿날 주무시구 집으루 갔지.

갔는데 인제 그해 농사를 졌는데 그르고나서 어뜩해 농사를 졌는데 가을에 또 우리아부지가 오셨어.

"아이 왜 오슈?"

그르니까 저기 전장이 나서 뒤에 또 또 온대. 피난. 그때 나디오가 있어 뭐 전화가 있어 뭐가 있어. 그래서 그러믄 피난을 가자고 그래서 우리집에서 하룻밤 자구 저 몽촌 가서 자구, 강 근너 가서. 그양 그 이튿날 전쟁이 내려온다구 그냥 그르니까 밤을 새서 그냥 내려가는 거야. 충청도꺼정 갔어. 충청도. 근디 충청도 갔는데 지레 언내를 업구 어뜬 할매가 엎뎌서 여자가 울어. 그 인제 언내가. 근데 그인 죽을라구 끽끽 해. 그 그니 누가 그 언내를 뺏어 업우? 내 애가 죄 있는 걸.

아 그르다 가다가 우리 어디쯤 가니까 그냥 못 근너가게 한대, 다리를. 다리 끊기 전에 가야한다는데 왜 그쎄 그걸 죄다 그냥 신구 가야하는데 작은 시할, 큰시할, 우리 시할아부지 시아부니 남자들은 청방 갔지. 죄 먼저 갔어,

내려갔어. 아 그른데 인제 아 그냥 이불 보따리를 모두 뜯어서 다시 싸구 그러는데 이제 우리 할맹이가 가야헐 텐데 왜 방을 얻으러 가슈. 방 얻으러 간다구 우리 딸을 여덟 살 먹은 걸 잊어먹었어. 그르니 어떡허우. 내가 울구 뛰어 댕기는데 그 저거 군인들이 못 가게 해. 그서 어린앨 잊어부렸다구 막 울구 뛰어 댕기구 이 발바닥에서 피가 막 쏟아져두 몰르구 뛰어댕겼어. 근데 우리 친정아부지가 짐을 다시 싸구 내비릴 걸 내비리구 다시 싸구는 보니까 전기상 밑에서 우리 딸이 막 울드래. 그래서 데리구 오셨어.

그래가지구 피난을 간 거여. 또 갔는데 충청도로 내렸어. 충청도로 내려가 가지구 거 가서 있었지 이제. 그 충청도 사람두 또 피난을 갔드라구. 그래 거가 우리가 있었어. 근데 글쎄 애를 일곱을 죽였다우. 우리 작은 어머니가 둘, 우리 큰동새 또 우리 친정어무이 애 일곱을 다 묻구왔어, 충청도다. [조사자: 어떻게?] 홍역을 하다가. 홍역만 하믄 죽는 거야 애가. 근데 우리 큰아들은 그 두 살에 가서, 그때 봄인데 세살인데 그도 홍역을 곱게 잘 허구 왔어. 그래 시방 예순 여섯이 됐어. 잘 허구 왔어. 그른데 글쎄 애를 일곱을 묻구 왔어 거기다가. [조사자: 거기 같이 피난 갔던 일행들 중에서?] 으. 거 동산에다가.

[3] 많은 식구로 인해 부족한 배급

그른데 그냥 먹을 게 있수? 거기서 쑥 뜯어다가 먹구 그냥 그릏게 고생을 하다가 인제 우리 시어머니가 우리 시누를 데리구 저길 가셨어 동냥을 허러 뭘 읃으러. 그르니깐 거기 어떤 사람이 반장인지 뭐 헌 사람이 아유 우리 딸 허구 한동갑이라구 불쌍허다구 배급표를 내줬어. 그래서 작은, 우리 시할아버지 시아부지 죄 가니까 식구가 무척 많잖어? 그래 하루 쌀을 한말씩 줘. 그래서 아침에는 밥을 해먹구 저녁에는 죽을 쒀 먹구 있는데, 아 이제 어뜬 군인이 와서 둘이 왔어. 군인이 와가지구

"할아버지 할아버지 이 소를 좀 빌려주세요. 우리가 총을 가지구 장난을

하다가 어뜬 할아버지를 쏴서 저기 씨러졌는데, 이 팔을 쐈는데 이 차에 ……."

마차에다 좀 태와가지구 간대, 마차에다. 그래서 안된다구 그랬지. 아니라구 나는 여기서 애들허구 동산에 가 놀 테니깐 이 사람들을 태와다주구 오랜다구. 아 그러드니 우리 인제 그 사춘시동상 모두 여럿이 갔으니까 한 네 집이 갔어, 우리 큰집 작은집이. 우리 조카허구 데리구 꿩을 잡으러 간다구 동산으로 올라가. 아 근데 한참 있어두 안내려와.

그르드니 우리 애덜만, 우리 애덜만 내려왔어. 그래 왜 그랬냐니깐 꿩 잡으러 간 사람이 없어졌대. 그르니 으뜩허우. 그냥 우리 시할아부지 우리 시아부지 모두 그냥 울구 그, 온양온천을 간 거야. 그리 갔다구 그래서. 온양온천병원엘 데리구 간다구 그래서. 소는 없구 마차만 내버리구 도망을 갔어. 그르니 어떡허우. 여기, 이 어디야 그릇 구는 데, 거기 이망우리 고개 넘어 산다구 그르니까 무척 반가워했지요. 동네 사람이라구, 요기서 가까니까. 한 고향이라구. 그르니 소를 잊어부렀으니 어떡허우? 마차소. 그르니 어뜩해. 아유 그냥 울구불구 난리치구 그 마차를 팔아가지구 쌀을 좀 사가지구 또 올러 오는 거야. 올러 오구.

그르구 인제 가다가두 또 이랬다우. 눈은 퍼붓지. 이 지푸락지가 많아. 그 지푸락지를 여그다 이렇게 깔아 놓구 애들을 거기다 뉘어놓구 이불을, 이불을 네 자락을 붙들구 으른은 앉었어. [조사자: 눈을 막느라구?] 으. 우이 막느라구. 그리구 그냥 거그서 지푸래기를 때서 그냥 우물두 없는데 어디 가서 물을 퍼다 밥을 해서 먹구 이렇게 고생을 했다우.

그래 소두 잊어부리구 우리 작은 우리 시할아버지, 젊은 사람은 우리 영감이구 뭐구 다 청방으루 나가. 먼저 갔어. [조사자: 청방을 나간다구 그래요?] 으. 청방이라구 그래. 청방. 청방 나간다구 다 뽑아가지구 먼저 내려보냈지요, 젊은 사람은. 그리구 이 늙은 할멈들만 뒀잖아. 그래서 이제 우리 시아주버니 우리 시동상 다 나가구 이 여자만 남구 노인네들만 남았어. 시할머니 모두 그른데. 그른데 아휴 어떤 날은 우리 시할아버지가 동산에 가 소낭구를 비믄 그걸 장작을 패서 이구 가서 그걸 팔아서 쌀을 쪼끔 사다가 먹구 그랬어 처음에. 무척 고생했어.

그래가지구 봄에 들어오는데 아후 어떡허우? 저 밤질에, 바우자리래는 데 와서 우리 큰동새님 성님이 살아. 거 가서 쌀 한말을 꿔서 밥을 해 먹구 그 이튿날 또 바다를 건너 왔다우. 그른데 저거야, 바다를 건너왔는데 집에 오니 집이 있수? 다 타구 하나도 없지. 아주 여기 집 다 타구 없었어. 이 능, 이 능 안에 이 빨갱이허구 중국사람하구 이 능안으루 하나야 그냥. [조사자: 동구능 안에?] 동구능 안에. 우리는 들어 가지두 못했어. 근데 폭격은 거기 이 한국에서 하나두 안 해. 그때 그 중국놈들은 총알이 없어. 사람을 쏴 놓구두 헷총만 쏘구 갔어. 갔대. 들어갈 때. 들어갈 때. 그룹게 고생했다우.

[4] 피난처에서 돌아와 새로 지은 집

[조사자: 할머니가 돌아와서 봄에, 집에 와서 집이 없는데 어떻게?] 집이 없으니까 우리 뒤에 오막살이집 하나가 있어. 그른데 그 집은 거름방이 좀 깨끗하니까 우린 안방에서 살래구. 또 우리집 하나는 헷간에서 살구. 그냥 빈대는 구데기 끓듯 허구 아휴 그른걸 그냥 울타리두 읎이 살았어 옛날에. 그 아래다가 그냥 피난 갔다 와서 그 이듬해 농사져가지구 베를 한짐을 져오믄 내가 훑어가지구 그걸 쪄가지구 일꾼을 밥을 날마다 세 사람을 해줬어. 팔월 달에. 그래가지고 집이라구 지어가지구 한 오 년을 두고 꾸몄다우 난리 통에. 그서 시방 그 집 그대루 잘 살어 좋아.

[조사자: 난리통에 지은 집을 지금 살고 계세요?] 으. 그르니깐 저거 됐지 시방. 우리 딸이 예순 하나니깐. 짓구 그 이듬해 났으니깐 육십 년 됐지. 육십 년이 됐나, 육십일 년이 됐어. 집 진지가. 피난 갔다 와서 한 이 년? 그 이듬해 졌어, 이 년 있다. 농사 져가지고. 베를 떨어가지구. 아이구 고생 무척했

어. 그래 내가 인제 그걸 고추를 조끔 따서 이구 청량리를 팔러 가니까 못을 내가 이만큼을 사가지구 왔어, 못. 그래서 인제 우리 옆에 할아부지더러 아저씨, 그이가 목수야.

"아저씨 우리 집을 네 기둥만 박구 뷜하구 방 하나만 해달라."

구 그랬어. 그 못을 사가지구. 그랬드니

"예. 농사지으시니깐 내 돈 안달라고 할 테니깐 농사 져서 가을에 팔아서나 품값을 주구 이 집을 아주 짓자."

그리구 그 집을 그 아저씨가 지어줬어. 그래 시방두 신세야 내가. 그래가지구 쌀 팔아서 싹 갚았어.

그루구나니깐 쌀 한가마가 남아. 쌀 한가마가 남는데 이걸 어떡허우. 그릇이 하나나 있어야? 항아리가 하나나 있수? 죄 깨지구 항아리, 이만한 그 독이 있어. 이만한 거 둘 사는데 쌀을 한가마 주구 사구 좁쌀 한가마를 먹었어. 좁쌀은 먹구 쌀을 주구 샀어. 좁쌀은 싸니까. 그릏게 고생했는데.

[5] 농사와 식당운영으로 자녀 양육

그르구나서 인제 아들, 나 육남매야. 육남매 다 장개들여서 내기 전에 인제 그때 인제 둘째아들, 아니 세, 둘째아들은 저 뭐야 저기 사우가 인제 사업하니까 사업하는 데가 있어 대구 가서 있구. 셋째아들하구 우리 아들하구 하우스를 논밭을 져가지구. 그도 농사를 져가지구, 그땐 하우스 허믄 밭으루 팔아 냉겨요. 시방은 하우스 하는 사람은 빚이 많아. 그래가지구 육남매 장개 다 들이구 할아버지 칠순, 내 환갑 다 하구. 할아부지 환갑하구 시방은 걱정 없이 살아.

[조사자: 그럼 할머니 뭘 해서 자제분들 육남매를 다 키우셨어요?] 글쎄 그 하우스. [조사자: 하우스 농사 지셔서?] 으. 하우스 농사지니까 일 년에 그거만 지믄 잔치허믄 방 하난 다 얻어줘. 그때는 오백만 원짜리 방이믄 큰돈이야.

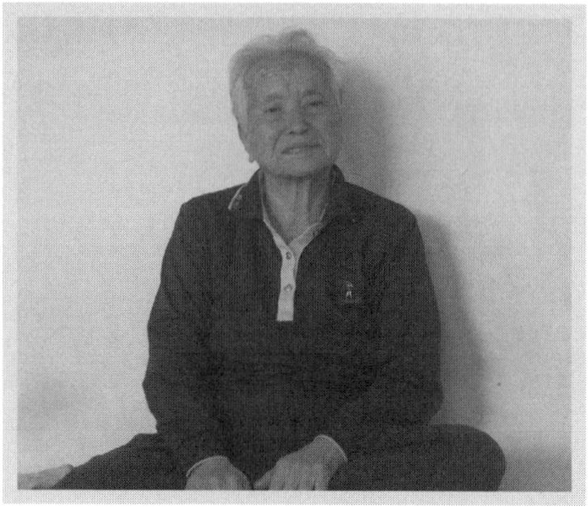

삼십 년 전이니까. 한 삼십 년인가, 그릉게 우리 큰메누리가 시방 손주가 서른 여덟이니까 걔 낳기 전에 하우스를 시작했거든, 삼십 년 전에. 그러니까 그때는 돈이 큰돈이지. 한 번만 팔믄. 그래 그거 가지구 잔치 득달겉이 했어. 그도 시방은 그냥 하우스도 안허구.

그르구 나서 식당을 한 이십 년 했어. [조사자: 누가? 할머니가?] 큰메누리가. 나는 인제 뒷배만 봐주구. 인제 여기 공장이 좍 많은데 여기 저게 없었어, 가게가. 그때는 식당이, 식당이 없어서 여기 이른데서 다 우리집으루 먹으루 왔어 공장에서. 그리구 이제 안 해 아무 것두.

[조사자: 그때 구리에 공장이 들어오기 시작한 지가 언제쯤 몇 년 전, 몇 십 년 전일까요?] 한 이십 년 전에 먼저 들으왔지. 그 공장 시방 싹 나갔어. 다 읎어지구 또 이제 새루 여기 공장 또 지어 밭에다. 요새 많이 지서 여기. [조사자: 그때 식당을 여기가 처음 열린 데예요? 그 식당이름이 뭐예요?] 동구식당이라구 그냥 동창, 동창식당. [조사자: 동창식당이라고 지으셨어요 이름을? 그때 돈 많이 버셨겠네요?] 못 벌었어. 왜 그러냐믄 공장사람은 밥을 아침을 안 먹구 와. 그르믄 공기에 밥을 안줬어. 어뜬 사람이 우리더러 시작헐 때 주발을 큰 걸 사지. 밥을 고걸 주믄 못 씬다구 그래. 그래서큰 주발에다가 밥을 하나씩 주믄 밥을 퍼다 인제 그 밥 늫는데 되믄 하나에 두 주발씩은 다 먹어. 아침 안 먹구 오니까, 배고프니까. 그러니까 그때 돈은 천오백 원 받구 아니 이천오백 원 받다가 나중에 삼천 원 받았어. 그 안 헌지가 옳아. 그때만 해두. [조사자: 너무 식당이 인심이 좋았네요.] 그루그 그 옆에 은성식당으루 그집두 그릏게

받아. 둘 있었어 식당이. 그르다 여기 죄 생겼지 시방. 그땐 없어. 여기 한 집밖에 없었어.

[조사자: 육남매가 몇 남 몇 녀예요? 딸이 몇이고 아들이 몇이에요?] 딸 둘 맏딸. 아들 넷. [조사자: 사남일녀?] 아들은 대구서 살구. 아들은 대구서 몰라 저거, 뭐야 호테르 그 사람 자는 거 누구허구 혼자 못하구 원체 크니까 둘이 헌대. 하난 또 저기 강 근너 거기 어디야 동네가. 거그서 또 장사하구 하난 또 여그서 수퍼허구. [조사자: 그러시구나. 할머니 지금 혼자 사세요? 아니면 자제분이랑 같이 사세요?] 우리 큰메누리. [조사자: 큰며느리?] 아들. [조사자: 큰 아들이랑?] 손주.

[조사자: 그러면 그때 전쟁 통에 갔다 와서 지은 집에 큰아들이랑 며느리랑 할머니랑 이렇게 살아요?] 으. [조사자: 그 집을 좀 고치셨어요? 아니면 고때 고대로 써요?] 아니 그냥 그대로 있고 방만 좀. [조사자: 안에 방만 개조하고?] 다 늘쿠고 이제 가게를 지어가지구 식당을 했는데 시방은, 그전에 철문이야. 근데 철문 달은 거 시방 지저분해진 걸 기냥 닫아놓구 식당도 안하구 그냥 닫아놓고 앞으로 인제 철문 그거 고치구 세 주믄 좋은데 우리 차가 두 대니까 마당이 즉어, 또. 마당을 질을 죄 다 뺏겼다구, 질루. 질가집이니까. 그니까 마당이 차 두 대백이 안 들어가. 저만큼 질이구 전에 거기다 베 쌓구 농사짓구 뙘자리. 그전에 뙘이라구 그랬지. 뙘있구 그랬는데. 마당은 질루 다 들어갔어.

[조사자: 집이 여기서 가까워요?] 조기야. [조사자: 저기예요?] 으. 가까워. [조사자: 그 집을 사진을 좀 찍으면 전쟁 때 지어논 게 고대로 남은 거잖아요?] 전쟁 나구 나서 지었지. [조사자: 그니까 전쟁 나구나서 새로 지은 집이니까.] 근데 그 내가 인제 그 미닫이 이런 걸 죄 헐라구 그랬드니 사람들이 집을 다시 짓지 그걸 왜 비싸게 미닫일 허느냐구 그래서 미닫이 그거는 흔 거야. 옛날 거가 돼서 삭아서 시커매졌어. 마루 분합들인 게.

[6] 피난 중에 죽은 아이

[조사자: 그때 피난갈 때 강을 못 건너가게 한 게 한강이에요?] 한강으루 건너가는데 마차에다 쌀을 하나 싣구, 애덜두 싣구 가는데. [조사자: 그때 뭘 챙기셨어 피난갈 때? 뭐 챙겨서 가셨어?] 그릇허구 쌀하구 옷허구 이부자리 싣구 갔지. 애들두 싣구. 그른데 그냥 여기 민뻘이강이 쩍쩍해. 그도 안 깨져. [조사자: 근데 거길 소가 지나다가가 빠졌다는 얘기 있지않아요?] 빠졌어, 우리. [조사자: 할머니네 소 말고.] 안 빠졌어. 몰라 그건 못 들었어. [조사자: 그건 못 들었어요?] 으. 올 제는 소두 잃어버리구 그랬으니깐 배 타구 건너왔지. [조사자: 배 타고?] 으.

[조사자: 그럼 전쟁 통에 자제분은 하나도 안 잃으셨네요?] 으. 난 육남매 고대로 살았는데. 긍게 여그 와서 셋은 났지. 그때 둘만 데리 갔지. [조사자: 둘만 데려 가구?] 응. 안 잊어먹었어 난. 근데 우리 큰동새는 언내 하나 인제 배가 아프다구 그래서 죽구, 하난 홍역하다 죽구. 죽은 걸 우리 시누가 업구 댕겼어. [조사자: 몰르고?] 으. 죽은 걸 어뜩해. 죽은 걸 장터에서 죽었지. 애가 다릴 쭉 뻗구 장터에서 죽었는디 오다가 어떤 집이를 얻었어. 우리는 우리 작은 동새, 시누, 나는 마루에서 자구 우리 큰동새는 헷간을 읃었는디 언내 죽은 걸 안구 그래두 밥을, 죽 한 그릇을 다 잡숫드라구. [조사자: 죽은 애를 안구?] 안구.

그르니 그걸 어뜩허우. 밤에 화장실에 가니까 저게 있어. 저 뭐야 괭이가 하나 있드래. 그래서 우리 시할아부지하구 우리 시아부지허구 우리 시엄, 우리 큰동새네 애를 업구 갖다가 저 동산에다 묻었어. 묻었는데 짚이두 못 파구 얕이 파구 묻구는 천을 덮어노니까 우리 형님이 시방두 원이야. 그 천을 버리구 묻으믄 묻는데 그 천을 덮구 그 위다 흙을 얹었다 이거야. 그 비 오믄 그게 씻겨 내려갔다 이거지. 그릏게 묻었어. 그 으특해. 남의 집에 애 죽은 걸 업구 들어갔으니. 그 헷간에서 잤지.

[조사자: 그러니까 애기를, 죽은 애기를 묻기 싫어서 계속 업고 다니신 거예요?] 죽은 걸. 아니 그릉게 가다가 죽었는데 가다가 인제 방을 읃었지. 죽은 걸 그르구 내려노니까 죽었지. 우리 시누가 업구 댕겼어 그거를. 죽은 걸. 장터에서 죽은지도 몰랐지.

[7] 피난 중에 염병에 걸린 남편

그리구나서 또 두 번 피난을 가야해 우리가. 두 번 피난가선 우리 할아부지는 거기서 옘병을 앓다가 엎뎌서 기어왔대. 저 아래서. 그른데 지푸래기 하나를 못 들어. 우리 할아부지가. 그 내가 친정에 가 있었지 우리집이 죄 타서. 긋드니 애들이 보구싶다구 왔어. 그래서 인제 올러왔지 또. 왔다가 두 번 피난해 봄에 또 나갔잖우, 집두 없이 그런데. 그래서 저 강 근너 가서 유엔경찰. 유엔경찰이라 그랬어. 우리 큰집이 넓으니까 사랑에서 잤거든. 거기 와서 경비 스구. 그이들이 주먹밥을 이룽게 해다주믄 그걸 읃어 먹구. 글도 우리 할아배가 거기 가서 좀 살아나셨어. 그래서 그 집 소가지구 그 집 논 갈아주구, 그 집 밭 갈아주구 또 쌀을 받아다 먹구. 이르구 또 건너 왔다우 무척 고생했어.

그 여긴 농살 못 졌어, 지랭이 탄을 묻어서. 능 안에서두 지랭이 탄에 많이 죽었어. [조사자: 터져서요?] 낭구허러 갔다 여기 능 안에 지랭이탄을 묻어논 걸 몰르구 낭구를 허다가 터져서 죽었어, 애들이. 한 열댓 살 먹은 애들이. 아유 고생 무척 했어.

[조사자: 그럼 영감님은 어디로 따로 가 계셨어요? 남자분들 피난을.] 저 아래 대루 갔지. [조사자: 저 아래는 어디야?] 몰라 어딘지. 저기 뭐야, 저기 어디 낙동강인가 거길 건너가는데 물이 여기 차는데 빨개벗구 그냥 죄 건너갔대. 낙동강을 지내갔대.

[조사자: 할아버지한테 들으셨던 얘기 더 해주세요.] 할아부지가 그쎄 그 옘병

을 앓아서 다 죽게 되니깐 동네사람이 죽을 쒀다가 대문간에다 여그다 놓구 안들어오드래. 무서니까. [조사자: 그래도 먹을 걸 주셨네요?] 요기 인장리 사람 친구니까. 그런데 인제 그걸 잡숫구 인제 쪼꼼 나니까 그냥 엎뎌서 개가서 우물에 가 물을 퍼 잡수니까는 막 야단치드래, 큰일난다구. [조사자: 왜? 옮길까봐?] 아니. 옘병에 물 그, 찬물을 먹으니까. 그래가지구 인제 쪼금 나니깐 기냥 거기서 쌀 한말을 주드래. [조사자: 누가?] 거그, 거그서. 인제 정부에서 줬겠지. 그래 인제 그걸 팔아가지구 잡숴가믄서 업뎌서 겨왔다니까 여길. 그 아래대서 충청도서. 충청도도 더 갔어, 거기. 더 가.

[조사자: 거기는 그럼 가족 중에 영감님만 가셨어요? 아니면?] 우리. 아이 우리 시아주배, 우리 시동상들두 나이 먹은 사람 다 갔지. [조사자: 그럼 어떻게 오셨어?] 으? [조사자: 다른 분들은 어떻게 오셨어?] 다 그렇게 오셨어. 먼저 오셨어, 성한 사람은. 근데 우리 영감은 옘병을 앓아서 다 죽게 됐지. [조사자: 왜 놓고 오셨대요? 같이 안오시고?] 제각금 가지. 그럼 한데루 가우? 제각금 죄 갔지, 뿔뿔이 흩어져서.

[조사자: 할머니 걱정이 많이 되셨겠네?] 그럼. 그런데 밤낮 오셔서 해수가 좀 있구 그래드니 팔십 둘에 돌아가셨어. 그래두 잘 잡숫다 돌아갔어. [조사자: 얼마나 애간장이 나셨어요, 혼자 안 오셔가지구.] 근디 우리 할아부이 나보담 나중에 들어오시구 우린 먼점 들어왔지. 옘병을 허기 때문에 거기서 못 나가게 해서. [조사자: 돌아가신 줄 알지 않았어요? 할아버지 안 오셔서?] 걱정을 했지. 근데 남은 죄 들어왔는데 안 들어와서. [조사자: 그러니까. 살아계시다는 소식을 못 들으셨을 거 아니에요?] 못 듣지. 전화가 있어 그 시절에? 테레비가 있어? 아무 것두 없어.

[8] 피난처에서 도움을 준 사람

[조사자: 군인은 본 적 없어요? 군인들.] 여기 군인들? [조사자: 으.] 여기 군인

들 빨갱이들은 그 여름에 가을에 내가 절구질허니까 밥 좀 달래. 그래서 이걸 쪄야한다구 그랬드니 그러냐 그르구 아무소리도 안 허구 가드라구. [조사자: 그냥 가?] 그럼. 가다 저 아래 이제 그, 갈재 갈에 한 여기 사람 경비를 섰어, 멫이. 이 질에서 여그 능마당 가서 사람을 끌구 가서 저 개울에다 총을 쏴서 두 사람은 죽구 두 사람은 씨러트리구 헛총을 놔서 안 죽었어 살았어. 개울에서 저그 가다가. 총알이 없어 못쐈지. 그랬어.

[조사자: 여기는 밥 해달라고 해서 밥 안 해주고 그러믄 사람 죽이고 이러는 일은 없었어요?] 밥은 안 해줬어. 피난쳤지. [조사자: 할머니가 여기 다시 왔을 때는 중공군도 있었다면서요?] 없지. 다 나갔지. [조사자: 얘기만 들으셨어요? 여기 있었다고?] 있는 건 알았지. 우리 뒤에가 동산이 있었어. 근데 그 동산을 헐구 저거 그때 농협을 졌어. 아니 농협이 아니라 저거 뭐야 동사무소를 졌어. 그를 때 거그 산이 높았어. 이 뻘겋구 누런 옷 입구 사람 무척 많이 돌아댕겼지. 근데 사람은 가만 뒀어 처음엔. 그르다가 피난을 쳤지. 많았어, 아주 이 안에.

[조사자: 그때 피난갈 때 왜 강을 못 건너게 했어요?] 왜 못 근너? [조사자: 아까 못 건너가게 했다면서?] 아이 강을 왜 못 근너. 아냐 강은 건느는데 마차를 가지구 건너갔다 그랬지. 올 땐 또 이룹게 배 타구 건너오구.

[조사자: 그럼 충청도 어디로 피난을 가셨어요?] 충청돈데 동네 이름은 잊어먹었어. [조사자: 잘 모르겠고. 그럼 거기도 빈집에 그냥 들어가셨어요?] 그럼. 빈집이야 거기선 다 피난가구 읎어 거긴. 그래 빈집이 가서 살았어. [조사자: 그럼 남의 집에 들어가구? 할머니네 식구들만?] 우리 식구두 들구, 또 저기 우리 친정집 식구두 저쪽에 살다가 우리 있는 사랑방에 거그 와서 들구 그랬지. [조사자: 아— 친정식구도 같이?] 아주 거기 김치 하나 없구 그냥 누가 다 퍼가구. 우린 나중에 가니깐 아무 것두 없구 빈집이야. 읎어 아주 오막살이집에 동산에 살았어. 동산에 집이 있어.

[조사자: 그럼 거기 오목조목 사람은 많고 먹을 건 없어서 어떻게 사셨어요?]

그서 같이 싣구 갔대니까, 한 마차. [조사자: 그러니까.] 그거 먹었지. 그거 먹다 떨어지니까 인제 우리 시어머니허구 우리 시누허구 쌀을 읃으러 가니까 그이가 불쌍하다구, 우리 딸허구 한동갑이라구 배급표를 내줘서 한 달에 쌀 한 말씩 납작하게 줘서 그거를 먹구 거기 살았어, 거그서. [조사자: 누가 그렇게 줘요? 동네사람이?] 동네사람이 거기로 치믄 이장이나 통장이지. 옛날로 치니까. 그런 이가. [조사자: 그래도 인심을 베풀어주셨네요?] 으. 아주 무척 신세시려 그게.

그래 나두 우리 큰동새허구 한번은 어뜬 산골짝으루 김치를 얻으러 갔다 하나도 못 읃어 가지구 왔어. [조사자: 뭘 얻어?] 김치 읃으러 갔다가 난 못 읃어 왔어. [조사자: 왜요? 안줘서?] 안 줘, 안 줘. 맨 피난민인걸 뭐. 동네사람은 읎어. 거기두 다 피난 가서 읎어. [조사자: 인심이 좋은 사람이 있고 인심 안쓰는 사람이 있고?] 아니 인심이 좋은 게 아니라 싹 피난을 가구 읎대니까. [조사자: 그래두 쌀은 이장님이 주셨다매?] 다 피난민이야 거그두. 아이 그룹게 고생했어.

[조사자: 아까 그 이장님처럼 할머니가 전쟁 겪으실 때 도움 받으신 분들 기억 나시는 분 또 있어요?] 난 기억은 안나지 우리 시어머니허구 우리 시누허구 가서 저거 했으니까. [조사자: 그래도 들은 얘기 중에 뭐] 그이가 불쌍하다구, 그쎄 그 양반이 자기 딸허구 한동갑이라구 줬대 배급을. 그래서 그거 타 먹다 올라왔어. [조사자: 그걸루 받아온 쌀루 식구들 다?] 거기서 먹었지. 그럼. 근데 한 군데가 있구 우린 이만침 있고 저기 한 십 리 밖에서 이제 우리 시어머니, 시할아무니, 시할아부진 거기서 따루 살았지. 한방에 있다가 이제 멫 분은 그 부락엘 가 있어야 주잖아? 그니까 그렇게 가서 있어. 여그서 지금 저 퇴계만큼.

[조사자: 그러면 전쟁 중에 애기들 잃은 건 다 홍역 때문에 잃었고?] 홍역. 하나는 이질이야. 우리 큰동새 하나는 홍역이구, 하난 이질을 앓다 죽었어. 이질 배. [조사자: 그럼 그 홍역이랑 이질이랑 애기들이 앓는 게 다른가요?] 달르지

똥 싸는 거. 이질 똥. [조사자: 그럼 그렇게 아픈 애들을 어떻게, 뭘로 먹여요?] 애들? 그냥 똑같이 먹구 기냥 그랬지 뭐. 우리 아들은 이제 두 살에 나가 세 살인데. 깜깜허구 뭐 불이나 있수? 이제 보리차를, 우리 친정어머니가 줘 보리를, 그 볶은 거를. 그 보리차를 끓여서 이렇게 대접으로 입을 손으로 이렇게 더듬어서 이룽게 먹였어. 불이 있어야지 깜깜나란걸. 그렇게 고생했다우.

[조사자: 그럼 아홉을 한꺼번에 묻진 못하고 가는 곳곳마다 애기들 죽으면 묻었어요?] 일곱. 하나만 쪼끔 더 가서, 처음에 우리 작은 시어머니가 애 하나 죽어. 저기 더 가서. 그르드니 인제 올러와가지구 우리 시엄, 큰동새 애가 죽구 친정집 애가 셋이 죽었어. 우리 친정, 우리 친정어무니 애 하나, 우리 올케 애 하나. 한테 겉이 피난을 갔거든. 마찬 그 집두 따루 가주가구 우리 친정두 마찰 부리니까. 옛날에 마차 부리믄 부자야. 또 그르니까 겉이 갔는데 우리 친정집 애두 고 이웃에 겉이 있었으니까 그 동산에다 죄 묻었지. 이제 우리 시집동네, 우리 형님 애가 둘, 우리 작은 시어매 애 하나, 또 작은 시어매 해 하나. 나만 둘이 고대로 데리구 왔어.

[9] 연합군을 피해 숨어 지내다

[조사자: 그러면 전쟁 중에 고생하신 게 젤 힘들었고 군인들이나 빨갱이들이나 뭐 괴롭히거나 그런 건 없었어요?] 못 봤지. 거기 갔으니까 못 봤지. [조사자: 그럼 연합군도 못 봤어요? 유엔군.] 여기 능 안에는 있었어. [조사자: 유엔군도? 중공군 말고.] 으? [조사자: 중공군 말고 유엔군.] 이북. [조사자: 이북 말고 저기 미국이랑 이룽게 와서 코쟁이들.] 그런 사람 봤어. 저기 외국사람, 영화. 그런 사람하구 한국 저거허구 높은 사람허구 유엔경찰하고 저녁이믄 댕기믄서 누집에 피난민 있느냐구 조살 댕겨. 조사를 댕기다가 인제 피난민이, 여자가 젊은 여자가 있으믄. 우리 아랫집이야. 바로 우리 아랫집 붙었는데 그 조사헌다구 끌구 가니까 시아부지가 못 끌구 가게 그냥 붙드니까 총을 가지구 저거

허니까 놔 줬어. 그래가지구 여기 어디 와서 욕을 뵈구 놔줬어.

그래가지구 밤에 우리집이를 또 뒤왔드라구. 우리 칙간 속에다가 재우구 나하구 우리 큰동새, 작은동새 셋은 저 새루리, 새루리 동네 우리 시할무니 친정이야. 거기는 부대가 많으니까는 높은 사람이 있어. 거긴 못해. 거기 가서 저녁마다 자구 아침을 하러 내려왔어 맨날. [조사자: 피해 다니셨어?] 그럼 그럼. [조사자: 유엔군들이 그런 짓을 많이 했어요?] 유엔군이 아니구 미군. [조사자: 미군들이 많이 그랬어?] 많이 헌건 몰라. [조사자: 어쨌거나 그래서 피해다니셨어?] 응. 그래서 우린 그 새루리로 자러 대녔어요. [조사자: 무서웠죠?] 새루리 동네, 거가 밤에 자구 아침에 밥하러 오지. [조사자: 외국사람은 처음 보셨어요 그때? 어땠어요? 좀 무서워요?] 우린 보진 못했어. [조사자: 보지도 못했어?] 밤이믄 피난민 조사헌다고 와. 우린 새루리 가서 잤다구. [조사자: 새누리?] 이 동네. 큰 동네. 저기가 우리 시할무니 친정이야. [조사자: 아 거기에 가서 피해 계셨어?] 거 가서 잤지. [조사자: 아 밤이면. 애기들은 어쩌구?] 업구 갔지 젖멕이는. [조사자: 아 젖먹이는 데리구 가구요?] 으.

[조사자: 소 잃었을 때는 어땠어요 심정이?] 뭐? [조사자: 마차 끌고 가는 소 잃었을 때.] 아유 말두 못하지. 마차 소를 잊어먹었으니 오죽허우. 마차소두 큰 걸. 그 옛날에 마차 부리믄 부자야. [조사자: 할머니네 집 부자였나봐?] 근데 우리 시할아부지, 우리 시아부지 그릏게 언내들꺼정 징조할아부지지 뭘. 그래 우리 아들은 내, 내가 시할아부지니까 징조할아부지야. 그릏게 사대를 나갔지.

전쟁과 휴전으로 고향을 잃다

김 예 순 외

"지금 못 들어가고 있는 거지. 거기 우리 학교고 우리 집터고 다 저기죠"

자 료 명: 20130717김예순외 2인(서울)
조 사 일: 2013년 07월 17일
조사시간: 2시간
구 연 자: 김예순(여 · 1936년생), 김영귀(여 · 1938년생), 김태희(여 · 1937년생)
조 사 자: 박현숙, 황승업, 남경우
조사장소: 서울시 종로구 동묘 (커피숍)

[조사과정 및 구연상황]

조사자는 임정진 동화작가에게 모친 김예순 제보자를 소개 받아 제보자와 인터뷰 일정을 조율하였다. 김예순 제보자는 피난 나와서 이곳에 정착한 초등학교 동창들이 정기적으로 모임을 갖는다고 말하였다. 남녀 전체 동창 모임이 있고, 여자 동창 모임이 있는데, 선약 되어있는 여자 동창모임 날짜에 맞춰서 인터뷰를 진행하기로 하였다. 조사팀이 김예순 제보자 동창들 모임

장소를 찾았지만 주변이 매우 소란스러워 녹음 여건이 좋지 않았다. 제보자가 동창모임을 진행하는 동안 조사팀은 주변에 적당한 인터뷰 장소를 섭외하였고, 음식점 옆 카페에서 인터뷰를 진행하였다. 매우 가슴 아픈 사연들이었지만 동일한 역사를 겪은 동창들이 서로의 상처를 보듬고 눈물을 닦아주는 의미 있는 시간이었다.

[구연자 정보]

김예순(1936년생), 김영귀(1938년생), 김태희(1937년생) 제보자는 어린 시절 같은 동네에서 자란 동창생들이다. 그들이 살았던 고향은 장단군 군내면 군내리로 현재는 경기도 파주시로 편입되었다. 당시 그들의 고향은 3.8선과 근접해 있었기 때문에 6.25전쟁의 발발상황을 직접 목격하였다.

부산까지 피난을 간 김영귀 제보자는 어린 몸으로 국제시장에서 엿, 오징어, 양담배 장사를 하였다. 국제시장에서 장사를 하던 중 제2국민병으로 뽑혀갔다가 소식이 끊겼던 오빠와 가까스로 상봉하였다. 다시 고향을 찾았으나 폭격으로 어머니의 묘가 소실되었다.

김태희 제보자는 한국전쟁 시기 가족을 잃었다. 국군 패잔병이 된 오빠는 돌아와 숨어 지내다가 도피생활을 하던 중 행방불명이 되어 지금까지도 소식을 알지 못한다. 동네 청년단 단장이었던 부친은 전쟁당시 총살당했다. 부친을 잃은 제보자는 어머니와 남은 가족들과 피난을 떠났고, 서울에서 정착하게 되었다. 제보자는 공장에 취직하여 기술을 익혔다.

세 제보자는 고향을 바로 눈앞에 두고도 그 땅을 밟을 수 없다고 안타까워하였다.

[이야기 개요]

김예순 제보자는 뒷산에 떨어진 포탄의 파편을 보고 6.25전쟁이 일어난 것을 알게 되었다. 그녀의 어머니는 곧바로 어린 자식들을 데리고 남편이 살아

생전에 했던 말에 따라 계룡산으로 피난을 떠났고, 이후 서울과 부산 등을 돌며 피난생활을 하게 되었다.

김영귀 제보자는 6.25 당일 새벽의 포탄 소리를 들었는데, 평소와 같은 훈련 상황인 줄 알았다. 이후 전쟁이 발발했다는 것을 알게 되고 피난길에 올랐는데, 금방 다시 고향으로 돌아갈 수 있을 줄 알았다고 했다. 낮과 밤을 인민군과 국군이 번갈아 가며 주둔했던 상황으로 힘겨운 나날을 보냈다. 부산으로 피난을 가서 우연히 고향친구 김예순 제보자를 만나기도 하였다.

김태희 제보자는 국군으로 참전했던 오빠가 패잔병이 되어 도피하던중 행방불명되어 현재까지 생사를 알지 못한다. 마을 청년단 단장이었던 아버지는 이념갈등으로 인해 억울한 죽임을 당하였다. 전쟁은 부친을 모셨던 묘마저 소실시켜 버리고 말았다. 김태희 제보자는 방직공장에 다니며 가족들을 부양하였다.

[주제어] 포탄 파편, 피난, 부산, 국제시장, 좌판, 야학, 빨갱이, 묘, 탱크, 중공군, 도토리가루, 엿, 서울, 한강다리

[1] 김예순: 일제강점기 학창시절의 기억과 징병 갔던 오빠

징병을 요구했잖아요. 그런데 그걸 응하지 않으니깐 나를 학교를, 입학을 안 시켰어. 그래가지고 내가 열 살에 일학년 들어갔다고. 그래 오빠가 해군으로 입대를 하니까 그때 오라고 데리러까지 왔어. 그래가지고 열 살에 국민학교를 들어갔다고요. 그래서 그때 일학년 다니면서 인제 그러고 해방됐지? [김영귀: 응, 일학년 때.] 일본 놈들, 그때 교장선생이 일본 놈인데다가 부인이, 일본 여자가 우리 일학년 담임이었어. 한국말, 우리 일본말 하라는 거지. 근데 촌에 애기들이 무슨 일본말을 하오. 시켜도 금방 잊어버리고 그러면 화장실 청소시키고 그랬어, 우리. [조사자: 일본말을 못 하면?] 못 하면은. 자기

딸은 맨 앞에다가 갖다 앉히고. 그치 그때 그럼, 그렇게 했어. 그러다가 8.15 가 돼서 해방됐죠. 그러니까 우린 일본말 인제, 일본말을 한참 하다가, 배우다가. [김영귀: 조금 배우다가.] 그렇지, 조금 배우다.

근데 그때 여름에 이렇게 지금 말하면 퇴비라 그래. 풀. 그 풀을 베어서 학교를 끌고 가야 돼. 그걸 이렇게 퇴비를 만드느라고 그걸 쌓아. 그걸 쌓아서. 그래가지고 어저께도 내가 그 얘길 했지만은, 뽕나무 씨, 싸리 씨, 잔디 씨 그런 걸 받아오라 그래. 그 받아 오라는데, 우리 언니가 저 시골에 살았어요. 그런데 뽕을 많이 길렀어. 그런데 그걸 뽕을, 그 오디라 그래갖고 오디 씨를 받아오라고 인제 그게 그러는데 그게 어디서 받아. 그래 시골엘 갔어. 가니까 오디가 막. 이 막 따 먹었어. 따 먹었더니 우리 형부가 막 소릴 지르는 거야. 그래서 읍에 장날이면 저희가 우리 집에 와서 밥 먹고 가면서 그냥 왔어. 그 이튿날 씨를 요만큼 받아서 그 먼데서 우리 집에를 왔어. 그래 보니깐 더위 먹는다고 오디를 못 먹게 소릴 질른 거래, 그게. 그런데 나는 오디 따 먹는다고 먹지 말라고 그런 줄 알고. 그래가지고 우리 반에서 그때 그거 많이 따 와서 요렇게 탁상시계, 학교 교실에 탁상시계 받았어. 그러니깐 일본 놈들이 그런 거는 철두철미하게 시켜. 퇴비 무슨 그런 거는. [조사자: 그런데 오디를 먹으면 더위를 먹어요?] 더울 때 막 나무에서 따먹으면 그러나봐.

그래가지고 인제 8.15 해방 돼서, 해방 됐으니까 우리 오빤 진해 해군에 있으니까 해군에 전역해서 올라오는데, 우린 읍이고 역전이 좀 멀어요. 그래 엄마는 외아들이니까 그 올려고, 그 오는 거 기다릴려고. 그 기차를 딱 하루 종일 보다가 기차가 끝나면은 들어와. 그러믄 밤중 한 시 뭐 이렇게 돼서 들어와. 들어오믄 또 엄마가 녹초, 그 이튿날 역전엘 또 나가서 하도 지쳐서 엄마하고 나하고 가다가 인제 병이 났어, 엄마가. 병이 나서 했는데. 사병인데 내 이름을 부르면서 오빠가 그때 무슨 가방을 메고 그 논두렁을 해서 거기서부터 집에를 온 거야. [김영귀: 읍내에서?] 아니 그 역전에서. 역전에서 온 거지. 그렇게 하고는 해방 돼서 우리가 인제 공부하다가 육학년 되니까 또. [김태희: 오학년 때 6.25났지. 육학년 때 1.4후퇴 나왔지.] 육학년 여름이지 얘는.

[2] 김예순: 6.25전쟁 발발과 피난

그런데 이게 그 저거 한 얘기를 할게. 사변 난.

[조사자: 그러니깐 사시던 데가 어디에요?] 3.8 바로 이남이에요. 개성 못 미처. [김영귀: 장단군 군내면 군내리. 지금은 파주군으로 편입 됐는데요 그때는 파주군이 아니었어요.] 그래가지고 그날이 일요일이었어요. 일요일이었는데 우리 오빠가 거기 이렇게 산이 있었어요, 가둑산이라고. 임진강이 있어요. 임진강만 아니면 우리는 완전히 남쪽이죠? 그런데 임진강이 있기 때문에 거기 1사단이 주둔을 하고 있어요. 그래서 자기네 작전상 불리하다고 그래가지고 우리 고향에를 못 들어오게 하는 거야. 1사단이 왕초야, 거기는. 그래가지고 거기 지금 못 들어가고 있는 거지. 거기 우리 학교고 우리 집터고 다 저기죠.

근데 그때 6.25날 그날 얘기 말씀드릴게요. 일요일인데 새벽에 우리 오빠가 백학산이라는 산이 있어. 거기에 그러니까 뭐라 그래. 감시처라 그래요. 감시처라 그랬는데 거기 다녔어 오빠가. 새벽에 한 네 시쯤, 그래 요새 네

시 되어도 환하잖아요, 여름에 6월이니까. 막 뛰어오더니 막 대문을 두드려요. 이렇게 나무 빗장문인데. 막 그러니까 엄마가

"왜 이렇게 새벽에 웬일이냐?"

그러니까,

"난리 났다. 뭐 뭐가 이상한 게 떨어졌다."

무슨 쇳덩어리 하나를 이만한 걸 들고 와 그래.

"그게 뭐냐?"

그러니까 그 사이 지금 어디서 뭘로 콰당 콰당. 벌써 산에는 벌써 올라왔는데 이상한 게 뭐가 떨어지니까 내려온 거야, 산에서. 산 꼭대기에 떨어진 게 아니지. 저기서 쏜 게 산 밑 쪽에 떨어지니까 이상하니까 내려와서 그걸가지고 전부를 데리고 집으로 들어온 거예요. 그래 보니까 무슨 쇳덩어리 파편 쪽이야. 파편 쪽을 그걸 갖고 오니까 우리 엄마가

"아니 그런데 이게 뭐냐? 누가 어디서 뭐 철공소에서 땜질 하느냐?"

"아니라고. 이상하다고."

(주변 소음 때문에 구술을 잠시 멈추었다.)

그래가지고 그걸 뭐 이상하더니 원인을 모르고 또 나가더니 그 산에 빨간 기가 꽂힌 거야, 벌써. 저 백학산이라는 데가 벌써 빨간 기가.

그래가지고 그날, 6.25 그날. 인제 그래가지고 밥을 부지런히 해먹고는 이제 난리난 걸 그때서 인제 왜냐면 읍에 인제 군인들, 파출소에 순경들이 막 그때서 막 임진강 쪽으로 도망, 뭐라 그래? [조사자: 그런데 그때 이미 쇳덩어리가 떨어지더라고요?] 콰광 논에 가서 뭐가 논엘 논바닥에 뭐 그런 데 떨어지면 몰르고 그걸 줏으러 간 거야. 우리 엄마가 또 주워 오더니, 그런 쇳덩어릴 또 주워 온 거야. 그런데 아주 읍에는 안 떨어지고 우리가 이렇게 아마 백학산 밑에가 읍이고 우린 조금 변두리니까 그게 이렇게 떨어지면서 우리 쪽으로 많이 떨어진 거야. 우리 논에. 그래가지고 그때 막 밥들을 해먹고 무슨 우리 엄마가 벌써 딱 오빠가 얘기하니,

"뭐 난리 난거 아니냐?"

딱 이래.

"난리 난거 아니냐?"

그래.

"난리요?"

우리 오빠는 이러는 거야.

"난리요?"

"어 난리라고."

그때서야 밥을 막 먹고는 순경들 나가는 거 쫓아서 임진강에까지 간 거예요. 임진강까지 갔는데 배 못 탔어, 그날. 사람이 원체 많으니까 배는 그 나룻배, 나룻배 몇 명씩 하는 건데, 몇 백 명이 몰리니까 배를 못 타 도로 들어왔어요, 그날. 도로 들어왔는데 안 되겠어. 그러니까 오빠가 인제 그런 데 있고 그러니까 안 되겠어서 점심을 먹고 또 나간 거예요, 우리 엄마가 피난 가야지 안 되겠다고. 그러니까 벌써 읍에 뭐가 다 들어왔대. 그러니까 우린 조금 변두리니까 인제 도로 다리 인제 그걸 나갔어. 그때는 사람들이 조금 뜸해, 배가. 그래가지고 신촌, 서울 신촌까지 왔죠.

[조사자: 배를 타고?] 아니 이제 배를 타고 건너서 인제 걸어서, 걸어서 기차도 못 타고 걸어서. 저녁 아마 그때가 밤중에까지 신촌에 우리 친척이 살았어. 그래서 그리 거기까지 왔지요. 그런데 벌써 서울에까지 다 왔어, 신촌까지. 이북 놈들이 다 벌써 앞질렀어, 우리를. 그래서 거기서 한 며칠 있다가 도로 들어갔지, 고향으로. 그랬다가 1.4후퇴 때 다 나온 거지요. 6.25날 그래 놓고 7, 8, 9, 10, 11, 12 그리 6개월 만이지? 1.4후퇴 때 그때 다 나와서 못 들어가는 거야. [김태희: 이북 놈들이 부산까지 내려 왔데. 내려갔다가 내려간 새 인제 우리는 중간에 피난 나왔다가 도로 들어갔지, 고향으로. 에이그 그때 생각하면.] [조사자: 그러면 피난을 다 같이 나오신 건 아니죠?] 아니죠. 집이 다 단체로 못 나오지. 이 집 먼저 나가면 저 집은 또 몰려서 못 나오고

뭐 그렇게 나온 거지. [조사자: 그러면 어머니는 6.25 때 피난을 잠깐 신촌으로 왔다가 다시 이제.] 들어갔다가 1.4후퇴 때.

[3] 김예순: 여성동맹 교육에 세뇌 되었던 언니

[조사자: 그러면 1.4후퇴 전까지는 마을은 조용했었어요?] 1.4후퇴 때까지 뭐 조용허요. 내가 지금도 얘기해. 여기 우리 한국남자들 이렇게 순해가지고 안 된다는 얘기야. 그때 계집애들이 넘어 와가지고, 나는 그때 조그맣기 때문에 우리 언니가 열여덟 살이었어, 그때. 우리는 열네 살, 열다섯 살이고. 그 언니를 가만 안 놔둬요. 뭐 여성동맹이라고 끌어내가지고 교육 시키는데, 이 세뇌교육이 난 그렇게 무서운지 알어. 얼마나 교육을 시켰으면은 우리 언니가 그 좋다는 거야. 자기도 거기. 엄마가 잔등팍을 패면서,

"이년아 똑바로 정신 채리라고."

그럴 정도로 배겼어요.

그래서 내가 '아 세뇌교육이 저렇게 무섭구나.' 그런데 그 여자들이 보통 억센 게 아니에요. 여기 남자들 아마 지금 이런 남자들 둘 셋도 당해요, 여자가. 그렇게 억세고 그렇게 교육을 받고 그렇게 하고 넘어왔어요. 그런데 뭔 뭘 북침이니 어떤 놈이 그딴 소리들을 하고. 그래서 우리 어린이들 때부터 좀 철저한 방공교육 좀 시켜야 될 것 같애. [조사자: 그러면 어머님은 그때 교육 같이 안 받으셨어요? 노래도 배우고 막 이러던데.] 초등학생이니깐 안 불렀지. 안 부르지. 우리들은 안 부르지. 우리보다 [조사자: 큰 언니들?] 그렇지.

[4] 김영귀: 6월 25일의 포탄 소리

우리가 학교에서 해요. 6월 25일 날이 주일날이었어요. 그날이 일요일 아침인데 비가 왔어요. 지금도 생생해요. 비가 와서 새벽같이 우리 아버지가 밭에를 가셨는데 조금 있다 그냥 후다닥탁 들어 오셨어. 그러는데 쿵쿵– 아

침에 대포소리가 나요. 그런데 우리 동네는 그 대포알 떨어지지 않았어. 대포 소리가 나는데 우리는 3.8 바로 이남에 살았기 때문에 군부대와 항상 가까웠어요. 그러니까 '아! 오늘도 무슨 연습을 하나보다.' [조사자: 어머니네는 마을 이름이 뭐였는데요?] 응내리. [조사자: 응내리인데 그 마을들 이름이?] 서하동. [조사자: 어머님네는?] [김예순: 오목동.] 다 응내리인데 서하동, 오목동, 서상동이야? [김태희: 동아랫마을.]

[5] 김태희: 행방불명 된 오빠와 빨갱이들에게 죽임을 당한 아버지

거기서 오래 산 사람들의 얘기도 저 같은 경우는. [김예순: 재는 조금 변두리 마을이야.] 변두리라기보다 [김예순: 방목리.] 6.25사변, 저 8.15 해방되기 전에 서울에 살다가 8.15 해방되니까 고향엘 내려가서 고향에서 저 농토 같은 걸 찾아가지고 농사 지니까 마을도 좀 고향이지만 서울에서 1학년 입학했다가 2학기에 중간으로 8.15 저 8월에 해방이 됐으니까 일 년을 까먹고 그 이듬해에 2학년에 들어가서 이 친구들은 아주 그 본토배기이고 저도 그 장단 고향사람이지만 애들 적엔 서울에서 컸던 사이에요. 그래가지고 인제 고향에 내려가서 이 친구들하고 같이 학교를 다니고. 나 내가 할 말은 이 사람들은 고향에서 그 6.25. 저놈들이 내려 온 고 사연을 얘기 했는데.

저는 이제 그 더 넘어서 6.25사변 나고 나서 아까 저 친구가 얘기하듯이 부산까지 저놈들이 내려갔다가 우린 요만치 서울까지 왔다가 도로 또 들어갔을 거 아니에요. 너무 지쳤으니까. 그래 고향에 들어와서 인제 하루하루 살을라고 어머니 아버지 오빠는 그때 6.25사변 나기 직전에 국방부에 군대에 입대를 했어요. 그래가지고 12월 달이면 제대할 건데 6월 달에 6.25사변이 났어. 그래가지고 바로 어디서 근무를 했냐면 고량포에서 근무를 하다보니까 패잔병이 돼버렸어요. 갑자기 뛰어 넘어 왔으니까. 이놈들이 갑자기 밀어 왔으니까. [조사자: 고량포가 어디에요?] 고량포가 시방 저 강원도 쪽으로 장단에서 30리를 저 북쪽으로 가야 고량폰데. [김예순: 동쪽으로 가야.] 어. 거기 가서 근무를 하다가 갑자기 어느 날 새벽에 저놈들이 넘어오니까 후퇴를 하다가 아주 아주 내려가지를 못하고. 중대장이 딱 한 산골짝으로 모아놓고 총을 다 세워 서로 그냥 자살하게 할 정도였었어요. 근데 우리 오빠는 동네가 바로 거기니까 집이 요렇게 건너다 봐. 큰 길 하나만 건너가면 우리 집인데 거기서 죽자고 중대장이 하니까 거기서 죽는 체를 했대요. 그래가지고 빠져나왔어. 그래 집이라고 찾아왔는데, 집이라고 찾아오니까 아버지는 그때 동네 청년단 단장을 했었어. 그러니까 벌써 그냥 그게 시방으로 말하면 그 빨갱이지. 동네 빨갱이. 잡아가고 오빠는 국방부에 나갔다가 이렇게 패잔병이 돼서 집에 와서 숨어 있는 거야. 그런데 못 살게 구는 거야. 도대체 살 수가 없어. 이에 도로 나간 거야. 숨어서 남쪽으로, 남쪽으로 가다가 어떻게 됐는지 시방까지 행방이 없어요.

그러고 인제 아버지는 그래 붙들려 갔는데 얘네가 시동상이 읍이거든요. 읍 그 생교. [김예순: 상교.] 상교 거기 앞에다가 이렇게 구덩이를 파고는. [김

영귀: 향교야, 향교.] 향교 응. 전부 그냥 사다가 전부 이렇게 엮어서 세워놓고 총으로 팍 다 쏴 죽인 거야. [김예순: 따발총이라 그러지? 선 끝에다 전부 다다다다.] 죽이는데 거기서 아버지가 죽은 거야. (제보자가 눈물을 흘린다.) 그래가지고 그것도 금방 찾으러 못 가고 며칠 있다 울 엄마 찾으러 갔어. 끌어다 산에다 묻고. 그리고 1.4후퇴 때 피난 갔어. 그것이 나는 시방 꽉 가슴 아퍼. 오빠 그렇게 됐지, 아버지 그렇게 됐지. 우리 엄마가 사남매를 우리 언니 여기 언니하고 동생이지만은 열다섯 살, 나 열네 살, 여덟 살, 다섯 살. 이걸 데리고 피난 나와서 오늘까지 고생하고 살았네. 왜 이런 난리를 두 번씩 겪어야 되는지 나 이건 모르겠어. (제보자가 흐느껴 운다.)

그래서 이걸 잊을라고 이 친구들 만나면 내가 명랑하게 살아요. 전 이 친구들 하고 나쁜 일도 좋다, 좋은 일도 좋다. 내 그 잊을라고 하는데 왜 옛날 얘기를 하라 그래서. [조사자: 아 너무 힘드시죠. 죄송해요.]

[6] 김태희: 피난길에서 목격한 참상

(피난) 나오면서 참 크게 본 거는 우리 엄마가 사남매를 데리고 주르륵 앞에 세워 놓고 피난을 나오는데 분명히 그 폭탄이 날라오는 거야. 폭탄이 날라오면은 앞에 가던 사람들이 픽픽 쓰러져. 그러면 우리가

"아유 엄마 다리 아퍼. 쉬었다 가."

그러면 옛날에는 큰 도로 옆에 행성, 팻마루들이 행갯길을 다 나 있었어요.

"엄마 저기서 좀 쉬었다 가."

그러면은 이렇게 가보면 그냥 우리네 같이 단발머리 한 애들이 푹푹 쓰러진 게 다 있는 거야. 그거를 보고 또 우리 엄마는,

"얘야, 다리 아파도 조금 더 가자. 저기가 쉴 자리가 더 좋다. 가자, 가자."

우리 사남매를 몰고 나오던 우리 엄마가 그때 갓 마흔이었었어. 그 마흔인 엄마가 사남매를 데리고 남편 잃고, 자식 잃고. 6.25만 생각하면 진짜 증말,

다 돌아가셨지만 6.25때만 생각하면 치가 떨려 진짜.

[조사자: 그래 어디까지 피난을 가셨어요?] 우리 고모가 이 서울에 살았어요. 우리는 서울 이상 내려가질 못했어요. 고모네 집으로 인제 거처를 삼고 와서 보니까 고모네는 또 피난을 나가신 거야. 그래서 우리 고모네서 기거를 하다가 1.4후퇴 되고 휴전선이 생기니까, 휴전이 되니까 그러고는 못 들어갔지. 휴전이 돼가지고 임진강 건너 비무장지대로 나와가지고 살다보니까 거기 이제 고향이고 하니까 우리네 동창들이 졸업도 못하고 고향을 나와서 통일촌에서 졸업식도 음, 행사를 하고.

[7] 김예순: 소를 끌고 차가운 강을 건넜던 피난길

통일처라는데 거기 학교가 하나 있어. 거기 백년국민학교라니? 그래서 그걸 우리가 정정을 했어. 군내국민학교로. 그땐 국민학교가 지금 초등학교지만. 그래서 군내국민학교로 명명을 다시 해가지고 거기서 졸업식을 했어요. 그 후에 인제 그게 몇 년도냐, 그때가? [김영귀: 생각도 안 나.] 생각도 안 나네, 몇 년돈지. 그래가지고 인제 우리가 마지막 그 국민학교 38회 동창이에요. 그래서 그 다음부터 이렇게 모이게 됐어요. 그래가지고 그때 그 몇 십 년 만에 전부 만나니까 지금 그 회장이 명찰을 전부 이름을 써서 들어오는 사람마다 여기다 이름표를 붙이고 그렇게 모여 앉아서 모여가지고 그다음부터 이렇게 모임을 했어요.

저희 같은 경우는 1.4후퇴 나면서 개성에서 그 넘어 오잖아. 개성에서 넘어 오니까 우리 엄마가 안 갈라 그랬어.

"난 죽어도 이 집을 못 버리고 간다."고.

안 갈려고 그러는데 안 가고 배겨? 오빠가 막,

"가라."고.

그러고.

또 외삼촌이 와가지고 막,

“가셔야 된다.”

야단을 해서.

[조사자: 그런데 오빠는 그때도 계속 군인이셨어요?] 아니지. 저글루 내려갔다가 피난 나갔다가 잠깐 들어와서 있다가 군인 아니야. 그래가지고 다시 내려가서 군인을 한 거. 저 보병학교에 가서 뭐 소위 뱃지를 달고 군대생활을 하고. [조사자: 그때 그러면 피난을 같이 가셨어요?] 못 갔지.

거 나가 댕기는데. 우리 여자들끼리만 댕기는데. 임진강에를 가니까 배가 하나 오잖아요. 사람이 너무 많아서 그 배를 너무 타서 배가 가라앉아 못 가. 또 다른 배가 저기 내려놓고 또 오면은 너도나도 탈려니까 배가 또 가라앉아. 그래 할 수 없이 임진강 저 상류로 갔어요. 그러다보니까 해가 다 졌지. 겨울에 1.4후퇴니까 해가 얼마나 짧아요. 그래서 거기로 가니까 그때는 물이 그 뭐라 그래? 밀물이라 그러나 썰물이라 그러나? 썰물 때가 돼서 거기로 이제, 그런데 우리는 그때 소가 한 마리 있어서 그 소를 송정 씨네 동네 사람한테 멕여. 그 새끼 낳면 팔면 우리 거. 우리 일할 땐 그 사람이 와서 해줘요. 그 다음에 평생 자기네가 달구지 끌어서 먹고 살고. 그래서 그 소에다 이제 거기다가 짐을, 우리 짐을 쌀이고 뭐고 실었는데 소가 거기 달구지가 임진강을 건너갈 수가 없지. 그래 소의 등에다가, 그 달구지는 버리고 소 등에다 이렇게 하고 갔는데 소가 물에 안 가는 거야. 다 쏟아버린 거야. 소가 막 발광. 발광이라 그러지? 소가 막 그냥 해서 짐도 다 쏟아버린 거야. 그래 엄마가 막 이불은 못 줏어. 젖어서 솜이 젖으니까. 옷털 뭐 그런 거 줏어가지고서 먹을 거, 쌀 그런 거 조금 줍고 그렇게 하고 그 강을 건너가는데, 다 이렇게 손을 붙잡고 저기서부터 인제 그렇게 가야 돼요. 가는데 이 돌이 미끈미끈해가지고 하나가 미끄러지면 다 미끄러지고 난리가 나요. 그렇게 하고 갔는데, 어느 소가 한 마리 거길 건너가는데 그 수렁에 빠져가지고.

[김태희: 빠졌어. 너도 봤니?] 봤니?

[김태희: 나 봤지.] 소가 네 마리 다 빠진 거야. 눈이 정말 지금 그때는 지금은 우리가 아니니까 헤드라이트라고 하지, 그때는 자동차 눈이라고.

[김태희: 눈을 멀뚱멀뚱 떴는데, 하도 먹을 게 피난민들이 북에서부터 내려오는 피난민들이 배가 고프니까 눈을 멀뚱멀뚱 떴는데 소가 가죽을 벳기고 살을 잘라가는 거예요. 그거를 봤어요.]

그것까지는 못 봤는데 그렇게 해가지고서 그 뭐라 그럽니까? 그 강이 뭐라 그래, 저 뻘이잖아요? 그게 이렇게 딛으면 일루 들어가고 이렇게 딛으면 일루 들어가고 이거 빼면 일루 들어가고 이래. 그러니까 먼저 간 사람들이, 남자들이 수수깡 뭐 갈대를 좀 이렇게 베어다 놓으면

"딛으라."

그래, 이렇게.

그러믄 짐은 들었는데 그게 빨리빨리 추워서 몸은 다 얼었지. 그래도 그게 원체 살래고 그래 되니까 그거를 타다다다다닥 건너야 돼, 빨리빨리 해서. 그렇게 해서 그러믄 그 수렁엘 안 빠져요. 그러니까 짐은 졌지, 이 발 내서 쑥 들어 가. 이걸 뺄려면 이 발이 또 들어 가. 아휴, 그렇게 해가지고. [김태희: 요만하니 해가지고 다 가방 하나씩은 졌어요.] 뭐 그냥 보따리 해서 머리에 이고. [조사자: 어머니는 뭘 드셨어요?]

[김태희: 난 옷 보따리 하나 지었어요.]

보따리지 뭐. 이불 껍데기 뜯어서 거기다 뭐해서 하나씩이지. 이구, 가방이 어딨어요. [김태희: 그렇게 싸가지고 짊어지고 가는 거지.] 그럼.

[김태희: 그 얼음을 건너는데, 그때는 열네 살쯤이잖아요? 팬티가 물에다 잘랑잘랑잘랑 다 젖고 그 추운데 건너오니까 그냥 아래가 다 얼은 거 있지.] 나 그런데 우리 아버지가,

"난리나면 저 계룡산에 가야 살아, 계룡산에."

계속 그러셨대. 그래 난 조그맣기 때문에 일찍 돌아가셔서 몰랐는데 우리 엄마는,

"야, 그 전에 아버지가 난리 나면 계룡산에 가야 산다고 그랬다."고.
계룡산만 목표로,
"계룡산 얼로 가요?"
계속 계룡산만 찾아 계룡산 밑에 가서 겨울을 나고 왔어. 걸어서. 그럼 장단사 계룡산까지 그 추운데 계룡산 밑에 까지 가면 얼마나 고생을 했겠어요? 그래가지고 봄 되가, 거기서 겨울을 난 거야. [조사자: 그러면 가시는데 고생하셨겠네요?] 아휴, 고생은 말도 못 하지.

[8] 김예순: 허기에 시달렸던 피난길과 수용소 생활

그러니깐 거기 육로로 걸어가니까 먹기는 제대로 먹어? 요만치 가다가 무슨 집 있으면 거길 들어가면 주인은 다 나가고, 먼저 가서 그 방 차지한 사람이 주인이고, 그럼 어디 마루구석에 어디 틈이 있으면 거기서 하룻밤 자고. 그러면 그때는 쌀이 그 소가 다 쏟아 버려가지고서 쌀도 없었어. 그 집 김치고 뭐고 나그네들이 다 후벼 먹는, 꺼내 먹는 거야. 우리 엄마가 그때 도토리 가루가 있었어. 도토리가 그 해 아주 유행. 유행이 아니라 풍년이 들었어요, 도토리가. 그래 도토리가루를 그렇게 많이 했는데, 그거는 어떻게 그렇게 그건 안 젓고 그냥 가져갔어.

그래가지고 피난 나가서 난리나면 먹는다고 엿을 또 많이 펴셨어. 그런데 엿이 덜 된 걸 펐어. 그러니까 추우니까 이렇게 빳빳하잖아요? 그러면 이제 그걸 우리 언니를 이어줬는데, 그게 이제 머리가 뜨뜻하니까 이게 이렇게 녹아. (머리에 물건을 이는 시늉을 하며) 이렇게 녹으면은
"엄마 안 보여."
그런데 길로 이렇게 사람만 쫓아가니까 몰르지.
"엄마 안 보여, 안 보여."
(웃음) 그러믄 엄마가 이걸 다시 이쪽으로 또 넣어줘. 그런데 그 엿이요,

그 배고플 때 그렇게 요기가 돼요. 그래가지고 그 도토리가루 묵을 쑤어서 그냥 퍼먹으면 그게 그렇게 든든해. 또 엿하고 그걸로 요기를 했어, 우리는. 그래가지고 거기까지 갔는데 그때 혼기 찬 언니가 있었어요. 그런데 그 언니 혼수품 뭐 비단 같은 거 끊어 놓은 게 있었어. 그거를 그렇게 엄마가 그것만 집문서하고 그것만 이고 가셔가지고, 시골에 가면 그거 하나, 그거 옷감 뭐 저고리 감 하나 가지고 가면 쌀 좀 가져 오셔. 또 다 끓여 먹어. 이제 김치는 이 집 저 집에서 뭐 우거지도 얻어다 먹고. 그걸로 다가 그래도 그렇게 몇 개월을 살았어요.

그래가지고 온양온천까지 오니까 장단, 장단수용소라고 있대, 온양온천에. 그런데 보니까 그게 뭐라 그래요? 군인들 그 막사라 그러지? 콘센트 이렇게 둥그렇게 그게 몇 십동 있었어요. 그런데 그 속에다 다 수용을 시킨 거야. 그런데 우리 집 하나가 가마니 한 짝이야. 가마니 한 짝이 여기 일곱 식구고, 여덟 식구고 이거 하나만 배당을 주는 거야. [조사자: 한 집당?] 그래 그렇지, 그렇지. 그 가마니 하나만. (동창들을 가리키며) 너희는 거기 안살아 봤지? 그래가지고 거기에서 그렇게 있다가 서울 도강한다 하니까 여기까지 인제 올라 온 거야. 영등포까지 올라 왔는데, 가긴 뭘 가, 못 들어가지. 그래가지고 며칠을 거기서 다 이제 먹을 것도 없는데, 그때 배급을 뭘 주냐면은 콩, 그 강낭콩. 강낭콩 하나가 거짓말 보태 (엄지손가락 한 마디 정도를 잡으며) 이만큼씩 해. 그지? 보리쌀 하나가 아마 (새끼손가락 한 마디 정도를 잡으며) 이만 했나봐. 시퍼런 보리 쌀 그거를 배급을 줬어요. 그러면 이제 그걸 삶아서 보리 그거 맷돌에다 맷돌로써 타서 죽을 쒀서 인제

그렇게 해서 그렇게 먹고 그러다가 영등포까지 오니깐 못 들어 간대지 뭘. 강을 못 건너는데 도강을 못한대.

그러니까 하는 수 없이 도로 수원으로 내려가니깐 수원에 또 우리 장단수용소가 있어. 그 국민학교에 그때 여럿이 살았지. 그래가지고 거기 수용소에 있다가 그때 오빠가 군인이니까 군인들 가족 배급을 좀 낫게 줘. 그러니까 우리 엄마가 거기에도 군인가족 등록을 해놓고 수원에다가 또 이렇게 학고방같이 하나 지어놓고 거기다가도 등록을 해놓고 두 군데서 그 군인가족 배급을 타니까 먹는 거는 이제 해결이 돼. 이제 그때부터.

[9] 김예순: 학교를 다니기 위한 부산에서의 고생

그런데 학교를 가야지. 학교를 못 가잖아요? 그래가지고 이제 가는 거는 서울 가는 건 틀렸어. 그래가지고 나는 학교를 가야 되는데 학교를 못 가니까 인제 그래가지고 부산에까지 또 갔어. 부산에 가서 부산에 인제 사촌오빠가 학교를 보내 준대. 그러니까 거기를 갔어. 그래 국제시장에서 저걸 하고 있는데, 남해오빠네, 사촌오빠네 집에 점원 노릇을 하고 있는 거지. 거기도 요만한 게 자기 재산이야. 요만한 요런 목판 하나가. 거기에서 오빠는 부두에 가서 그 뭐라 그래? 부두에서 뭐 이렇게 미군들 거 뭐 훔쳐오면 그런 거 사다가 도매시장 갔다 내리고 이러면 나는 그걸 봐주고.

"너 아까 갖다 놓은 거 어디 갔냐?"

"몰라."

"누가 가져갔어?"

그때 (옆에 있는 김영귀를 보며) 이 친구를 영도에서 넌 살았지? [김영귀: 나 구포 살았어.] 구포? 어머, 그 사람이 많은 데서 이 친구를 만난 거야. 나는 지금도 너 보면 그렇게 억척 맞게. 나는 그 오빠가 해준 걸 지키기만 했지. 그래도 거기서 국제시장엘 뭘 사러 들어왔어. '오 재 대게 똑똑하다.'

나는 그렇게 혼자 그런 걸 하러 못 다니는데. 그때 내가 그치요, 똑똑하지. 그 사람, 피난민이 많아가지고 여기 걸 금방 뭐가 집어가고 여기 걸 뭐가 금방 집어가도 몰라. 너무 그 국제시장에 사람에 많아가지고, 아휴.

그래가지고 거기서 저 오빠가 저기 숭의여중이 거기 앞에 있었어. 그래가지고 거기다 갔다가 시켜주더라고. 입학을 시켜주더라고. 그런데 새벽부터 나가서 있다가 저녁에 끝나서 가면 먹는 것도 시원치 않지, 탁 있다가 졸려서 아무리 눈뜨고 공부하려고 그래도요 안 떠져요. 그게 게다가 물이 귀했어요, 그때. 그래가지고 가서 끝나면 또 가서 그 부대에 가서 줄서서 그 초롱 이고 가서 물, 나 먹고 나 쓸 거는 또 받아 와야 되고. 그렇게 고생을 했어요. [옆 친구를 보면서] 그래 너는 거기서 그때 뭐 장사했니?

[10] 김영귀: 인민군 치하에서의 생활과 9.28수복 이후의 생활

6.25 나던 날 이야기 할게요. 6.25 나던 날 아침에 쿵쿵 대포소리가 나서 우리 군인들이 연습하나보다 그랬는데, 삽시간에 물밀 듯 들어를 왔어요. 밖에서 군가소리를, 어지간한 군가는 우리들이 다 알아요. 그 3.8선 밑에 살았기 때문에. 그런데 못 듣던 군가소리야. 그래서 창문 틈으로 요렇게, 시골집이니까 창문도 우스운 창문이지. 내다보니까 전혀 우리 군인이 아니야. 딴 사람들이야. 군복이 달라. 어후, 길에 사람들 하나도 안 나오는데 이 사람들이 막 그냥 줄을 쫙 서서 군가를 부르고 가는데, 6월 25일 날 아침 이었어요.

그러카더니 사흘 만에 서울이 함락됐다고. 28일 날 서울이 함락됐죠? 사흘 만에 함락됐다고 광고가 붙고, 이승만 괴로를 뭐 붙잡았대나? 그렇게 하고 포스터를 붙이고. 그러고 나서는 그 다음에 인제 우리는 북한집단의 치하에서 사는데, 3개월 동안 사는데 학교를 나오라고 그래요. 학교 가니깐은 김일성장군노래, 빨치산노래. 어려서 배웠기 때문에 지금도 생각나요. 지금도 그 노래가 생각이 나요. 공부는 하나도 안 가르켜 주고 그런 것만 가르켜 줘요.

그러다가 우리는 엄마가 그 해 정월에 돌아가셨어요. 그러고 아버지하고 나하고 동생하고 셋이 살고, 오빠는 서울 와서 그때 장사를 하고 있었기 때문에 오빠는 없었는데 오빠가 밤중에 내려온 거야. 그런데 오빠를, 붙잡히면은 이북으로 또 붙잡혀갈 게 뻔하니까 그때 마루가 어떻게 생겼냐면, 대청마루가 이렇게 하나씩 빼는 거예요. 이렇게 골이 있고. 그 밑에 흙을 파고 그 밑에 숨게 하고. 그러고 밤마다 노력동원을 하는데 우리 아버지가 그때 오십이 넘었나 그랬는데, 밤이면 나가서 축동개울, 왜 개울을 지키랬는지 어렸기 때문에 몰라요. 개울을 지켜. 그 축동이라는 큰 다리가 있어요. 거기를 지키라고 밤마다 나가는 거야. 밤마다 불러내는 거야. 그러고 나하고 동생하고 둘이 오돌오돌 떨고 자고.

그렇게 해서 어떻게 어떻게 했는데, 비행기는 날마다 와서 폭격을 해요. 그래도 우리 동네는 폭격을 안 당했어. 보면 저쪽에 그냥 불꽃이 일어나고 쾅하고. 그러면 어린 마음에도 친구하고 나하고 얘기를 했어요.

"야, 너는 저 우리 남쪽사람이 좋으냐? 북쪽사람이 좋으냐?"

저렇게 폭격을 하는데 친구도 나도 어린 마음에

"아무래도 우린 남쪽이 좋지. 남쪽이 좋지."

둘이 어린 마음에 그랬어요. 그것도 둘이 소곤소곤 얘기 하면서. 그렇게 하는데 그다음에는 인민군들이 막 피를 흘리고 도망가고 인제 우리 연합군이 들어오는, 우리는 모르지, 우리는 몰라. 그런데 우리 오빠는 땅속에 숨어서 그걸 들어 가지고 어디쯤 왔을 거래는 걸 알더라고. 그러는데 9.28 수복이 됐는데 동네가 텅 비었어요. 이놈들은 다 도망을 갔고 아직 남쪽군인들은 들어오지를 않았고. 그러니까 우리 오빠가 나왔어요. 청년들이 다 나왔어. 나와갖고 치안을 하는 거야, 젊은 사람들이. 동네를, 빈 동네를. 그렇게 했는데 며칠 만에, 그런지 한 사흘 만인데 북한괴뢰군들이 있을 때보다 더 무섭더라고요. 빈 공간이야 이거는. 남쪽에서도 안 들어오고 북한 놈은 도망가고. 밤에 누가 어떻게 그 북한 놈들이 와서 어떤 그 할지를 정말 무서와. 그러니까 동네 청년들이 나와가지고 동네를 지켜, 총도 없이, 뭐 그냥 삭, 곡괭이 이런 거 들고 지키는 거예요.

[11] 김영귀: 중공군의 진군과 또 다시 떠나게 된 피난길

그러다가 군인들이 들어오는데 그날 감격은 이루이루 말도 못해요. 그냥 나와서 만세 부르고 울고불고. 군인들이 우리 군인들이 들어오는 게 아니에요. 생전 못 보던 양키들이 들어오는 거야. 그땐 양키지, 우리 눈에. 연합군이 들어오는데 연합군이 뭔지 어떻게 우리가 알아요. 열세 살 먹은 게. [김예순: 지금이나 알지.] 어, 지금이나 알지. 코쟁이들이 양키들이 들어와. 무서와. 그런데도 좌우간 태극기를 가져 나와서 어른들이 쥐어 흔들고 울고불고 껴안고. 지금도 인터넷 같은 데 보면 그런 게 나와요. 우리 어려서. 우리는 다 요런 단발을 했어요. 그거 보따리 지고 피난 가는 거 보면,

"저게 나다."

우리 애들보고,

"저게 나다. 바로 나다."

그렇게 해가지고 군인들이 들어와서 '인제는 살갔다. 인제는 살았다, 우리는.' 그렇게 해가지고 저기까지, 북한까지 들어 갔댔는데, 이놈의. 지금 중국 우리 못 믿어요. 중공군이 물밀듯이 내려 와가지고 내려오기 시작하는데, 그때는 더 이상 우리는 뭐 1.4후퇴까지 못 있었어요. 12월 달에 우리는 피난

나왔어요. 12월 달에 우리는 아버지가

"가자."

우리 오빠가 서울 와 있었으니까. 우리 오빠 서울에 장사하던 게 있었으니까 도로 서울로 왔어. 그러니까,

"서울로 가자."

그러고 보따리를 메었는데 우리 아버지는 그거 아까 말한 그런 혼수품. 그때는 딸이 벌써 열 살만 되도 혼수품을 준비해 놔요, 부모님들이. 그러니까 그 혼수품 뭐 그런 보따리 우리 아버지 메고, 나는 또 아버지가 해준 앨범이랑 문서랑 메고, 우리 동생 아홉 살짜리는 요만한 남자 아홉 살짜리는 이런 가방 하나를 메었는데 그게 돈 가방. 그때는 돈이 보따리가 컸어요. 화폐가 단위가 형편 없어가지고 돈이 이만큼이래야 뭐 얼마 되지도 않았어. 그러니까 돈 보따리를 우리 동생 아홉 살짜리가 메고. 그러고 서울 신촌까지 기찻길을 따라서 오는데, 우리는 그 임진강 건널 때 그렇게 힘들게 건너지 않았어, 미리 나왔기 때문에. 임진강을 배타고 건너가지고 수내나루, 수내나루에서 건넜지? 배타고 건너서 서울까지 오는데 우리 동네서 서울이 백이십 리에요. 그 당시에 백이십 리라고. 그거를 사흘을 왔어요. 진눈깨비는 오지, 걸음은 못 걷지 어리니까. 우리 아홉 살짜리 동생 오다 이틀 밤을. 아무 집이나 들어가서 재워 달래면 잘 데가 없어. 피난민이 계속 오니까는. 그러니까 헛간에서라도 자야 돼. 헛간에서라도 자게 해달라고. 그러고 자고 아침이면 또 오고. 그렇게 하고 신촌에 우리 외삼촌이 살아서 신촌에, 사흘 만에 신촌에 도착을 했는데, 서울 오니까 서울은 더 술렁대. 더 피난을 먼저들 가. 6.25때 혼들이 났으니까는 더 술렁대.

그래서 영천 사는 작은 아버지네를 갔는데 작은 아버지가 영천형무소에 간수였어요. 그런데

"형님, 내일 우리 형무소에서 차가 대구로 내려가는 게 있으니까 그걸 타고 가라."

이거야.

얼마나 고마운지. 그걸 타고 가는데 어떻게 탔는지 아세요? 이게 트럭이잖아요? 트럭 우에 짐을 잔득 실었어요, 트럭 우에. 그 짐 우에 우리가 타는 거예요. 6.25때 그 기차에 보면 꼭대기. 지금 인도가 그렇더라고. 내가 인터넷에 보니까 인도가 그렇더라고? 그 짐 꼭대기에서 묶은 끈을 붙잡고 타고. 진눈깨비는 왜 그렇게 와요? 그 우에다가 그때는 가빠라고 그랬어. 텐트지, 그 당시에. 가빠를 쓰고 그 속에서 이렇게 붙들고 가는 거야. 그러고 대구까지 그래도 갔어요. 이틀인지 사흘 만에 갔는데, 가면서 이 앨범이 맨질맨질하니까 보따리에서 다 빠져. 지금같이 좋은 배낭이 있어 뭐가 있어? 이불보자기로 이렇게 다 싸가지고. 다 빠져 도망가서 그 당시에 사진이 전혀 없는 거야. [조사자: 문서는요?] 문서는 아니야. 집문서는 있었어. 그런데 그 앨범이 맨질맨질해서 앨범이 다 빠져 도망간 거야. 그래 대구에 가서 있는데, 조금 있으니까 대구까지 뭐 대구도 술렁대. 도저히 안 돼갔어. 피난 나온 사람이 또 여기서 공산당을 만나면 어떡해. 그래서 내려간 게 구포에요. 지금은 구포가 부산에 편입되어 있더라고. 그때는 부산이 아니었어요.

[12] 김영귀: 부산 국제시장에서의 장사와 열병에 걸려온 오빠

그래 부산을 갔는데, 먹고 살래는데. 서울 오니까 오빠는 벌써 제2국민병으로 뽑혀 놔. 그냥 지원하는 게 아니야, 그냥 젊은 사람은 데리고 가는 거야. 그래 오빠는 벌써 없어. 우리는 오빨 찾으러 서울로 왔는데 제2국민병을 나갔어. 그래서 구포를 갔는데, 먹고 살아야 되는데. 우리 아버지가 길바닥에 나가서 혼수방 옷감, 그걸 다 팔아. 그걸 팔아가지고 인제 하루하루 사는데. 이러믄 안되겠다 싶어서 (어깨정도 넓이의 사각형을 테이블 위에 그리며) 요만한 좌판을 하나 짜요. 짜가지고 거기다가 이런 받침대를 해. 그러고 거기다 인제 열세 살짜리가 박스, 박스를 이고 가서 거기다가 국제시장에 가서 양키 물건을 받아와. 양담배, 빨간 거는 그때 이름으로 아까다마. 낙타 그림 담배는 낙타. 그렇게 해가지고 영어도 몰라. 내가 무슨 영어를 알아? 국민학교 6학년 때 피난을 갔는데. 그러니까 아까다마, 낙타, 모리스 그렇게 해서 담배, 캔 이런 거 사다가 거기다 놓고 아버지가.아, 그 전에 내가 이 얘기를 잊었다. 그 오징어를 사다가 엿하고 오징어허고 내가 좌판에 이렇게 메고

"엿 사세요. 오징어 사세요."

정말 우리 이렇게 고생하면서 살았어요. 정말 내가 눈물 안 날라고 그런데 어쩔 수가 없네.

조그만 마을이에요, 구포가. 지금은 내가 가봤어요, 한 5년 전에. 어디가 어딘지 몰라. 거기서 3년을 살았는데도 지금은 그렇게 변해. 그런데 그 기찻길 옆에서 장사를 했는데 그 기찻길은 그냥 있더라고. 그 건널목 옆에서 장사를 했는데, 그랬는데. 그거를 기가 맥힌 얘기는 군인들 뽑혀가는 군인이 기차 탈라고 많이 거기 있어요. 군인들이 얼마나 배고파. 군인들한테 가서 파는 거야. 오징어를 이렇게 들고,

"오징어 사세요."

그러면 군인들이 배가 고프니까 오징어를 하나. 거기서 오징어 다리를 한 개씩 내가 몰래 떼서 먹는 거야. 내가 죄를 지었지. 오징어 다리를 떼어 먹고 파는 거야. 그이네들은 군인 나갈 사람들이니깐 급하니깐 그냥 사가는 거야. 그렇게 하고 엿장사, 오징어장사를 시작을 해서 인제 그 양키 물건 장사를 하는데, 내가 구포에서 기차를 타고 부산 가서 내려서 국제시장을 가요. 그 40계단이야? 뭐야? 글루 넘어가서 국제시장을 가서 물건을 받아오는데, 어느 날 (옆에 있는 동창을 보며) 이 형님을. 지금은 형님이라고 그래. 나보다 두 살을 더 먹었으니까 동창이야, 친구야. 친구도 형님이라고 불러주는 거지, 내가 예우를 해서. 거기서 딱 만난 거야. 얼마나 반가와. 그래서 거기서 봤고.

우리 오빠는 세상에, 죽지 않으면 만나요. 그 부산 넓은 바닥에서 남들은 가족들 만날라고 영도다리에 다 아무개, 아무개 영도다리에 하얗게 써 붙였

어. 그런데 우리 오빠는 어떻게 만난 거예요. 어떻게 만났는지 생각은 안나는데, 제2국민병을 나가가지고 그 열병, 그 옘병이라고 그러나? 그게 걸린 거야. 그렇게 해서 만나서 우리, 세상에 요만한 방에서 부엌도 없어요. 그냥 불 떼서 밥해먹어. 그러는데 만난 거야. 근데 세상에 열병이 걸려서 만나서 찾아온 거야. 그러니 뭐 약이 있어, 돈이 있어? 한약방에 가서 약을 사다가 깡통. 깡통에다가 나무 줏어다 때가지고 약을 끓이는 거야. 그래도 그거 먹고 살더라고. 지금 갔으면 죽었을 거야. 그거 먹고 살더라고. 그거 깡통에다 끓인 약 먹고. [김예순: 그때는 약이. 구환애증이라는 게 만병통치약이었어, 구환애증이라는 게.] [조사자: 구환애증?] [김예순: 구환애증이라 그래, 구환애증, 구환애증.]

그렇게 해서 구포에서 3년을 장사하면서 사는데, 학교 가고 싶은데. 학교를 어떻게 가? 우리 동생은 그래도 학교를 보냈어요. 그런데 나는 6학년 때 피난을 왔거든? 근데 야간학교가 거기 어디매서 무료로 개설하는 게 있더라고. 가서 ABC를 배웠어, 거기서. 그래도 야간학교 가서 ABC를 조금 배운 거야, 몇 달 동안.

[13] 김영귀: 도강으로 돌아온 서울과 폭격으로 사라진 어머니의 묘

그렇게 해가지고 오빠가 이제 군대에 복귀해가지고 군 생활을 해가지고, 오빠가 서울에 와서 보직을 잘 받아가지고 병사부 사령부에 있었어요. 총 쏘고 싸우는 데 안 있고. 그래도 거기 있었어. 그래서 우리를 데리러 왔어, 3년 만에. 오빠가 인제 데리러 왔는데 보니까는 한강이 그때가 우리는 건너올 수가 없어요. 도강증이 있어야 건너와. 정부는 아직 수복을 안했을 때지. 그렇게 해서 오빠가 돈을 주고 배를 타고 밤에. 그러니까 몰래 하는 거지, 배가. 그렇게 해서 우리를 건너 줬어. 그래서 서울을 왔어. 서울을 왔는데 집집마다 다 비어 있어요, 다 피난 가서 안 들어왔어. 그렇게 해서 집 하나를 자기 아는 집을 빌려 줘가, 얻어가지고 빈집을 그이네들 들어오기 전까지 그 빈집에서 서울에서 살면서 인제 터를 잡고 거기서부터 시작해서.

우리는 피난 나올 때는 '한 사흘 만에, 한 열흘 만에 들어갈 거다.' 그러고 왔는데, 우리 엄마 산소가 우리 동네에서 이남은 이남이지만은 약간 북쪽에 있었어요. 그 해 정월에 어머니가 돌아가셨거든요? 그랬는데 그 다음에 수복이 되고 평화가 돼서 엄마 산소를 찾으러 갔는데, 엄마 산소를 찾을 수 없어요. (울먹이며) 엄마 산소가 폭격을 맞아가지고 완전히 지형이 변해가지고. 우리 오빠는 지금도 꿈에 엄마가 나타난대. 나는 엄마 생각 잊어버려서 안 나타나, 솔직히 아버지가 그립지. 피난 가서 홀아버지가 우리들 하고 살아서. 우리 오빠는 아직도 엄마, 엄마 산소 못 찾은 게 그렇게 우리 오빠는 지금도 마음이 아파요.

"어디서 유골이 굴러다닐지 모른다."

이거지.

지금도 못 찾아요. 거기는 지뢰밭이라 들어가지도 못해. 지금 완충지대에 있는데, 휴전선 안에 있는데. 이남은 이남 쪽인데 지뢰밭이라 들어가지 못하고 지형이 완전히 변했어요. 그래서 산소를 못 찾는 거야. 그렇게 해가지고 엄마 산소는 영 잊어 먹자.

[14] 김예순: 치밀하게 전쟁 준비를 했던 인민군

그런데 거기 묘자리 같은 게 못 찾는 거는요, 부대에서 자기네들이 편리한 데를 도로를 내고, 그거 아니라도 차들이 뭐 탱크 같은 게 막 다니고 그래서 그게 다 다져지고 그래서 어디가 어딘지 몰라. 이게 옛날 도로였었는지. 그리고 저희가 국도 1번이에요. 서울서부터 아까 저 친구가 얘기한 고량포로 해서 우리 그 장단읍으로 해서 이렇게 해서 개성에서 국도 1번 바로 옆이에요. 이 친구는 그 읍에서 큰 저기가 형성이 되어있고, 그리 빠져나오면서 이리

국도 1번이 길 옆에 있었는데, 6.25때 서울까지 왔다가 들어가니까 우리 집이 북한애들 창고야. 군수물 창고야. 우리 소가, 소 자는 밥솥부터 나뭇간, 여름이니깐 그런 게 없잖아요. 겨울에 다 쌓아놓을 데. 거기에 그 자기네 먹을 게 쌓여 있는데요, 건빵. 배고프니까 우리가 들어와서 깨물면은 그 속에 벌레가 들어가지고 그 호박 꼬자리. 호박 꼬자리 그런 걸 요렇게 묶어서 양잎대 같은 데 했지요? 짤라서 보면요 그게 다 벌레가 먹어서 그 호박 꼬자리가 벌레만 있어요. 그 건빵 이렇게 하면 그 속에 거미줄 같은 게 이렇게 나와. 그러면 몇 년을 전쟁 준비를 했다는 거야, 그 놈들은. 그런 걸 여기는 태평성세로 그렇게 있다가 너무 안일하게 있다가 당한 거 같애 우리는. [김영귀: 그날 주일이라요, 군인들이 다 휴가를 나갔대요.] [김태희: 외출 나가고.] [김영귀: 그때 너무나 해이 했어요. 전쟁 준비를 하나도 안하고 있었어요.]

그러니까 그 먹을 걸 그렇게 몇 년을 그게 다 벌레가 먹어서 없어질 정도면 몇 년을 했다는 거야. 그래서 우리 엄마가

“이런 도둑놈들, 여기 쳐들어올려고 이것 좀 봐라.”

몇 년을 했길래 이게 당면, 제일 많은 게 그 건빵, 당면, 호박 꼬자리, 북어. 하여튼 다 벌레 투성이야. 그래가지고 나 9.28 되고서 엄마가 돼지새끼라고 어디서 구해왔어. 그거 건빵 이렇게 물에다 풀어서, 그놈들 그 조금 있다 그 못 가져가고는 자꾸 이북에서 내려오니까는 우리 집에 있는 거 또 가져가면 다른 놈이 또 갖다 놓고. 우리가 걔들 군수물 창고야, 우리 집이. 얘네가 저녁에 가져가서 그 이튿날 저녁에 또 가져와. 그러다 갑자기 도망가니까 우리 집이 그게 잔뜩. 세상에 호박과자. 나중에 온 건 조금 낫더라고. 벌레가 좀 들 해요. 돼지새끼를 하나 갖다가 그거를 물에다 타서주면 돼지들이 환장을 해. 그래서 그렇게 몇 년을 그렇게 준비를 했는데, 여기는 안일하게 뭣들 했느냐는 거지, 나는. 너무 거기 정보를 모르고 있었던 거다.

[15] 김영귀: 고향을 찾은 인민군 덕으로 피해를 면한 마을

지금 우리 젊은이들도 너무 몰라요. 그리고 북한을 너무 몰라요. 그 당시에 우리 동네에 아주 진짜 빨갱이가 있어요, 그때 말로. 그런데 그 사람이 이북으로 넘어가고 그 집이 할머니가 묵장사를 해서 먹고 살았어요. 동아랫마을 살던 사람이야. 지금 이름이 생각 안나. 그러는데 우리 엄마가 가끔 쌀도 퍼주고. 내가 갖다 줬어. 갖다 주라고 해서. 그래서 쌀도 퍼주고, 뭐 먹을 거 잘 갖다 줬어. 그래서 그 사람이 동네 은덕을 입어가지고 자기가 전쟁 나고 왔는데 아주 계급이 높은 군인이야. 그 사람이 아주 이러는데, 남조선이 며칠 안으로 해방이 된대. '해방이 뭘까? 우리는 해방이 이미 됐는데?' 우리는 해방이 '일본 사람들한테 해방된 게 해방인데 왜 해방이라고 그럴까?' 어린 마음에.

그랬는데 그래도 그 사람이 자기 엄마가 우리가 도와주고 자기 자식들 도와준 그 은덕으로 우리 읍내에서는 큰 피해를 안 봤어요. 그 사람 때문에 큰 피해는. 읍내에서는 누구 죽은 사람 한 두 사람 밖에. 동아랫마을 그 연당집 있지? 연당집 누구 남자 하나 죽었어. 연학식, 연학식 죽고 둘 밖에 그때 많이 안 죽었어, 그래도. [김예순: 넘어간 건 많이 넘어 갔어. 현팔이 형도 넘어 갔지. 그 교감 선생님 하던 그 사람도.] 우리 동네는 많지 않아. 와서 뭐 그냥 찔러 죽이고 어떻게 했다고 그랬죠. 그 사람이 높이 되어가지고 와가지고 자기가 자기 식구들을 참 우리가 잘 해준 거를 알고, 고맙게 알아가지고. 내가 생각할 때 그래서 그런 것 같아. 그래서 우리 동네는 큰 피해는 없었어요. 눈에 보는 데 뭐 죽이거나 이런 거는 별로 없었어요. 곱게 착 왔다가 곱게 물러갔어요.

[16] 김태희: 낮에는 이남 군인, 밤에는 이북 군인으로 인한 피해

우리 같은 경우는 아버지 잡아다가 그렇게 했지. 아들은 그때 지원 나가서 지원병. 6.25 전에 지원을 해서 군대를 갔어요. 그러다보니깐 6.25 때 12월 달이면 제대 3년을, 그땐 3년 근무잖아요. 3년이면 제대를 할 건데. 6월 달에 6.25가 나가지고 전투하고 아버지, 오빠가 다 세상을 버리고 이렇게 고생을 하고 살았는데. 우리가 부산까지 내려가지 못한 이유는 임진강에서 건너가지고 서울에 근거가 있다 보니까 서울에서 정차하고, 이 엄마들은 나보다 먼저 한강을 통과 했을 거예요. 우리는 조금 뒤에 오다 보니까, 고모네가 거처가 있어서 거기서 거처를 하고 남쪽으로 갈라하니까 한강다리를 이쪽 남쪽에서 전부 차단을 시켜버렸어요. 그래가지고 피난 나간 사람이 무조건 차를 몰고 나가면은 강이 도깨다리, 시방으로 말하자면 한강다리예요. 그거를 이제 끊어 놓다보니깐 중간에 있는 군인들이 전부 아래로 내려갈래면, 내려가다 한강으로 들어가다 내려가다 한강으로 들어가다 전부 군인들 엄청 죽었어요. 그러니 우리네 같은 시민은 건너가질 못하는 거예요.

그래가지고 이 사람들은 배를 타고 건넜다는데, 요 행주, 행주나루터 시방도 행주라고 그러잖아요. 그리로도 많이 건너갔는데 우리는 못 건너갔어요. [김예순: 우리는 수내나루로 건넜어.] 그거는 임진강 건너올 때지, 한강다리 건너갈 때. 나는 서울 이태원까지 와서 한강다리를 건너야 되는데 한강다리를 끊어놓는 거야. 남쪽에서 끊은 거예요, 이제. 이 사람들은 그 전에 내려갔고. [김예순: 너네 둘이는 1.4후퇴 조금 전에 왔어. 그러니깐 재하고 나하고는 1.4후퇴 후에. 그렇게 된 거야.]

[조사자: 그러면 넘어가지 못해서 서울에 남아 계셨잖아요. 그때는 어땠어요?] 그래가지고 인제 서울에 정착을 하고 있는데 남쪽에서 자꾸 얘네들이 자꾸 어떻게 했냐면, 낮에는 이북사람이 와서 내 세상이라고 해서 살고, 저녁이면 다 넘어가요, 또. 그러고 또 임진강 거기가 가까우니까. 그래 또 낮에는 또 이남 군인이 와서 복병을 하고. 또 해가 지면은 이북에서 와서 복병을 하고. 그 새에 우리가 살으니 얼마나 힘들었겠어요. [김영귀: 그게 더 무서워요.] [조사자: 서울도 그랬었다고요?] 서울 요게 파주 여쪽도 다 그랬었지. 그런데 그걸 못 이기니까 인제 이남에서 자꾸 쳐들어온다 하니까, 쳐올라온다 하니까는 장단을 들어갔어요. 어울 건너서 수내로다 해서 집엘 들어가니까. 어유, 거길 가니까 또 이북 세상이야, 또. 서울에는 남한 사람이 온다 해가지고 조금 평화스러웠었는데, 아, 임진강을 건너서 가니까는 거기는 완전히 북한 사람들이 복병을 하는 거야. 그래 낮에는 가만히 있어요, 집에 이제. 밤에는 저놈들이 와서 그냥 뭐 밀가리 끓여 먹고 뒷동산에 그냥 진을 치고 있다가 또 해가 아침에 뜨면 또 이남 군인이 전부 건너와서 그러니 우리 같은 사람은 이제 농사를 시작을 하고 있었는데, 밤에는 이북 놈이 와서 막 뭐 내놓으래요, 먹을 거 다. 그러니 어떡해. 가족들을 보호할래니까는 또 그러면서 낮에는 군인들이 또 이남 군인들이 오는 거야. 그 군인들도 이남 군인들도 고생 많이 했죠. 얼마나 배고픈 서러움을 이남 군인들도 했어요. 그래 그 군인들이 와서 또 먹을 거 달래요. 그러믄 그냥 뭐,

"떡을 해준다."

"감주를 해준다."

우리 엄마가 그렇게 하고 살았는데.

어느 날 이제 1.4후퇴 때가 되니까 남쪽에서 자꾸 정찰기가 낮에 삥- 돌다가는 밤이믄 그냥 막 포탄을 쏘는 거야. 그런데 이제 우리 어머니가 우리는 방공호를 이렇게 파고 들어가면, 방공호 속에 또 방공호를 파요. 왜 팠느냐. 그 전에 우리 아버지가 거기 숨어 있던 자리기 때문에 팠다가 우리 언니가 그때 열일곱 살이었어요. 한참 처녀태가 날 때. 이 친구들이 알다시피 미군들이 쳐들어 왔을 거 아니에요. 미군들이 들어오면, 아이구 여자만 보면 욕보인다 이거여. 그래 우리 언니가 열일곱 살인데 방공호 속에 방공호를 또 파고 거기다 집어놓고 인제 이렇게 방공호처럼 해놓고 이렇게 생활을 했는데. 어느 날 우리 엄마가 '세상이 어떻게 됐나?'하고 이렇게 추녀 끝에 가서 여기저기 돌아봤는데 이남 군인 정찰기가 발견을 한 거야. 아이 그랬더니 대포를 막 쏘는 거야, 우리 집을 향해서. 쏴가지고 방공호 속에 다 들어갔는데 그냥, 방공호가 무너지는 것 같이 우수수 하는 거야 그냥. 그러믄 또 우리 엄마가

"야, 나오지 마라. 나오지 마라."

그래.

안 나오고 요렇게 숨어 있으면 또 그냥 포탄이 날라 와가지고 우리 앞마당에서 펑 터져. 우리를 보고 쏜 거야. 그러니까 이북 군인이 와서 밤이면 복병을 하니까, 우리를 정찰기에서 이북 저기로다가 본 거야. 그래가지고 그냥 포를 어디서 쏘냐면은 나중에 그 군인들이 파주, 시방 금천 거기서 쏘는 게 우리 방문리까지 오더라고. 그 임진강을 건너서. 그렇게 멀리서 쏘는 포래. 아유 그래가지고 포탄이 나가면 고추밭에 하나 떨어지지, 앞마당에 하나 떨어지고 방공호 뒤에 가서 하나 떨어졌지. 세 군데가 떨어져가지고. 그래서 우리 엄마가,

"나와도 된다."

그래서 나와 보니깐 집이 세상에 파편이 맞아갖고 기둥이니 대들보니 뭐니 하나 빈틈이 없는 거야. 거기서 죽지 않고 살아난 것이 시방 이 나이 먹도록 살은 거 보면은.

[17] 김태희: 국군 중위의 도움으로 오른 피난길

그래가지고 거기서 그냥 하도 고생을 하고 우리 엄마가 살았는데, 밤이믄 이북 사람, 낮이면 이남 군인 했는데 낮에 오는 이남 군인이 그때 당시에 어린 마음에도 중위였었어. 중위믄 전령을 데리고 다니잖아요. 전령이 시방 저 안성 사람인데 참 자상하더라고. 그래

"어머니, 어머니."

그러고 오면은 우리 엄마가 인제 감주도 해주고, 그냥 떡도 해서 주고 그러니까 이 양반들이 노상 와, 여기 군인들이 우리 집에를 와. 그런데 알고 보니까 그 전령이라는 사람이 우리 오빠가 한동갑이었어. 그래서 우리 엄마가 더 아들 같이 잘해줬는데, 진짜 그렇게 하고서 그 오빠가 인제 우리 가정을 보호하면서 많이 인제 살았는데 1.4후퇴 때,

"이제 완전히 거기를 비우고 나가야 한다."

이거야.

"어머니 이번에는 꼭 나가세요, 나가세요."

그러는데.

나갈 준비를 떡도 해서 말리고 저 친구 말대로 엿도 해서 굳히고 그냥 뭐 고구마도 삶아서 말리고 뭐 이렇게 만반의 준비를 하다보니까, 농사지었으니까 쌀도 그냥 방아에다 찧어서, 절구에다가 찧지 방아나 있나. 이렇게 해가지고 곡식을 다섯 짝을 만들었어. 시방으로 말하면 다섯 가마지? 다섯 짝을 했는데 그걸 무슨 수로 가지고 피난을 나와요, 못 나오지. 그런데 그 오빠 부대에서 군인이니까

"며칠 날, 며칠 날, 어머니 나가세요."

저녁에 와서 그러더라고요.

그때 다 준비를 했는데 진짜 사단차가 나왔어. 군인들 왜 포장 씌우는 큰 차 있지요? 그게 몇 시쯤에 나왔냐면 새벽 세 시.

"그때쯤 어머님 여기 앞에까지, 큰길까지 올 테니까 어머니가 준비 다 하시라."고.

그래가지고 애들 넷을 데리고 엄마가 다 준비하고 있으니까 군인들까지 데리고 와서 그 짐을 차에다 다 실어주고. 사람도 다 실어주고. 그 포장 씌웠잖아요. 그거 비공식이잖아요. 군인들이 민간인 그렇게 임진강을 그렇게 데리고 나온다는 거는 걸리면 안 되거든. 그렇게 해서 그 오빠라는 사람이 우리 다섯 식구, 다섯 식구를 그 차에다가 다섯 짝이나 되는 양식을 실어서 이렇게 해서 금천까지, 파주읍에 까지 데려다 주고,

"여기까지는 갖다 드리는데 그 이상 이남 쪽으로는 못한다."

그래서 임진강만 건너 줬지. 그래가지고 우린 참 무사히 그렇게 해서 피난을 아래로 못 내려가고 서울까지 밖에 못 왔어요. **[조사자: 그래도 그거를 다 지고 가셨어요?]** 그거를 우리 어머니가 그 파주에서 서울 이태원까지 그냥 백이십 리, 파주에서 서울까지 백이십 리거든요. 그거를 리어카를 끌고 거기 가서 하루, 걸어서 리어카를 끌고 가서 이태원 와서 부려놓고. 그 이튿날 또 가서 이렇게 이렇게 한 짐 부려다가 이태원에다가 갖다놓고. 이제 고모네 집이지.

[18] 김태희: 서울에서의 정착 생활

거기서 인제 우리는 크고 있는데 이 친구들 말마따나 벌어야 먹고 살잖아. 그런데 서울을 오니까 참 할 게 없어. 배울 것도 없어. 배울 데도 없어. 그것도 참 시간이 날이 가다 보니깐 슬슬 서울이 복귀 되다보니까 일자리도 있어서 일자리도 내가 잡았고. 참 공부를 더해야 할 텐데 공부할 길이 없는 거야. 근데 그때도 교회가 있었어. 교회에서 이 친구들 말마따나 야간 학생들을 가르키는 게 있었어요. 그래서 낮에는 가서 일하고 돈 벌고, 밤에는 돈 벌고. **[조사자: 어떤 일 하셨어요?]** 여기 여기 삼각지. 삼각지 거기 시방 6.25 전에

건빵공장이라고 군인들 건빵 공급하는 건빵공장이 있었어요. 그래서 원효로에서 살면서 삼각지가 가까웠고, 우리 고모네 집은 이태원. 시방 현재 이태원. 거기서 삼각지까지 갈래믄 시방으로 말하면 버스 한 두어 정거장 사이거든요. 이태원에서 여기 삼각지까지 걸어 다니면서 뭐해서 다니느냐면 그때 저 강화에서, 이렇게 가정에다가 조금씩 베틀을 해놓고 짰어. 인조가 시방 말하자면 인조지. 그래 거기서 고 기술을 배워가지고 저는 고거 배우면서 밤에는 그 교회 가서 야간으로 공부하고 이렇게 하다가. 내가 기술이 차차 늘으니까 영등포, 시방도 있지만 영등포 태창방직. 거기 인제 시험 쳐서 거기 들어가서 몇 년 이제 잘 정식, 말하자면 기술자로다가. [조사자: 그때도 전쟁 중이었어요?] 아니지. 이렇게 시방 이렇게 된 거지. [김예순: 그러니까 이제 고향에 못 들어가니까 그냥.] 그렇게 해가지고 저가 서울에 정착이 됐어요. [조사자: 그러면 그때 처음에 건빵공장에서 받았던 월급이 기억나세요?] 그때 당시에 돈 액수보다 쌀로. 쌀로 취급을 하면 내가 한 달에 쌀 한 가마를 벌어온다 그랬어, 한 가마를.

그런데다가 내가 좀 이렇게 뭐라 그럴까, 기계를 전자, 그 전기식으로 하는데. 시방으로 말하자면 나이롱 양단이라고 시방 나오죠. 많이 쓰지는 않지만 나이롱 양단이라는 거. 그거를 짜는 내가 기술이었었기 때문에 딴 사람은 기계 하나를 보는데, 저는 기계를 두 대를 봤어요 양쪽으로. 저기 기술직으로는 조금 유능했다고 봐야 되겠지요? 그래가지고 봉급을 딴 사람 보다 좀 더 받았어. 그래가지고 그거를 집으로 가져가면 우리 엄마가,

“아이고, 큰 딸보다 작은 딸이 돈 더 잘 번다.”고.
이렇게 하면서 살은 생각을 하고.

[19] 김태희: 6.25로 가족을 잃은 슬픔

6.25를 생각하믄 저 같은 경우에는 가족을 다 잃었잖아요. 가족을 다 잃고 시방 고향 친구들이 동창이지만, 고향 생각만 하면 저한테는 싫어요. 너무 고향에서 아픈 상처를 받았기 때문에. 그래서 시방 우리 오빠도 시체를 못 찾았어요. 어디서 죽었는지도 몰라요. [조사자: 어떻게 해서 살아 계실 수도 있잖아요.] 그래서 시방 이 텔레비에서 떠들잖아요. 그 저 어디서 군인들 많이 전사한 사람들 인제 시체를 찾는가 그랬는데, 어디 가서 죽었는지 조차도 모르니까.

그때 당시 근무는 고량포에서 근무하다가 그렇게 패잔병이 되어가지고 집에 잠깐 인사하러 들어 왔다가 그 길로. 참 동네에서는 그거 빨갱이들이 복경을 하고 야단들을 하니까 집에 붙어 있지를 못해. 그래서 그냥 참 사복을 입고 녹림을 하나 뒤집어쓰고 나갔어. 그런데 군인들 모자 탁 벗겨 보면요, 철모를 썼던 이마가요 하얘요. 암만 변장을 해도 그건 속일 수 가 없어요. 그렇게 하고 나갔는데 그 길로 오늘까지 소식이 없던 거예요. 어떻게 죽었는지. 그래서 시방 여기 국방부에 무명용사로 올려 있어요. 무명용사로 올려 있는데 어머니도 가시고 아무도 없고. 우리 언니하고 나하고 시방 나이가 있는데, 동생들은 그때 철없었던 애들이라 그렇고. 오빠를 위해서 시방 뭐를 할 것이 없어요.

아버지도 그렇게 6.25때 그렇게 저놈들한테 그렇게 죽어가지고. 고향에다가 우리는 분명히 내 산에다가 묻고 왔는데, 거기는 이제 왕래하는 시기가 되어서 가보니까, 엄마 산소 못 찾다시피 산소를 찾을 수가 없어. 분명히 내 산에 갖다가 묻고 왔는데, 요기쯤 묻었는데 요기쯤엘 찾아도 시체가 없어. 그래서 지금 6.25를 생각을 하면 나에게는 상상치도 못하는 아픔이야.

[김영귀: 6.25가 몇 년도에 났지요?] [조사자: 50년이요.] [김영귀: 그 지금이 몇 년 됐어?] 63년이야 몇 년이야? [김영귀: 그 60년이 넘었는데. 십년이면 강산이 변하는데 그 폭격 속에서 그 산소가 어떻게. 도저히 못 찾아.] [김예순: 정식으로 또 만든 게 아니잖아. 임시로 그냥 이렇게 해 놨으니까.] [김영귀: 아니야. 산소는 제대로 해놨는데 옛날에 비석 같은 걸 안 세웠지. 그러니까.] 그게 아니지. 우리 아버지 묘는 그렇게 해서 거기서 돌아가신 거를 참 밤에, 그것도 밤에. 낮에 그거를 못 태워서 밤에 우리 엄마하고 우리 외삼촌하고 그거를 캐다가 분명히 우리 선산이 있으니까 선산에다가 모셨어요. 그래 요 나무 밑에다 하고 했다가 한 20년 있다가 가니까, 뭐 요 자리 모셨는데 요 자리에다가 파묻고 왔는데 여기 이만한 나무가 들어서질 않았나. 도대체 가서 거기 몇 메타를 넓게 여러 해 거기를 들어 가면은 몇 시간 밖에 못 들어갔다 나오거든요. 그 새 땅을 파고 막 찾아도 없는 거예요. 오늘까지 없고. 저 아버지하고 오빠 시체를 그 6.25라는. 거기에 내가 (울먹이며) 너무 아퍼. 시방, 시방 어느 나라에서 시방 난리 나서 고생들 하는 거 보면 그건 남의 일 아니에요. 우리하고 똑같아요. 우리 기가 막히게 고생들 했어요.

[20] 김예순: 마음대로 갈 수 없는 고향

고생한 것도 고생한 건데. 나는 그 생각하기로 북한에서 온 사람들은 어차피 북한이니깐 못 가는데 우리는 더 억울한 게 우리 나란데 다 못 가게 해놔 갖고 이렇게 평생을 타향살이 하다가 죽게 만든 게. [김영귀: 우리는 고향이 북한이 아니거든요. 이남이거든. 3.8이남에 살았더랬거든. 그런데 6.25가 나고는 그만 못 들어가게 된 거예요.] 아니 그러니까 지금도 휴전선이 이쪽이에요. 완충지대 빼고도 휴전선이 이쪽이에요. 임진강 때문에 안 된다. 1사단이 그거뿐이야. 그거 못 들어가게 하는 거야. [김태희: 그거를 왜 안 푸는지 몰라. 임진강 때문에 못 들어가요, 우리 고향을.] 거 1사단이 다 주둔하고 있는 거예요.

[조사자: 그럼 그 문서랑 다 가지고 계세요?] 다 그래가지고 그게 88년, 78년도니? 78년도인가 88년도인가 회복 등기를 해라 그래가지고 그 문서들 가지고 있는 거, 그것도 그래 이걸로 이렇게 해주는 게 아니라 이것도 거기가 의정부 관할이에요, 법원이. 그래서 의정부 법원에다가 해서 다른 사람이 무슨 이의 신청이 없대든지 뭐 그러면 그때서야 등기를 내줘가지고 그때 한참 등기 다 냈어요. 문서들을 다 가지고 있으니까. 그렇게 해가지고 인제 그 회복 등기라고 그러지. 회복 등기로 해가지고 인제 근데 회복 등기가 이 문서가 없는 사람은 이 번지에서.

그게 무슨 소리냐면 그때 개성 사람이 우리 장단에 와서 인삼을 심었어요. 그게 개성 인삼이에요. 그때 요렇게 종삼이라고 그러지요? 애기 삼 그거를 봄에 가져 와서 여기다 심어서 그걸 6년 있다 캐가고 그랬는데, 그때 개성 사람 땅도 많았다는 건데. 그런데 개성 사람들이 문서를 안 가져 온 사람들도 있고. 그러면 자기가 경작하던 사람이 나 여기 뭐 읍내 우리 집은 441번지에 내가 농사를 지었었어. 그 사람이 문서를 가지고 농사를 지었는지 이웃 사람은 모르지요. 그러믄 보증이라고 그래. 보증인 두 사람을 세워서 갖다 법원에 제출을 해서 얼마까지 이의신청이 없으면 그 사람들 등기를 내줘. 그런데 본주인이 나올 수가 있잖아. 그렇게 해서 말썽이 많았어. 그래가지고 땅이 전혀 없이 남의 땅만 짓던 사람이 땅이 많을 수도 있고 그랬어요.

(이야기 구연 내용을 잊어서 잠시 웃음)

그래 문서 안 가져온 사람 못 찾고. 우리 같은 경우에는 엄마가 다 가져 오셔서 다 찾았는데. 그때 지금은 딸한테도 권한이 있어, 재산분할권이. 그런데 그때는 6.25전에는 우리 아버지가 일찍 돌아가셔서 딸 권한이 없어요. 그래서 그때 아빠 돌아가시면서 오빠한테로 다 등기가 되어있어서 가지고 나왔지만 다 김귀식, 우리 아빠가 김귀식. 내가 그걸 다 의정부 법원에 가서 다 해주고 오빠 이름으로 다 됐기 때문에 오빠 조카들이 다 받았어. 그래가지고 집터가 한 300평 되는데 거기 거기다 농사를 내가 우리 집터니까 가서 지었어. 우리 조카애가 어느 때 친구들을 데리고 와서 개울 옆에 짓고 있는데 누가 와서 막 파. 그래서

"누구세요?"

그러니까,

"아 글쎄 여기 몇 번지 맞아요?"

"네, 몇 번지 맞는대요."

그랬더니 이렇게 보니까 설정을 해놓고 돈을 빼간 거야. 그 다음부터 안 가지, 농사 안 짓지.

(이후 잠깐 동안 동창들끼리 잡담을 하였다.)

[21] 김태희: 중공군에 대한 기억

[조사자: 어머니 거기 중공군이 온 것도 보셨어요?]

[김영귀: 안 봤죠. 일찍 피난 나왔는데.] [김예순: 우린 중공군 못 봤어.] 그런데 내가 중공군 잘 봤어요. 난 많이 봤어요. **[조사자: 그러면 마을에도 상주했어요?]** 아휴, 그럼요. 마을에 다니믄 이런 집에 들어와서 총대로 막 쑤셔보고 막 이래 마음에 드는 거 다 가져가요. **[조사자: 파주에 계실 때에요 아니면 서울 계실 때?]** 아니요, 거기 고향에 있을 때. 피난 나와서 중국사람, 중공군을 얼마나 만날 길이 없잖아요. 그런데 그때 당시에 우리가 인제 아래에서 남한이 올라오지 않았을 때, 저는 들어갔다 그랬잖아요. 이 친구들은 들어갔다 다 나왔잖아요, 1.4후퇴 때. 들어 가면은 아이 우리 집 뒤에까지 그냥 밤이면 중국 놈들이 나오고 북한 놈들, 대게 중국 사람이 많이 나오더라고요. 그래 그 이튿날이 되면 이남군이 올라오잖아요. 그러면 그 사람들은 싹 다 넘어가는 거야.

그런데 가보면 이런 양재기에다가 죽도 끓여 먹다가 팽개치고 가고, 또 어

떤 때는 가보면 참 아주 돼지꿀꿀이 같이 먹고는 그냥 버리고. 그릇 같은 거 걷어 가져가지 않아요. 그 사람들 거기서 끓여 먹고는 양재기 써가지고 투가리(뚝배기), 참 그 투가리를 갖고 와서 끓여 먹더라고. 그 무거운 놈 그거를. 올라가보믄. 투가리에다가 그 뭐 시방 여기로 말하면 멍죽 같은 거 허연 거, 이런 걸 투가리, 아 군인들이 왜 투가리를 가져와서 이렇게 해먹나 그래요. 똑같은 투가리에다가 그냥 그 사람들이 가고 난 뒤면 투가리에다 뭘 끓여 먹고 팽개치고 가. 그럼 이제 낮에 되면 깨끗해졌다가 저녁이면 또 들어와서 그 지랄들을 끓여 먹고. 아 그러려니 갔어.

그런데 한 번은 이남 군인이 낮에 왔는데, 바로 우리 뒷동산에다가 시방 기관총이라고 그러잖아요. 기관총으로 이남 군인이 전부 설치하고 있는데. 새벽께 그 새 싸움을 하는데 총을 쏘는데 그냥 우리 집 지붕 우로 총이 이래 왔다 가는데, 이남 군인이 조금 후퇴가 됐어. 후퇴가 되니까 그때 겨울이라 이남군들이 장갑 있잖아요, 벙어리장갑 같은 게. 목에다 끈 매고 그렇게 왜 우리 이남군이 일선에서 그렇게 일선에서 싸움할 때 그렇게 입었었어요. 그런데 이제 그냥 중공군하고 싸우다가 밀리게 되니까 이남 군인이 막 그냥 후퇴를 하게 되니까 이 장갑 끈이 나무 가지에 걸려갖고 손에다 장갑은 꼈지, 빼고 춥고. 그냥 그거를 빼지 못해갖고 그러는 걸 내 눈으로 그 어린 나이 때 내가 실제로 봤어요.

그러면서 잠깐 밀려 나갔다, 임진강 건너까지 밀려갔다가 그 이튿날에는 또 들어오고. 그게 왜냐면 애네들은 읍에서 살았지만, 읍에서 한 5리 정도 나와서 지내는 한 골짝원이 내 땅, 내 산이라고 이렇게 살았었거든요. 그래서 인제 뒤에 야산이 있는데 그 우리 뒤에 야산이 꼭 그 총대를 갖다가 설치하는 지역이 되어가지고. [김영귀: 말하자면 우리는 시내 살고, 조그만 동네지만은. 여기는 좀 외각지대, 산골로 들어갔어요.] 조금 이제 주변에서 아주 저 읍에서 많이는 안 떨어졌지만 개천 하나 건너서 그 동네인데, 아주 그냥 낮에는 이남 군인이 와서 복병을 하고 또 저녁 때 되면 타닥타닥 따발총 쏘고 막 싸우다가 쓰신 듯이 이남 군인이 없어지고 이북 놈들이 밤에 쌀라대고 쌀라대고. 집집마다 다니면서 내놓으라고 그러고 막 총대 밀어서 쑤셔내고. 아주 그냥 거기 우리 엄마가 참 남자들은 다 잃어버리고 그냥 애들, 어린 것 넷을 데리고 그냥 그것들 하고 시달리고. 참, 지나간 생각을 하면은. 그러다가 그 놈들이 넘어가니까는 그냥 속이 다 시원하고 참. 그래가지고서 피난 나와가지고는 시방 고향에는 갈 생각은 전 없어요.

(잠깐 동안 잡담을 나누었다.)

[조사자: 그런데 어머니 저희가 조사를 다녀 보면, 중공군들이 그렇게 요강에 밥을 해먹었다고 하세요.] 그게 요강이라고 하는데 그게 투가리. 하여튼 그 사람들이 거쳐간 데는 투가리여, 도자기. 여기로 말하면 도자기, 도자기가 아니라 된장찌개 할 때 투가리 있잖아요. 하여튼 그 놈들 그 무거운 걸 어떻게 갖고 다녔나 몰라. [조사자: 자기들이 갖고 다녀요? 집에 있는 걸 갖다 쓰는 게 아니라?] 그 동네는 투가리를 만드는 데도 없거든요. 없어요. [조사자: 그러면 밥을 해내라고도 안하고 자기들이 다 해 먹어요?] 그 사람들 뭐 좀 먹을 거 달라고를 안 하고요. 그냥 뭐든지 가지믄, 지네들 마음에 드는 거 있으면 그냥 내 거 같이 가져가요, 그냥. 뺏기는 거지. 대응하면 총대머리 들이대는데. 아주 전시에 그 총대머리 들이대는데 아주 그냥.

[조사자: 복장이 어떻게 되는지?] 복장은 그 흙 색깔 나는 거 그냥. 우리네들이 나쁘게 말하면 땅두더지, 땅두더지 같이. 땅을 파고 들어가도 분별을 못할 정도로. 이남 군인은 색깔이 국군색이 투명하잖아요. 그거는 안 그래요, 꼭 두더지색으로. 흙강아지 같이 그러고 다녔어. 그러고 꼭 두더지라고 그러는 꼭 밤이면 지랄을 하고 다니니까. 낮에는 뜨뜻한.

[조사자: 그러면 연합군은 얼마나 마을에 있었어요?] 저희요? 그러니까 처음에 갑자기 쳐내려왔잖아요. 쳐내려오니까 우리는 바로 거기 3.8선 밑이니까 자다가 새벽같이 당한 거야.

저 앞으로 보면은 큰 일등도로, 일등도로라 그러죠? 큰 일등도로가 있는

데, 자고 일어나서 막 우리 오빠가 군인으로 있으니까 그런 총소리가 나면 귀를 기울이게 되잖아요. 그래서 엄마가 일어나서 마당께 보면 저 큰 도로가 보이는데, 새빨갛게 그냥 땡크를 몰고 내려오는 거야.

"이거 어떻게 됐나?"

우왕좌왕 하다가 피난을 못 나갔기 때문에 우리 아버지가 붙들린 거지, 말하자면. 붙들려가지고 숨어, 숨어 이리 숨고 피할려다가 결론은 붙들려갖고 그렇게 허고 있는 와중에 올라온 거지. 이남에서 올라오다 보니까 그 놈들이 넘어갈 때 무조건 잡은 사람 다 죽이고 넘어 갔잖아. 거기 한 사람이 우리 아버지였어.

[조사자: 어머니도 연합군 들어오는 거 보셨는데, 마을에 상주는 안했어요?] 이 사람들은 읍내라 빨리 피난을 나갔어. [김영귀: 우리 동네가, 우리 사는 동네가 국도. 일번국도예요. 그 사거리가 일번국도야. 그러니까 그 사거리로 탱크가 들어오고, 군인들이 들어오고 태극기가 들어오니깐은.]

[22] 김예순 : 6.25 터지던 날 가칠고개 넘어오던 탱크

탱크 넘어오던 애기 좀 할게. 개성서부터 넘어오면 우리 집이 제일 먼저 봐요. 그 이렇게 가칠고개라고 고개가 조금 이렇게. (손으로 가파른 정도를 표현하며) 거기서부터 우리 집 앞으로 해서 읍을 가잖아. 너넬 집으로 가잖아. 우리 집으로 해서 너희 집엘 가잖아. 그 6.25 나는 그 날이요 그 탱크 소리가요 진짜, 그냥 지구가 다 허물어지는 줄 알았어요. 그 가칠고개서부터 넘어와서 우리 집으로 해서 너희 그 읍으로 해서 인제 고량포로 해서 빠지는 거야. 우리는 보따리 싸가지고 이제 막 임진강으로 나가야 되는데 저기 뭐,

"괴물이 온다. 어머머머, 괴물이 온다."

괴물이라고 그래서 저기 뭐가 온다고 막 이러는데, 우리 오빠가 탱크라 그래.

"난 먼저 가야 되니까 빨리 오라."고.

그러고 오빠는 먼저 사라져 버렸지.

엄마랑 보는데, 그 고개가 넘어오니까 고개서 넘어오니까 그게 보이잖아요. 어휴, 얼마나 무서웠는지 몰라. 그 탱크가 북한에서 그렇게 넘어와. 그러니깐 우리 집이 3.8선에서 금방이잖아. 거기서부터 우리 집으로 넘어와서 우리 집 앞으로 해서 얘네 집, 읍으로 인제 읍으로 해서 그렇게 일번 따라 서울로 갈 걸. 딴 데 길이 없거든요. 얼마나 트럭하고 그렇게 많이 왔겠어요. 그래가지고 그냥 임진강으로 가가지고 서울까지 와가지고 일주일 있다 도로 들어갔지.

그때 제가 아까 그 다다다 (총을 쏘는 흉내를 내며) 한다는 거, 봤다는 거를 수색중대인 거 같아요. 서울서 도로 내려가는데 길옆에 뭐를 세워놓고. 엄마가,

"보지 말라."고.

"보지 말라."고.

이렇게 하고. 보지 말라니깐 더 보고 싶지.

그런데 뭐 세워놓고 이렇게. (총을 쏘는 시늉을 함) 그걸 지금, 수색이야, 그게. 우리 동네서는 그런 그렇게 악독한 집은 없었어요. 그런데 그 수색에서 봤어요.

[김영귀: 그래도 나는 한 오십 대까지만 해도 이 비행기 소리, 탱크 소리가 나면. 나중에 생각 허니깐 노이로제야. 가슴이 울렁울렁하고 막 그냥 불안해요. 그런데 그게 그렇게 하고 살았지, 지금 그 텔레비전에서 보고 많은 정보를 들으면은 그거 병원에 가서 치료를 받았어야 되는 거야. 비행기 소리가

나죠? 막 가슴이 울렁거리고 불안하고, 탱크 소리가 나도 그렇고.]

[김태희: 그래 애네들 지역은 개성 쪽에서 나오는 탱크끼리 해가지고 공범준네 집이지? 거기 삼거리잖아. 고루해서 가야 서울로 이제 온 거고. 우리 집에서 탱크는 저 춘천, 시방으로 말하자면 춘천 그쪽에 고량포로 해서 우리 거기로 해서 고 삼거리로 해서 임진강으로 나가는 게 그게 서울 가는 길이고.]

지금 이 통일교라는 게 정주영 씨 소 끌고 가면서 만든 다리에요. 그땐 그 다리가 없었어요. 그래가지고 이 철로 밑에 배루다 건너는 게 우리 저기선 유일한 저기고. 이 다리 있는 데 그 전진교. 전진교 거기쯤이 고량포 저기에요. 그리해서 인제 그 서울로 해서 그렇게 그게 국도 일번이지.

[23] 김예순 : 전쟁 발발 이전 상황과 갑작스런 전쟁

[조사자: 그러면 탱크가 지나가고 쭉 보신 것 좀 말씀해 주세요.] 탱크 하나 오면, 탱크 오면 지금 말하면 트럭. 트럭도 그 첫 날은 탱크에다 트럭에다 뭐 써서 이놈들 붙잡고 저 백학산에는 빨간 깃발이 다 꼽고. 그건 제일 처음에 본 게 그거야. 아침에 오빠가 막 감시초에서 내려 와가지고 파편 줏어가지고 왔는데 그때 막 저기 거기서 뭐가 쐈다고 그래서 보니까 벌써 뺄건 기가, 뺄건 게.

[조사자: 그 날이 6월 25일 이에요?] 그렇지, 아침에. [조사자: 그런데 그 전에 전쟁이 날 것 같다는 소문도 있었다는데?] 아니야. [김영귀: 우리는 어렸으니까 몰르지. 첨에 아주 평화스러운 동네였어.] [조사자: 아니면 그 전에도 이렇게 소문이 있었다고 하던데?] [김영귀: 아니야, 아니야. 없었어. 아주 평화스런 동네였어.] 3.8선 너머에 우리 이모가 사셨어요. 그래서 우리 이모가 사시니까 우리 그 이모네 오빠가 과장이라 그래. 그 고량포 넘어서. [김영귀: 과장, 그래 과장이 있었어.] 과장에서 밤새도록 넘어와. 새벽이면 우리 집에 들려.

그러믄 우리 집에서 인제 엄마가 뭐 해먹여서 안부 전하고 저녁에 떠나. 그러면,

"어떻게 넘어 왔냐?"고.

인제 엄마가 그러면, 그때는 소련 놈들이 그 3.8선을 지키고 있대. 그런데 소련 놈들은 닭 한 마리만 사서 고아 주면 그냥, 뭐 그냥이래. 그러니깐 닭 한 마리 이모가 잡아주면서

"갖다 먹이라."

그러고 엄마한테,

"이모 동생한테 갖다오라."고.

그러면요, 그러면 엄마도 또 그날 닭 한 마리 잡는 거야. 몇 마리 잡아서 그 틈에 보식하는 거지. 그렇게 하고 그 한 마리 꾸려서 줘. 이렇게 주면은 대바구니 같은 데 담아서 이쁘게 해서 줘. 거기다 뭐 인제 짠지도 좀 썰어 넣고.

[김영귀: 그 전까지는 비밀히 그렇게 왔다 갔다 하는 비밀루트가 있었어요.]

그러믄 거기다가 그 시골에서 꽈리. 우리들 좋아하는 꽈리 날 때, 가을이면 꽈리도 따오고, 그런 거 그렇게 가져오고 그래서 난리라는 생각은 안했죠. 무슨 난리 생각 해. [김영귀: 자다가 벼락 맞은 거야. 오죽하면 군인들이 다 제 집에 갔을까, 외박 갔어.]

[김태희: 총소리도 없이 넘어왔어요. 총소리도 없이 그냥 그냥 벌떼 같이.] [조사자: 탱크 소리 이런 게.] 아니 그건 나중이지. 이제 새벽에는 그거 파편만 줏어온 거지. 그거 뭐 다다다닥 없고. [김영귀: 우리 동네는 그런 것도, 뭐 다다닥 하고 파편도 없었어. 그냥 쳐들어 왔어.]

아니 그러니까 산이 있기 때문에 그게 어디서 쐈는지 휙 넘어오면 여기 읍에는 안 떨지는 거지. 조금해서 우리 논밭에 떨어지는 거지. [조사자: 행렬이 탱크가 막 오고, 트럭 오고.] 탱크 옆에, 탱크가 길이 좁아요. [김영귀: 내가 보기에는, 내 눈으로 본 거에는 도보로 걸어오는 거 봤어. 이렇게 줄을 서서.] 탱크 하나가 오면은 그 옆에 탱크 오고 트럭 하나 하고 탱크 오면 거기 짝– 서서 이게 얼마나 맞는지. 지금 북한 애들 왜 우리 사진 보면은 그러지요? 탁 그 구두, 군화 소리만 들어도 무서워요. 그러니까 우리 그걸 보면서 막 도망 와가지고 서울. [김태희: 달구지에다가 먹을 거 뭐 실어.] 아니 그때는 처음, 처음 넘어오는 날은. [김태희: 그 다음에.] 그 다음에는 이제 열흘 있다 오니까 우리 집은 걔들 물자 저기고, 그 다음에는 밤이믄 와. 밤이면 오기 때문에 우리 집이 그 아지트인지 어떻게 알지? 그 지들끼리 뭐 알려 줬겠지. 광에다 숨어 있다가 밤에도 안자 이놈들. 이렇게 하고 있는 거야. 그러면 우리 엄마 아빠, "저놈들, 잠도 안 자빠져 잔다."고.

그러면 그렇게 하고 있다 다른 놈이 오면은 그거 내주고 다른 거 받고.

[조사자: 그러면 거기 살고 계시는 데도 같이?] 그렇죠. 우린 그냥 방 하나에 다 모여 덜덜덜 떨고 있지요. 우리 광, 나뭇광, 소가 인제 우리 일 할 때는 소가 먹이는 사람이 데려오니까 소광이 하나 있어야 돼. 소집이. 거기서 이제 그 광, 나무광, 부엌도 크니까 거기 다 걔들 창고. 다 창고로.

황해도 해주에서 아구리배 타고 나온 피난

박 춘 자

"우리를 아주 그냥 선착순으로 태워서 고통 없이 왔는데, 그 포구에서 못 탄 사람은 다 죽었대요"

자 료 명: 20130118박춘자(서울)
조 사 일: 2013년 1월 18일
조사시간: 74분
구 연 자: 박춘자, (여 · 1942년생)
조 사 자: 박현숙, 조홍윤, 남경우
조사장소: 서울시 성북구 수유동 '재미난 카페'

[조사과정 및 구연상황]

제보자의 딸의 소개로 인터뷰가 성사되었다. 제보자가 사는 마을의 한 카페에서 제보자를 만나서 조사를 진행했다. 제보자는 처음에는 별로 할 얘기가 없다고 하였으나, 본격적인 구연과정에서는 전쟁 현장에서의 경험에 대해 생생한 묘사와 감정을 잘 표현하였다.

[구연자 정보]

제보자는 1942년 황해도 해주에서 태어났다. 9살에 한국전쟁을 맞아 피난을 나왔다. 어린 나이에 경험한 죽음에 대한 공포는 현재까지도 생생하게 남아 있어서 몸서리가 쳐진다고 했다. 그래서인지 제보자는 어떤 형태로의 시위에 대해서도 부정적인 반응을 보였다. 제보자는 천주교신자로서 신심이 매우 컸다. 현재는 강북구 수유동에서 딸 가족과 함께 생활하고 있다.

[이야기 개요]

제보자는 9살 되던 고향인 황해도 해주에서 전쟁을 맞았다. 전쟁이 나자 많은 우익활동 가담자들은 물론 그의 가족들까지 모두 총살을 당했다. 이때 부친의 우익활동으로 포승줄에 묶여 총살당하러 가는 친구가 제보자의 집 앞에서 발걸음을 멈추고 집 내부를 쳐다보며 눈물을 흘리던 모습을 잊지 못한다고 했다.

제보자의 가족은 부친의 우익활동으로 가족이 총살당할 순번을 기다리고 있던 중 피난민을 태워 주는 배에 올라타 간신히 목숨을 건질 수 있었다. 예쁜 언니들 덕분에 석도섬까지 가는 피난길이 그나마 수월할 수 있었다. 석도섬에 있다가 얼마 되지 않아 군산으로 피난을 떠나게 되었다. 군산에서는 빈집을 수소문하여 피난민을 수용했다. 제보자는 다시 인천으로 피난 가서 정착하게 되었다.

[주제어] 총살, 총살 대기, 보복, 죽음, 공포, 배 피난, 석도섬, 인천, 군산, 뗏목, 아구리배, 학교생활, 호랑이빵, 장사꾼, 놀이, 유성기판, 노래

[1] 비행기만 뜨면 대피했던 일

[조사자: 어머니 성함이?] 어. 박춘자. [조사자: 어, 우리 고모 이름이랑 똑같

으세요, 큰고모.] 그래? 난 '수'자 돌림인데. 아들 못 낳는다고. [조사자: '자'자는?] '아들 자'자를 넣었어요. [조사자: 아, 출생년도가 몇 년이세요?] 42년생. 5월 14일. 그래 내가 6.25 때 아홉 살 되는 해였으니까. [조사자: 아홉 살 되던 해? 그러면 그 전쟁이 나신 걸 언제 아셨어요?] 전쟁이 난 거는 뭐 알았지 어쨌는지 몰라도, 우리 동네, 인제 그런 것이 비행기가 뜨면 산으로 피난가고. 비행기 뜨면 피신을 해야 돼요. 언제 폭격이 떨어질지 모른다고, 피신하래니까. 얕은 산으로들 가까운 데로 다 올라갔다가 또 하룻밤 자고도 내려오고 이랬거든요. [조사자: 고향이 어디신데요?] 우리가 황해도 해준데, 해주에서 우리 외할머니 있는 데로 전쟁 때는 외할아버지 있는 동네로 왔어요. 은열군이라고, 은열군. 거기로 오며는 포구가 가깝거든요. 배가 인제 이남으로 올 수 있는 포구가. 그래서 그리 와가주고 거기서 피난 왔어요. 근데 거기에 와서 우리 외할아버지가 한의사였어. 그래서 애들도 아프고 그러면 약도 쓰고 그런다고 그리 왔는데, 저희들이 친정에 딸이 여섯이에요. 딸 여섯에다 아들 하난데. 막내아들은 6.25 때 낳아서 지금 64세 됐네, 막내가. 그랬는데 그리 와가지고 거서 좀 살다가 6.25가 났어.

[2] 총살당하기 전, 친구의 마지막 모습

6.25가 나니까 젊은 사람들이 그때는 다 공산당 민주당 두 개, 두 당만 있

었거든요. 근데 공산당은 인제 그 독재고, 민주당은 우리 자유의 이거니깐 젊은 사람들이 민주당을 많이 선호하지, 민주당을. 그래도 공산당도 많았어요. 그래가지고 6.25가 나니까, 인제 그 공산당으로 나간 사람, 이쪽으로 젊은 사람들은 다 군인이 아니래도 예비군처럼 그렇게 뽑아가요. 이렇게 나갔으니까. 그랬는데, 공산당들이 이북이니까 주도하고 있었잖아.

근데 우리 군인이 인제 쳐들어왔어요. 쳐들어오니까 그 사람들이 산으로 다 도망갔잖아요. 그러니까 우리 군인들이 그 공산당 가족을 다 잡아다 때리고 그냥 그렇게 혹독하게 아주 그냥 벌을 주고, 죽인 사람도 있고 그랬어요. 그래가지고 그 시일이 오래 걸리지 않고. 또 인제 그 공산당들이 내려오니까 우리 군인들이 쳐들어왔다 또 이렇게 밀려나가잖아. 그러니까 자기 가족을 다 그렇게 죽였으니까 눈이 홀딱 뒤집히잖아? 그래 우리 또 민주당 사상이, 그렇게 민주당으로 된 사람 가족을 뭐 애나 어른이나 할 것 없이 다 데려 가다가서,

"구뎅이를 파라!"

그러고 거기다 다 생으로 묻어서 죽였어요.

근데 우리가 인제 큰 건물 옆에 지금으로 말하면 한 저기, 면소재지. 면이 있었지. 우리 집 옆에. 우리 집은 대로변인데 이렇게 집이 크고 유리창이 있는데, 우리는 딸들이 많으니까 사상으로 의심받을 게 별로 없잖아요. 그래도 우리는 세 번째로 잡아다 죽이기로 돼 있어요. 민주당 쪽에 들어가지고. 공산당이 아니고 민주당. 우리 아버지가 그 쪽으로, 세 번, 삼 번 타자야. 근데 이 번 타자까지 다 죽였을 때, 우리는 삼 번으로 우리 아군이 또 들어와서 배타고 나왔지. 근데 우리 친구들이 그때 내가 일 학년, 이 학년? 1.4후퇴 때 나왔으니까. 근데 다 포승을 져가지고 우리 집 앞을 가면서 우리 집을 요렇게 쳐다보면, 친구네 집이니까. 그럼 내가 마음이 너무 아프잖아요.

'저거 다 죽으러 가는데.'

포승을 지구서는 꼬챙이를 나무로, 어렸었어도 생각이 다 나지. 나무로 된

거, 빨리 안가면 그걸로 등어리를 찔러요. 빨리 가라고. 그 사람들도 자기네 가족을 다 그렇게 아프게 죽였으니까 눈이 뒤집혀가지고 내려와 가지고는 우리 민주당들을 다 그렇게 잡아다가 많이 죽었어요. 엄청 많이 죽고, 내 친구들 많이 죽었어요. 그래가지고, 아주 그 생각하면 눈물 나요. 우리도 며칠 있으면 죽을 건데. 우리 언니들이 다 젊었으니까, 저기, 아니, 남자가 아니니까 사상이 인제 그, 공산당도 아니고 민주당도 아니고 중간이잖아? 끝이잖아, 우리가. 그니까 우리는 세 번째로 죽이기로 돼 있는데, 우리는 안 죽구.

[3] 예쁜 언니들 덕에 선착순 배에 쉽게 오르다

우리나라가 또 쳐들어와서 그 포구에서 배 타구 인제 오는데, 배타는 것도 순서가 있어요. 당에 안들은 민주당 뭐 이런 거, 군인 나가고 이런 거 없는 우리 먼저 태웠어요. 우리는 우리 언니가 많잖아요. 딸이 여섯이니까. 그전에는 다 중학교 다니고 그럴 때는 세라복들 다 입고 이렇게 했는데. 우리 이모네 애들도 재산들이 많으니까 어른들은 안 나오고. 많이 걸려야 일주일 걸린다고 그러니까 젊은 애들만 내보냈는데, 우리는 인제, 우리 아버지가, 그때는 우리 아버지가, 공산당 쪽으로 뭐 하라고 인제 끌려갔을 때에요. 끌려갔을 때니까 우리는 인제 포구로 나왔는데, 우리 옆에 사무실에 그 사람들 우리를 아니까, 우리는 한 사람도 빠짐없이 딸들이 다 타구 나왔어요. 그리고 또 딸들이 예쁘니까, 우리 언니들, 사촌 언니들도. 그러니까 다 우리를 아주 그냥 선착순으로 태워서 고통 없이 왔는데, 그 포구에서 못 탄 사람은 다 죽었대요.

"그 공산당들이 내려 와가지고 다 잡아다 죽였다."

그러고, 물에 덤벙덤벙 안 죽을라고 뛰어 들어서 자신이 죽고 이런 일도 있고. 그런데 우리는 나와서 정말 석도섬이라는데, 거기서 있으면서 고생했죠.

[4] 피난 배의 첫 도착지였던 석도섬에서의 생활

[조사자: 석도 섬은 어디 있는 거에요?] 백령도에. 이북이 가까워요. 석도섬. 거기 인제 와가지고는 피난민을 많이 데려다 놨으니까, 섬이니까 우물도 없고, 물도 없고, 집도 없고 그러니까 한데서 이렇게 처마 밑에서들 자고, 이제 이랬는데. 우리는 어떤 집에 그 부잣집인데 기역자로 부엌이 돼 있는데, 요렇게 있어서 거기서 우리는 거치, 거주하고 있었지. 근데 우물이 없어요. 물이 없어. 그래서 애기들이 엄마들이 불안하고 그러니까 젖이 안나와가고, 애기들도 많이 죽었어요. 그래 물이 없으니까 쌀을 이렇게 담가가지고는 입으로 씹어서 뱉어서 죽 쒀서 먹이고 그랬어요. 그렇게 물이 없었어. 그래 죽은 애들도 많아요.

그래가지고 그런 아주 고생을 많이 했고. 섬이니까 나가면 굴 있잖아? 굴도 따다가 그것도 먹고. 또 불 땔 곳도 없고, 일주일 있으면 들어온다고 그랬는데, 일주일이 뭐야? 이 때 것 못 들어가잖아요. 그러니까 집에서도 젤 안 쓰는 물건들을 쓰다가, 며칠 쓰다가 두고, 버리고 와야지 그런 것들만. 저희 집으로부터 다 그렇게 나왔는데, 먹을 것도 없지 뭐, 잘 곳도 없지, 이불도 없지. 그래 인제 밤에 모르게들 조그만 배타고 고향에 가서 물건 가져온다고 나갔다가 잡혀 죽은 사람들도 많고, 또 가서 소도 끌어다가 잡아먹는 것도 봤고. 소를 끌어다가 배들이 고프니까, 그냥 이렇게 바위에다가 이렇게 고리를 매놓고 그냥 도끼로 여기를 때리면 소가 죽더라고. 그럼 배를 가르고 배 속에서 피 묻은 걸 그냥 막 먹어요. 그거 보고 나는 고기를 아직도 안 먹잖아요. 아무 것도 못 먹어요. 그 때 충격 받아가지고, 고기를.

[5] 군산에서의 피난생활

그래서 그런 어려움을 다 겪고. 거기서 얼마동안 사니까 정부에서 큰 외항선을 보내줬어요. 오라고. 근데, 그때는 군산으로 오는 배야. 군산으로 갔다 풀어. 외항선에 거기 수도 없이 엄청 큰 밴데, 수도 없이 많은 사람을 태웠는데, 태우고 오면서 뭐 위에 탄 사람들의 애기들이 뭐 바란가? 뭐 하여튼 먹질 못해서 죽은 애들도 있는데, 다 바다에다 던지고 왔어요. 애기 죽은 거를. 며칠 걸릴 지도 모르고 바다의 그 이북 놈들이 공산당들이 지뢰를 이렇게 떠내려 보내가지고 그게 배에 와서 부딪히면 터지면 다 죽잖아요? 그러니까 그거 살펴서 오느라고 또 시간이 많이 걸렸고. 그러니까 죽은 애를 어떡할 수 없어 바다에 던졌지만, 우리는 인제 언니들 덕을 많이 봤죠. 언니들이 예쁜 언니들이 많아가지고 선장들이, 한국사람 선장들이 있더라구. 그래가지고 우리는 선장실에다 갖다 놓고, 전기밥솥에 밥 해주고, 초코렛 주고, 제리 주고, 막 이래서 잘 왔어요. 그리고 내가 아홉 살 되던 해잖아요? 그러니까 편지 써서 우리네들 언니들 주고, 막 이러고 심부름도 잘했지, 내가. 그래서 언니 덕을 많이 보고 고생 안하고, 군산에 도착했어요.

군산에 도착했는데, 부산에는 피난민이 하나도 안 갔으니까, 저기 자기네들이

"부산에 가서 집 얻어주고, 학교를 다 보내 줄 테니까, 군산으로 가자." 그래요.

딴 사람들은 다 거기 내려놓고. [조사자: 부산에 내려놓고?] 부산, 어, 군산에 내려놓고. [조사자: 아, 군산에 내려놓고?] 근데 우리 어머니가

"아버지가 언제 들어올지 모르는데 그리 가면은, 얼마 안 있으면 고향 들어 갈 건데 왜 거기 가느냐? 거기 우리 안 나가고 우리 피난민들이 같이 어울려야 고향사람들 있으니까 들어간다."

인제 그래가지고, 그래서 그리 안가고 거기서 엄청 군산에서 고생했어요. 부산으로 따라갔으면 하나도 고생안하고, 그 사람들이 돌봐주고 형부도 그 사람들이 하나 생겼을 텐데. (웃음) 지금 생각하면 그래, 좀. 그래 인제 고 어디로 배치 받을라고 다 넓은 항구에 서 있는데, 초코렛, 젤리 막 가져와서 제가 성당 다니니까. 이름이 마리아.

"마리아, 빨리 엄마한테 얘기해. 언니들한테도, 빨리 부산으로 가자고."

막 그러면서 그거 주고 그랬는데. 내가 무슨 뭐 힘 있어? 그래 가지고, 우리가 인제 군산에 도착해서 어느 인제 학교를 다 피난민을 다 학교에다 갖다 놨는데, 학교에서 한 며칠 이삼일 있었어요. 그 인제 집을 수소문해서 빈 집, 작은 집, 빈 방 이런데 피난민들을 다 배치시키잖아요. 근데 우리는 거기 면장 집에 아주 집이 좋은 게 하나, 방이 세 개고, 일자집으로 돼 있더라구요. 앞마당도 넓고. 아가씨들이 많다고 그 집으로 가서 아가씨들 덕 많이 봤어. 그래가지고, 거기 가서 살면서 그 주인집에 아마 총각이 있는데, 이름이 일섬인가? 일성이야. 근데 그이가 쌀을, 거기는 대나무가 많더라고. 대나무로 울타리가 되고, 또 그 집 안 채에는 이렇게 돌담으로 되어 있는데, 돌담이 내 키만 하지. 지금 키만큼 있는데 끽-이나 하믄 쌀을 한 가마씩, 반 포대씩 갖다가 던져 주는 거야. 형수도 그 부잣집이에요. 형수도 모르게, 형수들하고 사는데. 그래가지고, 죽도 쒀 먹고, 밥도 해먹고 잘 먹고 살았어요, 남들 굶을 때. 그 사람이 아직도 거기 살았을거야. 그래가지고, 연애편지 써서 우리 그 사촌 언니가 외국여자처럼 잘생겨서 지금도 안암동에서 사는데, 근데 그 사람하고 결혼을 못했어. (웃음) 전라도 사람하고 결혼하면 그 오빠가 군인 갔다와가지고 호적에서 뺀다고 그래가지고 그랬어요. 근데 그 사람 도움을 많이 받았어요. [조사자: 연애는 하셨나보다?] 연애했어요. 둘이 좋아했어요, 아주. [조사자: 그런 정성을 보이는데 어떻게 연애는 해야죠.] 아니 얼마나 젊은 애들이니까. 또 잘생겼어요. 그 사람이 아주 공부도 잘하고, 인격도 멋있게 생기고, 우리 언니도 이쁘고, 그 사촌 언니.

그래 그 언니가 우리 집 나오는 딸 중에 나이가 젤 많았거든, 그 언니가. 그때 한 열아홉 살쯤 이렇게 됐을 것 같애. 그래 내가 맨날 연애편지 전해주고 이랬는데. 그래 인제 그렇게 쌀을 훔쳐다 집에 형들 모르게 훔쳐다 줘서 잘 먹고 살았는데, 오빠가 군인 갔다와가주고 절대로 안 된다 그래가지고 떼어놨어요. [조사자: 전라도 사람을 싫어 하셨나 봐요?] 어, 그래서 이북사람들이 전라도 사람 싫어했나봐. 나는 어려서 모르는데. 그래가지고 우리 그 사랑이 이루어지지 못하고, 언젠가 고대 앞에서 사는데, 기자한테 시집을 갔어요. 근데 나를 데리고 가면서,

"너, 일성이 형부 아니냐? 그 소리 하지 말어. 그 사람 앞에서."

날보구 (웃음)

"언니, 나도 인제 그런 거 알지."

이랬는데.

[6] 인천에서의 피난생활

그렇게 거기서 인제 잘 살다가 또 인제 인천으로 왔어요, 인천. 인천여자중학교 거기 창고가 있었어요. 그래 거기 피난민들을 줘가지고 그 안에다가 박스로 이렇게 다 집을 하나씩 지어 가지고 그 안에서 살았어. [조사자: 그러면 거기 군산에 있던 피난민들 다 같이 또 이동을 했어요?] 아니, 다 아니고 거기서 사는 사람도 있고, 우리 아버지가 인제 이북에서 넘어왔어요. 8월 추석인데 산소에 벌초하러 간다 하고 와가지고, 뗏목 하나가지고 거기 인제 섬으로 나와 가지고, 군산까지 와가지고, 우리를 찾았어요. [조사자: 그럼 군산에 있는 건 아버지가 알고 계셨던 거예요? 외항선 탈 때 같이?] 어, 거긴 오면 거기 밖에 올 때가 없거든. [조사자: 그러면 왜 아버지는 그때 같이 안 나오신 거예요?] 아버지는 거, 이북사람들한테 붙들려 갔다니까. 좀 젊었으니까, 근데 거기서 탈출한 거지. 탈출해서 나왔죠. 탈출해서 나와 가지고 인제 우리를 만나 가지고, 우리 아버지가 해주 있을 때 제재소를 했어요. 광산 제재소라고, 크게 했어요. 그래가지고 저희들이 인제 사장 딸이에요, 이북에서. 그래가지고 인천으로 가면은 목공소라도 차려서 애들하고 벌어먹고 살아야지 그래가지고 인제 섬에서 또 나무 기술이 있으니까, 나무를 해서 어떻게 해가지고 군산까지 갖고 왔는데, 아는 사람한테 사기 당해서 다 그것도 뺏겼데요. 나무를.

그래가지고

'군산에서 여기 있으면 피난민이 많으니까, 애들 다 굶겨 죽이겠다. 나 먼저 저 인천 항구로 가서 인천에서 자리 잡는다.'고.

오셔가지고 어떤 인제 목공소에서 뭐를, 인제 맞춤을 이런 거 그런 거 뭐하는지 몰라도 그런 거 하면서, 자리를 좀 잡아가지고 우리를 데리고 왔어. 그래가지고 우리 피난민들 인제, 여자 중학, 고등학교, 중고등학교 창고에 집들을 피난민들이 거기도 있죠. 피난민들이 우리 고향사람은 아니지만 사방에서 온 사람들이 거기서 살았죠. 거기서 살면서 나중에는 인제 정부에서 어느 부락을 내줬어요. 집 짓고 살라고 그래, 집 짓고 살고, 그래 괜찮게 살았어요. 고생은 좀 많이 했지만.

[7] 아버지 친구의 총살현장을 목격하다

근데 그 인제 전쟁 날 때, 그 친구들이 다 붙들려가서 죽고. 또 인제 구뎅이를 죽을 사람들 보고 파라고 그래서 다 거기 생으로 묻혀서 죽고. 또 들어왔다 나갔다 후퇴했다가 전진했다가 막 이러는 동안에 죄 없는 국민들만 그렇게 많이 죽더라구. 그래서 저는

'전쟁이라면 다시는 일어나지 않아야지.'

싫어가지고, 내가 67년도에 결혼을 했는데 재를 68년도에 낳았거든. 우리 저 딸을. 근데 그때 누가 넘어왔지? 이북에서? 조 뭐가 넘어 왔잖아. 어. 요쪽으로 넘어온 사람. 그때, 조 뭐 씬데. [조사자: 청와대 간. 김신조.] 어 맞어. 김신조. 조가 아니라, 김신조 넘어올 때, 혹시 전쟁 날 지 모른다고 그래가지고. 나는 어렸을 때, 전쟁이라는 게 너무 무서워 가지고 수면제를 많이 사다 놨어요.

'전쟁나면, 나는 죽어야지, 자살해서.'

그럴 정도로 전쟁이라는 거는 내 머리 속에서 기억하기가 싫어요. [조사자:

그죠. 고통스럽죠.] 어, 너무 고통스럽고. 우리가 인제 좀 늦게 나왔잖아요? 1.4 후퇴 때. 근데 거기에서 사상범으로 이렇게 피난도 얼른 못 나온 사람들은, 남자들이 얼른 피신 못한 사람들은 남자들이 급하니까, 남자들만 먼저 나오고 가족들은 나중에 나왔어요, 다. 근데 학교에다 불러다놓고 총을 다 쏴죽이고 그랬어요. 근데 그것도 나와서 다 구경해야지 안하면, 또 사상범이라고 또 찍혀가지고, 그러니까 그 우리 아는 사람이 아주 체격이 크고 그런데, 우리 아버지 친군데 총을 쏘니까 몇 방을 쏴야 자기도 모르게 쏘면 쓰러졌다 일어나서 또 도망가면 또 쏘고 이래가지고 한 세 번 네 번 그래서 죽더라고. 그런 거를 다 어렸을 때 봐가지고 이 전쟁이라면 참으로 싫고. 아유— 인제 전쟁이란 건 정말 어떤 일이 있어도 안 나야 되고, 괜히 그냥 그 부녀자들만 죽잖아요. 그래서 저는 전쟁이라는 거 얘기도 하기 싫은데, 우리 딸이 이렇게 나와 가지고 내가 여기를 왔는데. 그래서 저는 나이가 어려서 더 이상은 없고 그렇게 고생했어요.

[8] 인천에서 태어난 막내동생

[조사자: 근데 어머님이 얘기하시는 것 좀, 되게 저희가 많이 못 들었던 이야기들도 되게 많아요.] 못 듣지. 어디서 들었겠어? 이렇게 나오다가 전쟁 때 나오다보면 앉아서 죽은 사람도 있어. 총 맞아 가지고. [조사자: 그러니까요. 그런 것들을 누가 얘기해 주겠어요? 이렇게 자세하게.] 앉아서 죽은 사람도 있어. 도망가다 딱 쏘며는 이 뭐, 쓰러지지도 않고 그냥 앉아서 죽은 사람도 있어.

[조사자: 그런데 오빠가 군대를 가셨어요?] 우리는 오빠가 없다니까. [조사자: 아, 사촌오빠에요 그러면?] 그건 응. 사촌이지. [조사자: 그럼 동생을 여기다, 여기서?] 우리를 따라 내보낸 거지. 이북에서 우리 이모가 우리들을. 아가씨들이 다 컸으니까.

"너네들만 따라 나가라."

거기는 여자 군대도 그전에 뽑아갔거든. [조사자: 아ㅡ 그 남동생 한 분 있으셨다고 그러셨죠?] 남동생은 우리 젤 막내. [조사자: 예, 막내분이 여기서 전쟁 때 낳으셨죠? 어디서 인천에서? 아니면?] 아니 이북에서. [조사자: 아, 북에서. 전쟁 났을 때, 전쟁 난 해에 태어나신 거예요?] 그럼. 났을 때, 낳아가지고 나온 거래니까, 걔를. 우리 어머니가 막내로 그거를. [조사자: 몇 월 생이세요, 그 막내분은?] 걔는 정월 생이지. 걔 낳고서는 1.4 후퇴 때, 그러니까 백일 좀 됐을 까 고랬을 때 나왔지. [조사자: 그럼 한참 전쟁 때 낳으신 거네요? 전쟁 터지고 나서.] 그럼. [조사자: 그때는 예전에 남쪽 같은 경우는 이미 군인들이 들어와 있는 상태고 그래서 애기를 낳고 나면 애기 낳은 것도 비밀로 하고 감추고 그러더라구요. 북에서는 그러지 않았어요?] 북에서는 그럴 상황도 없었지. 그냥 배타고 나와서 섬에서 살다가, 그냥 이렇게 자유의 나라에 큰 배타고 오면서야 그런 건 없지. 애기를 뭐 감추고 이런 거 없고 피난 나오면서도 우리는 배타고 잘 나왔지만, 조그마한 배라도 첨에 고향에서 나올 때 조그마한 배 타고 나왔지만, 인제 그 석도 섬에서 큰 배가 와가지고 타고. 그 '아구리배'라고 그러더라고, '아구리배'라고 그러는데 엄청 크더라고. 그거 타고 나와서 그런 건 없지. 그리고 피난 나올 때 애기 들이 어리면 저기서 인민군이 보초서고 있는데 울면 들키잖아. 그러니까 그런 것들은 힘든 사람들도 있다고 그러더라고. 애기들이 울까봐. 그랬어요. 그런 고통을 겪었기 때문에 지금 사람들은, 젊은 사람들은 뭘 모르니까 뭐 이렇게 데모를 자꾸 하는데 데모는 절대로 할께 아니여. 데모할 게 아니고 나라가 있어야지 국민이 평화롭게 살지. 나라가 없으면 자유가 없고 절대로 우리 형부, 우리 형부 하나 군인이었어요. 박정희 대통령 7사단에 있을 때 거기에 높은 사람으로 있었어요, 우리 형부가. 근데 우리 오빠들이, 인제 이종사촌오빠지. 그러니까 언니가 난 애들이니까, 고대 나왔는데 다

"데모의 데 자도 꺼내지 말라. 절대 데모에 가담하지 말라."고.

그 전쟁을 우리 형부가 다 겪었거든. 다 겪은 사람이기 때문에 절대로 아주

그걸 허용 안했어요. 데모하는 거는. [조사자: 어머니 성당 다니셨잖아요? 몇 살부터 다니셨어요?] 저는 어려서 유아 때부터 다녔는데 우리 언니들은 다 컸잖아요? 나보다 다 크고 그랬을 때, 그 때는 인제 성당 갔다 오며는 학교 가면은 손들고 벌서고 그랬대요. [조사자: 왜요?] 성당 갔다고. 그럼 그래도 또 가고 또 가고 그렇게 했다 그러더라구요. [조사자: 어머님 아버님도 다 같이 다니시구요?] 그럼. 우리 아버지는 안 다니고 엄마, 엄마하고만 다녔죠. 우리 아버지는 성당 안 다니셨어요. [조사자: 그러면 성당 다니시다가 그때 전쟁이 나고 지금은 쭉 이렇게?] 전쟁이 안 났을 때도 공산주의는 그 믿는 거를 안 좋아해서 벌섰다니까.

[9] 미모 덕에 피난 배 안에서 특별대접 받은 언니

[조사자: 아, 종교 갖는 거 자체를?] 자체를. [조사자: 지금 말씀, 사연들을 쭉 이야기해주셨는데, 조금 더 인제 구체적으로 그 때 이야기들 좀 더 여쭤 볼게요. 성당 다니고, 어렸을 때 평화롭게 지내셨잖아요. 그리고 나서 전쟁이 나서 1.4후퇴 때 나오셨지만 그 전에는 상황이 좀 어땠어요?] 1.4후퇴 나오기 전에는 그냥 그 공산주의의 사상으로 우리 언니들도 여성동맹의원이라는 그게, 학교에서 그 이렇게 강제에서 그렇게 해가지고, 무슨 그전에는 사상으로만 교육을 시키지. 뭐 행동은 없었지. 근데 인제 이렇게 전쟁이 일어나면서 부터는 민주당, 공산당이 딱 갈려 있으니까, 그때는 인제 이북에는 공산주의잖아요? 공산주이니까 인제 이 나라에서 무슨 기미가 있고 쳐 들어온다 그러면은 여성동맹위원이래나 뭐래나, 그 사람들이 나가서 사이렌을 막 울려. 비상벨을 울려야 돼요. 사이렌이 있어요. 거기는 요렇게 되가지고 올라가서 막 울리는데. 그 때는 우리 언니도 아무 것도 모르니까, 이제 무슨 연락이 오면 그냥 나가서 사이렌을 막 울리는데 우리 군인이 쳐들어 온 거야, 우리 군인이. (웃음) 그것도 모르고 막 이렇게 했다고 그러더라구. 그래가지고 그 사람들 들어왔

을 때 우리는 그 거 타고, 그냥 배타고 들어온 거예요. 그래서 잘 들어 왔지. 그 이북에 있는 사람들은 못 들어온 사람들 많아. [조사자: 젤 큰 언니는 몇 살이셨어요?] 젤 큰 언니가 지금 팔십이거든요. 팔십이니까 육십사를 빼면 몇이야? [조사자: 열여섯. 정말 이뻤을 때겠네요.] 그 언니가 여기 나와 가지고 수녀로 들어가서 수녀 공부 해가지고 수녀가 됐었는데, 지금은 수녀원에서 나와 가지고 몸이 아파서, 혼자계세요. [조사자: 아, 그 젤 큰 언니가요?] 네, 큰 언니가. 아 그래 저희들은 인제 딸이 많아가지고 배에서도 또 이렇게 어느 동네 이렇게 배치 받아서도 대우를 잘 받고 살았어요. 언니들이 많아가지고. [조사자: 그러니까 어머니도 엄청 예쁘신데.] 동네 어른, 동네 그 총각들이, 또 그 먹고 살아야 되니까 우리 어머니가 어디 가서 엿 같은 거 이렇게 띠어 오잖아요? [조사자: 다 들어다 주고 그랬어요?] 들어다 주고, 또 저녁에 와서 화투치고 그거 또 먹고. 지네끼리 돈 내고 먹고 이래가지고 다 살았어요. 지금은 이렇게 살지만. (웃음) [조사자: 역시 예뻐야.] 저는 안 예쁘지만 우리 동생들하고 예뻐요. [조사자: 어머니도 예쁘신데요?] 나이가 인제 칠십이 세에요, 올해. [조사자: 젊어보이세요. 누가 그 연세를 믿으시겠어요?] (웃음)

[10] 뒤늦게 똇목타고 피난 나온 부친

[조사자: 그 제재소 운영을 하셨으면 부자셨잖아요?] 부자예요. 열두 대문은 아니래도 여섯 대문은 된 거 같아, 내 생각에. [조사자: 그때 부자의 모습은 어땠는지 궁금해요.] 근데 집이 우리가 컸는데, 이렇게 가이당이 한 여섯 개 정도 올라가는데, 내 기억에. 그렇게 올라 가면은 큰 대문이 있어요. 그러면 들어 가면은 옛날에는 계란 하나 먹는 게 참 힘든데, 우리 지하에 가면 계란이 이렇게 소쿠리 같은 큰 바구니에 하나 씩 있었어요. 그렇게 잘 먹고 잘 살았어요. [조사자: 그러면 부자여서 받게 된 불이익은 없었어요? 전쟁 나고 나서?] 전쟁 나고 나서 거긴 없었고. 여기 나와 있었는데 뭐가 있어. 다 두

고 왔지.

[조사자: 그럼 혹시 그때 그 분들한테 아버지 잡혀가실 때 그 기억은 나세요?] 잡혀가는데, 저절로 잡혀가는, 잡혀가는 것도 못 봤고. 어디에서 가셨다가 거기서 그렇게 잡혀갔데요. 집에도 못 오고. [조사자: 길에서 붙들려 가셨구나?] 네, 길에서 붙들려 가지고 잡혀갔으니까 우리 피난 나오는 것도 모르고 그래가지고, 우리 엄마가, 저기 우리 언니가 있거든요. 지금 칠십팔 세 된 언니하고, 막내, 육십육 세 된 막내 여동생하고 집에 있다가 아버지 오면 집 지키라고 했는데 그 언니가 겁이 많아서 따라 나와서 다 나왔지. 안 그러면 헤어질 건데.

근데 우리 아버지가 그 딸들이 있음 우리 아버지도 못 나왔지. 근데 와보니까 인제 어느 때 왔겠죠? 고향으로. 아버지도 붙들려 갔다가 왔는데 다 피난 갔으니까 틈을 타서 추석에 그렇게 뗏목 하나, 요렇게 조그마한 거 뭐 해가지고 어떻게 나왔는지 몰라, 그 먼 거리를. [조사자: 아버지가 대단하세요.] 어, 대단한가 봐요. [조사자: 고 얘기를 자세하겐 못 들으셨어요? 어떻게 나왔는지?] 못 들었지. 그 뗏목 타고 나왔다고 그러니까. [조사자: 뗏목타고 군산까지 오셨으면은……] 군산이 아니라 석도섬. 석도섬까지 와서 거기에서 백령도로 해서, 다시 군산까지. 그럼 우리 찾아 온 거라고, 가족 찾아왔지, 그렇게. [조사자: 아버님이 대단하시네요.] 돌아갔죠.

[11] 언니에게 반하여 담 너머로 쌀 던져주던 총각

[조사자: 그럼 거기 군산에서 왜 되게 좋은 집에 가서 고 집만, 식구들만 들어가셨어요?] 우리 식구만. [조사자: 아, 어떤 집은 한 집에서 정말 열 가구 이상이 살았다고 그러더라구요.] 아구, 우리 집만. 우리 식구하고, 그 사촌 언니들 하고 이렇게, 우리 집만 이렇게 일자집이더라고. 앞에 앞마당도 있고. 거기서 아주 그냥 쌀도 꿍– 하고 데려다주고, 갖다 주고 그래가지고 언니들 때문에

먹고 사는 거는. 또 날쌀도 옛날에 먹으면 맛있더라고. 나 어렸을 때, 그 때 한 참 어렸을 때니까. 날쌀도 많이 먹었어. 그리구 미리 하는 거 있어. 오리, 오리쌀이라고, 뭐 쪄가지고, 찌는 거 있어. 그것도 많이 먹었어요, 훔쳐다 줘서. (웃음) 그 총각 보고 싶은데 지금 나이가 많겠지. 찾아보고 싶은데 어디 있는지 모르겠네. [조사자: 그때 연애편지 어쨌거나 배에서도 열심히 배달하시고, 군산에서도 열심히 배달하셨잖아요?] 그럼, 언니, 언니. 그 사람들이 그냥 편지 써주고 어디로 올라가서 바다 구경시켜준다고 올라오라 그러구. 뭐 그런 거 맛있는 거 많이 먹고 나왔어요. 나는, 나는 어렸으니까. 언니들은 어쩐지 모르지만, (웃음) [조사자: 그땐 연애를 어떻게 했어요?] 연애? 만나는 거지 뭘 어떻게 해. (웃음) [조사자: 만나서, 전쟁통에 어떻게?] 전쟁통에 뭐, 그 사람들이야 전쟁 가까이 안 있고 배 타고, 후방에 있으니까, 얘기하는 거지 그냥. (웃음) [조사자: 그냥 얘기만 하시는 거예요? 요즘은 영화도 보고 하지만 그때는 둑 방이라도 건넜을지.] 아니 그런 거 없고 그냥 넓으니까 얘기하고, 잘 내다보이는 데 가서 구경시켜주고 그랬겠지. [조사자: 몰래 편지는 안보셨어요? 되게 궁금할 것 같은데. 전달만 딱 하셨어요?] 아니구, 어리니까. 그거 몰래 보고, 그런 뭐. 사춘기쯤 되면 이거 뭐라고 썼나 보겠지만, 그 어린애가 뭐 이거 누가 줬다고 그냥 주는 거지. [조사자: 그럼 그냥 주세요? 아님 뭐 먹을 거 초콜렛 이런 거 따로 주세요?] 먹을 거는 항상 줬어. 그럼, 항상 봉투에다 담아다 줬지, 미깡하고. 그 미깡이라고 옛날에는 미깡하고, 저기 초코렛하고, 저기 또 뭐지? 하여튼 뭐 보지도 못 한, 이북에서 보지도 못 한 거 많이 먹었어.

[조사자: 그러면 군인들을 직접 만난 적이나 군인들이 직접 온 적은 없었어요?] 군인들은 그 석도섬에 있을 때 군인이 아니라 예비군같이 젊은 사람들, 뽑아 나온 사람들이 그 인제 폭탄을 맞아서 다리도 부러지고 이런 사람을 그 집에다가 갖다놓고 그 간호해주고 그런 건 봤어요. 군인은 아냐, 직접 군인은 못 봤어, 그때. [조사자: 음, 계속 이제 피난만 다니셔가지고.] 피난 다니면서 군

인들을 이렇게 마주치지는 못했지. 군인이야 우리 형부가 군인인데 7사단에 있을 때 강원도 안 가본 곳 없이 다 가봤지, 나는. 사단에도 들어 가보고 연대도 가보고 다 가봤어, 미스텍. [조사자: 아직 그때는 형부가 전쟁 때는 어쨌거나 관계없는 거고.] 전쟁 끝나고 휴전 때. 휴전 때 다 가 봤지. 사단에서 운동하면은 또 짚차 보내가지고 처제, 처제가 그때는 열아홉 살 됐을 때니까. 내가 그냥 처제 데꼬 가면 술이 많이 생긴대. 처제가 이쁘구 나를 그냥 데려오라고. 차 이름도 안 잊어 먹어 9호차야. 그러면서 맨날 데리려 왔댔어, 인천으로. 인천으로 데리러 왔어. 뭔 덩 뭐 어디? 뭐 하여튼 속초 어디 안 다닌데 없이 다 다녀 봤어요. 어디두 또 있어. 다 잊어 먹었네. [조사자: 그럼 인천엔 언제까지 사신 거예요?] 지금도 살아요. 지금들도 살아요. 인천에 다 있어요. [조사자: 그럼 거기서 아예 자리를 잡으셨어요?] 네, 거기서 자리 잡았지. [조사자: 그러면 전쟁 그러고 나서 아버지는 계속.] 아버지는 인천에서 돌아가셨어요. [조사자: 그러니까 거기서 어떤 일로 자리를 잡고 하셨어요?] 거기서 인제 언니들이 은행 다니고, 아버지도 인제 뭐 좀 하시고, 목공소하시고, 이렇게 해서 살다가 아버지가 술을 좋아하시고, 인제 많은 타격을 받고 그러니까 장이 나빠서 돌아가셨어, 대장. 그래 돌아가시고 인제 언니들이 인제 다 책임지고, 딸들이 많으니까 그렇게 살았어요.

[12] 친구들의 죽음을 목격한 공포

[조사자: 피난 나오시기 전에 지금 어쨌거나 전쟁이야기 하시면 가장 힘든 부분이 친구들 떠나보내고 이런 것들이잖아요? 근데 실제 그런 것들에 대한 경험들은 저희가 자주 들을 수 없는 그런 것들이거든요? 그리고 아마 우리 후손들도 이후에 그런 경험들이 크지 않을 것 같아서, 좀 힘드시더라도 그때 상황이나 그런 얘기들 아까 왜 친구가 지나가다가 이렇게. 그런 것들 이야기 좀 해주세요.] 친구가 지나 가다가 이쪽으로 대문이 있고, 이쪽으로는 인제 또 마루같이 있으면서

유리창이 다 보이게 되어있거든요. 그런데 인제 지나가면서 이러고 보면서 눈물을 흘리고 가는데, 그게 가슴이 그렇게 아프고. 또 친구 하나 그 옆에 살던 친구는 또 아버지가 이쪽 군인이어서 이쪽으로 인제 나왔는데, 저 공산당들이 와가지고 산에 데리고 가서 삽으로 여기를 찔러서 죽였대요, 삽으로.

"총알도 아깝다, 니네들은."

그래서 삽으로 곡괭이로 막 찔러서 죽이고, 묻어 놓고. 그러고 또 우리 그 친구 아버지는 또 전쟁터에서 싸우다가 다리가 여 발 있는 쪽에 양쪽이 다 이렇게 뒤꿈치만 있고 잘려 나갔어요. 근데 그 친구 이름이 순잔데, 지금 어디서 살구 있을 거예요. 몰라, 지금. 근데 그런 거, 그런 거 다 가슴 아프지. 그리고 집에 들어오면 또 인민군들이 잡으러 내려와 있으니까 산에서 못 내려오고 굶고 막 이렇게 있고. 그런 거 그게 가슴 아프지. 그런 거 생각하면 엊그제 같고 이 전쟁 얘긴 진짜 하기 싫거든. 내가 마음이 아파서. 어렸을 때니까. 그래서 하기 싫어.

[조사자: 그럼 그 어린 사람들도 다 나가서 그걸 목격을 하게하고 그러는 거예요?] 총으로 쏴 죽이는 거? 학교에다가 데려다 놓고, 사상범. 그 잡히면 인제 총으로 쐈지. 거기는 공산당이 아니고 민주당이고 다 이러 면은 다 나가있지. 집에는 부녀자들만 있지 남자는 없었어요. 어, 그랬으니까. 그래 인자 어디, 이북에서는 집을 지으면은 서까래를 이렇게 해개끔, 여기 사람이 천반장에 올라가있어도 될 만큼 다 튼튼하게 져요. 그런데 숨어 있는 것도 누가 얘기 해가지고 잡아가지. 그렇게 죽이는 거 그런 거는 학교 마당에 끌어다 놓고 죽일 때 안 나가면, 사상범들이라고, 똑같은 거라고 주목 받으니까 다 나가서 구경해야 돼요, 죽는 거. 얼마나 무서워요? [조사자: 그런 날은 그러면 뭐 종을 치고 이러는 거예요? 아니면 어떻게 알려요?] 그런 날은, 아, 그 동네 반장이 있잖아요, 동네에. 그래서 구장, 반장이 있잖아요. 나오라고 몇 시에 있다고 그럼 나가야지. 애들까지 다 나가요, 애들까지. 애들까지 다 나가야 된댔어. 그런 아주 아픈 전쟁을 겪었기 때문에 전쟁을 안 겪은 사람 모르고.

[13] 배고픔에 힘겨웠던 섬 피난생활

우리 형부도 인제, 참 우리 형부 같은 사람을 인제, 서울을 점령했던 사람이에요, 서울. 저 마포에서 밤에 도망가다가 똥통에 빠지는 군인도 많고, 그랬대요. 그런 사람들은 참 정부에서 많이 돌봐 줘야 되는데, 돌아가셨지만, 그 형부가 군인 생활 한 거 얘기하면은 배도 너무 고팠고, 정말 학도병으로 인제 군인으로 나와 가지고, 학도병이면 열여덟이나 뭐 그렇게 됐겠지. 나와 가지고 군 생활을 하면서 그 시신하고 같이 자고. 또 그 밟고 이렇게 다니고, 시신들을. 그런 아주 어려움을 다 겪었다고 그러더라고. 박정희 대통령 사단에 있었어요, 7사단에. 그래가지고 전쟁 때 얘기 해주면 밤 새워서 얘기를 하세요, 그렇게. 다 내가 잊어먹었어, 내 일이 아니니까. 내가 본 것만 생각나지, 형부가 얘기 한 거는 잘 생각이 안나. 그런 어려움이 있었어요. 전쟁이라는 거는 우리나라나 남의 나라나 일어나서는 안돼요. 너무 아주 처참해요. 그래서 전쟁은 안 일어나야지. 기도를 날마다 세계 평화, 나를 위해서 저희들은 기도 잠 안 자고 해요. 나라를 위해서, 나라를 위해서 기도 열심히 해야 되지.

[조사자: 참 가슴 아프네요.] 말만 듣고 무슨 가슴이 아프겠어요. **[조사자: 상상만 해도 무섭잖아요.]** 밥, 밥이 없어가지고 얼마나 배들 고파요, 밥이 없어가지고. 그래가지고 고생들 많이 했어요. 일주일 있다가 온다 그래서 쌀들을 요만큼씩만 갖고 나왔는데, 돈 주고도 사먹을 수 없는 게 쌀이에요. 그 섬, 그 조그만 섬에다가 다 갖다 내려놨으니, 뭐가 있어요? 없지. **[조사자: 그 섬 생활 때 얘기를 좀 더.]** 섬 생활 때, 너무 먹을 게 없어서 갈매기 알, 그거 저 배에 군인도 아니고 예비군 같은 사람들이 그 배 타고 나가서 갈매기, 조그만 섬에 가면 갈매기들이 알 낳아 놓으면은 갈매기 알은 그 계란보다 작더라고. 조금 포르스롬 해요. 그것도 막 가서 가져 오면은 바가지 들고 나가서 얻어다가 삶아먹고 그랬어요. 그러고 바다에 나가서 굴도 갖다 먹고, 뭐 그런 거

주워다 먹고. [조사자: 어려서 직접 바다는 못 들어가셨고, 어른들이 해다 주시는 거 먹는 거죠?] 못, 저는 못 가지. 어른들이 해다 주는 거 먹지, 그럼. 그 계란 같은 거, 갈매기 알 같은 것도 어른들이 가서 얻어오는 거지, 우리야 가기나 하나, 못 가지. 어른들 하는 데 참여를 못하지.

[14] 피난민 수용소에서의 학교생활

[조사자: 그럼 그때 피난민들한테 이렇게 배급이나 이런 건 없었어요?] 배급이 어디 있어요? 난리 통에 자기네들이야 해결해야지 없어요. 뭐 주는 게 어딨어. 군산에 오니까 거기는 조금 안전지대니까 집도 주고 이랬지, 없어요. 집을 줘도 먹을 거는 하나도 안주지, 정부에서 나무도 이런 것도 다 산에 가서 해다가 때고 그래야 해요. 없어요. [조사자: 그럼 나무도 어른들이나 언니들이 가서 해오셨어요?] 그럼요, 그럼요. 살아야 되니까. 어디 가서 풀이라도 뜯어오고 이래야지 살지. [조사자: 그렇죠, 그 총각이 준 쌀만 갖고는 살기 힘들죠.] 쌀만 갖고 힘들지. 왜냐하면 날쌀을 먹었다 그러잖아, 날쌀을. 뭐 끓여 먹을 데도 없으니까 날쌀 먹었지. [조사자: 근데 1.4 후퇴 때 나왔으면 엄청 추웠을 것 같은데?] 1.4후퇴 때니까, 1, 4, 4월 14일이잖아. 1.4후퇴. 그러니까 그렇게 춥지는 않지. 그래 내가 많이 걸어가지고 지금도 이 다리가 요 발목이 아파요. 그때는 자동차 없잖아, 이동하면 다 걸어 다녀야 되잖아. 동생들 있으니까 그 동생들은 엄마들이 언니들이 업었다 내렸다 하지만 난 국민 학교니까 업어줄 사람도 없잖아요.

그러니까 그렇게 학교, 나는 학교 다닐 때, 저는 정상적인 학교 못 다니고 고등 공민학교라고, 그 피난민들만 이렇게 철막 쳐 놓고 다니는 학교 다녔어요. 그래서 배고프고. 또 인제 전라도에 갔는데 학교에 배치를 시켰는데, 어떤 선생이 어떤 학생을 때리는데 종아리에 피가 나도록 때리더라고. 얼마나 그렇게 애를 때렸는지 몰라도 지금도 생각이 나고 선생 얼굴이 안경 쓰고 못

됐어. 어린 아이를 왜 그렇게 때릴까. 근데 이북에 있을 때 우리 인제 나하고 옆집에 장주부, 의사가 주부라고 그래요, 이북에서는. 장 주부라고 애기를 못 낳아서 하나 데려가 기른 애가 혜란이라고 있는데, 예쁘게 생겼어요. 그리고 나하고 걔하고 둘이는 선생들이 결혼을 해도 우리가 들러리를 섰어요. 꽃 뿌리는 거. 그래 꽃 뿌리는 거. 우리 들러리 서고 학교에서 다 알아주고 이랬는데, 아이 거기 나가보니까 애들을 그렇게 때리니까.

피난민 애들도 학교 나오라고 선생들이 댕겨요. 근데 아 그 선생이 온 거야, 우리 집에를. 학교 안 다닌다고, 안 다닌다고, 안 다녔죠. 그래 안 다녀가지고 나이가 조금 먹었죠. 한 이삼 년을 거기서 살았으니까, 군산에서. 그러니까 인제 학교를 인천으로 왔는데, 인제 그 고등국민학교, 중고등학교를 세웠는데, 철막, 군인들 치는 거, 그걸 치고선 가리키는데, 선생들도 배가 고파서 공부도 인제 제대로 못 가르치지. 나도 국민학교 다니게 됐으니까 국민학교 이학년으로 들어갔는데 공부 잘한다고, 조금 하면 올리고, 올리고 이래가지고 그 뭘 모르겠더라구. 그렇게 공부를 하는지 마는 둥 하고 다녔어요. 정상적인 학교는 못 다녔어요. 학교 안 다닌 사람도 많지만 나는 언니들이 많으니까 학교 가야 된다 그래서 다녔는데. 선생들이 배고파 가지고 정상적인 선생이 어딨어? 뭐 교장 선생 아들이래는 뭐 이래 어디 대학 다니는데 그 사람이 가르치고, 누가 가르치고. (웃음) 아이고, 지금 사람들은 행복하죠. 너무 너무 행복하죠. [조사자: 언니들은 다 중학교, 고등학교 다니시다가?] 그럼. [조사자: 그럼 굉장히 고급인력이셨겠네요?] 그럼. 그렇게 살았어요. 그래도 피난민들 중에서는 그래도 언니들이 많고 그러니까 나는 고생을 덜 했지. 근데 나하고 같이 다니, 학교 다니는 애는 우리 옆집에 아들 막내 이름이 용삼이야 이름이. 걔는요 새빨간 발로 그냥 나온다니까. 겨울에도 이게 낄게 없어가지고. 그래서 내가 우리 언니들은 잡고도 날 짜주고 그래서,

"얘, 용삼아, 너 그 발 시렵잖아. 내 장갑 발가락에 껴."

이 장갑도 뽑아 주고 그랬어요. 그런 애들 보고 싶어, 지금. (웃음) [조사자:

연락 다 안 되시죠?] 모르지, 어디로 다 가 사는지, 모르지. 근데, 빨간 발, 새빨간 뭐 그냥 그렇게 까만 고무신 신고 얼마나 발 시렵겠어. 그래도 학교 간다고, 이렇게 책가방 이렇게 둘러메고 나온대니까.

[15] 피난 때 질리게 먹어서 지금은 먹지 않는 죽

이렇게 고생들 하고. 우리 나이는 다 고생인 사람들이죠. 밥도 없고, 밥도 없고, 죽 먹고 살고. 다 그래 가지고 저는 지금도 아파도 죽을 안 먹어요. 죽 많이 먹었으니까 어떤 죽이래도 죽은 싫어, 지금도. 죽은 안 먹어요. 누른 밥도 안 먹고. [조사자: 굴 이런 것도 싫지 않으세요?] 아 굴이 맛있게 많이 먹을 게 어디 있어. 조금씩 따다가 너 하나, 나 하나 먹을 것 밖에 어디 있어. 아휴– 별미로. 그 많은 사람이 어디서 가서 요만큼이라도 따올 때가 어디 있어. 나와서 하루 종일 기어 다녀도 그렇게 못 따지. [조사자: 그런데 섬이라 풀도 사실 나물 같은 것도 참 구하기 어려웠겠어요.] 조그만 섬에 많은 사람 갖다 풀어놨는데 뭐가 있냐고. 없지. [조사자: 그럼 굶어 죽어나간 사람도 많았겠네요?] 굶어 죽진 않았어, 그래도. 애기들만 죽지. 애기들은 못 먹으니까 죽고, 젖도 안 나오고, 쌀도 없으니까. 씹어서 뱉어서 죽 쒀 먹이는 것도 없어, 물이 없으니까. 그런 거 다 보고 자랐으니 얼마나 기가 막혀.

[조사자: 소금국도 끓여 드시고 뭐 그랬다고 그러더라구요.] 그럼요. 뭐 풀 같은 거 다, 저 빗재루, 빗자루 매는 닥싸리라고 있어요. 그것도 다 순 뜯어다가 다 삶아서 소금 넣고 된장, 고추장이 어디 있어, 소금도 언어, 없는데. 그런 거를 이렇게 다 먹고 그랬어요. 나물은 시퍼런 건 다 뜯어다 먹지. 죽지 못해서 살은 거지, 살은 거가. 아이구, 밥 먹는 사람이 어디 있어, 그때. 너나 할 것 없이 다 그렇게 힘들게 살았죠. 그런데 요런 말을 날 보고 하라고 저 딸이, 저게, 내가 오늘 마음 아프게. [조사자: 맞아요, 이야기 하시면 다 힘들어 하시더라구요. 별로 기억하고 싶지도 않고.] 기억하고 싶지 않죠. 뭘 기억하

고 싶어, 먹을 게 어디 있어. 배추밭에 배추, 주민들이 다 파가도 거기 새파란 이파리 하나 안 남기고 다 가져가. 흉년 들었잖아, 그 전에도 그러니까. [조사자: 섬이라 더더욱.] 섬도 그렇고, 군산에 와서도. 군산에 와서도 그렇게 없었어요. [조사자: 군산에 진짜 많았을 것 같은데, 사람들이.] 많죠, 거기. 엄청 모아가지고 항구도시니까. 사람 거기다 풀어놔가지고 많이 왔지. 그러니까 없어. 파란 이파리 하나가 없어.

[조사자: 그럼 그렇게 피난민들 모여 살면, 어떻게 뭐를 해서 먹고 살아요? 보면 장사하는 사람도 있고.] 장사를 뭐 돈이 있어, 뭐가 있어. 뭐를 장사를 해. [조사자: 돈 있는 사람들은 하던데, 거기 돈 번 사람들도 있고 그래가지고.] 것도 시일이 좀 걸려야 하지. 무슨 뭐가 중심 있어 쓰겠어? 안 쓰지. 뭐 해서 먹고 살았는지 모르지. 하여튼 다들 그냥 그 부잣집, 우리 이북에서 엄청 부잣집 며느리가 하나 있었는데, 하도 풀을 뜯어먹고 배가 이만해 가지고 죽었어. 그럼 영양실조로. 풀만 뜯어 먹으니까. 배가 이렇게 나왔는데, 창자가 아른아른하게 보이더라고. 그래가지고 죽었어. 그거 나는 생각나. 우리 집에 왔다 갔다 하던 여자. 그 아들들은 아직도 살았다는데, 이제 전라도 어디 있다는데, 그렇게 먹을 게 없어요. 그 주민들도 먹을 게 없어 죽는데 뭐. 거기 사는 사람들도 아주 부자 아니면 먹을 게 없어.

[16] 아버지가 먼저 인천에서 자리 잡은 뒤 가족들이 모여 살다

가난했어요. 우리나라 대한민국이 정말 가난했는데, 지금 사람들이 너무 모르고 이렇게 흥청망청 살지. 우리나라 기름 한 방울도 안 나는데, 차가 저렇게 미어지게 많고, 여자들이 허리를 졸라매야. 우리나라 얼마나 풍부하게 축복을 많이 줘가지고, 풍요로워요. 지금 살기 좋은 나라가 우리나라라고 그러잖아. 조금만 허리띠를 매고 협조들을 하면, 외채를 많이 안지고 살잖아. 얼마나 남의 나라 돈을 많이 주고 살아요, 우리가. 마음 아프지. 아무리 뭐 대통령이 새로 돼가지고, 뭐 공약을 다 지킬지 못 지킬지, 나라에 돈이 없는데 공약을 어떻게 다 지키겠어. 힘들지. 가정 하나도 꾸리고 나간다는 게 힘든데. 어쩌겠어, 기도 많이 해줘야지. 지혜 줘서 잘 나라를 정말, 오년이라는 세월도 눈 깜빡 하면 지나가는데, 오년 갖곤 짧잖아요. 이북, 미국처럼 연장해서 십년이나 하던가, 다시 그런 방법이 생겨야지. 오년은 하다 말아요. 그리고 이 정치라는 것이 경험이 있어야지, 아무리 똑똑한 사람도 이명박도 먼저 해야 될 것, 나중에 해야 될 것 모르니까 뒤죽박죽을 만들어 놓잖아.

[조사자: 그럼 군산에는 몇 년 정도 계신 거예요?] 한 삼 년 있었을 거예요, 삼 년. 우리 아버지가 피난 나와 가지고 군산 이런 데는 길 가운데로 기찻길이 나 있어요. 그걸 지나가다 인제 다쳐가지고. 허린가 어딘가 다쳤대요. 그래가지고 그 날 동안 꼼짝을 못해가지고 또 애 먹었죠. 그래서 거기서 살다가 애들 다 굶겨 죽이겠다고, 아버지가 먼저 인제 인천으로 와가지고 자리를 잡아주셔 가지고 살기 시작해서, 언니들이 인제 우리 성당 다니니까, 그 답동성당이라는 데 거기 가서 매점도 보고. 또 언니들이 다 공부도 했으니까, 또 하나는 은행에 다니고, 이래가지고 살기 시작해서 살은 거죠. [조사자: 아버님이 되게 능력이 좋으신가 봐요. 인천에 가서 상당히 빠른 시간 내에 자리를 잡으신 것 같으신데요?] 빠른 시일도 아니지, 살다보니까 그런 거지. (웃음) [조사자: 그럼 어쨌거나 인천에 가서 이학년부터 공부를 하셨으면 원래 제 나이 보다 낮은, 나이가 더 있으신 거네요? 그죠?] 그럼. 그렇지. [조사자: 공부를 잘하셔서 빨리 빨리 올라가셨다고.] 공부 잘했죠. [조사자: 근데 그때는 애기 업구 학교에 오구 하는 사람들도 많았다고 하던대요.] 애기 때문에 못 가는 애들도 많았죠. 벌어먹고 살아야 하니까. 인천은 오면 바다에 가서, 송도 바다에 가서 조개 잡아오고 뭐 이런 거 그러잖아요. 그러니까 그런 거 해먹느라고 학교 못 가는 사람도 많은데, 나는 그래도 인제 언니들이 많으니까. 인제 다니고.

또 인제 성당에 가면 미군들이 있었어요. 미군들이 또 일요일엔 우리들 귀

엽다고 초코렛 주고, 제리 주고 그랬어요. (웃음) 또 우리 큰언니는 수녀로 또 거기서 성당에 수녀 공부했기 때문에 또 먹을 거, 간식 또 이렇게 자기 앞에 배당 나온 거 모았다가 우리 가면 주고. 동생들이니까. 그래 이래저래 그냥 살았어요. [조사자: 그럼 군산에서도 성당 계속 다니셨어요?] 못 다녔죠, 거기는. 다닐 경향도 없고, 성당 찾을 수도 없고. 못 다니고 인천 와서는 인제 계속 다녔죠. 인천 와서는 계속 다녔으니까. [조사자: 인천에서는 이제 미군들을 많이 보셨어요?] 많이 봤죠. 거기 미군부대가 있어서. 일요일에 성당 가면은 뭐 아홉시엔 군인, 미군들만 오는 날이니까. [조사자: 미군들 보고 그러면 무섭지 않으셨어요?] 아니, 하얀 사람은 안 무섭고 까만 사람, 까만 사람. 근데 하얀 사람이 많이 오더라고. 그 검둥이는 별로 없어요. 열 명이면 하나나 있을까말까 그래, 검둥이는. [조사자: 처음 보셨어요? 인천에서 흑인을?] 그럼요, 미군도 첨 봤지. [조사자: 되게 놀라셨겠네요?] 놀라지. 무섭지, 무서워.

[17] 총소리에 대한 공포증

[조사자: 혹시 지금도 총소리나 이런 소리들 비슷한 거 듣기 싫고 그러세요?] 겁나지. 무슨 소리가 났다고 하면 그냥

'이거 뭐 어디서 터진 거 아냐?'

이러구. 그럼, 겁나요. 그래 저는 이렇게 겁이 많아 비행기를 못 타잖아요. 제주도나 부산정돈 뭐 올라갔다 금방 내려가니까 가는데 외국은 못 가요. 딸 하나가, 쟤 동생이 캐나다에서 사는데, 엄마 오라 그래도, 비즈니스 타고 오라 그래도 못가요, 무서워서. 그런 공포증이 있어서 그런가 봐요. 비행기 타는 거 젤루 싫어하는 거예요. [조사자: 그게 소리가 커서 그런가?] 모르겠어요, 하여튼. 고도 불만증인지, 뭔지 몰라도 하여튼 그래요. 제가 좀 시대에 뒤떨어졌어요. [조사자: 어휴- 그게 다 그 때의 공포스런 경험 때문이겠지요.] 지금 젊은 사람들은 행복하죠. 먹을 게 얼마나 지천으로 많아요, 지금. 어휴, 옛날

에는 먹을 게 없어가지고, 배가 고프고. (웃음)

[조사자: 군산에나 인천에서 사실 때 피난민들이 많고, 그러다 보니까 거리가 되게 무서웠을 것 같아요.] 안 그래요. 다 친절 했죠. 서로 그냥 내 집 같고, 다 하꾸방 짓고 사니까 다 오픈 해놓고 살고 그랬어요. 무서워, 피난민들이 무섭고 그런 건 없었었어요. 지금 시대가 하도 이렇게 변화 돼서 무섭지, 옛날에는 무서운 거 없었었어요. 도둑놈들, 때리는 놈도 없었고 그랬어요, 그 전에는.

[18] 피난생활에서 친구들과 했던 놀이

[조사자: 그래도 그 때는 어렸을 때라 친구들도 있을 거 아니에요? 피난생활 하면서도 같은 또래들도 있을 텐데, 놀기도 하고 그러시진 않으셨어요?] 놀았지. [조사자: 어떤 놀이들 하셨어요?] 그때는 줄넘기 하고, 팔방하고, 말 타기 하고, 이런 거 했지. [조사자: 모여서 동네에서?] 그럼, 그런 거밖에 더 있어? 술래잡기 하고, 공기놀이 하고 그거밖에 없었어. 그리고 소꿉장난 요렇게, 요렇게 땅 파고서는 깡통 뚜껑 갖다 놓구 부침개 만들고. 그런 거 했지. 뭐 테리비가 있어? [조사자: 고무줄 갖고 안노셨어요?] 고무줄도 하고. [조사자: 어떤 거 하셨어요? 노래 혹시 기억나세요?] 노래? [조사자: 네, 고무줄 하던 노래.] 뭐 삼일절 같은 노래. 아무거나 뭐 해. 부르면 하는 거예요, 고무줄은. 무궁화 삼천리 뭐 이런 것도 고무줄로 하고. [조사자: 혹시 생각나시면 한번 해봐주세요.] 아유, 그 전에는, 그 생각은 다, 고무줄 핸거는 아무거나 다…… 산토끼 토끼야 이것도 하고. [조사자: 다 똑같아요? 동작들이?] 동작은 그럼,

"산토끼 토끼야." (노래부름)

이렇게, 이렇게 하는 게 다 학생들은 다 똑같지. 그러니까 저는 이거 오재미를 잘했어요. 이거, 오재미. [조사자: 아, 오재미요?] 엉. 언니들이, 음, 음, 이거 세 개로도 하고, 두 개로도 하고. 이걸 내가 엄청 잘했어요. 왜 잘했냐

면, 언니들이 많으니까 오재미는 많이 하잖아요. 그러니까 인제, 저기 오재미를 울 언니들은 다 일본정치 때도 그 공부했으니까.

“아, 오가시끼 삼무사쿠 히치와, 이라이라 오시만무 나루마시타.”

이러구, 노래 부르면서. 와— 그거 잘해요, 저는요. 그것도 잘 했고, 고무줄, 술래잡기, 집에서 공기치기 이런 거 밖에 없었어. 잣치기도 하고, 또 막 남자들하고 굴렁쇠도 구르고. (웃음) [조사자: 공기 같은 것도 하셨죠?] 그럼, 공기도 많이 갖고도 하고, 다섯 개 갖고도 하고. 아니, 하나 집고, 둘 집고, 셋 집고, 네 개 집고. 이렇게 딱. [조사자: 네 개 끝나고 나면 바로 딱, 꺾기로 들어가요? 아니면 뭐 이런 거 안해요?] 아니, 꺾기. [조사자: 안하고 바로 꺾기 들어가요?] 그건 이거 하는 건 땅 먹기지. [조사자: 아니, 땅 먹기 말고 이렇게 해서 집어넣는 게 따로 있어요. 지방마다 달라서.] 어, 그거 집어넣는 건 모르겠고. [조사자: 아, 네 개까지 잡고 바로 꺾기 들어가요?] 어. [조사자: 지방마다 달라서. 고무줄놀이도 조금씩 다르죠?] 다르지 그럼, 다 다르지.

[조사자: 고무줄놀이도 모여서 하셨구나. 그래도 그런 놀이 또 하셨을 때도 나름 재미는 또 있으셨죠? 친구들하고 어울릴 때.] 아, 그럼 재미있지. 애들하고 놀 때가 재미있지. 소풍가고 놀 때도 재미있고. 그 전에는 소풍 가도 다 걸어서 가고. 그랬으니까 재밌지. [조사자: 인천에서 피난 생활 처음 하실 때도 그런 게 없었죠? 소풍 같은 거는.] 아니, 피난 갔을 때도 소풍 있었죠. [조사자: 어디로? 어떻게 가신 건지.] 그 배꼽산이라고 있어요. 배꼽산이라고 인천에. 송도 지나가서 배꼽산이라는 데가 유명해요, 배꼽처럼 생겨가지고. 근데 큰 배꼽, 작은 배꼽 산꼭대기가. (웃음) 배꼽산이라 그러는데, 거기로 주로, 갈 때가 없으니까 거기를 봄, 가을로 갔어요. [조사자: 가면 뭘 싸가지고 가세요?] 뭘 싸가지고 가? 그 전에는 중국 사람들이 빵을 이만하게 만들었어요, 호빵을. 이렇게 굽는 거를.

[19] 호랑이빵 장사꾼 오빠들과의 추억

[조사자: 거기, 그 때도 중국인 거리가 있었어요?] 거기 중국사람 많아요. 인천에. [조사자: 그때 피난 가셨을 때도 많았어요?] 응, 그리 중국사람 많았어요, 거기요. 그 자유공원 넘어가서 인천, 하인천이라 그러는데, 거긴 중국사람 동네에요. 근데 그 사람들이 빵을 그렇게 팔아서, 구워서 빵을 팔았어요. 그리고 또, 호, 뭐, 호랑이빵? 뭐 이렇게 요즘 그 단팥빵 같은 거, 파는 거, 그런 걸 길거리에서 팔아서. 우리 하꼬방 위에는 이북에서 나온 총각들이 둘이 있었는데 이렇게, 이렇게, 총각 둘이가 나왔어요. 근데 부모도 없고 지네끼리 벌어먹어야 되니까, 그 빵을 받아다가 나 학교 갔다 올 때면 이렇게 담요를 뒤집어 씌고 그 기찻길 옆에서 팔더라고. 나 지나가면 나 오라고, 빵 준다고. 뭐라고 파냐면,

"우는 애 달래기 좋은 호랑이 빵이 있습니다. 호랑이 빵."

이러고 팔아요, 이렇게. 그 사람들이 다 변호사 되고, 검사 됐어요. 그러면서도 공부 해가지고 훌륭한 사람 됐어요. 근데 걔네들이, 걔네들이 아니지. 그 오빠들이 저녁이면 날 보고 빵 팔다 남은 거 준다고 오라 그러고. 인제 자기네들 외롭고 쓸쓸하잖아. 난 어리고 그러니까 빵 주고 맨날 인제 노래 시키구. 나 노래 시키면은 인제 웃기는 노래도 하고 이랬는데 내가. [조사자: 무슨 노래 하셨어요?] 자네는 들어도 몰라. 그전에 유성기판에서, 웃기는 노래지. [조사자: 기억나시면 좀 해보시겠어요?]

"끓는다, 끓는다, 양천 쟁개미 끓는다, 아, 마누라." (노래함) (웃음)

뭐 이런 거. 근데 유성기판이 있어서 그런 거 듣고 그거 해주면 또 웃고. 막 웃기구 좋다 그러구. 그런 생각이 나는데, 그 사람들이 내가 우리 언니들 보고 물어봤어.

"그 호씨 아저씨하고, 그 총각들은 다 어디 있을까?"

그러니까,

"야, 걔네들 다 검사되고, 변호사 됐어. 공부해가지고."

이러더라고. 한 번도 못 봤어. 보면, 나보면 참 반가워 할 건데. 내가 참 위로자가 됐거든, 자기네들. 그리고 먹을 것들 있으면 갖다 주고, 누룽갱이 긁어 놓으면 인천 살 때 갖다 주고.

"오빠 이거 먹어, 오빠 이거 먹어. 우리 언, 이거 우리 엄마가 긁어 놨는데 내가 몰래 갔고 왔다."

이러면 좋아하고 이랬는데. 그래 우리 어머니가 마음이 좋아가지고, 수제비하면, 이러면 또 주고 칼국수 해서 주고 이랬어요. 이랬는데, 그 사람들은 다 좋게 됐다 그러는데 못 봤어, 아직도. [조사자: 혹시 그 분들이 언니 분들한테…… 아니, 그런 건 없었어요. 우리 언니들 하곤 상대가 안 돼. 우리 언니들이 나이가 쪼금 많아. 누나들이고, 내가 어리니까 인제, 내가 아주 위로자가 됐어. 이러고저러고 살았지. [조사자: 그 유성기 음반에서 들었다는 노래 몇 가지 생각나는 것 해봐주세요. 그런 거 저희는 들을 경험이 없어서.] 그런 거 들어서 뭐해. (웃음) [조사자: 그런 게 다 저희에겐 역사고, 공부예요.] 근데 지금 얼른 생각하니까, 내가 노래를 잘했어요, 그전에. 지금 나이 먹고 노래를 못하는데, 그래 쫑알거리고 인제 잘했는데, 그 오빠들이,

"야, 마리아야."

이름이 마리아였거든.

"마리아야 일루와."

그면,

"너 그 노래 좀 불러."

그러면, 맨날 같이

"끓는다, 끓는다, 양천 쟁개미 끓는다, 아, 마누라. 나 밥 좀 줘." (노래함)

뭐 이러고. 그런 거를 불러오면 막 깔깔대고 웃고, 날 보고 예쁘다고 그러고 막 그랬어요. 그러고 내가 산수 못하는 거 갖고 가면 다 가르쳐 주고. 언니들이 손 안 가도 지가 다 가르쳐 주고 이랬는데. 그 뭐 저기, 동요 같은

거 불렀겠지. [조사자: 그럼 뭐 소풍가셔서 그런 빵들 사가지고 가셔서 어떻게들 노셔요?] 그냥 먹지, 선생도 좀 주고. [조사자: 그러니까 먹고만 오진 않을 거 아니에요? 소풍을 가면.] 소풍 가면, 가서 인제 노래하고, 오락 하구서 선생님이, 오락시간이 있고, 노래하고 인제 이러고. 또 보물찾기도 하고, 연필도 하나씩 타고 이래가지고 오지. [조사자: 거기 보물이 인제 연필 이런 거였어요?] 연필, 연필 하나, 공책 하나. [조사자: 그 전통이 굉장히 오래갔네요?] [조사자: 보물찾기가 진짜 오래된 전통이에요.] (웃음) 연필 하나, 일 원씩 했나? 일 원에 두 개씩 했나 그래요, 옛날에. 그렇게 살았어요. 그게 다에요. 다 끝났어요. [조사자: 감사합니다. 참 힘든 이야기 해주셔서.] [조사자: 힘든 이야기 하시는데도, 참 재미있게 말씀해주셔서.]

[20] 전쟁체험, 자녀들에게는 들려주고 싶지 않은 가슴 아픈 사연

재미있었어요. [조사자: 그래도 예나 지금이나 예쁜 게 먹고 사는데 되게 중요한 것 같아요. 대접 받은 것도. 큰일이네. 수술을 해서라도 예뻐져야 되는 게 맞나 봐요.] 여자는 예뻐야 돼요. [조사자: 어머니 예쁘세요.] 저는 이제 지는 핸데 예쁘지 않지. [조사자: 결혼 몇 살에 하셨어요?] 스물다섯에. [조사자: 결혼하셔서 서울로 오셨어요?] 그럼. 서울로 시집을 왔지. 인천에서. [조사자: 서울 어디로 오신 건데요?] 여기, 삼양동. [조사자: 아, 그럼 계속 이쪽에서 사셨네요?] 응.

[조사자: 혹시 이런 전쟁이나 관련된 거 또는 지내오신 말씀을 다른 손주들이나 따님들한테 안 하셨어요?] 안 해. 마음 아픈데 그걸 뭐 하러 해. 걔네들 들으려고 그러지도 않고 하기도 싫어. 머리도 아퍼, 이런 거 하면. 옛날에, 옛날 생각이 나가지고. 내가 여기서 지금 요기 눈 속에는 눈물이 있어, 울고 싶으다고. 나하고 친하고 어깨동무하고 막 하던 애들이 지나가면서, 이렇게 포승하고 지나가면서, 죽으러 가는데. 그래가지고 걔네들은 이 번째고, 우리는

삼 번 타잔데, 하루만 늦게 들어왔어도 우리도 죽는 건데. 아군들이 쳐 들어와서 우리 나왔지. 다행히 요행히 나왔지. 하나도 식구 떨어진 거 없이 다 나왔지. 복 받았지. 우리 하나님 믿어서 복 받았지. 지금도 기도, 나는 새벽이면 일어나서 두 시간씩 해요. 세계 평화, 나라와 교황님을 위해서, 우리나라 평화를 위해서. [조사자: 묵주기도 많이 하시는구나?] 묵주기도만 해? 통성기도. 내가 몇 천 명이 있는데도 그냥, 내가 얼마나 기도를 잘하는 데, 내가. 우리 성당 다니는 사람 기도 못하는데, 나는 은혜 받아서 기도를 잘해요. [조사자: 말씀 잘하셔서, 기도 잘하실 것 같아요.] 아니, 말씀하는 거하고 기도하는 거하고 다르지. 그럼, 집이들은 종교가 있는지 없는지 몰라도, 성령 세미나 받고, 성령이 나에게 임하면 말하는데 기도 막 여기서 들려요, 이렇게. 이렇게 해대는 거지. 근데 이렇게 말을, 내가 말을 잘하긴 잘해요? [조사자: 말씀 잘하세요.] 어, 잘해요, 내가. 근데 기도를 잘해요. 말은 잘하는 지 못하는 지 이 말은 안 해봐서 모르는데, 딱 여러 사람 앞에 서면, 다 떨지도 않고 말을 잘한다고 내가.

[조사자: 종교를 가지시고 기도하고 믿음을 가지신 게, 조금 어릴 때도, 어려우실 때.] 아니, 그건 아니고. [조사자: 도움이 좀 되셨어요? 어릴 때.] 어릴 때는 인제 성당 다니는 거가 위로를 많이 받고 이래서 됐는데, 결혼해가지고 애 낳으면서 인제 이렇게 성당을 못 나가요, 십 삼년 동안을. 그래가지고서는. [조사자: 애 키우시느라고?] 애 키우느라고. 애들이 있으니까. [조사자: 자연스럽게 냉담하신 거네요?] 그럼, 냉담했지. 십삼 년. 그러다가 인제 84년도에 150주년 기념행사 여의도에 있을 때부터 나왔어요. 그래가꼬 그 때서부터 나오고. 재네들 다 영세시키고 그래서 성당 다니고. 성령세미나라고 있어. 세미나 받고, 말문도 터지고. 그냥 말이 아니라, 우리 종교에서 하는 말 터졌다고, 입이, 그래가지고 기도를 잘하지, 통성 기도. 우리 성당 다니는 사람들은 이 통성기도를 할 줄 몰라요. 기본으로 이 책에 있는 거만 하지. 근데 통성기도 모르는 사람도 있어요, 아직도. 근데 그거는 인제, 그 은혜를 받아가지

고, 기도를 아주 열심히 잘해요. 그리고 요즘에 쟤네들이 안 다니니까, 쟤네들 대신해서 내가 새벽에 두 시간씩 일어나서 기도하죠.

[21] 총살 대기 순번을 기다릴 때의 공포

[조사자: 어머니, 그 때 그 친구들이 가고 할 때, 어머니도 다음 순서는 우리라는 걸 아셨어요?] 알죠, 우리 엄마가 알죠. [조사자: 그러니까 어머니가 얘기를 해주셔요?] 그럼, 걱정하고. 그래 그냥 해 지는 게 젤 무서웠어요. 해 질 때 그 차례 되는 사람들은 그 비밀이 다 폭로 돼요. 언제는 누구 죽구, 죽구, 이런 건데, 내 친구들이 그냥 산에 가서 안 오고서 이 밤중에 애들하고 떨고 있을까 이런 걱정하고 우리 엄마가.

"다음에는 우리 차렌데, 어떡하면 좋으냐."

이러구 애들 데리고 얘기하죠. 이렇게 되는 거, 딸들이 여섯이나 되는데. [조사자: 근데 그 어린 나이에 그런 것들을 들었을 때.] 그, 가슴이 두근두근하고 지금도 얘기하기 싫다 그러잖아. 무서운 거. 죽음이 다가오는 거처럼 무서운 게 어디 있어요. 그런 거, 그 무서워서 얘기하기가 싫지. 그리고 내가 자라면서도 우리 애들한테 이런 얘기 하나도 안 해요. 그, 나만 갖고 있는 것도 힘든데 애들한테, 그런 거, 좋지 않은 거, 좋은 거만 얘기 해주는데, 좋지 않은 건 얘기 해주기 싫지. [조사자: 그러니까 저는 그렇게 어린 나이에 그런 얘기 들었을 때, 그게.] 알죠, 차례가, 다음엔 우리 차례라는 걸. 그래가지고. [조사자: 얼마나 공포스러울까 싶어서.] 그럼요, 잠도 못자죠. 잠도 못자요. 그러고 우리 언니 하나는 막내 동생을 맨날 업고 있었어요. 어디서 총 소리가 '땅' 하면 도망가려고. 도망가도 뛰어야 벼룩인데도 그렇게 도망가려고. 어디 잠을 편히 자요? 못 자지. 다 불 켜놓고 창문 가리고 이렇게들 있고. 언제 비행기가 와서 폭격할 지도 모르고. 우리나라가 와서 폭격하는 거예요, 거기. 공산당이 나라니까, 이북이 공산당이니까. 그렇게 살았어요. 그러니까 염려증이 많아요, 지금도. 데모하고 이래도 그 옆에도 지나가기도 싫고. 나는 그런 거 싫어. [조사자: 그래도 가족들이 다 같이 내려오셔서 고향에 가보고 싶은 생각이 있으시진 않으시구요?] 아, 고향 싫어요. 남들은 뭐, 고향 가, 고향 생각도 안 나요. 무서워서. 고향이 뭐 나 자란 데가 고향이지, 그 까짓 뭐, 나서 자란 데가 무슨 소용이 있어. 그렇게 고향이, 그렇게 험악한데. [조사자: 그래도 아버님 돌아가시기 전에 고향에 가보고 싶어 하시거나 그러진 않으셨어요?] 안 그랬죠. 우리 아버지도 가고 싶은 생각 없지. 그 공산당들 얼마나 악한데 거길 가요. 얼마나 악한지 알아요? 에휴-

[22] 마무리

[조사자: 앞으로도 저희들, 나라를 위해서 기도 많이 해주시고.] 기도 많이 하죠, 젊은 사람들, 사춘기 애들 가치관을 갖고 열심히 바르게 살게 해달라는 기도, 저 기도 많이 하는 사람이에요. 세계평화와 교황님을 위해서, 사제들을 위해서 나라를 위해서 기도 많이 해요.

[조사자: 그래도 경험이 많지 않으시다고 하시면서 한 시간이나 이야기 하신 거 아세요?] 그랬어요? (웃음) [조사자: 그 안에 가지고 계셨던 게 많으셨나 봐요.] 아니 그냥, 다 경험했던 거니까 술술 나오지. [조사자: 그래도 말씀 하시고 나서 조금 후련해지시고 그러신 건 없으세요?] 아이, 마음이 찹찹하지. 후련해지건, 사람이 죽고 사는 일이었는데, 안됐고 그렇지. [조사자: 그래도 성당 가셔서도 친구 분들을 위한 기도 많이 하셨겠어요?] 저 기도 젤 잘해요. 나이는 먹었어도 기도는 이제 하면 잘하죠. 내가 하는 게 아니라, 협조자 성령께서 이제 해주시니까 하죠. 잘 지내고 있어요, 노후를. 지는 해지만, 이렇게 기도 열심히 하고, 기도생활하고, 스트레스 안 받고, 주어진 데서 감사하고, 행복하고, 그렇게 살아요. 또 애들이 잘하고, 쟤네들이.

장본인들이 이야기 하는 흥남 철수

한 장 빈 외

"기적소리 울리면서 출발하니깐 우리 어머니 저 건너편에 이제 가는 거 봐 내 눈으로, 이게 마지막이에요"

자 료 명: 20140825한장빈외3(거제)
조 사 일: 2014년 8월 25일
조사시간: 120분
구 연 자: 한장빈(남 · 1938년생), 강위빈(남 · 1936년생), 이장영(남 · 1940년생), 한경석(남 · 1941년생)
조 사 자: 김경섭, 김명수, 이원영, 이승민
조사장소: 경상남도 거제시 고현동 이북도민연합회 사무실

[조사과정 및 구연상황]

조사는 거제시 고현동에 소재한 이북도민연합회 사무실에서 진행되었다. 조사팀이 도착했을 때는 이미 네 분의 화자가 대기하고 있었고, 조사는 바로 진행되었다. 화자들이 이미 순서를 정해 놓고 차례대로 구연해 나갔고, 이야

기 분위가 무르익어 갈수록 다른 화자들이 첨언이나 부언을 더 해 자못 이야기판 분위기가 무르익어 갔다.

[구연자 정보]

한장빈 할아버지는 함경남도 장진 태생으로 흥남으로 이주해 5남매의 맏이로 오랫동안 살다가, 50년 12월 중공군의 개입과 주민들의 대피 소문을 듣고 12월 18즈음에 LST를 타고 거제로 내려왔다. 강위빈 할아버지는 함경북도 성진(현 김책시)이 고향으로 6남2녀 중 둘째로 태어났다. 집에 국군 통신대가 들어와 있어서 남들보다 정보를 빨리 들을 수 있었다고 한다. 중공군의 개입을 남보다 빨리 듣고는 부친과 화자만 기차를 타고 함흥으로 향했다. 이장영 할아버지는 현 도민회 회장이다. 유서깊은 개신교 목자 집안 출신으로, 목사였던 부친이 흥남철수 작전을 기획하고 준비한 현봉학(의사)을 도와 당시 미사령관이었던 아놀드 장군을 강하게 설득했다고 한다. 한경석 할아버지는 모친이 막내인 자신을 비롯해 4남1녀를 데리고 남하했다. 당시 가장 큰 배였던 메러디스 빅토리호(20만톤 급)를 타고 내려왔다.

[이야기 개요]

흥남 철수는 여러 번에 걸쳐 시행되었다. 이르게는 12월 중순 경부터 12월 말까지 순차적으로 철수 작전이 수행되었다. 당시를 기억하며 화자들은 흥남은 추웠지만 거제도는 별천지처럼 따뜻했다고 했다. 강위빈 할아버지는 기차를 타고 떠나면서 모친과 어린 동생들과 생이별한 장면을 구연하며 눈시울을 붉혔다. 그는 북한 내에서 피난을 겪은 새로운 사연이 있었다. 흥남으로 향하는 중간에 길이 끊겨 도보로 이동하는 과정에 사고로 사람들이 죽었다고 한다. 흥남에 도착해 며칠을 대기하다가 '가평호'를 타고 거제도 장승포로 3일 만에 내려왔다. 북은 추웠지만 거제도에는 보리가 피고 있어서 신기했고, 주민들이 주먹밥을 해서 이고와 피난민들에게 제공했고, 피난민들 손에 각자 집결지가 적힌 도장을 찍어 해산시켰다고 한다.

[주제어] 흥남 철수, 북한, 피난, LST, 중공군, 현봉학, 아놀드 장군, 메러디스 빅토리 호, 배멀미

[1] 한장빈: 흥남에서 거제로 내려오니 별천지였다

[조사자: 편하게 말씀해주시면, 성함이 어떻게 되세요?] 한장빈, [조사자: 장 자 빈 자. 몇년 생이세요?] 삼팔. [조사자: 아 38년생이시구나. 고향이 어디세요?] 고향, 원래 고향은 저-저 함경남도 장진인데, 내가 이제 여 피난 나올 적에는 함경남도 흥남시에서 나왔거든. [조사자: 그 유명한 흥남철수.] 응, 흥남철수 그래. [조사자: 그러면 열세 살 요때 쯤.] 열세 살이지. [조사자: 열세 살이네요. 고때 기억 나시는 대로 좀. 흥남까지는 어떻게 가셨어요, 그러면 장진에서. 걸어서 가셨어요?] 아 흥남에서는, 어려서 장진에서 태어나가지고, 흥남에는 인자 공업도시라고 살기좋다해가지고 할아버지 부모들 따라 내려온기지, 그래 저 흥남에 정착해서 살고, 초등학교 중학교 전부 인제 그 저 흥남에서 다녔지. [조사자: 그럼 중학교 다닐 때 육이오가 났습니까?] 중학교 일학년. [조사자: 일학년 때.] 응, 그 인제 한국말로 하면은 저 초등학교 육학년이라, 초등학교가 북한에는 5년제거든, 대한민국은 6년젠데. 그런께네 인제 중학교 일학년에 다니다가 그래 인제, 중학교 일학년 다닌 것도 요는 학기가 인제 3월 1일이 신학기가 되잖아요, 우린 당시에 신학기가 9월달에 됐다고. 그래가지고 동난이 일어나가지고 이러저러 하다가 12월달에 흥남부두에서 LST타고 아 그래 내려왔지.

[조사자: 그게 1950년 12월입니까?] 50년이지. [조사자: 사변 나던 해 겨울.] 아 그렇지. [조사자: 12월 언제쯤 입니까?] 12월, 12월 하이튼, 이십, 이십. [조사자: 아주 말이네요.] 으응, 저 [강위빈: 18, 19일 쯤.] 그 저 하이튼 저 크리스마

스 경이라. [강위빈: 내가 여 동지에 도착했으니.] [조사자: 그러면 날씨가 어떻게 꽤 추웠겠네요.] [강위빈: 말도 못하게 춥지.] 날씨는 그때 날씨는, 문자 그대로 노래있다시피 바람찬 흥남부두, 눈보라가 치고 그랬지. 근데 그때는 우리 집에선 눈보라가 치고 하는데, 요 장승포 항구에 말이야 내리니까 저 남향에 본 장다리 밭에 그 저, 나사밭에 보니까. [강위빈: 보리가 이렇게 자랐어.] 그 보리가 있는 게 아이라 그저, 가을 김장을 하고 나머지 안 캔 그런 거에서 노란 꽃이 피가지고 나비가 날아 댕기더라고. '야— 거 이 여기 별천진가.' 그리 생각했지.

[2] 흥남이 대도시인 이유

[조사자: 그 당시에 흥남이 왜 컸습니까? 그것 설명 좀 해주세요.] 흥남에는 그저 그때 36년간 일본 그 압제 있을 적엔 이 동양에서는 제—일 큰 비료 공장이 있었어, 흥남에. 제—일 큰 비료공장. [조사자: 비료공장을 일본사람들이

지은 거겠네요?] 그렇지, 일본 사람들이 전부 설계한기지, [이장영: 일본에 유명한 노구찌 재벌이라는데가 있었어요. 노구찌 재벌이 1920, 뭐 3년 4년 요때 그 만주 침략을 위해서 화약을 만들라고, 그 이제 화약을 만들라면 질소가 필요하거든. 그래서 암모늄나이트.] [조사자: 아 그러면 그게 비료를 만들기 위한게 아니라.] [이장영: 그렇게 짓지마는.] [조사자: 따로 목적이 있고.] [이장영: 예예, 병참기지화하는 하는 공업도시를, 화학공업도시를 만든 거예요, 한반도에 유일한. 왜 거기다 만들었느냐? 전기가 있어. 화학공업을 할라면 전기가 필요하잖아요? 장진강, 부전강 발전소 그게, 각 삼십삼만 킬로와트에요.]

[조사자: 그 전기를 갖다 쓰기가 편한.] [이장영: 그 편하지, 그 항구 입지 조원이 좋으니까. 그래서 거기다 이제. 그 그래서 전국적으로, 그 일본사람도 많지만은, 공장을 돌릴래믄 그래도 좀 교육을 받은 사람이 필요할 거 아니에요? 그래서 함흥 흥남 지역에, 흥남은 원래 어촌이에요, 그 당시만해도, 작은 어촌이었는데. 인구가 사십오만에서 오십만,] [조사자: 굉장히 크네요.] [이장영: 서울이 팔십만 일 때, 그런 도시가. 전국적으로 많이 모인 도시 중에 하나였죠.] [조사자: 그러면 뭐 이 당시에는 남쪽 사람들도 여기 일하러 많이 가고 그랬겠네요?] [이장영: 전라도 사람들도 많이 오고 그랬지요.] 남쪽 사람도 어려운 사람들이 북한에 공업도신께 일하러 또 돈벌이 가고, 그 다음에 이제 이 수산업이 그때 당시에는 이 남한이 발전했거든, 고기가 정어리니 말이야, 이렇게 명태니 이런 게 이제 북쪽에 주로 많이 났거든, 그런 게 북쪽으로 가서 어업을 해가지고 돈벌이가지고 여기 와가지고 아마 기와집도 짓고 산 사람들이 우리가 지금 현재 보면 많이 있거든.

[3] 내려오는 배 안의 상황

[조사자: 그러면 가족관계가 어떻게 되세요?] 저는 이제 직계 가족이 다 나왔어. 할아버지는 돌아가시고, 할머니하고 우리 저 사촌들로는 이제 전부 못

나왔거든, [조사자: 할머니, 아버님,] 아 아니지, 아버지, 어머니, 그 담에 내 형제간은 이제 직계 가족은. [조사자: 예 몇 남 몇 녀 되세요?] 그때, 칠명인가 돼. [조사자: 형제간이 꽤 많으셨네요.] 응 많았지, [조사자: 그러면 아버지 어머님 형제 일곱명.] 동생, 동생 아 다섯 명이다, 그때 당시는. 그 여 나와서 이제 한 두어식구 불었지. 아버지 어머니가 젊었으니까. [조사자: 그럼 맏이세요?] 아 나 맏이지. [조사자: 칠남매의 맏이?] 맏이지. [조사자: 내려올 때는 오남매고.] 칠남매가 아니고. [조사자: 그때는 오남매였고. 저희가 사실 궁금한거는, 그 배에 타는 과정이나 배타고 내려올 때 배 안에서 뭐 어떻게, 하루 만에 내려오진 않았을 거 아니에요? 며칠 걸리셨을거 아니에요.] 한 삼일 걸렸지.

[조사자: 예, 고 얘기 기억나시는 거 있으면 좀 해주세요. 뭐 먹을 거 어떻게 먹고, 화장실은 어떻게 썼고, 배 안에서 기억나세요 혹시?] 먹는 거는. [조사자: 엄청 많이 탄거 같던데?] 먹는 건 이제 피난 간다고 그래 이제 전부 인제 흥남 부두로 이제 이. [조사자: 예, 다 모여서.] 그런게네 뭐 어디 집을 떠난다 커면은 집에서 이제 며칠 먹을 음식 겉은 거 장만해야지. 그러니까 뭐 밀가루 같은 아까 얘기 많이 했지만은, 빵 같은 거 맹글기 쉬운거, 거 뭐 밥도 좀 해가지고, 이래 가지고 해가지고. 그 묵는 거는 배 지원 안 받고. [조사자: 아 자기들이 준비해온 걸로.] 응 나올 때가네 한 삼일 거는 우리 자체적으로 우리가 먹었지.

[조사자: 그러면 그 안에서 취사를 하게 해줬습니까?] 취사? 취사는 하게 돼가 있지, 있는데. 우리는 집에서 가져온. 그 취사를 할라크면 사람들이 막 모이는데 그거 저저, 우리가 조그만한데 어린데 그 볶이면은 사람 잃어버리기도 어렵고. [강위빈: 해군들이 취사는 안 돼죠.] 안 돼죠. [강위빈: 우리는, 우리가 나도 배 타고 나온 사람인데, 취사는 안 되고, 해군들이 있잖아요, 가들 해가지고.] [조사자: 보급식으로?] [강위빈: 예, 보급해가지고 가서 타다가 이거 먹지. 피난민들 어디가서 해가지고 올 그런거도 없었어요. 난리통에. 밥 굶기는 뭐 보통 굶었고.] 이분들은 이 행님으는, 나는 흥남에서, 흥남에서

흥남부두에 나와서 배를 탔지마는, 이 행님은 함경북도 성진에서 [조사자: 훨씬 더 위.] 어 저 위에 동해선으로 가다보면. [조사자: 제일 위.] 어 거 성진, 청진 붙어서 안 있나. [강위빈: 함경남도하고 함경북도 경계선이라.] [조사자: 아 함경북도의 제일 남쪽에.] [강위빈: 저 반천 다음에 성진이거든, 그 성진 거게는 북도고. 반천은 함경남도고. 그 배에서 저기 취사는 그거는 불가능하고. 그 완전 큰일나구로. 그래가지고 화재가 나도, 그런 도구도 없고 뭐이가 불때가지고, 어떻게 요새 같으면 가스렌지가 있다허면 모르지만은.]

[4] 강위빈: 6.25 당시 함경북도 성진의 상황

[조사자: 어르신 성함 좀 알려주십시오.] 강 자 위 자, 위, 위, 빈. [조사자: 아 이름이 강 위 자, 빈 자. 삼십 한.] 칠십 아홉. [조사자: 그러면 몇 년생이신가요?] 삼십 육년생. [조사자: 두살 위시구나.] [한장빈: 아(응).] [조사자: 그러면 함경북도 성진이죠?] [한장빈: 그렇지.] [이장영: 김책시.] [조사자: 지금 김책시.] 아까 그 저 흥남도 거게 저기 뭐야, 막 비료 공장이 으리으리 했지마는, 이게 저 일본애들이 북진, 소위 말해서 북진을 하기 위해서 소련, 중국 쳐들어가기 위해서 북쪽이쪽으로 전부 다 이제 거 공장이라든지 무기 공장 이런 걸 만들기 시작한거예요. 그러니까 그 당시에는, 우리 여게 거제도에도 마찬가지잖아요. 대우가 들어옴으로써 외지에서 얼마나 많이 들어왔습니까? 거제 인구보담도 오히려. [조사자: 외지에서 온 사람들이.] 더 많애. 피난 올 때도 여기인보다 피난민이 더 많았으니까. 긍게 인제 뭐냐면은, 우리 성진에는 마그네트사이트 공장, 제철 그것도 동해안에서 최고잖아요 제철 공장, 하이튼 여러가지 많앴어요.

[조사자: 그렇게 저희 어렸을 때 배운 것 같습니다. 성진에 그런 공장이 많았다고.] 엄청나게 공장들 많았거든요, 저 내가 알기론, 이름을 몰라도. 그러니깐 그게 우리 함경북도 성진에는 흥남보단 군대가 늦게 왔지, 상당히 늦지. 그래

와가지고. [조사자: 그러면 유엔군 보셨어요? 거기서] 유엔군? [조사자: 예, 국군이나 유엔군 보셨어요?] 우리 저짝에서 하나도 못 봤네 나. 흥남에 와가지고 미군들 봤는가, 깜둥이를 봐, 그 당시에 처음보는 거야. [조사자: 아 그 당시에 처음 흑인을 보셨겠구나. 그러면 흥남으로는 왜 내려오시게 되셨어요?] 그게 이제 왜 그렇냐면은 아까도 우리끼리 얘기했지만은 그 이저, 인민군들이 후퇴할 때에 그 소련서 옛날에 소련애들 그저 일보전진, 아 일보후퇴 이보전진 뭐 이런거 군사작전상으로 뭐 하는 거 있어 그더래 근데, 얘들이 저 도망가면서 인천상륙을 딱 하면서부텀 벌써 이자 그 조짐이, 인천상륙을 맥아더 인천상륙해서부터 인자, 인자 그 전쟁이 반전이 되는 거잖아요. 그러니까 인자 그놈들이 후퇴하면서 인자 겨울은 오지 그러니까는 각 폭격에도 뭘 전부다 없어졌지만은 거의 관공서라든지, 큰 무슨 뭐 이런, 거 뭐 이런 집들 같은 이런 거는 전부 불질러 버린 거예요. 그러니까 군인들이 딱 입성하니까 그 겨울이잖아요, 12월달, 우리, 12월달 그 당시에, 우리 한 달도 못 되가지고 우리가 바로 후퇴해버렸, 국군이 들어와가지고. 말로는 회령까지 인자 국군이 갔다하더라고, 회령까지. 그러니 군인들도 얘기하는 거 다 알지 우린, 군인들은 그 정보를 알잖아요, 자기들 정보를.

[5] 집에 통신대가 주둔하고 있어 남보다 빠르게 정보를 알았다

그러니까 인자 우리 집에도 이제 군인들이 들어왔는데 마침 우리 집에는 통신대가 들어와 있었어, 통신부대가. 근데 군인들이 그런게라, 아 저기 저 후퇴해야 된다 하더라고, 처음에. 그래 우리 어머이가 원래 간호사 출신인데, 이북에서 도립병원, 도립병원 간호사 출신이었는데. 그래 인자 후퇴한다 그래서 아 깜짝 놀래더니,

"후퇴, 왜 후퇴 하냐."

그러니까

"지금 말이지, 중공군이 말이지 쳐들어온다는 거라, 중공군이."

[조사자: 아 그때 벌써 다 알았구나.] 아 그럼, 우리는 그러니까 통신대가 있으니까 정보를 굉장히 빨리 알았지, 그러고 또 우리 아버지는 거서 뭐냐면은 그 당시에 치안을 확보해야 되잖아요. 그러니까 아버지가 그 치안대, 소위 말해 요즘 여기서 말하면 치안대 소속을 해가지고, 치안대 그 인자 그기 결속 내부직원이라서 그런지, 그래가지고 오십 몇 명인가 되요, 눈이. 난 그 당시에 열 다섯 땐가, 열 여섯 살 때지만은, 좀 많이 알지 내가. 그래가지고 우리 아버지가 하루는

"우리는 피난 안가면 죽으니까 빨리 피난 준비 하라 이거야."

근데 우리는 그 당시에 이제 육남 이녀에요, 육남 이녀. 그러니까 전부 내가 제일 남자로서 제일 나이 많고, 우리 누나가 내보다 네 살 우인데, 내 중간에 하나가 죽었다 하더라고. 그러니까 네 살, 네 살 터불(터울)이 되놓은게, 전부 두 살 터불인데 우리가. 그래 인제 아버지가 와서 인제 해가지고 군인들도 후퇴해야 된다 그래서, 아 그 당시 인자 뭘 모르니 그러려니 했지, 그럼선, 그래가지고 뭐냐면, 뭘 했냐면은, 이제 피난을 간다 그러니까 겨울이잖아요, 이 이북에는 바람도 많이 불고 하니까, 전부 그게 니비옷(누비옷), 니비옷 같은 거를 많이 입어요. 그러고 모자도 이렇게 터럭모 이렇게 해가지고 이렇게 쓰는 모자, 이런거 저 천으로 인자 솜 놔가지고 만드는 모자 있어요. 이렇게 딱 쓰고 이렇게 내려오는 거, 그것도 뭐 만들어가지고 인자 그거 딱 쓰고 가지고 그냥 뭐 준비, 다 해가지고 그냥 어디로 차오면 이제 간다 이렇게 마음먹고 있었는데 우리 아버지가 하는 얘기야,

"저기 저 당장 지금 말이지 저 성진 그 역전, 역전으로 지금 다 가야된다."고.

그러거든.

그니까 전부 꼬마고 이제 우리 어머니하고, 인제 우리 할머니가 있었는데, 할머니는 데려갈 수가 없는거야. 나이도 많고 이래가 할머니는 여기 계셔, 집 지키고 있으라쿠고, 이제 우리 엄마하고, 저 우리 누나하고 내 동생들하고

저 아무 걸리가지고. 우리 아버지는 먼저 그 성진 거 역전으로 가고 그랬는데, 아 역전에 가니깐 인산인해 거 완전히, 그 역, 폭격에 맞아가지고, 도자가 와가지고, 군인 도자가 싹 밀어버렸는데 차도 없어가지고, 무개하차, 무개하자, 무개하자, [조사자: 아 뚜껑이 없는 하차?] 응, 뚜껑 없는 열차. 그 담에 인자 석탄 싣고 나르는 거 있잖아요, 그담엔 또 그냥 이렇게 저기 뭐야 이거 뭐라하노 그거, 아무것도 없고 빤듯하게 [조사자: 반듯한거 그냥.] 빤듯한 거 있었다고, 그거는 뭐냐하면 탱크도 싣고 하는 그런 거 밖에 없어. 그런거 밖에. 그거도 많이 있는 거 아니에요. 그니까 그 많은 사람이 못타는 거예요, 거게. 못타는데, 우리 아버지는 인자 그런 인자 치안대 소속을 하니까 뭐 특권이 있지, 특권으로 타는데, 아 우리집에서도 이제 다왔어요 그래 만나겠는데, 우리 아버지가 아이 우리 엄마를 보고 이제 다 애들보고 이제 위로 올리라 해야될낀데 나만 오라하더라고 나만, 가다가 이 여 저, 열차에서 다 깔리 죽으니까 애들이, 얼마나.

그런데다가 피난민들 다 보따리가 있잖아요, 크든 작든 다 보따리가 있으니 올라가면 보따리 밑에 내려놓잖아요. 근데 밑에가 이렇게 편평하게 아니고, 보따리 이런데 이렇고 조그만 이런기, 막 굴곡이 이렇게 있게 된거여, 그래 서 있다가 사람이 밀리면은 떨어지면은 깔려죽는거야 그거는, 그러니 나만 올라와라하대, 그래서 나가 아버지가 올라, 손을 내밀고 오라고쿠니 무슨 일 있기로 아버지가 올라오라 그러는기야, 그냥 따라서 난 올라갔지. 올라가니까 더 이상 이 저 우리 애들, 엄마는 이제 뭐 갈 생각을 안하더라고. 그러니까 이제 아버지가 뭐 뭐라고 이야기 하더만은 인자, 가라고 그러면, 집으로 가라고 한 달만 기다리. [조사자: 그때는 뭐 그렇게.] 응 들어가면 우리 아버지가 하는 얘기가 뭐냐 하면은 원자탄 뭐 중국에다 떨어트려가지고 뭐 하면은 바로 뭐 북진해가 올라온다고 한 달만 기다리라 하더라고. 그 당시에도 이제 저기 그 원자탄 말이 나왔거든요.

[조사자: 그때 그 들으셨어요? 그 얘기를?] 그럼 다 듣고, 그 당시에도 이게

뭐냐면은 맥아더가 그 하와이 그 내나 트루맨 하고 그 회담은 그 원자탄 그거 때문이거든. 맥아더는 때려야 된다. 트루맨은 안 된다. 그래가지고 그 회담을 하는 그 맥아더, 그기 무슨 회담이라 했던가 그 당시에는, 모르겠는데. 그래가지고 인제 타는데, [조사자: 그러면 아버님이랑 어르신이랑.] 나하고 단 둘이. 아버지가 엄마랑 인제 도로 이거 가면. [조사자: 다른 동생들은 다 놔두고?] 다 이제 놔두고 이제 가는거. 이제 돌아가는거지 나 그 보면서 기차는 출발한 거예요. 그 당시에도 함박눈이 억수로 떨어지더라고. 군인들이, 군인들이 있잖아요, 이 저 열차마다 가에 양쪽 사이드에 탁– 모두 총 이만한 거 다 메고 딱 대기하고 있고, 전부 싹– 있고. 그래가지고 기적소리 울리면서 출발하니깐 우리 어머니 저–저 건너편에 이제 가는거 봐 내눈으로. 이게 마지막이에요. [조사자: 그게 마지막이었네요?] 응, 마지막이야. 그래가지고 그 당시에는 뭐 어 엄마–하고 뭐 따르고 그러는 것도 없고, 벙벙–해가지고, 사람이 뭐 정신이 한 가지 없고뭐, 그러니까 뭐 아버지가 그냥 끌어댕기고 하는 거나 따라가는 수밖에 없어.

[6] 흥남으로 기차로 이동 중에 여러 명이 사망하다

그러다가 가는 도중에 인자 저구를 밤에 오는데, 갑자기 뭐시 공비다! 하고 외치는거여, 공비가 그러니깐 막 조명탄을 군인들이 막 팍팍 쏜거라 조명탄을. 조명탄을 쏘니까, 막 담에 인자 군인들이 저기 내려가지고 인자. 근데 뭐냐면은 눈이 오면서 그 바위들이, 산 이런데 지나가면서 바위들이 있는데는 덜 이렇게 눈이 이제 녹아내리고 이런데, 그게 이제 공비들이 이제 오는 거처럼 그 보였는거라. 그러다보니까 그 난리가 난 차에서 가면서 그런데 사람은 만적하다, 퇴조가 오니까 차를 세우더라고. 열차를 세워. 우리는 뭐어 땜에 서는지도 몰랐지. 그런데 어린애가 여섯이나 죽은거야, 차에서. 여섯이 전체 합쳐 여섯이 죽었어요, 그래가지고 인자 눈에다 파묻고, 그것을 정리를 하는거야 인제 그 때부터, 여자들 애들은 전부 딸로(따로). 따로따로 해가지고 위를 천막을 이렇게 군인들이 해가지고 그 눈 같은 거 피하게 만들고. 이제 남자들 같은거, 근데 나 같은 거는 인자 어리니까 전부다 여자들 속에 들어가요. 남자들만 그리 해가지고 출발해가지고 가는데 어디까지 가야되냐하면은 흥남까지 가야되는데, 퇴조라는 데가 있어요, 퇴조.

[조사자: 그러면 원래 성진에서 흥남까지는 한 몇 키로나 되는지 혹시 아세요?] 한 오백-리? 오백리, 오백리 가까이 돼요. [조사자: 이백키로?] 그렇지 뭐 십리가. [조사자: 꽤 머네요?] 아-이 멀지요. [한장빈: 여기는 저 함경북도하고 함경남돈데 그.] [조사자: 꽤 멀구나.] 여기서 저 엄청나지요 거리가. 거기를 기차를 타고 여까지 오는데, 근데 퇴조까지 딱 오드만 다 내리는 거예요. 퇴조. [이장영: 퇴조가 그 요새 낙원, 낙원이라 그래.] 거기 몰라, 하이튼 우리는 퇴조라고 알고 있는데, 다 내리는데, 거기 내리니 좀 있으니깐 박격포탄이 날라오는 소리가 들리더라고, 비빙-하고 떨어지고 하는데 아이 거기서 이제 그냥 걸어서 도보로 이냥 도보로 가는, 저 따라가는데 뭐라하는가, 군인들이 딱- 지키고 있더라고, 군인들이 지키고 있는데.

우리 아버지는 인자 오십 몇 명, 오십 삼명인가 하이튼 몇 명인가 되는데 거기 명단에 있더라고, 제출하는데 그럼 이제 통과하는데 나는 거기 속하지, 속해 있지 않지. 그래 나는 못 가는 거예요, 거게. 그럼 나는 오백리나 지금 왔는데, 나가 그 나이 어린데 인저 걸어간다 해도 얼어죽을거고, 어디 뭐 누가 뭐 아 모르지, 그래가지고 따라오라 하더라고, 철길만 보고 따라오라 하더라고, 산으로 해서 이렇게. 그래서 그 말만 듣고 나는 또, 앞장서가 철길을 따라가고 그러다 한 십리 정도 갔을까? 그래가지고 인자 대령이 맞춰 가지고 걸어서 한 거기서 퇴조까지, 서호까지가 한 오십 리? 오십 리 뭐 이리 된다고 하더라고. 딱 가니깐 도론데 눈이 허리게 와야되는데 눈은 없고, 뻘장, 이 도로가 흙있잖요, 흙범벅이 되가지고 있는거야, 그 왜그런고 탱크들이 막 댕기는거야. 이게 엉망이야, 막 녹아가 진. [조사자: 그러면 그때 그 퇴조까지 올

때 쯤 그 역에 누가 폭격을 한거예요? 그러면?] 중공군이, 중공군 뭐 인민군이긴 하지만, 그 당시에 그 저 그 흥남철수 작전이 흥남만 남아있는거예요, 흥남만. 그 주변에는 전부 벌써 중공군이랑 전부 다 와있는거예요. 그니까 낮에는 우리가 그 당시에 들어올 때는 그 저기 제트기가 뭔가 하면은, 구라망 전투기라, 구라망. 뭐 호주제라던가, 뭐 [조사자: 호주 쌕쌕이라고 뭐.] 쌕쌕이고 [한장빈: 이분들은 모린다. 양쪽 날개 뿔따구 겉이 뿔이 난.] 구라망[1]이라고 그래. 그게 쎄리 폭격하고, 밤에는 함포로 때린거야 함포로, 팍 친 함대가 들어와요, 우리 때문에.

그래 그 속에 인제 가니까 우리는 어쨌든 배를 타야 되니까. 못타면 우린 죽을 판이니깐. 가까이 이자 집을 그냥, 뭐 얻는 거 없어요, 그냥. 주인은 그 뭐 임자는 없어. 가서 그 앉으면 내 자리야 거기는. 그 당시에 이제 김장철이 잖아요. 김장 뭐 하는데. [조사자: 네, 한참 할 때죠.] 집집마다 다 김장해가지고 독을 다, 김치가지고 이래 있고 뭐 한데 주인은 누군지 없어, 모르지 주인은 아무도 없어 그래가지고 거기서 뭐, 이래 그서 누워서는 못 자지. 착- 피난민이 모였으니까. 하이튼 흥남에는 함경 거기서부터, 흥남부터 함경부터 인자 올라가는 거의 피난민들은 거기가 전부다 머물렀거든요, 거기 와서. 그런데 이렇게 누워 잘 그 틈이 없어요, 그래 인제 자는데. 그때 인자 아버지가 보게또(포켓, 호주머니) 좀 돈 좀 있는거 가지고 뭐 사먹느냐. 그 당시 빨갱이 돈들이지, 빨간 돈. 그래 인자 찐방 가는(같은) 거 파는 거 있더라고, 떡 같은 거 그런거 묵고. 뭐 세수고 무슨 뭐 이런 거는 뭐 생각도 몬하는 거예요. 그래가지고 있으면은 어떤 소문이 들리냐면은,

"배 탄다!"

그래요. 그러면 막 근근이 그냥 막 내살려라 뛰어가는 거야, 무조건 마.

---

1) 미군의 전투기 헬캣(F6F Hellcat)을 두려워한 일본군이 비행기 제조사 이름인 그루먼(Grumman)으로 별칭을 불렀고, 우린나라에는 일본식 발음인 '구라망(グラマン)'이라고 전해졌다.

아버지 손잡고 뛰어가면 헛방이야. 배, 무슨 배 타. 배 못 타. [한장빈: 요점만 간단히 말하세요.] 그래, 그렇게 얘길 할라면 억수로 길어요. [조사자: 아니 아니, 저희는 이렇게 말씀해주셔야 더 좋습니다, 길게 하셔도. 그 어르신은 오히려 흥남에서 그 LST 타는 것보다 성진에서 흥남 내려온 얘기가 더.] 고생스럽지. 완전 죽을 고비를 넘긴거야. [한장빈: 이런 행님들은 우리는 그게서 바로 흥남에서 살다가 흥남부두에 배를 탔지만은.] 편한게 온거지. [한장빈: 이런 분들은 성진에서 그 저 동해선으로 타고 말이야 걸어서 철길 둑을 따라서 이제 흥남부두까지 온다꼬.]

[7] 흥남으로 들어가는 마지막 관문에서 고생하다

[조사자: 제가 중간에 자꾸 말씀 드려서 죄송한데.] 아이 괜찮아요. [조사자: 남한에서 인제 인민군이 내려와서 남한에서 남한으로 피난 가는 얘기는 숱하게 많을 거 아니에요? 근데 처음 듣거든요? 북한에서 피난 걸어서 피난 온 얘기는.

그니까 좀 자세히 기억 나시는대로.] 아니 육이오 때에 우리, 나 성진이거든요? 성진 시내 큽니다. 성진 시내가. 성진 산골을 저기 저 농촌으로 피난을 갔어요. 폭격을 인자 완전. [조사자: 아 연합군이 폭격을 많이 하니까.] 폭격을 하니까 미군도 들어오지 뭐, 아까도 얘기했지만 제철공장, 우리는 제철공장 그 폭발하는 거는 산에 가서 구경꺼지 했어요. 엎드려가지고. B-29가 공회전으로 날라온 거예요, 편대가. 여덟 대, 아홉 대 이렇게 온통 오면서. 가다가 뭐 소리가 쌔엑- 소리나요. 그러면 그거 폭탄이 떨어지는 소리에요. 그게 오십키로 짜리, 일 톤 짜리도 있고, 오십이 떨어진다 하더라고, 그 당시에. 그 제련소에다 보고 때린거야, 제련소에. 그 당시에 그놈들이 그래도 일로(일을) 시킨거야, 일로.

[조사자: 아 그렇게 폭격을 받는데도?] 폭-격을 해는데도 일로, 일로 시켰거든요. 그래가지고 나중에 좀 그 폭격이 끝나면은 막 엠브란스 소리가 막 들려요, 그러면 막 마, 사람들이 막, 마 죽어 자빠지고 뭐, 저기 그 방공호가 멕혀가지고 나오지 못한 사람들도 있고, [조사자: 그래서 아까 그 저기 퇴조에서 어느 역까지 걸어오셨다 그랬더라? 한?] 한 오십 리 걸었을거야. [조사자: 그래서 그 다음에서 계속.] 그래가지고 이제 거기서 피난갈라 하니까 배를 타야 되는데. [조사자: 거기서 다시 흥남까지.]

예, 무슨 뭐 이게 어든 무슨 뭐 어디, 누가 와 통제를 해가지고 어떻게 해서 배를 타야 된다. 이런 것도 없으니까. 마 이거 완전히 뭐뭐뭐 개판 오분전이거든, 진짜. 이거는 무슨 누가 무슨 인솔해가지고 어떻게 하고 이런 것도 없으니까 배 탄다는 소문만 들으면 뛰는 거야, 무조건. 그러다보니까나 이 뭐 소위 말해가지고 이 군인 측에서 가만히 이래 질서가 안 잡히면은, 이제 배타는 데에도 어려움이 있을 거고. 또 중공군, 그러 그 당시에 벌써 흥남은 함흥 바로 경계선인데, 함흥하고 흥남의 경계선이 있어. 그게 만석교다리야, 그게? [청중에게 질문] [한장빈: 응?] 함흥, 흥남하고 만석교 다리가. [한장빈: 아-, 만석교 다리는 함흥에서도 흥남하고 경계선은 아니다.] 아, 경계선 아

이때 다리가 이제 연결되있었는데, 함흥 있는 사람도 피난 별로 없어요, 피난민들이. 그게 탁 잘린거예요. 그래 왜 짜르느냐? 벌써 중공군이 흥, 이쪽 완전히 둘러쌌으니까, 이 오면은 이거 뭐, 간첩이든 빨갱이든 뭐 이런게 오면은 테러를 할 수 있잖아요. 그러니까는.

[조사자: 다리를 잘른?] 아, 다리는 폭파는 안 시켰는데 군인들이 딱 지키고. [조사자: 아 지키고 있었구나.] 응, 그래가지고 우리가 인자 타는데 질서가 안 잡히니까, 딱 군인 확성기 불고 말이지, 각 마 인자 단체별로, 인자 소위 말하면 지역별로, 성진, 퇴조 거 지역끼리 모이가지고 전체적으로 어디로 가라, 어디로 가라 지시를 해주더라고. 그래 거기가 다 모이는기라. 거가 있으면은 배 탈수 있으니까 안심하고, 거가서 기다리시오 그래 되는기라. 그러면서 인자 하는 얘기가 이 안에 있는 의자하고 뭐 책상이고 뭐 필요없으니까. 저 추으니까 안에 들어가서 자진 못하니까. 밖에다가 막 모닥불 식으로 갖다가, [조사자: 아 다 피우고?] 다 빼버리고 그러고 바깥에서 불 쬐고 배 갈 때까지 기다리고 있어라.

그러더니 인제 트럭이 올라 오더라고, 트럭들이 막 올라오더만은, 쌀 포대 있잖아요. 알랑미 포대 요만한 거, 반 말짜리 되겠다 반 말. 그 한 포씩 다 준다고. 안에 들어가서 인자 가면 당장 그 해도 되니까, 가서 먹으라고 주더라고. 그러다 그 있으니까 딱 거기서 자고 있어, 하룻밤 딱 자니까. "들어가라!" 하더라고. [조사자: 배가 왔어요?] 배가 왔다 인자, 배는 항시 있었지. 배는 있었는데 이제 질서를 잡아가지고 그래가지고 인자, 내려가서 인자 걸어서 내려가가지고. 딱 정렬로 서가지고 내려가니까 배 그, LST 그 내나 [조사자: 이렇게 벌리고.] 응, 이제 딱 내리잖아요. 그래 인제 그거를 타는 거예요. 그 앞사람이 타면은 스돕(스톱)하면 딱 서요. 그러면은 군인들이 딱 와가지고 빤치(펜치) 가지고, 군인 이 우에는 그 저기 저 구두를 신으면은 징을 박았다고 이래 바닥에다, 옛날에 육이오 당시는 징을 많이 막았어, 신발 닳는다고.

그때문에 따그닥 따그닥 소리가 잘 나. 그래 그걸 뺀거야. 그 왜 빼냐하니까 배에 페인트 다 지워, 그기 신고 하면 페인트 다 벳겨지잖아요, 그래 그거 방지하기 위해서 다 이거 빼고. 그래가지고 인자 우리가 그 저 간판(갑판) 위로 올라간 거예요. 간판을. 간판을 인자 올라가고 인자 저 하다보니까 인자 그게 끝이라, 그래서 인자. 그러니까 그 피난오는 그 과정이 그 한 난리통이잖아요, 뭐 내가. 미국 같은데도 뭐 이번에 거, 해가지고 뭐 폭동 일어나면 말이지 약탈하듯이. 약탈은 안해도 군인들이 이 미군들 한국군을 이래 딱 앞세워 가지고 여자들 잡아가는거야. 그래가지고 뭐 아무튼, 뭐 하이튼 여러가지 그런게 많았어요. 그래가지고 우리가 저기 보면은 저 미군들이 쫙 오면 밀가루하고 설탕, 쌀, 산데미(산더미)처럼 그냥 쫙– 쌓였고, 흥남은 더군다나 고등어, 고등어 절인 탱크에다 이런 게 그냥 그대로 쫙– 있는 거예요. 그 뭐 우리가 먹을 생각, 가져갈 사람도 없어, 하나도. 그래 인자 배타고 인자.

[조사자: 거기 항구 이름 기억 나세요?] 가평. 가평이라는 해군 배, 우리나라 배에 탔어, 나는. 가평이에요, 가평. [조사자: 가평?] 응, [조사자: 배 이름도 있나요?] 배이름 있지요. [조사자: 배이름은 뭐에요?] 그래 그 가평. [조사자: 가평호에요?] 응, 가평호. 가평이라고 딱– 이래 써 있어, 옆으로. [조사자: 그럼 거기서 배타고 다시 흥남까지 내려오신거겠네요?] 아니지. 이제 거기 흥남에서 배 탔으니까 저기 남한으로 내려온거지. [조사자: 아니, 아까 그 중간에 섰다가 어떻게 흥남으로 오셨냐구, 그러니까.] 아–, 저기 저 얘기했잖아요, 그 퇴조라는 데까지 와가지고 그래 거기서는 일체 못 가는 거예요. 기차도 열차 못 가니까. [조사자: 네, 그거 얘기 좀.] 거기에서 내려가지고 퇴조까지 걸어온 거예요. 거기서 그게 오십 리라, 걸어오는데. 그때 막 박격포탄이 거기서 막 날라올 때인데 그짝 거기. [조사자: 그럼 그 중간에 내린데 지역을 아세요?] [이장영: 그 어디 저기 북청군 쯤 되서.] 모르지 하이튼 거기는 모리고. 우리는 성진에서 걸어가가지고 뭐 퇴조에서 하이튼 뭐 좀 딱 스돕이 되버렸어. [한장빈: 북청은 좀 내륙인데 뭐.] [이장영: 응?.] [한장빈: 북청은 그 내륙인데, 여게 해변가로 왔다쿤께네.] 북청은 내륙아이다.[이장영: 내륙아니지.] 북청은 청

진, 성진 이 다 그짝 붙은거. 단천, 북청, 강천 이렇게 되있다니. [한장빈: 아아, 으응.] 응, 한 줄이라. [이장영: 철로길이 있는데, 철로다.] 그래가지고 인자. [조사자: 그 북청이 그 북청입니까. 그 물장수.] 고렇지, 예예 유명한 그 인자 그래 교육열이.

[8] 가평 호를 타고 내려와서 처음 본 거제도가 마냥 신기했다

그래가지고 거제도에 인자 우리 올 때는 고생은 그리 안했어, 배 안에서. [조사자: 그 LST가 내려올 때 한 몇 대 쯤 내려온 거 같아요? 혹시 아세요?] 배? 그건 몰라요. [이장영: 지금 기록에 한 이십 대 돼요.] [조사자: 한 대에 몇 명쯤 탈수 있습니까?] 그것도 몰라요. [이장영: 제일 많이 탄게 지금 이 사람들 타고 온.] 하이튼 그 승선 그거는 우리는 모르고, [한장빈: 배라 하이튼, 배 그냥 모두 빽빽한거야 그거는.] [조사자: 탈수 있는 만큼.] [한장빈: 응, 탈수 있는 만큼은 다 탄거야.] 그러니까 그 뭐야 저기 저 뭐야 리브리혼가 그 배 있잖아요, 그거 저기 저 한거. 그기 제일 많이 온 배인데, 군용식으로 이빠이 채워 왔는데. 그래가지고 우리 이 거제도 장승포에 22일날, [조사자: 그럼 한 3일 정도 걸렸겠네요?] 3일 걸려야, 3일. 장승포에 22일날 아침에 도착했어요.

아침에 도착하니까 구경꾼들이 그냥 좌악– 지방 사람들이 나왔거든. 그런데 그게 산을 보니까 산이 푸릇푸릇한기 뭐, 눈이라는 뭐 이거 뭐 눈이 아무것도 없는데. 보리가 자라서 이만큼 보리가 좌악– 자라있더라고. 그래가지고 [조사자: 신기했겠네요?] 예, 그래서 경찰관이 딱 칼빈총 딱 멘 경찰관이 이 인솔하더라고. 그래서 인자 가드만은, 장승포 거 어디로 옛날엔 국민학교 잖아요? 장승포 국민학교, 지금 초등학교지마는. 거기 집결했다고. 거기 집결해 있으니까 조금 있으니 아주머니들이 함지. 함지 알아요? [조사자: 예.]

이북에는 함지하고는 또 틀려요, 여기 함지는. 여기는 나무 같은거 옆으로 이렇게 빼, 이렇게 이렇게 딱 대가지고 그렇잖아. 이북의 함지는 통나무처럼 되가지고 함진데. 여기다가 김이 무럭- 나는 밥을 갖고 온 거예요. 이고 아주머니 여럿-이. 그래 오드만 인자 하나씩 인자 딱 주먹밥을 만들어 주는 거예요. 주먹밥도 이만-큼씩 만들어 주더라꼬. 근데 밥을 처음 딱 먹으니까 달더라꼬 밥이. 북한에는 그런 인자 그기 없어. 뭐였냐면은 그게 물어보니까 고구마. 고구마 있잖아요, 고구마를 해가지고 보리하고 뭐, 막 섞어가지고 만든기 그기 인자 주먹밥이야. 그거 먹으니까 완전히 마 눈이 번쩍 뜨이더라고. 그래가지고 그 저기 저 이동 해야되는데 그 경찰관이 얘기하더라고. 오늘 여기 도착한 사람들은 저 오비, 여기 거제도 오비라는 데 있어요. 오비, 저 연사 그 거기를 도장을 열고 팔뚝에 다 찍어주는거야, 도장을. 오비행, 다 찍어줘. **[조사자: 아 어디어디로 가라고?]** 가라고 인자 배치하는 거야. 자꾸 자꾸 그 연락이 와서 곧 또 따라서 배들이 오니까, 이제 해주는 거여.

[9] 입맛에 맞지 않았던 남쪽 음식

그래가지고 인제 가는데 두모, 지금 조선소 그 오는 그 두모 고개라고 있어요. 그 당시에 그 솔나무가 아름나무 이런 소나무 저기 서 있었거든요. 쭉 가로수가. 가로수가 소나무 이런게 있거든. 근데 거기가니깐 밤이 됐는데 더 가지 못하잖아요. 그래도 날이 동지, 동짓날인데, 동짓날. 딱 거기서 인자 그래 도로에서 다 자는거래요. 뭐 우리는 춥지도 않아. **[조사자: 그렇겠네요. 북에서 있다 오시니까.]** 응. 우리는. 그래 인자 난 뭘 신었냐면은 그 저 홍콩제 농구화. 북한에서 홍콩제 농구화신고 저 학생복 저 오바. 단추 네 개짜리 이렇게 내려왔는데. 그걸 입고 이렇게 그래 베개 그거 쌀 그거 메고, 요기 자리 잡아가지고. 자가지고 바쁜 새벽에 또 출발하는거야. 거리가 엄청, 걸어도 걸어도 어디 끝이 안 나더라고. 오후쯤 되니까 언제 인자 수용소 도착했거든요, 거기에. 그니까 거기 가니까 저기 오비초등학교라고 그 있더라고, 여기를 보니까 그 골짜기 골짜기도 다 초등학교가 있더라고. 그 당시만 하더라도.

[조사자: 거기 지명이 오비?] 오비에요, 오비. 그런데 그 저 요새, 요즘에는 거기 도로가 다 나가지고 있어. 거게가 뭐가 유명하면 황새. [조사자: 황새?] 황새들은 집을 져도 소나무 우서는 제일 꼭대기에다 짓는다고. 그 계란을 후기테(훔켜)질라면 계란이 떨어져가 노래요. 응, 우세 이거 잘못하면 떨어져버리거든.

그래 그 계란 그것도 올라가가지고 훔쳐먹고 이랬다고. 그것도 먹고. 그러거게 또 뭐 많이 났냐면은 오비 한에라는 데 가면은, 가리비. 가리비 조개 있잖아요. 그래 그런 걸 낮에, 아침에 가 그걸 막 캐가, 이빠이 캐가지고 그 걸 먹는 거예요. 그래 먹는데 인제 그 첨에 가면 쌀도 안 나왔잖아. 그 담에 인자 배급이 인자 나오기 시작하는데. [조사자: 그럼 거기 초등학교에 임시 거처를 마련해 준 건 가요?] 거처를 했는데, 아니 고등학교에서 벌써 이렇게 피난 그 수용소를 만들었더라고, 그래서 배치가 되는데. 우리는 수용소를 안갔어요, 안갔는데 초등학교 바로 앞에. 그 초가집이 하나 있었는데 그집에 인자 가서 그 집에, 그러니까 그 당시에 인심이란 걸 그렇게 좋을 수 밖에 없어. 아마 그, 그 인심 땜에 살은거야 피난민들이 다. 그래가지고 그 집에서 인자 먹고 자는데 그 집 아주머니가 또 나는 어리다고, 불쌍하다고 먹을 거를 다 챙겨주고. 근데 반찬은 입에 안 맞는거야. 엄청 짜. 이 저 멸치젓갈. 김치도. 그기 왜냐하면은 날이 더운니까 여기는. 빨리 그거 되니까 짜게 담는거야, 짜게.

[조사자: 그게 인제 북쪽 음식하고 많이 안 맞으셨겠다. 처음에는.] 그래가지고 인제 나왔는데, 인자 밥을 남의 신세질 수는 없잖아요, 쌀은 나오니까 밥을 해 먹어야 되잖아요. 근데 이제 저기 저 여 포로수용소 여 고현, 고현 여기에 포로수용소가 생겼다고 그래. 근데 포로수용소가 생겨있을 때 탄약박스 있잖아요, 이렇게. 옛날 군대 갔으면 알아조나 해야 되는데. 그거 인자 그거 가지고 갖다가 개울에 가가지고 쌀 씻쳐가지고 내가 밥 한다꼬. 그래 인자 그 다음에

내가 피난 나와서 한 살 더 먹어 그기 열 다섯 살이 된거야. 그래가지고 인자 하는데, 아이 냄새는 나는데 열어보면 밥이 안돼. 물을 맞출 줄 몰라 가지고. 그래가지고 나중에는 밥에 탄내가 나서 밥도 못 먹었어요. 거 반찬이 없지요, 왕소금 가지고. 그 당시에 소금도 귀하더라고요, 왕소금만 먹어가지고 거 어떻게 막 올라오는 거야, 메스꺼우면서. 다 토한 적도 있고 그랬거든요.

[10] 남한 해군이었던 외삼촌의 도움을 받다

그러자 마침 아버지가 인자 원래 우리 아버지는 장사꾼이라 장승포에 딱 내려가는거야. 그 당시에 뭐해, 나무를 해가지고 거기에서부터 장승포까지 가서 나무를 팔고, 그 팔아가지고 그 돈 그슥 했거든요. 근데 우리 아버지가 장승포에 갔는데 우리 외삼촌을 만나게 된 거예요. 우리 외삼촌이 어떻게 만났나하면, 우리 외삼촌이 그 당시에 해군, 요즘 작은 배 있잖아요, 뭐 전투함 있잖아요, 거기 함장이라 함장. 그 당시에 소령인데 함장인데. 그 저기 저 장승포 그 항구에 들어갔는데 인자 시내로 아마 볼일 있어서 이제 나오다가, 아 우리 저, 우리도 저 그 저, 같이는 안 나왔지만은 거기서 우리 저기 할아버지를, 작은 할아버지를 만나게 된 거예요. 우리 아버지가. 그래가지고 이제 [조사자: 수소문 해서.] 응, 그래가지고 인자 아 삼촌이 언제 어디쯤 왔다 그라든 뭐 가니까네.

[조사자: 그러면 외삼촌은 한국군이셨어요?] 한국군, 해군. [조사자: 아 국군이셨어요?] 국군이죠, 군대가 우리는. [조사자: 외가가 그럼 어디세요?] 우리가 외가가 개성이에요. 개성. 그 당시에 개성인데, 전쟁나면서 그렇게 됐잖아요. 그런데, [조사자: 아이 근데 개성 분하고 그러면 성진 분 하고 결혼하신 거예요?] 아니죠. 거기서 인자 우리 아버지하고 자시고 간에 장사꾼, 이북에 전부 장사 올라가잖아요, 근데 다 우리 작은 할아버지는 뭔고 하면은 또 그 워낙 유명한 그 장돌뱅이 장사라 그래 성진서 크게 장사했고. 아버지는 또 황해도

해주에서 살았거든. 해주에서 문구점을 하다가 태풍이 와가지고 뭐뭐 홍수가 나가지고 다 망해가지고, 작은 아버지가 불러가지고 성진으로 이사가자 그래서 그게 살게 된 거예요.

[한장빈: 행상 거 보부상. 옛날에잉 봇짐지고 이래 저리 팔도로 앤 다니면서 장사하는 사람들 그렇게.] 그 유명한, 그래가지고 인자 아 장승포에서 외삼촌 만나가지고, [조사자: 도와주셨겠네요?] 외삼촌이 도와준 거예요. 이제 그래가지고 장사할 밑천을 대가지고 아버지가 원래 제과, 과자하고 뭐 이 저기 뭐이 뭐라하노, 생과자. 생과자나 이런거 만드는 그런 기술자였어. 우리 아버지가 그래가지고 그걸 시작해가지고 인제 돈 또 대박 끌었지요. 다니시면서. [조사자: 그 과자점은 어디다 내신거예요?] 그 장승포에 이제 하나가 나온 거예요, 그래 거기서. [조사자: 아 그럼 부산이나 이런 데 나가시지 않고 여기에 정착하신 거네요?]

아버지는 부산가도 되는데, 가야 되는데 아버지는 안 간다 하더라고. 통일되면 간다고, 아– 안 간다고 하니. 곧이, 곧 북진한다캤으니까 계속 그 말만 듣고, 뭐 옷으로 그냥 그 장승포에서 그냥. 사람들이 부산으로 가면 다 돈벌고 다 그러더니, 북 수복되면서 다 인자 서울로 가는 사람, 서울사람은 서울가고, 가기 고향으로 다 떠나잖아요. 근데 우리는 이북에서 왔으니까 우리 고향이 없잖아요, 전부다 이제 뭐 개성도 갈 수가 없잖아요. 그래가지고 인자 친척들은 저 어디 있어서 알아가지고 이제 찾아가고 인제 이래가지고. 인제 아버지는 밑천을 잡은거야, 그래 집도 사고 인자 거기서 기반잡고 인자 우리 아버지가 재혼을 한 거예요, 그럼 내가 학교를 다니니까, 재혼을 해가지고 인자 살다가 인제 여기 아버지도 89년도에 돌아가시고.

[11] 삼 개월 만 떠난다 했는데 육십년이 지났다

[조사자: 그러면 이북에 모친이랑 지금까지 한 번도?] 아–무 뭐. [조사자: 신청

도 한번 안 하셨어요?] 아 신청 몇 번 했지요. 그 연락도 없어요, 그 거 아무런 소용도 없고 그런데. 이 그 또 소식을 많이 들었거든요. 어떻게 해서 중국 가가지고 가마한테 돈주면은 뭐 연락이 온다 하는 것도 있고 그런데. 그래도 돈도 없고 뭐 거이 그런 것. 또 내는 내 생각에는 내가 딱 가만히 지금도 생각하지만은 이북에 저기 저저 피난을 우리 나올라고 성진역에 왔잖아요. 돌아가, 집에 가자마자 난 다, 다 잡혀갔다고 나 이래 생각하고 있는 거예요, 나는. 동네 사람이 유명하거든, 원래 이웃이 겁난거예요, 그때는.

[조사자: 그 피난가려고 그랬던 사람들은 전부다 이제 안좋게 볼거니까.] 그, 그렇지 그러니까 완전히 안 사, 우리 동네에도 없었거든요, 그나만큼 생활하는 사람들이, 그 우린만 남아. 그러니까 내 생각에 벌써 그 때에 어디 저 아오지 탄광 이라든지 어디 그런데로 끌려가지 않았는가 하는 가 하는, 다 이래 보고 있거든, 그렇게도 그래서 나는 그 애들 그렇게 많지, 누나가 뭐 나이 많으니 열 아홉 살인가 이래 됐는데, 그거 뭐 어떻게 할거예요. 그래서 나는 아예 없다, 사람 안 뵈진다, 나는 이러고 그때부텀. 그러고 옛날에도 이 피난 나온 가족들은 두문불출형 뭐 이런거 해가지고, 어디 어디로 거 갈라면은 떠날라면은, 뭐 증빙서류를 받아가 떠나야, 뭐 이런 것도 그 당시에는 많이 소문이 들렸거든요. 그래 아예 난, 그 신청을 해봐야 안 된다.

[한장빈: 우리가 피난 내려 올 적에 피난을 갔다가 여 언제까지는 있는가 크는 그 기약도 없고, 우리 북에서는 올 때에는 뭐 삼일이나, 뭐 늦어야 석, 삼개월이나 이리 있으면은 우리는 고향을 귀향한다, 이렇게 한기 지금 어,] 벌써 육십 년이여. [한장빈: 육십년 세월이 넘었다 아이가, 그렇지. 그라고 인제 저 같은 경우는 육촌들 갖다 내 중국에 선양에 가서 내가 저 KBS기자 모시고 가가지고, 내가 그 우리 육촌을 만냈거든? 육촌이 이제 제수가 저 동북성에 있는 장춘이라크는 그게 처가가 되서 이 연고가 있어서 그리 인제 탈북을 한기라, 처갓집으로. 그래가지고 KBS기자를 해가지고 이래 해서 내 하

고 인제 만냈거든, 그래 자기는 그 저 동북성에서 이제 선양꺼지 나올라쿠면은 열두 시간 걸리고, 나는 이제 여 거제에서 이제 선양가가지고, 뭐 선양가는 건 뭐 하루도 안 걸리고 말이지. 뭐뭐 김포공항에서 비행기 타고, 김포공항에서 선양 가는데 그거 말이지, 뭐뭐 한 두어 시간도 안걸리, 아 저 한시간도 안 걸린다 아이가. 그래 인제 만냈는데. 우리는 그렇게 된 줄 몰랐지, 근데 우리 이제 친족들이 우리가 인제 여 대한민국에 피난 나왔다 해가지고, 그래 전부 그저 육촌, 칠촌 뭐 다 형제간들이 종파분자로 몰리갖고, 저저 정치 형무소에 간다 쿤디야.]

[조사자: 전쟁 끝나자 마자?] [한장빈: 아이지. 이제 한 십오년 됐어. 십오년도 안 됐다, 아 한 십오년 됐겄다.] [조사자: 아니 그렇게 끌려가신게, 친척들이 전쟁 중에 끌려가신 건지, 전쟁 끝나고 끌려가신 건지. 그 형무소에. 북한에 남아 있던 친척들이 끌려가셨다면서요.] [한장빈: 우리는 저 피난내려 오고, 그라고 인제 내가 이제 선양에 가서 육촌 만냈을 적에는 저거는 인제 그 신분조사저 뭐 해가지고, 저거는 인제 우리같은 형제간들이 전부 남하를 했으니, 당시는 종파분자로 몰아가지고 그래 인제 적국 수용소로 그래 전부 옮겼다 이기라.][조사자: 남아있던 친척분들이요, 북한에?] [한장빈: 아아.]

[조사자: 그니까 언제 끌려갔다고 들으셨어요? 그분들이?] [한장빈: 언제 끌리간거는 내가 모르지. 그건 이제 우리가 여여 피난 나온 다음에. 그 인제 그거 신분조사를 전부 하다보면은. 그기 전부 이제 50년도에 우리가 내려왔으면은, 뭐 50년도, 51년도나 이래 되가 조사를 하면 그 다 이리 나타나는 기거든.] [조사자: 남한으로 피난가는 가족들은 그런 일을 많이 당했겠네요? 다른 분들도?] 아무래도 많이 당했겠다 그래 추측을 하는 거예요, 추측을 하는 거야. 뻔한거잖아. [한장빈: 근데 저 같은 경우는 내가 육촌을 만냈기 때문에 종파분자로 몰리가지고 정치범 수용소가서 산다쿠는 거는 알지만은, 그 형제간을 못 만낸 사람들은 수용소 갔는가, 뭐 어디 갔는가 뭐 지금 모르겠지.]

[12] 해방 직후에서 6.25 발발 전까지의 상황

그니까 우리가 그 북한에 살 때 해방되가지고 5년 딱 살았잖아요, 우리 이제 해방이 되가지고. 그 당시에는 그 이북에 그 정치도 그렇게 뭐 저 지금처럼 환란은 없었어요. 단 뭐가 있냐면은, 학생들도 놀리는 법이 없어요. 첫째 걔들 뭘을 했냐면은 문맹퇴치 사업을 했다고요. 문맹퇴치 사업으로 그래가지고 예를 들어서 뭐 이 한 지역에 갔다 있으면 여 말하자면은 뭐 동사무소가 다 있잖아요, 동사무소. 그러면 그 동네에 어느 학교든 그건 상관없이 학생, 중학교면 중학교, 모이가지고 인자 그 문맹자 색출해가지고 가리키는 거예요. 그러면 인자 그 시험은 어떻게 되냐면 인자 학교 방학이 끝날 줄 되면은 시장 모퉁이 요소 요소에다가 책상하고 탁 갖다놓고 성적표를 가지고 부르는, 지나가는 아주머니라던가, 남을 근데 부르는 거라. 그래가지고 거기서 시험을 친거여.

그래가지고 모르면은 어느 지역 이래 물어봐가지고, 그 지역에 통발문이 이제 그 딱 가서 그러니까 그 당시에 문맹자가 없었어요. 예 문맹자 거의 없었어요, 다 다 해서. 뭐 농촌에는 나 모르겠는데 우리 시내에는 그런 거 있었어요. 그 다음에 무슨 뭐, 무슨 뭐 학습 이런 것도 있었거든. 근데 지금 왜 이분 그런 소식 들으면은 만날 그러 하잖아요. 근데 우리 살 때는 그런 것도 없고, 명절날도 다 그냥, 자유롭게 다 절로 지내고 다 그랬어요. 그 당시에 그런데 그 이북에 살면서 해방되가지고 쟤들이 인자, 이북에는 소련군이 들어왔잖아요. 남쪽에는 미군이 들어왔지만은. 군사훈련은 많-이 봤어요, 하는거.

그리고 우리가 열차 그거 이제 가는 거 보거든요, 보면은 탱크, 이런 것도 차 이런거 싣고 내려가는 거야 남쪽으로. 그런거 잡고 평양 어디를 하이튼 삼팔선 쪽으로 그러고. 하이튼, 한달에 한 대여섯 번은 군인들이 와가지고 모여 놓고 강의하는 거야. 그래 인제 남조선 괴뢰도당 뭐 이래놓고, 뭐뭐뭐

하여튼 지그들 씨부리고 이래 하는데. 그 나, 우리 저기 육이오 터져가지고 있잖아요. 군에 입대하듯, 저 그게 뭐야 뭐라노, 그 내나 저 지원, 지원장을 찍어라. 인민군 지원해라. 가세요 모두, 그 만큼 선전해가지고 [이장영: 의용군.] 인민군 해가지고. 인민군 그 지원한다고 나이도 안되는데. 그러니까 나이가 어려가지고 탈락해, 탈락했는데.

[조사자: 그럼 제일 어린 사람은 몇 살까지 지원받았습니까?] 우리 내가 알기로는 인천 그 상륙작전 해다보니까 열여섯 살 먹은 뭐 저기다 여기다 이제 그 저 뭐야 이게, 로프가 밧, 저 하이튼 철산가 이래 묶어놓고 앞에 기관총있고 그래 가지고 죽어있다고. 그래 내가 그거는 들었거든요. 국군대학에서.[조사자: 되게 어린 학생들도 많이 내려왔다 그러더라고요.] 그렇지. 근데 그 당시에 여 인천상륙작전은요, 일본에서도 그 학생들 있잖아요, 대학생들. 일본 뭐 메이지대니 무슨 대학 다니는 애들, 약 한 천 명 가까이 지원해가지고 미군기지에서 삼일이나 교육받고 인천상륙에 배치된 거예요. [한장빈: 그 학도병이에요.] 그러니까 그 사람들 군번도 없고, 일본에서, 일본 사람, 일본에서 태어나서 일본서 큰 사람들이 조국을 위해서 하겠다 해가지고 온 사람이 구일생, 일본에도 그 귀화 당해 있다 하더라고. 그래서 내가.

[13] 한장빈: 남한에 내려와 한 피난살이

[조사자: 어르신은 어디로 내려, 어디로 배치 받으셨어요? 내려오셔가지고? 아까 오비 초등학교가 거기로 가셨다.] 아 저는 경상남도 그때, 경상남도 지금 거제시지만 그때는 경상남도 통영군.(웃음) 어, 통영군 장목면, 장목면 구영리.(웃음) [조사자: 그때는 이름이 통영이었습니까?] [강위빈: 아 행정지역이 통영, 통영군에 들어갔어.] 걔 우리가 지금 나이가 칠십 대 인제 중반인데, 우리는 나이에 말이지 2차 세계대전 종전이 45년도 종전했거든, 그담에 50년도 연달아 마 육이오사변이 났제, 우리 참 이 격동기에 우리가 살았거든.

[강위빈: 우리 나이가 제일 고생 많이 하는거야.] 그래도 뭐 해병대 갔고, 우리 육군에 갔고 말이지. 국방의무를 완수하고, 지금처럼 뭐 뚜디리 맞지도 안 하고, 그때도 군기는 엄했지. [조사자: 그러면 피난 가셔서 구영에 가셔서 어떻게 사셨는지.] 그 저 구영에 가서 어찌 살았느냐? [조사자: 네. 거기 가셨으니까. 어느 집에서 같이 살았던 그런 기억들처럼, 또 그런 기억이 있으신지.] 응, 있지. 구영에 가가지고. 그래 인제 밤에 말이지 그게 도착된기라. 도착됐는데, 그 인제 집도 밤에 자는데 이 아버지가 이리저리 살피다 본께네 돼지우리에, 돼지우리가 좀 깨끗했던 모양이라. 근데 돼지가 엄꼬 그래서 보릿대, 보리 이삭 자른 저 인자 대, 그거를 갖다가 집어옇고. 그래가지고 거기서 이제 누워 잔기야.

그래가지고 날이 샌 다음에 인제 탐문 해가지고 수소문 해가지고 집, 주인집을 얻었어. 그때 참 이 거제 이 주민들이 참 인심이 좋은기야. 응 그래서 인자 거게서 인제 사분- 사분 인제 여 구호물자 나오는 이제 안남미, 우유 이런 거 조금씩 해가지고 그래 인제 생명을 유지하고 살았지. [조사자: 그럼 인제 그 집에서 얼마나 사신 거 같으세요?] 그 집에는, 그 집에서는 오래 살 수는 있었지. 오래 살 수 있는데 인제 집이 좀 협소하면 또 좀 나은 집, 집에 가서 또 있고. 그 인제 주인집에 가면은 그 일도 좀 해주고. 그 그래 살았다 아이가. [조사자: 저 연구원 외갓집이 그때 피난민을 같이 받았었대요. 고향이 이쪽이거든요.] [조사자: 네, 저희 외갓집이 장목에 사셨는데, 저희 외할머니 집에도 피난민들이 내려와서 같이 사셨다고.] [강위빈: 아-, 응.]

그래 내가 제일 묻고 싶은 거는 인제 저 이 온 분들이 인제 말하자면, 우리 고향의 제3세들도 지금 딱 그 대학교 댕길 나이거든, 우리집 저 아들도 손자들이 지금 대학에 다니니까, 그러니께네 그렇지요. 거 똑 우리 저 딸래미 겉네.(웃음) 우리 딸래미가 올해 마흔 일곱이다. 마흔 일곱인데 진주교대 졸업맞고, 그래 저 서울 가서 초등학교 이제 교사로 있고, 그 인제 걔 남편은 교육부에 저 근무하고 있고. [강위빈: 이북 사람들이 거 이북에 있는 사람들 수준이 경상도에 우리 피난 나올 때 지역 사람들보다 많이 월등했어. 모든게 다.] [조사자: 아 교육수준이.] [강위빈: 교육수준이 높고. 이북에 그 왜 또순이(똑순이)라 그러잖아요, 이북 사람들 엮어서 이를 때, 다 그러니깐 다 잘 되가지고 전부 좋은 파트에 다 살잖아요. 자식들 건강하게 키우고. 그런게 있어. 그 다음은 원래 뭐 알잖아요, 지역에 딱 내려오면 어떻게 살아야 되겠다는게. 아무래도 농사만 짓고 이래 하는 사람들은 모르지, 잘. 그래도 도시에서 왔으니까 그래도 어떻게 살아가는 방법을 좀 많이 알았다고 봐야지. 우리 아버지는 원래 장사꾼에 나왔으니까.]

우리 여저 대학생들이 여기 취재하러 이제 전에도 한번 왔다이가. 그 철수, 흥남철수 작전 할 적에 아몬드 소장이라고 알제? 그 아몬드 소장 그 저 손자가 지금 어디있는가 하면은 재작년까지는 어디 있었는가 하면은, 전라도, 전라남도 어느 뭐게 저저 영어 선생님으로 근무하고 있었다, 내하고 그리 사진도 같이 찍고, 여저 기념탑에서. [강위빈: 여기 저 구영인데 배에서 저기 김 파이브를 알아요? 김치 파이브?] [조사자: 아 태어나신 분이요.] [강위빈: 응, 여기 한 사람 있어.] [한장빈: 김치 파이브.] [강위빈: 예, 김치 파이브라 하는.] [한장빈: 이경필이라고.] [강위빈: 프로블리호(실제 메러디스 빅토리아 호임) 타고 온. 그 사람도 있어 저기.]

[14] 이장영: 초창기 개신교 신도였던 집안

[한장빈: 우리 이북5도민 거제지구 사무국장(한경석)이고, 그 담에 회장(이장영)이고.] [한경석: 말씀하세요.] [이장영: 다 똑같은 얘기 뭐.] [조사자: 아니요. 다 겪으신 게 다른데요.] [한경석: 회장님이야 그 수치관계가 아주 확실한게 있으니까.] [조사자: 거기 앉아서 하셔도 됩니다. 성함을 좀 알려주십시오.] 난 이장영. [조사자: 몇 년생이신지?] 응, 사십년생이에요. [조사자: 고향이 북쪽이신가요?] 응, 우리는 함흥, 우린 함흥, 함흥시.

[조사자: 대도시에 사셨네요, 그 당시면.] 대도시, 흥남이 더 커요. [조사자: 아 흥남이 더 큰가요?] 인구가 더 많아, 인구가 흥남이, 흥남 30만, 함흥 15만 내지 20만. 이렇게. [조사자: 그러면 함흥에서 흥남까지 얼마나 걸리나요?] 12키로. [조사자: 가깝네요?] 응, 가까워요. [강위빈: 그 인접도시라.] [한장빈: 흥남서 함흥까지 그래 40리.] 12키로. 그러니까 30리, 30리. [조사자: 그러면 여름에 수영하러 뭐 흥남가고.] 흥남 그 마전해수욕장이라고 있어요, 거기 있어요. 거기 지금 김일성 별장도 있고. 그 아주 좋아요. 그 아주 넓고 해운대보다 아마 더 넓은 걸 이 백사장은.

[조사자: 그러면 가족분들 다 내려오신 겁니까?] 잉, 우리 아버지 형제가 이저 남매가, 여섯 남맨데 팔일오 해방되고 나서 이 두 집이 먼저 내려왔어. 그 담에 인제 육이오 때 사형제, 사남매가 내려오고 그래서, 여기 다 왔지. 가까운 친척도 나와있는 사람이 없으니까, 그 우린 특수하게, 거기 남아있으면 죽으니까. [조사자: 집안이 좀 그런.] 예, 저기 어 그 1908년 할아버지가 예수를 믿기 시작해가지고 함경도 일, 그쪽에서는 목사 집안 빼놓고선, 장로 집안으로서는 이제 좀 유명하신 분이에요.

우리는 신사참배 반대 항일 운동을 해서 그 일제 때 감옥살이를 두 분 다 하고. 함경도 쪽에 그 기독교 신교가 좀 강했어요, 평안도하고. [조사자: 그 오히려 신사참배 하는 분들이 있다는데 그래도 참 대단하시네요, 그런 개신교 분들.] 있어요, 있어요. 있어가지고 우리 할아버진 그 저 신사참배 한 목사 설교하는 걸 이제 멱살 잡고 끌어내린 적도 있어요, 강대장에서. “넌 그럴 자격이 없다고.” 그럴 정도로 아주 강경하셨어요. [조사자: 그래서 먼저.] 네, 내려오고 그 다음에 모두 다 왔는데.

[15] 9만 8천여 명을 옮긴 흥남 철수 작전의 비화

그 이제 이걸 내가 비화를 하나 아르켜줄게. 여기선 내 다 여러 번 얘기를

했기 때문에 그러는데, 흥남철수 작전이 있게 된 것은 그 원래 그 처음에 그 현봉학 의사라는 분을 여러분들 다 아실 거예요. 그 리치몬드 대학에서, 원래는 이제 그 저 세브란스 의과대학을 나와가지고, 에- 리치몬드 대학에서 공부를 하는 동안에 육이오가 났어요. 그래서 의과대학을, 그래서 그 사람이 병리학에는 한국에서 아마 제일 선구자였죠. 선구자였는데. 그 집이 그 목사 집안이에요.

그 인제 함흥, 함흥에 그 중앙교회라고 있어요, 중앙교회. 함흥중앙교회 그 다 교인이죠. 저희 집안도 다 교인이고. 근데 그 집안은 아주 수재들이에요, 전부 다 저. 혹시 얘기를 들었는지 모르지만 피터 현이라고, 글쓰는 저 아주 유명하신 분이 있어요. 지금은 팔십 한 여섯, 일곱 되셨을 거예요. 아직 돌아가시진 않으셨는데. 콜롬비아 대학하고 소르본 대학, 마드리드 대학 다 졸업하신 분이에요. 응 졸업하고, 유명한 저, 이 컬럼리스트에요. 그 다 그 집안인데 현봉학씨, 이 그 집안인데. 그분들이 이제 그 카나다 선교회가 있는데, 카나다 선교회가 그전에 카나다 사람들이 함경북도 하고 만주, 간도 지방의 선교를 맡았어요. 근데 지금은 이제 다 없어졌지만은 그 바운더리가 함흥을, 그 바운더리가 굉장히 넓어요, 그 안에 영생중학, 영생고녀 이 여자, 유치원, 중학교, 재해병원이라고 도립병원보다 더 큰 병원이 있었어요.

[조사자: 제일병원?] 재해병원. 그렇게 큰 바운더리에 있으니까 이분들이 그저 거기서 이제 다 공부를 했죠. 그리고 우리하고 우리도 그 바운더리 내에 같이 뭐 이웃집에 살았으니까. 게 이제 이, 이분이 이제 그 현봉학씨가 미군 사령관에, 그 당시에 10군단 사령관에 아놀드 소장 그 고문관으로 있었어. 영어, 영어 통역 겸으로 해서, 민정, 민정관이라고 그랬지 그때는. 게 이 사람들이 함흥중앙교회에서 와 가지고 우리 아버지랑 보고 뭐라 그랬느냐면은 아마 12월 초, 12월, 50년 12월 초에

"형님 우린 갈 것 없습니다. 떠날 것 없습니다."

함흥에 국군이 들어온 게 10월 19일이에요.

"그럼 야 너희 한 달만, 한 달도 겨우 있다가 가면 어떡하냐, 그럼 우린."

그래 이제 그 국군이 들어왔을 때 함흥 시내가 전부 어디서 태극기를 모두 다 만들어가지고 만세 다 불르고 그랬거든요.

그니까 다시 오면은, 걔들이 오면 우린 죽으니까. 인민군이 다시 오면은 죽으니까. 너희 차라리 안 왔으면 좋을 걸. 그러면 어떻게든지 살아남아 있을 텐데. 그래 이 양반보고 얘기를 하니까. 그리고 우리 아버지는 인제 각 교회나 목사 장로들한테

"미군이 떠나요. 국군이 떠나요."

이게 무슨 소리냐면 사실은 그 교인들이 중심이 되가지고 현봉학씨 보고 [조사자: 얘기를 해라.] 예. 이 어떻게 해야되느냐. 데리고 가야될게 아니냐. 그래서 인제 철수작전의 시초는 그렇게 되어서 한 거에요. [조사자: 여론은 형성 안 되었더라도 사람들 분위기나 (교인들) 자기네가 봤을 때.] 응. [조사자: 현봉학씨가 아놀드소장에게.] 그렇죠. 그렇게 해서 그때 국군 사령관은 누구였냐면. 김병일 장군. 김병일 장군, 현봉학, 아놀드 소장, 맥아더 장군까지 해서

그 작전을 만든거지. 그래서 일본배도 차탈 해오고 그래서 공식적으로는 구만팔천명이 흥남철수작전으로 거제도까지 온 거예요.

[16] 피난민 숫자와 거제도 상황, 그리고 함경도의 도시들

[조사자: 공식적으로 십만 명 가량 되는데.] 구만 팔천 몇 백명인가 그럴 거에요. [조사자: 더 되겠네요.] 그거 이제 흥남에서 배를 타고 온 사람만 그렇지 거제도에 그 당시에 서해안을 통해서는 평안도 사람들이 많이 내려왔고. 그것까지 하면 지금 거제도가 원래 본토사람들이 통계가 남아있는지 어떤지 모르지만 거제도 사람들 얘기로는 한 오만이 안되었다 그래. 오만이 안됐는데, 그럼 그 오만. 흥남철수작전만 해도 십만. 그럼 십오만. 포로, 포로 십칠만, 그 다음에 인제 이 근처에서 또 몰려온 사람들 그니까 거제도에 그 당시에 오십만 인구가 있었다고 봐야된다고.

[한장빈: 여기 본 주민들은 한 십만이 안 되었어요.] 아니 오만이라 그럽디다. 거제사람들이 얘기하는데. 아니 피난민은 십만이 더 넘지 우리 배타고 온 것만 그렇지. 딴 데서 이렇게. [한장빈: 어쨌든 구 만이든 십만이든 간에 주민보다 피난민들이 더 많았으니까네]. [강위빈: 그러니까 피난민들이 살게 된 동기는.] 그니까 인제 아까도 얘기했지만 공업도시 그 성진도 마찬가지야. 제련소도 있고, 보그사이트란게 알미늄 원료잖아요. 그런 공장도 있고 그 다음에 뭐 아연광, 철, 그런 공장도 이북에. 다 일본사람들이 만든 거야.

그러니까 이제 만주침략을 위해서 그런 공업을 일으킨 거지. 그걸 할라그러면 그래도 학교를 좀 다닌 사람들이 공장을 해야 될 것 아니에요. 도시가 굉장히 그, 여기 내려왔을 때 여긴 일부 그 일본가서 공부한 사람들이 여기 좀 있었고. 여긴 뭐 저 그 중학교도 여기 없었지? [강위빈: 아 있었어.] 그런데 이제 [조사자: 집이나 뭐 사는 수준이나 이런게 차이가 많이 났겠네요.] [강위빈: 아니 여 거제 사람 똑똑한 사람 많았어요.] 아 여기 많이 있어요. 여기 일본이 가까우니까. [강위빈: 그 당시 좌익 우익 했잖아요. 그래가지고 막 이쪽. 그 당시에 여기 빨갱이들 많다고 해가지고, 백골단인가 와가지고, 백골부댄가 와가지고, 완장차고 크게 다 죽었어.] [한장빈: 거제도에 중고등학교 다 있었다. 대학이 없었지.] 음. 거제 고등학교 있었고. 피난 당시에는.

[조사자: 어르신 잘 아실 것 같아서 지금은 남한 땅이지만 고성 간성 위쪽으로 동해안쪽으로 도시가 어떻게 되는지 한번 쭉 꼽아봐 주십시오. 흥남 밑에도 좀 큰 데가 있나요?] 흥남 밑에 원산. 원산이 크지. [조사자: 그럼 원산 위로 흥남.] 원산 위로는 그렇게 함흥까지 큰, [한장빈: 도시 원산, 도시 다음에 흥남이요. 그 다음에 함흥.] 흥남이 인구는 제일 크고 원산하고 함흥하고 비슷해요. 비슷한 형태고. 그 다음에 조금 올라가면 아까 얘기한 북청, 단천. 뭐 단천, 성진, 뭐 이렇게 청진. [조사자: 청진이 제일 위군요?] 청진이 제일 위지. [강위빈: 함경북도 그 도 소재진데.] 응, 도청 소재지고. [한장빈: 함흥은 상업도시고, 흥남은 공업도시고, 성진은 반반.]

이성계가 고향이 어딘 줄 알아요? 이성계 고향이 함흥이에요. [한장빈: 이성계가 흥남 위래 본궁이랬다. 본궁.] 이성계가 왜 본궁이라고 왜 지었는지 알아요? 이성계가 덕수궁 서울에 있는 궁보다 자기가 있는 궁이 그래서 본궁이에요. 이제. 흥남과 함흥 사이에. 궁이 그렇게 크지는 않아요. 나도 거기 몇 번 가봤는데. [조사자: 나진인가 뭐.] 나진 선봉은 [강위빈: 청진 위에 나진이지. 지금 저 나진 저기 북한 애들 그저 계약을 해가지고 거 하잖아요.] 그리고 이쪽에 그 밑으로 이제 고원. 원산 밑으로 고원. 그담에 저 금강산 정주영씨 고향인 그 창전. 그렇게 내려오다가 고성, 속초. [조사자: 그때도 이북이었죠. 고성은 이북이었죠?] 고성은 이북이었지. 속초도 이북이었죠.

[17] 피난민의 최종 기착지가 거제도인 이유

[조사자: 근데 왜 거제도였습니까? 최종목적지가. 다른데도 많이 있었을 텐데.

여수로 갈수도 있고 부산에 내릴 수도 있었는데.] 다 포화상태가 됐으니까. 그리고 미군이 원래는 어디까지 후퇴할지를 사실은 몰랐어요. 그 당시에는 자기네 그 국가이익에 따라서 어떻게 변동이 심했기 때문에 어떻게. 그래서 하여튼 멀찌감치 내려다 놓은 거지. [조사자: 그러면 그 당시에 그쪽 지방에 개신교 목사님들이 그런 여론을 안 만들었으면 군인들만 나갔을 수도 있겠네요.] 군인만, 원래는 군인하고 그 무기 같은 군수물자만 싣고 나올려고 했지. [조사자: 했다가 너무 여론이 비등하니까.] 그럼, 그래서 진짜 그 구사일생으로 그 작전을 하기 위해서, 물론 현봉학씨도 그렇고 김병일 장군도 그렇고 얼마나 미군들한테 매달렸는데.

[강위빈: 그 당시에 이대통령이 성명 발표했어요. 그래 내가 이번에는 너무 빨리 서두르는 바람에 고생을 많이 했다. 그 성진에서도 이승만이가 배에 있는대로 다 태워 내려오라고 했거든. 그래서 성진 사람들이 그 배를 타고 많이 나왔어.] 원래는 그 우리는, 우리는 인제 함흥서 19일 날 밤에 흥남과 함흥 사이를 다리가 하나 있어요. 내 다리 이름을 지금 잃어 버렸는데. [강위빈: 만세교?] 만세교는 저쪽으로 건너가는 거고. [한장빈: 군자교 다리다 그기.] 군자교? 아니야. [한장빈: 만세교 다음에 내려오는 거는 군자교다, 군자교.] [조사자: 그러면 배 출발한 날짜가 한 12월 20일쯤 됩니까?] 19일 밤. 그래서 밤에 내려와서 20일 자고, 21일 자고 22일 밤, 밤에 출항을 했지. 그때 배가 몇 척 됐어. [조사자: 12월 22일 밤에. 그러면 거제도 도착했을 때는 거의 크리스마스네요.] 크리스마스날, 크리스마스 이브는 배에서 지냈어. [한장빈: 근데 우리가 이 거제도를 왜 왔느냐 하는 거 같으면, 우린 그때 목숨 살라고 그거 가라크는 대로 가는 사람이었지. 먼저 출발한 배는 부산까지 다 들어가고 우리배가 부산으로 들어갈라 쿤께네 인제 이승만이 부산에는 수용인원이 이제 찼은게네 거제도 쪽으로 말이지 돌리라 마 요랬다 카네.] [강위빈: 위에서 다 지시가 내려와서 배치하는 거지.] 포로, 포로수용소는 원래는 부산 거제에 있었어. 일로 왔는데. 내가 이렇게 봐도 고현리

일대가 산으로 빙– 둘러싸고 앞엔 바다에요. 그럼 도망갈 수가 없죠. 천혜의 포로 수용소야 여기가.

[18] 피난민과 포로수용소 포로들의 관계

[조사자: 수용소에서 나온 분도 거제에 정착하신 분이 많습니까?] 어디요? [조사자: 반공포로요.] 반공포로는 안 많아. [한장빈: 내가 그걸 아는데. 우리 북한 사람이 여 수용소에 수용되었다가. 우리 같은 일가라 한 씬데. 그분이 여기 포로수용소에 수용되었다가 반공포로 석방하면서 석방되었거든. 그래가지고 정착을 어디다 했느가면 여 바로 고현에 핸기야. 고현에 했는데. 그분이 옛날에 북한에서 이제 치과에 기술이 있었어. 요 안에 들어가면 그 치과를 했어. 이제 치과를 해도 무면허 펜치야.] [한장빈: 여 시청 나가는 입구에 거기에선 두목급 포로가 있었고, 요 포로수용소 소장실 그 알제? 거기는 봉곳자리 그 쪽에 있었고. 그다음에 저 수월리나 그런데는 바로 악질 포로들 수용되었고. 아까 저 어디 이야기했노. 포로들이 어디에만 있었던 것이 아니고 저 한산도 부속도서에 용초 같은 섬 그게도 분산 배치 했거든. [조사자: 여기저기 많이 했구나.] [한장빈: 어 여기저기 많이 했지. 티오가 모자라고 찬게네.]

[강위빈: 여기 중공군들도 많이 들어왔어. 나는 포로수용소에서 장사를 했는데. 포로들하고.] [한장빈: 나도 그때 피난 나와 가지고 그때 오징어니 그 담에 엿이니 이런거 가지고 여 오거든. 그럼 포로들이 그저 똥통을 미고 이래 가지고 처리를 하러 간다고. 그러면 이놈들이 말이지 옷을 갖다가 말이지 몇 겹씩 입거든. 그럼 나오면은 엿이나 오징어 주면 벗어서 주거든. 그러면 우린 또 그걸 시장이라고, 연초 시장에라고 그 가져가면. 염색소에다가 그걸 염색을 해서 또 상인들이 팔고. 이래 하면서 겨우 풀칠하고 살은거야.] [조사자: 여기저기서 들었습니다.] [강위빈: 그리고 미군들이 돌아 댕기고 어쩌던지 하면 옷 하나는 또 그 주는거야.] [조사자: 걔네야 물자가 풍부하니까.] [강위빈: 그러

고 신문도 사가고 신문.] [한장빈: 그러고 또 요런 이야기 해줄까. 저 포로들 말이지 악질포로들이. 그래 이기 사람들은 말이지. 안에서 반공포로랑 저 악질포로랑 싸움이 벌어진기야. 악질포로들이 막 포로를 죽여가지고 한 되발짜리 원형 깡통 안있나. 거기다가.] [조사자: 거기다가 다 토막내서 집어넣고 그랬다 하더라고요.]

[19] 한경석: 누님만 제외하고 다 내려오다

[조사자: 국장님도 한번 말씀 좀.] 남은 건 별로, 다 하시니까 쬐끄만 할게. 기본적으로 이름은 한경석. [조사자: 연세가 제일?] 41년생. [조사자: 다 비슷비슷 하시네요.] [이장영: 뭐 제일어리죠.] [조사자: 한살 차이밖에 안 나는데요.(웃음) 국장님도 고향은 그쪽 같이?] 나는 흥남. 열 살 때 남(나왔음). [조사자: 그럼 진짜 고향이 흥남이신 분이 국장님이시네요.] 아, 우리 저 여 앞에 형님도 흥남이야. 다 같은 흥남이라. [한장빈: 나도 흥남이야. 장진에서는 태어나가지고 바리 흥남에서 살았어.] [조사자: 열 살 때 사단이 났네요.] 그치. [이장영: 인민학교 삼학년이라.] 그렇지 북한에서는 인민학교 삼학년이지.] 그래, 그렇지.

[조사자: 그러면 가족분들 다 내려오셨어요? 그 과정 좀 말씀해주세요.] 아버님은 북한에서 아예 돌아가셨고 누님이 한분 계셨는데 누님은 못 내려옵니다. 누님은 왜 못 내려오시는고 하면은 사상적으로 완전히 적색이 돼서 내려오면은, 그 어쩌면 내려와도 죽는다 그런 선입감 때문에. [조사자: 국군이 들어왔을 때 그냥 거기 같이 계셨어요?] 그래 우리만. 그 누님께서 하시는 말씀이 "내려가세요. 내려가세요. 그래야 산다. 난 어차피 여기서 살다가 죽어도 좋으니까."

그때 우리 누님이 스물 두살. 성분이 무용수인데 그러니까 상당한 적색계에 그런 분이니까. 내려가도 죽고 여기서도 죽으니까 여기 있겠다. 다 내려가라 그래서 지금 우리가 사남일녀가 내려옵니다. 어머니만, 어머님이 저희를 데리고. 그리고 그때 제 큰형님이 지금 살아계시면 팔십이거든요. 그때 우리 큰형님이 열 아홉살. 그리고 둘째 형님이 우리 신 회장님 나이와 같고, 내 위의 형님이 형님과 같고 내가 막내고.

[20] 흥남 철수의 대표 선박, 메러디스 빅토리 호

배를 진짜 내가 타고 온 배가 그 메러디스 빅토리 그 배입니다. 만 사천명 타고 온 배가. [이장영: 2만톤, 2만톤.] 지금 회장님 말씀하신대로 아몬드 그 양반하고 현봉학 박사가 무기를 버리고 꼭 이 사람들 데리고 내려가야 된다. [이장영: 무기 버리지는 않았지.] 이미 다 버리고 우리가 탔거든요. 다 싣고 가야되는데. 그래가지고 그 배에 타고 내려옵니다. 그 배가 2만 톤 엄청 큰 배인데. 그 화물선이거든. 그거는. 만사천명이 내려옵니다. [이장영: 그 배에 제일 많이 탔어.] [조사자: 원래 정원이 되게 적은 배였나요?] 그건 정원이 적은 배가 아니고 화물선이라. 군수물 싣는 화물선. 그니까 사람을 태우는데 이를 테면 그냥 막 실은 거지. [이장영: 바닥에 이저 포차, 탱크 있잖아요. 그 옆에 사람이 다 탔어. 우리배도 그랬는데.] [한장빈: 역사에 보면은 대작전으로는 이 흥남철수 작전이 인류가 생기고는 최고로 큰 작전이라고 보고.] 그 작전이 크리스마스, 크리스마스 뭐라더라 이 책에 있는데. 그 작전이름이. 크리스마스 파코? (실제 작전명은 '크리스마스 카고'임) 작전이름이 그래요.

그게 그래서 작전명이. 하여튼 그렇고 22일 저녁에 배타고 우리는 장승포로 들어오는데 그 배가 커가지고 그 내항에 들어오지를 못합니다. 그래서 저 – 외항에 정박해놓고 LST 배 문 여는거 거기에 인제 싣고.[조사자: 옮겨 타고 들어오셨네요.] 그래 거기서 인제 탔어요. 그게 진짜 우리가 그 여기 저 공원 가면은 배 모형이 하나 이거 쭉 있어요. 흥남공원 저기 가보면. 그 배가 그 배거든요. [조사자: 어르신은 어느 쪽으로 정착하셨어요?] 뭐 우리 여기 장승포. [조사자: 거기서 다 이렇게 흩어져가지고.] 아 장승포 있다가 흩어지는게, 인제 거기서 일박합니다. 장승포 국민학교에서 일박하고 아침 주먹밥들 만들

어 매주는거 하나씩 먹고 걸어서 저, 가배라하면은 아시겠습니까? 동북면 가배리라는데 모르시죠. 지금도 난 그 어떻게 걸어왔는지 기억이 안 나네.

거기서 걸어와가지고 가배에 가니까 25일 밤 열시나 되더라고. [이장영: 가배 그 길이 어떻게.] 몰라 나도 기억이 없어. 지금 생각하면 기가 차. 어째 그렇게 걸었는지 몰라, 장승포에서. 그니께니 아침 여덟시에 실어해가지고 밤 열시반쯤 떨어졌다고 하니까. 하이튼 그래 가지고 정착을 합니다. 일단 교회에 들어가더라고. 수용하는 방 뿐이. 그래 교회에서 하룻밤 자고 그러고 있다가 인자 배치하니까. 아까 저 먼저 형님들 말씀 계셨지만은 거제 시민들 참– 그 이 저기, 참 고마운 분들이라. 그 그냥 그냥 받아줘. 그때는 그 작은 방, 원주민이 원칸집이라하고, 우리는 작은방 받으라 하는게. 그 작은방이 지금 방이라는 개념이 자는 방이 아니고 곡물도 저장하는 이런 방이라. 응 그래 그 집에서 그냥 한, 두어 달 정착한 걸로 우리 어른들이 말씀하시더라고. 난 기억이 없고.

[21] 모친이 삯바느질로 가족의 생계를 이어가다

그래가지고. 그 한편에 다가, 요새 말하면 하꼬방, 그때 말하는 하꼬방. 그 인제 쭉쭉 찢어갖고 이래 떨어져 나와 삽니다. 저 부락형성해가지고. 저 가면서, 율포라는데 인제, 율포 국민학교 걸어다닙니다. 지금도 그 기억이 참 기가 차. 가배에서 율포 같으면, 야 참, 그거를 걸어다녔다니까. 삼학년 사학년을. [이장영: 아 그거 멀리갔다.] 야. 그러면서 또 재밌는 얘기 하나 할께요. 배가 고프니까. 사실 그 뭐 먹고살기가 힘들 때 아닙니까. 이제 쫓아내는 거라. 부모들도. 공부하라고 쫓아내면 거기가면은 밥을 주거든. 학교가면은 점심주거든. 그니까 이제 그 인자 오면 또 배고프거든. [이장영: 좋은 학교다 우리는 밥 안 주든데.] (웃음) 장목에 살았다니까 아는데, 해변가 보면 말이지 우리 요 멸치 삶기지 않습니까? 멸치 삶아가지고 착-이 해변가에 말리거든. 말리면은 그게 보통 멸치 요만치씩 한데 큰 멸치가 이런기 있어. 그 맛있다고. (웃음) 그거 뚱쳐먹으러 다니는거 있제.

[강위빈: 그 당시 멸치 뭐 엄청나게 났어 거제도에.] 그리고 저 호래기가 막 이런게 삶아지면 빨갛거든. 그거도 골라내거든, 버리는 건 아니지만 골라서 쓰는데. 그거 골라먹다가 붙들여 가지고 뚜드려 맞고. 마 그런 일화고. 그래가지고 거제 국민학교를 이사나옵니다. 가배에서 거제로 이사나옵니다. 열네 살 때. 그래 나와가지고 거제초등학교 졸업을 합니다. 그래갖고 거제초등학교도 45회입니다. 백년 역사가 넘은 학굔데. 예 지금 백칠년입니다. [이장영: 나도 거기 다녔어.] 그리고 사는 거는 비슷합니다 모두. 배가 고파가지고. 그 뭐 우유 배급나오면은 하-나라도 더 먹을려고 그러고. 그저 가장 힘든 게 먹는 거 배고픈 거고.

[조사자: 근데 아버님이 같이 안오셔서 그것도 힘드셨겠어요.] 힘들었지요. 어머니는 삯바느질을 하게 됩니다. 삯바느질. 우리 어머니는 그 손재주가 있어가지고 한복을 하는데 그때 한복이라는게 모두 명주 아니면은 무슨 저 인조

견 같은 그런 거 같애. 그런게 명주는 그 참 다루기 힘들거든. 이렇게 타다닥 다듬이질을 해야되거든. 그래 인제 그걸 우리 어머니가 해서 먹고 사는게 근근히 하다가 형님이 먼저 부산으로 뜨지. 그 제일 큰 형님이 먼저 뜨고. 인제 둘째 형님이 인제 이 포로수용소 열여섯, 열일곱, 열덟살 때 이 하우스보이지. 그 또 하우스보이라고 해가지고 그때는 미군부대의 한국인 노무자. 하우스보이라 하는데 거기 다니다가, 야들 때리는 엠아이 이거 그냥 오바로 다리 딱 불구자가 돼죠. 오른쪽. 그래가지고 거기서부텀 생활이 더 어려워지죠. 그래 형님은 저 부산 육군병원으로 이송되고 인제 우리는 거제에 더 있기 힘드니까 인제 살아야된다. 그래갖고 나 졸업하고, 열 여섯살 때 인제 부산나가지. 고거 까지는 부산 나가서 이야기는 뭐 할 필요 없고.

[22] 철수 선박들의 모습과 먼저 내려갔던 사람들

피난 거제생활은 나보다는 요 더 하셨으니까. 다만 중요한 것은 배 타오고 나온 과정이 그게 좀 중요한데. 가장 배 안에서 처리문제가 대소변이었다고. 그리고 내 기억은 생생한 것이 막, 그것도 멀미하더라고. 오바이트 막 하지. 이런 것들은 생생한 기억이거든.

[이장영: 이건 내가 설명을 할게요. 그 우리 배도 한 오천톤 되는 배인데, 이 그 당시에 그 파도가 동해안에 왜 바람찬 흥남부두라고 현인이 가수가 노래를 했겠어요. 그때 영하 20도에다 바람이 그렇게 쎘는데 그때 무슨 폭풍이 있었던가봐. 그 동해안에 부는데, 우리 말고 작은 배들이 굉장히 많이 내려왔어요. 어선. 이렇게 보면 이 큰 배도 이렇게 이렇게 가는데 옆에 따라오던 저 멀리서 배가 있잖아요. 그 이저 산으로 기어오르는 것이 올라가더라고. 파도가 웨이브가 이렇게 크니까 드르르르륵 하고 올라가다가 푹 꺼져요. 안 보이지. 안보이니까 저건 침몰했다고 보는거지.(웃음) 근데 조금있으면 또 나타나. 야 그 사람들이 진짜 고생을 했다고. 그 사람들이 누구냐 하면은.

이게 그 큰 배가 본격적인 철수 작전을 하기 전에 떠난 사람들이라. 그니까 우리는 19일이지만 내가 지금 기억에 우리가 향교 있죠. 함흥 향교가 요런 분지에 있는데 우리는 좀 언덕에 살았어. 그럼 이 그 향교를 이렇게 매일 내려다 보거든. 내려다 보는데. 12월 초쯤 되니까 그 향교를 그 당시에 미군들이 뭘로 썼느냐. 시체보관소로 썼어. 함흥향교를. 이렇게 내려다보니까 엠뷸런스가 사사삭 몇 번 이렇게 들어오더라고. 그 저게 무언가, 첨에 왱하고 빨간차 십자가를 그려놓고 그래서. 저게 뭐하는 찬지 첨엔 몰랐어 이제, 그러다 보니 뭘 이렇게 이 단가, 넷이서 이거 들어다 놓고 들어나놓고 그러더라고. 그 12월 1일, 2일. 아마 11월 말, 12월 초. 하루하루가 다르게 막 오는거야 그냥. 마지막에는 트럭에다 그냥 싣고 오더라고. 시체를. 그래서 거기에다 보관을 하는데. 그 내가 그거까지 본게 십일 경까지 봤어요. 십일 경에 그 당시에 우리 아버지 사실, 같이 떠난게 아니야. 우리 아버지 12월 10일날 흥남서 먼저 떠나셨어. 그 전부 이제 그런 시대, 그러니까 오면서, 우리 아버지는 부산까지 오는데 저 한 달이 걸렸더라고. 이렇게 이렇게 항구마다 들려서

오니까, 이렇게 해서 그 사람들이 그게 고생이라. 우리는 큰 배타고 이박삼일 그냥 왔는데 그 먼저 떠났던 사람들. 그 먼저 떠났던 게. 그 우리 아버지도 그 욕을 많이 먹었지 가족다버리고 갔다고.(웃음) 근데 그건 왜그랬냐하면은 할아버지가 먼저 가라그랬다고. 넌 있으면 죽으니까. 가라. 그래가지고 흥남에 이렇게 내려왔다보니, 함흥에 있는 목사들 거의 대부분이야.]

그때 종교인들은 무조건 타파할 때니까. [이장영: 그 이 떠난다. 떠난다 하니까 어떻게 될지 모른다하는데 그냥 배 타고, 배 있으니까 타고, 응? 처음에 다 핑계 좋지.(웃음)] 그래가지고 배 안에서 그런 고통스러운 걸 많이 보게되더라고. [이장영: 그니까 이게 이 웨이브. 내가 지금도 기억이 생생해 그게. 어 푹— 꺼진거야, 안보여요. 그러다보면 조금 있으면 또 다르르르륵 하고 파도를 타고 올라오는거야. 이제.] [조사자: 향교에 있던게 미군하고 아군시체인가요?] [이장영: 미군 시체만.] [조사자: 시체가 많아지면서 불안했겠네. 야 이제 정말 큰일났구나.] [이장영: 그 11중대에서 부터는 많아가지고. 그리고 뒤숭숭하거든 시가가 전체가 뒤숭숭하고 그러니까. 그러고 이제 흥남과 함흥 사이에 그 다리를 막고 이 통제를 하는거야. 통행금지지. 절대 못하다가 19일날 낮에부터 틀어 놓은거야. 기차, 기차로. 뭐 12킬로를 기차를 타고 내려왔다고.]

[23] 배 안에서의 사람들 모습

그리고 배에다 피난민을 싣는 과정이 요새 같이 뭐 승강기나 있으면 그렇게 할텐데. 그런게 아니고 그 와 화물 그물있잖아. 거기 담아서 이렇게 실어 내려 그런식으로 사람을 태워서 실어서 아래로 내린기라. [이장영: 우리는 안 그랬다. 우린 좀 작은 편이라.] 우린 배가 커놓으니까 구멍같이 이런게 있고, 바닥은 이렇게 되어있는데 그 사람이 타는거라. 나도 그런데 타고 내려왔으니까. 근데 그게 그렇게 해서 조금씩 바닥에다 깔거든. 근데 줄이 터져서 팡

–깨지는거라. 그래 모두 아우성쳐서 그기, 그 우리 어머니가 그때 내가 막내이다 보니까 꼭 끌어안고 못 움직이게 하고 행님 두 분은 위에 바 앉아있고.

그래 인제 지금, 그때야 정신없이 철없을 때니까 그렇다 치고 인제 살아가면서 이야기. 계속 부모들한테 듣는 이야기거든. 그러니 난리라. 그렇는데 애 낳았다는 얘기는 못들었어. 그런데 인제 그 배 안에서 애기 다섯을 낳았다 하는데. 지금 뭐 그냥 다 들어 알기고.[한장빈: 그게 경필이가?] 예, 경필이가 다섯 번째라 하는데 다섯 번째를 모르는게 쟈들이 인제 애기를 다섯을 받았는데. 번호를 매길라 하니 얼굴이 똑같으니 무조건 김치 원 투 쓰리 포 파이브 이래했는데. 그랬는데 이제 어떻게 수정해가다 보니까. 이경필이가 다섯 번째로 인제 나타난거라. [조사자: 사실 몇째인지는 모르는거죠.] 모르지 그거는. 그러한 사항이고. 그러고 아까 큰 배 롤링 심해가지고 고통 했던거. 뭐 토하고 대소변 힘들었던거. [한장빈: 멀미를 되게 심하게 한께네 이 열불이 터져가지고 파란 강 있지.] [이장영: 난 그렇게 심하게 안했는데.] [한장빈: 물에 뛰들어 가고 싶더라고.] [강위빈: 제일 고생한게 저기 대소변이지.]

그래 대소변이 제일 문제였다고. 지금 나도 기억하는게. [강위빈: 그래가지고 막 싸우고.] [조사자: 화장실은 있었을 거 아니에요?] [이장영: 있는데 그저 뭐뭐.] [강위빈: 화장실에는 군사령 가지도 못하고, 거기는 일체 거기는 발을 못들여놓는데.] [조사자: 그럼 요강이 있어요?] [강위빈: 아니 바깥에 만들어 놨지. 바깥에 위에 갑판 위에다가. 배가 이렇게 되어 있으면 여기다가 이렇게 나무 같은 거를 많이 만들어 가지고.] [조사자: 그럼 뚫려있어요?] 응. 바다 쪽으로 만들어가지고 쌌어요.] 그건 그 배고 우린 이배는 이배대로 배가 서로 다르니까. 배마다 다르니까. [조사자:그러면 어떻게 해결해요.] [강위빈: 그다 바깥에다 그렇게 싸고. 거의 여기 솔직한 얘기로 여자들은 앉아서 치마만 내리고.]

[24] 할아버지를 모시고 집결지로 가던 추억

[이장영: 내 얘기를 들어보세요. 우리는 이저 25일날 내려가지고, 거기서 이틀 밤 자고 그러니까 하이튼, 그 이십오일이 아마 화요일인가 그럴 거에요. 50년 12월 25일. 그거를 이제 거제면에 우리가 배치가 되었어요. 거제면. 그 지금은 차로 삼십분 거리라. 그걸 이박 삼일을 걸었어. 왜그러냐면 할아버지 할머니가 계신데 그때 할아버지가 팔십 세에요. 걸음이 느리니까 그러니까 하이튼 그 당시엔 식구가 아버지만 빼놓고 이모 이모부도 있고, 다 해서. 그러니 오다가 천천히 하자. 할아버지 템포에 맞춰야 되니까. 오다가 제일 마지막에 동부면 조금 지나가면 느티나무 이렇게 커다란 보호수가 있는 게 있어. 길에 보면 오른쪽으로 거기서. 거기 에서 얼마 안 되는 직전에 동부면 쪽으로. 그 집에 가서 밤에 이제 마지막 밤이라. 이 거제도 사람들은 그 당시만 해도 왜 그렇게 얘기하는지 몰라요, 거제면 가라 그러는데 거제면이 어딥니까 그러면 뭐 한나절 걸으면 돼요. 한나절 걸으면 된대. 아이 그러니 그래 이제 또 가도 뭐 할수 없이 마지막 밤을 이제 거기서 자는데 헛간에서 자는 거야. 이제 헛간에. 그 집도 뭐 쪼그매. 방이라고. 그런데 밥을 좀 달라그러니까 보리밥. 보리밥에 다가 반찬을 뭘주느냐 하면은 이 된장에다 콩잎파리 무쳐주는 거야.]

[강위빈: 깻이파리 콩이파리.] [이장영: 깻이파리면 좋게요.] [강위빈: 콩이파리가 더 맛있어요.] [이장영: 그거를 내가 먹는데, 근데 이북에선 그걸 안 먹거든. 깻이파리는 먹어도 콩이파리는 안먹어.] [강위빈: 다 먹었는데. 몰라서 그래. 어려서 몰라. 다 먹었어. 우리 어머니는 개성 사람인데도 뭐, 원래 개성 사람 음식 참 손맛이 좋아요.] [이장영: 그걸 주는 데 참 모두 다 못 먹었어.] [강위빈: 짜지?] [이장영: 응 짜지. 근데 요새 우리집에서 그걸 주는데, 그걸 해요 담궈서 주는데. 그게 왜이렇게 맛있어요.](일동웃음)

가족과 헤어진 피난, 비행기 폭격의 공포

이 택 기

"낙동강 못 건너가지고 복귀해서 낙동강 안 건넜다고, 얼마나 고생을, 불이익을 받았는지 몰라"

자 료 명: 20130324이택기(김천)
조 사 일: 2013년 3월 24일
조사시간: 90분
구 연 자: 이택기(남 · 1934년생)
조 사 자: 김경섭, 김정은, 이부희, 박샘이
조사장소: 경상북도 김천시 감천면 금송리 이택기 화자 댁

[조사과정 및 구연상황]

김천시 감천면 한적한 마을에 위치한 화자의 자택은 조사팀이 시집살이담 조사 때 방문한 적이 있었던 곳이라 마을 분위기나 집안 모습이 낯설지 않았다. 시집살이담을 구연하셨던 할머니나 이번 전쟁담을 주로 구연해 주실 할아버지나 구면인 탓에 조사팀을 반갑게 맞이해 주셨다. 사방이 조용한 시골

마을 자택의 마루에서 화자로 나선 할아버지의 구연을 들었다.

[구연자 정보]

이택기 할아버지는 이곳 금송리가 고향이며 현재의 집이 그의 본가이다. 부유한 집에서 태어나 어려움 없이 성장하다가 전쟁을 맞이해 가족과 헤어지는 등 피난 과정에서 많은 고생을 하였다. 그는 대학을 나온 인텔리로 이곳 김천 농협에서 오랫동안 근무해 농협 관련 일과 우리나라 농업 정책에 대해서 두루 알고 있었다.

[이야기 개요]

전쟁 발발 후 성주에 있는 고모댁으로 피신했는데 이 과정에서 가족이 세 갈래로 나뉘어 서로 생사를 몰라 애태웠다고 한다. 강을 건너는 피난민 중 소를 건너게 하고 소 꼬리를 잡고 건너는 사람도 있었다. 당시 말라리아가 창궐했는데 화자도 말라리아에 걸려 고생이 심했고 인민군의 눈을 피해 몸을 숨기느라 밤에 신발을 신고 잠을 청했고 몇 번의 고비를 넘겼다. 이곳 김천과 성주 일대는 연합군의 공중 폭격이 엄청나 낮이면 사람들이 모두 굴을 파고 공습을 피했다. 굴은 반드시 'ㄱ자' 모양으로 파서 굴 입구에 포탄이 떨어져도 굴 속의 사람이 피해를 입지 않도록 했다. 전투기에서 총알이 떨어지면 그 열기로 지붕위의 박잎이 다 오그라졌다고 한다.

[주제어] 피난, 경북 성주, 생이별, 도강, 말라리아, 할아버지, 죽음, 가묘, 의용군, 지역 빨갱이, 치안대, 낙동강 전투, 공중 폭격, 방공호, 인민군 노래

[1] 중학교 3학년 동기들이 군에 자원하다

(앞에 조사 의의를 설명하는 중에 어린 동기들이 자원한 것을 회상하며 이야기 시작)

우리 동기가, 딱 우리하고 동기라. [조사자: 그렇겠네요. 나이가] 열두 명인가 이래갔어. [조사자: 열댓 명 갔어요?] 지원해가지고 중학교 3학년짜리가 그 총을 미고(메고) 가겠어? 그런데도 그런데 지원 받아 줬단 말이다. 연천에서 싸웠었지. 그 사람들이. 싸워가지고 다행히 거기서 전사한 친구는 하나도 없었어. [조사자: 그래요?] 응.[조사자: 34년생 맞으시죠.] 34년 [조사자: 그러면 그때 그 학교를 이 동네 어디? 김천?] 김천고등학교 [조사자: 거기 동기생들이 12명이나.] 하모, 우리하고 동기생가 12명이나 그때 갔었어. [조사자: 그분들은 지원하신 거예요.] 지원을 그때 지원을 받았던 기라. 지원을. [조사자: 야! 그때 많이 갔었구나!] [조사자: 나이가 적으신데. 근데 지원하신 거야.] [조사자: 아니야 열여섯, 열일곱이니까 많이 했지.] [조사자:열여섯, 열일곱도?] 인민군들은 많이 했었지. 이북에서 내려오는 인민군들은 열여섯, 열일곱도 많았었지. [조사자:

어르신 성함 한번 다시 여쭤볼게요?] 이택기, 나는 여기서 피난을 못하고 성주군에 가서 했어. 더 남쪽으로, 그기 우리 고모가 있어서. 거기 가서 서울은 함락이 다 됐고, 막 피난민들이 여기도 막 오고 할 적에라. [조사자: 그때 전쟁이 났다고 아셨어요? 언제 전쟁 났다고 아셨어요? 처음에?] 처음에 전쟁 난 거는 뭐 우리가 라디오를 듣고 알았지. [조사자: 라디오를 듣고 알고] 라디오 듣고 알았는데. 학교도 나가고 했어. 나가고 하다가 학교에서도 위급해지고 수업을 못 할 형편이 되니까.

[2] 밀려오는 피난민을 보며 피난을 준비하다

경기도 지방에서 피난민들이 아(아이), 어른이 업고 피난 짐도 지고, 이고 막 [조사자: 내려오는구나!] 그래 가지고 내려오는데. 뭐! 니아까(리어카)를 끌고 갈 수가 있어. 차를 가지고 갈 수가 있어. 차도 뭐! 못 가져오지. 자동차로 가 있었나. 그때 뭐! 그래 같고 학교에서 휴교가 몇 날 [조사자: 여름이셨을 거 아니에요? 그죠.] 그렇지 여름이지. 6.25니까? 7월 곧 방학을 할쯤이라. 그때. 한 7월 중순쯤 됐는지 몰라. 고때 전투는 수원 밑에 평택까지 내려왔었어. 피난민들이 막 들이밀고, 시내로 막 내려가는기 아이가. 그래가지고 난 우리 집에 귀중한 물건 싣고 그때 귀중한 물건이 뭔가 하면 [조사자: 그때 귀중한 물건 뭘까?] 재봉틀 [조사자: 그거 중요한 건데. 잘 사셨네.] [조사자: 그러니까 좀 사신거지. 재봉틀 있었을 때니까.] 재봉틀이 그게 얼마나 중요한지 몰라. 재산 목록 1호고. [조사자: 또?] 또 금붙이 같은 건 없었고, 그래 인자 놋그릇 좋은 것 [조사자: 좋은 거] 그거 싣고, 비단! 지금으로 말하면 실크, 실크지. [조사자: 비단도 있으셨구나!] 비단 지금 맨드러논건만(만들어 놓은 것만양) 무늬가 있는 게 아니고 손으로 해서 짠 거, 명주, 명주라고 그래 [조사자: 원단을 그냥 감아 논거] 폭이 이만큼 밖에 안데. 지금은 뭐 이렇게 되는 게 아니고 지금은 한 마 91.44센티가 이렇지마는 그때는 폭이 한자 하면, 한자 하면 70

센티 됐을까 60센티 쯤 됐을 거야. 자른 거 그걸로 가지고 짠기거든. [조사자: 재봉틀, 명주, 그릇 이런 거] 우리 혼수 한다고 그걸 차근차근 해났어요. 그걸 미리 장만 해 났어, 우리가 지금 팔남매에요. 남자 다섯, 여자 서이(셋), 팔남매 [조사자: 그중 몇 째세요?] 지금까지 살아있어. 팔남매가 다. [조사자: 아! 훌륭하시네. 그중 몇 째세요?] 내가 남자로서 장남이야. 내 위에 나보다 두 살 위인 누님 계시고, [조사자: 누님계시고] 서울 계셔 지금. [조사자: 누님 계시고] 나. 그다음에 약국 했고, 고 밑으로 남자로서 셋째가 교편 잡았고. [조사자: 저기 계신 분] 넷째가 저기 [조사자: 저기 또 다른 분, 교편 잡으신 분이 많아.] 교편 잡았고 [조사자: 아! 훌륭하신 집이네.] 지금 막내가 육십이라. 서울 무슨 중학교 교장이야. 현재. 그래 우리가 나도 중고등학교 일반사회 준교사 자격증도 있어. 지금도 있어. 그게. 그때는 왜 저기 내가 교직에 들어갔으면 나도 뭐 교장도 좀 하고, 친구들은 다 교장으로 퇴직 했거든. 그때는 교직원들이 그 당시에 이직률이 제일 많았었어, 제일 많앴었어. 그래가지고 학교 김천에 여기서도 두 군대나, 뭐 오라카싸고 그 뭐 이직률 많은데, 거 들어가면 골치나 아프고 그렇잖아.

[조사자: 그러셨구나! 그렇구나! 혼수를 그렇게 팔남매니까 그렇게 차곡차곡 있는 거 다 싸갖고 피난을 가시는구나!] 차곡차곡 해놓는거 그거를 인제 싸가지고, 광목 같은데 큰 보자기에 싸고, 재봉틀 싸고, 그릇 그거 그릇도 놋그릇이라고 그게 은하고 납이 많이 들어간 것은 값이 놋그릇에 세 배 비싸. 닦으면은 놋그릇은 빨갛게 녹이 나는데 이거는 그렇게 안데. 그냥 금빛이나 그리고 비싸 그거를 만지려고 하면 3배는 더 갈 거야. [조사자: 그거를 다 짊어지고 가나, 달구지 같은 거.] 아니 들어봐. 그래가지고 머슴 하면 알아요. 머슴 [조사자: 알아요.] 어떻게 머슴을 알아. 머슴을 있었어. 머슴이 그때 두 사람 있었어요. [조사자: 머슴들한테 짐을 지게 하셨구나!]

[3] 성주 고모네로 피난을 가다

그래가지고 소에다 구르마를 맨들어가지고 구르마에 싣고 그래 여기서 한 육십리, 칠십리쯤 될 거야. 그래 미리 이제 소개된 게 안 내렸는데. 중요한 물건을 가지고 고모가 서울에 참 성주에 있었단 말이야. [조사자: 성주 가신 거에요?] 성주에 고모가 두 분에 계셨었어. 그 한 집에 가가지고, 가가지고 대번에 마 뒤안에 가가지고 막 구덩일 팠어. [조사자: 구덩이 파고] 내가 팠어. 일꾼하고, 이만쯤 팠을 거야. 파가 지고 소쿠리에다가 막 둘둘 감았지. 그 재봉틀 기름칠 해가지고 막 감아가지고, 그때 비니루가 어디 있어. 그 후에 비닐이 나왔어. 비닐이 그때는 하나도 없었어. 그놈 감아가지고 그거 놓고 위에 나무 판대기 놓고. 그렇게 하고. 또 놋그릇 그거 묶고 실크 그거는 막 가에 감아가지고 이렇게 해가지고 또 묶고. 다행히 이래 그 뭐야. 그게 지붕이 있는데 처마 안으로 뚜륵한게 이잖아. 에 그리하기 때문에 비는 안 맞지 [조사자: 비 안 맞게] 습기는 어느 정도 안심을 했어. 그래가지고 거기서 이젠 뒤에는 따라온다 익해 했거든. 그때는 할아버지가 계셨는데 할아버지가 한 육십 한 대여섯 됐을꺼야. 내가 지금 팔십인데. 잘 걷지를 못해. 중풍이 있어서. [조사자: 힘드셨겠네.] 그때 고 때 당시에 우리 선친은 면장을 했었어. [조사자: 여기 면장을 하셨구나! 피난을 안 하실 네야. 안 하실 수 없었겠다. 피난하셨어야 했다. 면장 하셨으면] 그래가지고 피난했는데. 이북에서 내려오면 대번 그런 사람들 먼저 잡아들인단 말이야.

[4] 본가가 인민군 주둔지가 되어 가족이 흩어지다

[조사자: 피난 가셨어야지. 이 마을까지 인민군이 들어왔었습니까?] 아구, 우리 집에 여 여 지금 아래채 저기 [조사자: 저기요?] 저기 피난하는 6.25사변 전 저걸 지었어. 사람은 못 들어가고 그냥 방만 이래 저기 흙으로 발라 났어. 거기다 멍석 하는 거 짚으로 하는 거 멍석, 그걸 깔고 마루도 안 낳고(놓고),

인민군 일개 군대가 여기에 들어왔었어. [조사자: 여기에?] 우리 집에. 난 그거를 듣고 알았지. 난 그때 성주에 피난 가 있었고. [조사자: 성주 고모한테 가 있고.] 막 피난민들이 오는데 그때 뭐 전화가 있나 뭐 뭐 오는 사람 만내가지고 김천사람, 김천 사람도 여 이 동네 사람이나 나야지, 행여나 모를까 싶어서. 내 동생하고 칠십일곱이야. 바로 밑에 동생하고 둘이 아침만 먹으면 가서 기다려. [조사자: 동네 사람 지나가나 하고] 혀나 동네 사람 아는 사람 있으면,

"우리 집에 식구들 다 어디로 갔느냐?"

[조사자: 할아버지 여기 계셨지요?] 할아버지는 그때 여서 아버지가 업고, 업고 가셨지. [조사자: 뿔뿔이 흩어졌구나!] 그냥 못 가잖아. 별로 못 가잖아. 그때 아버지가 아 서른 아홉이던가 그랬었어. 그래가지고 결국 낙동강 못 건넜지. [조사자: 못 건너셨어!] 낙동강 못 건너가지고 아휴 복귀해가지고 낙동강 안 건넜다고, 얼마나 고생을, 불이익을 받았는지 몰라. [조사자: 그때는 또 낙동강을 건너가야지. 피난 안 간 사람들한테 뭐라고 그랬다고 하더라고요? 이등국민이니 뭐니?] 맞아. 그기 피난 안 간 사람들 친북파 아니야 쉽게 말해서 아니야. 사실은 낙동강을 못 건너가 지고 피난 안 간 사람이 대부분이다. [조사자: 그렇지요?] 전부다. 낙동강까지는 이 동네 사람들은 다 갔었지. [조사자: 군인들이 못 건너가게 했다는 그런 말도 있던데요?] 아니 그건 작전상. [조사자: 작전상] 인민군들이 하도 낙동강에 도착했을 적에는 인민군들 사복 입고하면, 사복 입고 권총 차고 따발총 속에 겹쳐 가지고 같이 건너가는 거야. 그걸 알아가지고 [조사자: 아 같이 건너니까. 민간인하고] 하마. 그걸 알아가지고 못 건너가게 낙동강 그걸 끊어 버렸어. [조사자: 그래서 못 건너가게 했구나!] 그래가지고 그래도 산 사람들은 소를 몰아 넣어가지고 소가 그래도 헤엄을 잘 쳐, 그게. [조사자: 그 위에 올라타고?] 아니 소 올라타면 헤엄을 못 치니까. [조사자: 소가 먼저 지치니까?] 꽁지를 걸머지고 소 꽁지를 걸머지고 발만 '요래요래' 하는 거야. 그래가지고 '여 남으면 죽는다.' 이런 것이 있어가지고 그래 건너 사람도 여러 명 있어. 우리는 기다리다, 기다리다 안 되가지고 여기서는

거리 사람들 서울 사람 들고 경기도 사람들 충북, 충청도 사람들이 전라도로 많이 안 가고 전부 이리 [조사자: 경상도 쪽으로] 추풍령으로 넘어 갔어. [조사자: 추풍령으로 넘어갔어.] 김천으로 해서 추풍령으로 넘어갔어. 이리 가는데 올거나 생각하고 아무리 찾아도 찾을 수가 있어야지. 그리고 그마 소식 두절이라. 지금 맨그로 뭐 핸드폰이나 있고 하며 지금 어디요 뭐 어디 편으로 나와요. 가지 말아야. 기다리다 안 돼가지고.

[조사자: 소꼬리를 잡고, 소꼬리 잡고 헤엄쳐서 그렇게 건넌다는] 소꼬리를 잡고 그래 이제. [조사자: 그래서 이제 바로 밑에 동생분이랑 나서서 동네 사람들 지나가나 기다리셨다가?] 하마, 물어보려고 있어야지. 그래서 거기에도 소개령이 내린 거라. 방송을 해가지고 소개령이 내리는데 전부 피난 어제부터 피난민들 나가라 하는 그라. 폭격하기가 쉽다고. [조사자: 괜히 포격 날까 봐.] 해평리라 하는데라. 해평 [조사자: 해평] 성주군 해평면인데. 그래 거기서 아버지 어머니하고 내 동생들 누님들하고 허허 참, 그냥 어디 갔는지 행방도 모르지. [조사자: 행방을 몰라.] 그래가지고 내 동생하고 바로 밑에 동생이 그때 중학교 1학년 땐가 국민학교 땐가 그랬는데 몰라. [조사자: 그 정도] 나보다 세 살 적으니까 내가 열일곱이니까. [조사자: 중학교 1학년이네] 중학교 1학년 됐거나 6학년이거나 그럴 거라. 둘이 고모네에서 또 피난을 나갔지.

[5] 피난 가서 말라리아에 걸려 고생했고 가족을 애타게 수소문하다

피난을 나가가지고 말라리아가 유행이 됐다. 생전 집에서 안 알던 말라리아를 피난가가지고 첨했단 말이야. 약이 있어. 어디 무슨 약이 있어. 소화제 하나도 없는데. [조사자: 구급약도 아무것도 없고, 여름이라서] 아휴 참 말라리아, 요세 사람들은 말라리아하면 말만 듣고 그래하지만, 하루 쉬고 하루 아프고, 하루 쉬고 하루 아프고. [조사자: 열이 그렇게 난다고 그러더라고요.] 쉬는 날은 아무렇지도 않고 [조사자: 아무렇지도 않고] 어째 그러냐 [조사자: 열이 그렇게 난데. 주기적으로] 그 이튿날도 오후 이 만때 조끔 안되면 요새 같으면 3시쯤 됐을 거야, 그때부터 열이 나기 시작해가지고 두, 세시간은 굉장히 고열이야. [조사자: 고열이라서 막 아프고] 약이 있어야지! 어떻게 뭐 606호 하는 말라리아 주사약이 있었어. 606호라, 그기 606호라 했었어. 그거 맞으면 코에서 냄새가 콱나고 이랬었어. 그게 있어야지 맞지. 그때 제일 좋은 게 다이야징, 다이야징하는게 있어. 다양징 [조사자: 다이양징, 606호라는 게 주사약입니까?] 다이야징은 저 먹는 약이고 606호는 주사약이야. 주사약인데. 그걸 있다 하는 걸 알지만은 어디가 구해. [조사자: 구할 수 없지.] 주사기를 어디서 구해야지 주사를 놓지. 그래가지고 그냥 버티는 거야. 뭐 그게 [조사자: 생으로!]

그 가가지고 이 동네 사람을 만났어. 한 사람을 만났어. 그래 물어본께 우리도 동네에 재 넘어와 가지고 지지 맞고 온 동네 사람들이야! 우리는 '이리 가자, 저리 가자!' 생각이 다 다르단 말이야. 우리는 요리 가가지고 어디로 가야지 고래가야지 안전하겠다. [조사자: 사람들이 생각이 다 다르구나!] 빨리 가가지고 요기서 양목으로 가서 외관으로 가서 빨리 다리 끊기기 전에 얼릉 건너야 산다. 이런 사람 이런 사람 허 그래가지고 고기서 헤어져 가지고 우리는 다리 끊겨서 못 갔다이기야. 갈라 하니까 저녁에 다리를 끊어서 가지고 그래가지고 낙동강 따라서 죽 내려오다 보니 여까지 내려 왔다 이거야. 우리가 간데하고 만났어. 그래서 물어보니까 모르겠다 하는 거야. 아버지하고 할아버지하고 어떻게 됐는지 물어보니까, 거기서 헤어져 가지고 아마 할아버지하고 아버지는 또 식구들하고 또 헤어졌을 기라 이거야. 그랬지. 갔다 와서 어머니가 얘기하는데,

"식구가 뭉쳐 다니면 안된다. 헤어져라."

이거라. [조사자: 차라리] 하마, 그래 이제 아버지는 그때 사십전이니까 한창때지 지금으로 말하면 뭐! 그니까 업고 뭐를 뭐시 가지고 댕길 수가 있는가. [조사자: 할아버지를 업었는데] 하마, 할아버지 업고, 그때 여름이라서 그랬지. 겨울이었으면 다 얼어 죽었을 거야. 그리고 업고, 업고 어디가 가가지

고 그때는 잘 때가 있어야지. 남의 집에 빈집 전부 동네 들어가면 다 빈집이니까 뭐 시면 두자면 거기서 뭣시 나와도 나오면 말이야. 덮고 잘 거. 먹을게 문제께 서로 먹을 것 때문에, 그래도 그때는 피난 나가면서,

"어휴 내가 쌀을 못 가지고 나왔는데 하면"

"다 같이 먹자!"

하면서 그랬는데. [조사자: 인심이 좋으네요.] 그랬는데. 그래가지고 양목에서 우리 집 식구하고 우리 할아버지는 중풍이라서 걷지도 못해. 아버지가 업고 거기서 성주로 향했는기라. 성주 내가 가있는 고모 집으로. 그리 도저히 업고 부모를 업고 못 건너고 싶어 그리 가야 되겠다 싶어서 향해 가지고 가고. 우리는 성주 거기서 피난 나와 있었고, 그리 또 우리 어머니하고 내 그 이외 동생들하고는 어떻게 헤어졌느냐 하면 할아버지하고 저기 아버지고 그래 두 분이. [조사자: 헤어지고] 나하고 장남하고 차남하고 둘이 또 한 팀 [조사자: 한팀] 그리고 나머지는 엄마하고 우리 누님들하고 그 밑에 동생들 붙여가지고 전부. [조사자: 제일 고생 했을 것 같은데요?] 그때 정월달에 난 여동생이 정월달에 난 여동생이 응 지금 육십셋인가 뭐! 하튼. [조사자: 얼마나 고생이에요?] 그래가지고 그 그리로 쭉 몰리고, 제일 이제 우리 아버지하고 할아버지하고 그 제일 큰 고생이고 고다음에는 그때만 해도 남아 선호 사상이 그래해가지고 장남하면 참 거시기 했거든. 장남 차남 둘이 또 그 나머지 세팀으로 갈라졌어. [조사자: 그렇네요. 세팀으로 갈라지셨네요.] 그래가지고 거기서 그 사람들 만나가지고 그런 얘기 들으면 살았는지 죽었는지도 몰라 어디 가서 뭐 연락이 돼야지 알지. 그래가지고 우리도 피난을 못 가가지고 참 강을 못 건너가 지고 피난 나갔다가 다시 들어오기까지 했어. 그래 인제 댕기다 보니 일주일 넘어 고생을 하다가 말라리아는 뭐 지 대로 나섰어. [조사자: 그냥 나셨어. 다행이에요] [조사자: 말라리아로 고생한 거는 누가 그런 거에요?] 내가 고생을 했지. [조사자: 할아버지가 고생하셔서. 또 그래도 자연스럽게 낫네. 다행히] 생전 처음 말라리아에 걸렸어. [조사자: 그냥 잘 못된 분도 많았을 거 아니에

요?] 아니, 그때 죽은 사람 많지-. 죽은 사람도 [조사자: 그나마 잘 버티신 거네요] [조사자: 약도 없는데.] 그렇지 죽은 사람이 말라리아 가지고 죽은 사람은 모르겠지만 그래도 죽은 사람도 많애. 그때 죽어봐야 개죽음이야.

[6] 피난 중 할아버지가 돌아가셔서 가묘를 하다

그래 집으로 못 들어가고 냇가에 와가지고 천막 아니 천막, 광목으로 된 거 이래 해가지고 작대기 꼽아가지고 [조사자: 광목으로 작대기 꼬자 가가고] 새끼로 갔다 잡맸어. 지금은 로프로 가지고 딱해가지고 멋진거 하마 [조사자: 텐트 치셨네. 텐트] 텐트가 딱 이지만은 텐트가 어디 있어. 광목으로 해가지고 혼이 불 덮고 자고 그랬어. 그래서 그 속에서 먹고 자는데 동네 한 1킬로 좀 떨어졌을 기라. 1킬로는 안 되고 500메타 될 거라. 우리 고모님이 집에 가면 뭐도 있고 뭐도 있고 한데, 그걸 가지러 들어갔다는 말이야. [조사자: 그랬더니 아버님 있어.] 그래가지고서 아버님을 만났어. [조사자: 아버님이 것이 있었어.] 그래 대부 고모님이 제일 막내 고모님이라, 고모님이

"아버님! 아버지는?" 하니.

"돌아가셨다."

[조사자: 그 사이에] 업고 가서 고모님 집에서 돌아가셨어. [조사자: 그래도 고모님 집에서 돌아가셨어.] 고모님 집에 돌아가셔가지고 그때 뭐가 있어? 아무것도 없어가지고 밤에 그 고모님 집에 일꾼이 지게에다 지고, 널 하나 지고, 가가 묶고 임시로 [조사자: 가묘를?] 묘도 뭐 그냥 막 그냥 관만 잘 묻히도록 잘 묻어 났던 거지. 그래 가지고 그렇게 하고 나왔어. 나와 가지고 우리도 이제 나하고 내 동생들하고도 고모님들하고 같이 다니니께, 그 집 한집 식구가 됐는 거지. 그래 집에 못 들어가고, 집에는 못 들어 가게 해. 폭격이 심해서. 낙동강에서 얼마 안 되기 때문에 낮에도 뭐 포격이 심해. 인민군이 뭐 연방 왔다 갔다 하고 뭐.

[7] 면장인 아버지가 표적이 되어 숨어다니다

이 동네는 우리 집에 여기 인민군이 일대 군대, 저 밑에 집에서 일개 군대, 요기서 일개 소대가 들어왔는데. 인민군들이 아들 노래를 가르쳐가지고. 조만한 것들 뭐 열 살, 열한 살, 열두 살 요러 된 아들 전부 나오라 해가지고 나 그 노래 지금도 알아. 김일성 장군의 노래라고 있어. [조사자: 가사가 어떻게 됩니까? 가사만 좀]

"압록강 줄기줄기 피어린 자욱"

또 뭐가 다 잃어 버렸다. [조사자: 기억나시는 것만] 맨 뒤로 가서 "그 이름도 빛나는 김일성 장군" [조사자: 어휴, 노래 잘하시는구나!] 그것도 있고 딴것도 있어. [조사자: 또 하나 기억나시는 것만] 그 사람들 모이면 많이 아는 사람 많이 있어. 인민군들이 훈련 요 앞에 요 도로에 죽 지금은 도로지만 그때는 여기 그냥 아카시아밭이고 그랬었어. 거기서 막 인민군들이 신병 나온 붙들어온 것 이남에서 [조사자: 의용군으로] 의용군으로 붙들어 온 것 그거 훈련 갈쳤지, 거기서. 여기서 훈련도 가르치고 이랬다 해. 나는 이건 거기가 있어서 몰랐는데. [조사자: 성주에 있어서 몰랐고.] 포격해가지고 들어온 사람들이, 우리 식구들도 참 그래가지고 그냥 있다가 다시 들어왔어. [조사자: 뭐 어떻게 들어와야지.] 응, 다시 들어왔지. 없는 사람이 아버지, 할아버지, 나, 내 동생 [조사자: 장남, 차남] 위에서 네 사람만 없었고. [조사자: 다시 들어왔구나!] 다 있었어. 그래가지고 아버지는 면장을 했으니까 이제 표적이 되거든. 그래가지고 성주에서 피난을했는데 거기서 사람들이 눈치를 알아채고 '아무개 씨 집에 김천서 온 그 사람이 아무개 씨 그 사람 처남인가 본데 면장 했다는 소리가 있는데 그런 말이 들린다.'고.

우리 고모부가 아버지한테 연락을 했어. '그럼 여기 못 있겠다.' 그걸 아는 모양인데. 알면 대번 잡아 갈 거라. 그것도 빨갱이 구덩이다. 빨갱이가 뭔가 알지. [조사자: 예] 참 좌익, 우익 우리 자유 시절에는 우익, 좌익이라 했거든.

좌익 구덩이다. 그 동네가 [조사자: 성주가?] 성주가 빨갱이가 많아. [조사자: 아! 그랬구나!] 해평은 더해. 동네가 삼백호 이래 되니까? 굉장히 커 동네가 지금 다방이 뭐 그 동네에 다방이 8개나 9개 나대. 지금도 많다고, 성주 참외 유명하잖아. [조사자: 네, 알아요.] 해평면에서 참외가 발달이 된 거야. 거기서 지금은 생활 수준이 높아져 가지고 좋은데. 그래가지고 아버지가 거기 도저히 못 있게 서서 왔어. 넘어와 가지고 넘어온 것을 알면 또 잡으려고 한다고 부면장을 감천 지서에다 잡아다 놓았어. [조사자: 부면장을?] 왜 지서에서 잡아다 낳느냐면, 지서를 치안대들이 들어가 있는기라. 인민군 책임자 하나 있고, 그 종업원들 전부 면민들이지, 면민들이라도 좌익 사상이 농후한 그런 사람들만 거이가 있는 기라. 부면장을 잡아 갇아 낳는(넣는) 기라. 그래 아버지는 오셔가지고 근처 산으로 다니면서

"오늘 저녁밥은 어디로 가져오너라."

내 동생은 약국 그 동생은 거기서 이짝으로 넘어왔어. 이리 나는 넘어오면 의용군에 잡혀간다고. [조사자: 바로] 어머님이 못 가게 해. 잡혀간다고.

[8] 의용군에 잡혀가지 않기 위해 산으로 도망다니다

거기서 밥을 먹으면 새벽에 산에 들어갔었어. [조사자: 그렇게 지내셨구나!] 새벽에. 밤에는 신을 신고 잤았어. [조사자: 유사시에 후다닥 튀어나와 되니까?] 뒤를 여문, 뒷문 바로 열면 돌담인데. 돌담 뒤에는 대나무밭이야. 거기서 들어오면 내빼라고 신을 신고 잤어. 그러면 얼마나 불안해. [조사자: 불안해. 자다가] 신을 신고 잘라 하면 잠도 안 와. [조사자: 맞아요.] 그래가지고 동생은 그때 좀 적어서 의용군으로 잡혀갈 정도가 안됐지. [조사자: 그냥 가고] 이리 왔어. 이리 와가지고, 여기서 이제 [조사자: 노래 배우고] 내 혼자만, 내 혼자만 떨어졌지, 거기서.

그래 나는 아침부터 새벽부터 가가지고 거기서 산에 들어 가가지고 할 게

있어? 산에 덤불나가는거 쭉 나가는 게 있어. 그거 가지고 참 그게 여 말로는 방언으로써는 종대래미라고해. [조사자: 종대래미] 다래끼, 다래끼 알지. 고거 형태데 조만하게 만들 거야. 요만하게 맨드는거. [조사자: 우리는 둥구미라 그러는데] 둥구미는 좀 이래하잖아. 요래하다가 이래 되는 거고. [조사자: 그거 말고] 둥구미는 용이 좀 높으지 굽이. 팽뱅이 이라고 나가는 거 한둘 발씩 나가는 거. 그걸 걷어 가지고 쫙-해 가지고 [조사자: 그릇 맞추셨구나!] 짜는거. [조사자: 그걸 짜는 거에요?] 내가 할 줄 알아. 배운 것도 없는데. 그 애들 하는 것 보고 배웠지. 배워 가가지구 매일 해가주 전문이 됐어. 고만 [조사자: 산속에서 그것만 하셨구나!] 아마 그거 산속장에 들어가 가지고 [조사자: 시간 보내려고 짜신 거죠.] 아니라 아무것도 없고, 책이 하나 있나. 뭐 아무것도 없어. 없는데 그거라도 해야 덜 심심하거든. 그래가지고 거기도 못 있겠어. 잡으러 다니는 기야. 인자. [조사자: 거기도 잡으러 다녀. 이제 아예] 밥에 집집마다 가가호호 방문을 해가지고 [조사자: 밤에] 조사를 해. 조사는 해가지고 젊은 사람 있으면 무조건 끌려가 고마. 무조건을 끌고 가는기라. 그래 그날 저녁에 누워 자는데 삽살문을 막 걸어 잠가 놓고 자거든. 삽짝이라. 대문이 아니고 나무로 이래 엮어 가지고 [조사자: 사립문이라고 그러는 거요.] 사립문. [조사자: 사립문 알아요.] 그걸 이렇게 짜매났는데. 바깥에서 [조사자: 소리가 나] 막 불러 나부터 이제 깨우지.

"택기야! 준비해라!"

이카는기야. 고모님이. 그런 다음에 문을 열 적에 [조사자: 중문을?] 아니 그거 앞문을 고모님이 막 열적에 [조사자: 벌써 열어났구나!] 같이 열아야 하거든. 소리가 똑같이 느껴서 안되지. '투탕당 투탕당' 그래서 열어서 살짝 해야 하는데. 나가가지고 뒷문을 보고서 '탁' 이제 바로 그랬지.

"누구시오, 누구시오?"

하며 나갔어. 그래

"어디 계시는고, 피난은 어디서 왔느냐?"고 물어요,

"이 집에 사느냐?"

물어요.

"이 집에 안 살고 여 밑에 동네 진주란 데서 피난왔소."

"집에 영감을 뭐하오?"

고모님이 잘되어가셨어. [조사자: 그래요.] 하마 그래가지고

"남편은 뭐 하느냐?"

물어보니까.

"덕진면에 치안대 다닌다."

하니까 돌아갔어.

"에고 그랬습니까?"

하고 돌아갔어. 하고 참 그래가지고 고모님도 고만 큰일 났단 말이야. 잡히면. 집집마다 이까, 딴 사람이 오면 또 그렇게 되지. 그게 뭐 한 사람이 지나가고 나면 다시 안 오는 게 아니고. 그래 가지고 있으니까 이 동네 사는 할머니가 그 난 중에 무씨를 구하러 그 동네까지 왔어. 무씨, 무씨. [조사자: 무씨] 무씨가 없어가지고, 무는 갈아야 하겠는데. 무씨가 없어지가 무씨 구하러 왔어. [조사자: 거기까지] 만났어. 길가에서 그래. 그 사람은 날보고 맨날 나만 보면 '토끼야, 토끼야!' 익해. [조사자: 택기데, 토끼야.] 택기데.

"토끼야. 토끼야."

"아구 토끼야. 어짠일이고? 너 여기서."

그래 내가 막 끌고 아무도 없는 데로 막 갔어.

"언제 오셨습니까?"

"어제 왔다."

이거야.

어째 오셨습니까?"

"나, 무씨구하러 왔다."

"우리 집에 누구누구 있습니까? 누구누구 있습니까?"

물었어. 그래.

"아부지는 지금 없다 해."

하는 거야.

"아부지 안 보인다 해."

아부지는 넘어 오셨거든. 넘어오셨는데. 산으로 돌아다니면서 오늘은 그래 요 밑에 어느 산 골이름이 다 있단 말이야. [조사자: 네] 약국 동생한테,

"낼은 삼막골로 삼막골 아무 꼬리 밤에 밥을 가져 오너라."

[조사자: 밥을 가져 오로나] 아침은 뒤막골이라고 또 있어. [조사자: 비막골?] 뒤막골, 삼막골, 치매박골 많이 있어. 그래 가지고 자꾸 약속을 해놔야지 된다 말이다. 그래 뭡니까? 그 노인도 아버지가 어디 있는지, 모르지. 식구들만 알지. 그래 아버지하고 아버지는 모른다 해. 어머니하고 그 동생들하고 둘 물었어. 누님하고 물으니까. 다른 사람은 다 고대로 있다고해. 아구 야야 너희 집에는 인민군이 마마 [조사자: 하나 가득] 아침부터 하루종일 너희 집에 가면 인민군이 버글버글 하다 이거야. 그마 버글버글 이기라. 그래 고모님이 그 사람하고 같이 따라 넘어가야겠다 이거야. 그래 잡혀가면 고모님이 친정 조카라고 데리고 왔다가 날 인민군한테 잡혀 보내면 책임감 있잖아. 그런데서 어쨌든가네 부모 밑으로 보내야 하겠다는 하는 것이 생겨서. 왔는 길에 따라 가라 이거야. 그래 나는 그때 뭐! 참 그런 자다가 그런 모습을 당해서 겁도 나고 가고 싶고 고마, 가도 집에 가서 간다고 그래서 가면서 오면서 종드레미라고 만든 거. 그거 수냉포 참참하게 만들었어. 모양이 요래 동그래 요래 가지고 요래 호리병 모양으로 된 거 요래해 가지고 요래 표주박 모양으로 만들고 또 동그라미 여러 개 만들었어. 하든 반지 그릇도 만들었어. [조사자: 반지 그릇도 만드시고, 그냥] 반지 그릇 이만하게 해가지구 집에 가져갔어.

[조사자: 만든 게 하나 가득하네.] 그걸 싸매 놓으면 될기다. 그거 싸고, 피난 갈적에도 교과서하고 책은 가져 다녔어. [조사자: 그런 걸 또 같고 다니셨구나!] 책은, 책하고 거기서 강냉이를 삶아 줘. 가다가 배고프면 먹으라고 [조사자: 먹으라고]

[9] 집으로 돌아가다 후퇴하는 인민군 대장과 마주치다

근데 지금도 같으면은 걸어서 가면 두 시간 반, 세시간 반 하면 가, 가는데. 그때는 포격 심하지. 뭐 비행기 하나 지나가면 막 납작 엎드려대. 하마. 심하지. 그래가지고 넘어 오는데. 모자가 아니라. 그래 약속을 했어. 이제 해가지고. 넘어오다가 그때 후퇴라. 낙동강 여서 인민군들이 후퇴를 하는데. 거서 인민군들이 무장을 안 한, 안했는 인민군이야. 그래 알고 보니까 이남에서 잡혀 온 인민군이야. [조사자: 탈영 비슷하게 했구나!] 탈영도 아니고 [조사자: 낙오 된거구나!] 아니 수천명 이라 아니 수만 명이라 고마. [조사자: 그런 사람들이] 3열 종대로 해가지고, 끝도 없이 30분을 기다려도 계속 가요. 3열 종대로 [조사자: 북으로?] 그래 거기서 북으로 갈라 하는데 총이고 뭐고 하나도 안 갖고 있고 모자 누런 인민군 군복이 요것보다 조금 진해 막 황토흙 같이 막 굴러다니면서 입는 옷이라. 그런데 대부분 이남 사람이라. 주로 경기도, 충청도 그런 사람들이 제일 많아. 총도 안 가지고 있어. 근데 총도 가지고 있는 사람은 인민군 모자 쓰고 따발총 매고 한 50메다에 하나씩 양쪽으로 3열로 저기로 가면, 50매다, 50매다, 50매다 [조사자: 감시하는구나!] 하며, 탈영 못하도록 감시하는 거지. 탈영하면 거기서 바로, 한 사람도 탈영을 못해. 배는 고프지 고프니까. 죽을 지경이다. 본께. 내 또래들이 많아. 내 또래들이. 거기서 오다가 한번 거기서 기다리고 같이 갈 수가 없어 기다리고 서 있응게. 아니 볼게. 막 누런 뭐있고, 벌건 줄이 이래 있고 [조사자: 높은 사람이구나!] 권총을 막 차고 있어. 본께 사단장 아니면 연대장 이상은 됐겠어.

근데 같이 따라오는 사람이 한칠, 팔명 되는데. 칠, 팔명 되는데. 뭐- 뭐- 상당히 높은 사람들이라. 그 총은 다 권총차고 다 차고 있어.

"학생 동무!"

그래요. [조사자: 걸렸구나!] 내 보는데 서로.

"학생 동무 어디 있지?"

해요. 김천 있다는 소리는 못하고,

"성주 해평 있다."고.

"어디 가느냐?"고.

위험이 하나도 없고 상당히 웃음이 있으면서 친절하게 [조사자: 그렇게 친절하게 물어봐.] [조사자: 높은 사람이야.]

"피난 간다." 했어.

"왜 피난을 가? 거기 있지." 하며,

"아이고 저쪽에서 대포를 쏘면서"

마, 아군이 쏘는 거지.

"대포를 쏘면서 겁이 나서 못살아서 김천으로 간다."고.

"김천에 누가 있는고?"

물어요.

"고모 집 있다." 했어. 그래

"여기서 김천 가는 지래 아느냐?"

이거야. [조사자: 길을 아느냐.] 지래, 지래 지명이 지래라. [조사자: 지명이 지래가 있어요?] 지래 [조사자: 예] 지래라고 김천에 여 김천에서 20킬로 되는 된데. 낙동강 전투에서 패장 병이 전부 [조사자: 글로 모이나 보다.] 소백산을 타고 넘어가야 될 거 아이가. 지래로 가야만 [조사자: 소백산 타요.] 소백산을 탈 수가 있어. 그래서 그 인민군들이 여 재를 넘는데. 넘어 가지고 여 감천면 하고 저 위지 지래 중간에서 그마 폭격하고 저 비행기총조사를 해가지고 그 많던 사람이 한 거의 반소쯤 죽었을 거야. 그러 막 흩어지지. 그래갖고 저

만대에서 백마산이 있는데. 김천 시내가 보여. 김천 시내를 막 미군들 비행기가 와가지고 폭격을 해가지고 막 잿더미가 완전히 김천 시내가 판판하게 그냥 그래 됐거든. 그 연기가, 연기가 얼매나 나오는지 매워. 거까지. 그래가지고 그 사람들은 비행기가 폭격을 하니께. 상북 자로 요런다는 다닐 수 있어도 평야 지대로 못 가는기라. 큰길로 못 나가는 기라. [조사자: 폭격 맞을까 봐.] 나는 그 길로 해서. 우리 집으로 오는데. 건 건 거기서 헤어졌지. 뭐! 헤어져 가지고, 하나도 우리한테 위협 안 주고 상당히 거시기 친절하게 대해주고 이래.

[10] 가족과 연락이 닿고, 다시 숨어지내다

내가 들어 올 수가 있어야지. 집에 [조사자: 글치. 무서워서] 그래 가지고 할머니한테,

"할머니 저 사는데 우리 집에 가서 우리 집에 가서 우리 누님한테 내가 지금 등골하는데가 있어."

등골 [조사자: 등골?]

"등골 고개 나무 밑에 고 내가 아카시아밭 밑에 속에 숨어 있을 테니까. 우리 누님을 그리 오라 해라. 낮에 오지 말고, 낮에 오지 말고 어둠 살이 끼거든 오라고 해라."

지금 생각하면 참 어찌 그래 그런 걸 생각하고 모자간이라고(동네할머니하고) 그런 걸 약속하고 말이야. 이래 그랬는지 모르겠어. 그래 나는 인자 아카시아 밭 속에 앉았다. 어둠을 기다리는데 막 동네에서 아들 소리도 나고, 밥하느냐고 연기도 나고 이래. [조사자: 인민군 천지니까.] 그럼 인민군 판이지. 그래 가지고 말했던 모양이라. 그날이 어둑어둑 한데. "택기야. 택기야!"

요하면서 올라와요. 근데 퍼뜩 못 나가겠어. 우리 누님 뒤에 누가 따라오는가 싶고 큰 소리다 부르면 안될 끼고 이래가지고

"택기야, 택기야!"

하며 이래 올라와. 그래 나를 지나가. 지내가도록 요래 보고 있었지. 갔다가 조만치 한 이십메타 올라가더니 살살 내려며 다시

"택기야, 택기야 !"

다시 나를 불러요. 싹 왔을 적에

"누이야 나 여기 있어."

"바로 밑에 여 여 여 여기 있어."

"아무도 없어"

익하더서니.

"아무도 없다." 이카는 기라,

"나가도 괜찮으냐?"

물어보니까,

"나오라!"

이렇게 해요. 살살 나와가지고 거기도 우리 길이 너른대로 나와서. 그래 인민군들이 밤에 또 연락병이 왔다 갔다 하고 이래 가지고, 그래할까 싶어서. 딴 데로 들어갔지. 물었지. 간단하게 물었어.

"우리 집에는 인민군이 버글버글하다." 이거야.

"못 들어 간다."

이거야.

"우리 집에는 못 들어간다."

이기라.

"그럼 동네 사람들이 어디 있는고?"

물어보니까.

"집에 있는 사람도 있고, 대부분 다"

[조사자: 산에?]

"비상 거처를 다 마련해 났다."

이거야. 그래

“우리는 어딨노?”

물어보니까.

“우리는 우리 과수원 옆에 거기 아카시아 나무 숲 속에 거따대고 요래 해놓았다.”

이기라. 그리 캄캄한데 그리 설설기며 내려왔지. 내려오니까 동생들도 만내고, 그래 어머니도 이제 밥을 집에서 해가지고 버뜩 해가지고 밥을 펴들고 그릇에 담아서 가지고 가지고 나와야 해. 폭격 맞을까봐 싫어서. 인민군들이 집에서 뭐 불 때고 그런 거 보이면 큰일 나. 가지고 나와서 먹어야 해. 나와서 캄캄한데 대강 무심코 불을 켤 수가 있어야지.

[11] 비행기 폭격의 공포로 굴을 파다

그래놓고 굴을 파기 시작했는 기라. 나는 거기서 밥만 먹고 이제 우리 작은집이요 넘어 동네가 있어. 직선으로 거리고 한 이백메타도 안되지. 산을 넘어가 너도 그래서 가지고서는 거기서 인민군이 주둔하는 집이 없어. 그래 가지고 그래 거기서 누워 자고 인자. 뒤에 산이 있는데 굴이 파. 집집마다 굴을 다 파. 자기 집에 굴을 팔 사람 없으면 남의 집에 가서 굴을 파 자기 굴로. 자기 식구들이 거기 들어가서 자고, 막 자러 들어가는거이 아이고. [조사자: 폭격] 포격 할 적에 어디 집에 떨어질라는지 마당에 떨어질란지 모른다는 말이야. [조사자: 그렇게 무섭구나!] 굴속에 들어가도 굴도 쪼만해 파는게 아니라 딱 기역자로 파. 굴 앞에 떨어져도 나가도록. 밥 먹으면 그거 파는 게 일이야. 고갱이, 호미 그런 거 가지고

[조사자: 여기는 폭격이 정말 무서웠었구나!] 애고 여기가 바로 서로 폭격하고 비행기로 가지고 기청소격하고 [조사자: 낙동강 접경지라서 여기가] 낙동강하면 얼마 안 돼서, 인민군들이 후퇴하면서 저항 중간 중간해서 많이 한단 말이야. 우리들 밤에 저리 갔다가 저 너머로 동네 앞으로 이래 해가지고 한 이천 명 가랑 너머가, 그래 한참 있으면 밤에 막 총소리가 '띠리리리리' 나거든. 좀 있으면 박격포 터지는 소리 박격포 '알라라' 하면은 '휭휭휭' 그 소리가 나, 이 소리 비치는 가하면 박격포하고 박격포 뒤에 팔랑개비 같이 달려가 있어. 그게 굽게 안 나가기 위해서 곤봉 같이 그래 갈고 있는다 그 소리가 '휘휘휘'가 지나가. 그리 지나가는거는 좀 자기한테 떨어지는 기고, '훅'하고 그러면, '확' 듣자마자 한 3초 후면 그 근방에 떨어져. 그래 그러면 그때 방공으로 다 들어가는 거야.

아군한테 아군포, 또 인민군들 박격포, 그때 인민군들은 큰 포는 못싸, 큰 포는 저들이 내빼기가 바쁜데. 탱크는 다 내버렸는데. [조사자: 지금 그런 상황이구나!] 박격포 위로 올려 미니까. 박격포로 가지고, 박격포로 가지고 못 따라고로 쏘는 기라. 저들이 뭐 뭐 사람을 보고 살생하려고 쏘는 거이 아니고 우리도 이만한 것 무기가 있다는 하는 것을 표시하기 위해서. 그러면 적군도 무기가 있으니까 벌 때 놓고 자꾸 따라 가면 안되겠다 싶어서 좀 추격하는 속도를 느리게 하기 위해서 쏘는 기라. 딴기는 없어. 확인하는 거는 반드시

앞에 가가지고 무전기 가지고 지금 앞에 몇 미타 앞에 떨어졌다. 너무 많이 갔다. 몇 미타 뒤로 싸라 하며 그러면 이걸로 가지고 조정한다는 말이야. 밤에 뭐시 보이는데 막 쏘는 거라. 이래이래 그래 이제 지금 오백미타 있는 것 같으면 500미타 와가지고 떨어지도록 쏘고 일킬로면 같으면 일킬로 저짝 가서 떨어지는 되서 쏘고 그래 쏘는데. 그래 조 매 먼 데서 쏘면 여기 유라 반경 포가 여기 2개씩은 묶였어. 저쪽에서 아구 미군들 아군들이 쏘는 포는 탱크 포로 쏘기 그 소리 들리데. 대번에. 한번 터지면 막 확 그러면서 여간 나지. 그래가지고 뭐 인민군이 후퇴했는데.

하루쯤 조용했었어. 아침에 아군이 올라오는데. 김천 저서부터 뒷산으로 이리, 우리 여기 동네 앞에 여기, 여기서 저쪽 길 났는데 서있으면 산이 이레이래 동글 동글동글 한게 철모가 일제히 똑같이 올라오는데 간격 3,4 메다 두고 저쪽에 능선에서 똑같이 철모부터 먼저 뵈여. 요래 요래 눈만 내놓고. 그때는 인민군들이 아무도 없었어. 아무도 없었어. [조사자: 다 도망가고] 여기 아무도 여기 없었어. 그래그래 앞에 적후병인가 뭐 두 사람이 내려와 가지고,

"인민군들이 언제쯤 지나갔느냐?"

말이야.

"어제 그 저게 저녁에 마지막을 지나갔는데 어제저녁에는 안 왔다."

"안 왔는지, 왔는지 어찌 아느냐?"

이거야. 사복을 입고 다린다 이거야. 그것까지는 모르지. 우리가 사복 입고 댕기는 거 뭐 우리가 인민군이요. 뭐 '당신 인민군이요?' 물어볼 거야 어찌할 거야. 그래 가지고 전부 총 가지고 싹 내려와 동네 앞에 여기서 일연으로 짝 서. 쉬어. 다 나갔다 하니까. 한 20분간 쉬더니만 남쪽으로 정리해 가지고 싹 넘어가 가지고 그래 고만 쥐도 한 마리 세지도 못하도록 말이야. 그래 이리로 넘어 올 적에 동네 위에 길도 없어 고만 남의 담타서 가시밭 속으로 해서 요 아다리되는 사람들은 산에서 이리로 내려올 적에 뭐 뭐 뭐 골목

길로 돌아서 나가는 게 아니고 직진을 해야 해요. [조사자: 직진] 고만 그래 가지고 그만 민간인 집에 가가지고는 다 뒤다 보라 이거야. 방문 열어 보고 전부 다 싹 오면서 다 들여다보고 저쪽에 넘어갔는데.

[12] 치안대사람이 면장인 아버지를 살려주다

간 뒤에 그때 아버지는 숨어 있다가 그때 부면장이 잡혀 있었어. 부면장이 잡혀 있었는데. 그래 이제 면장이 면장을 잡기 위해서 부면장을 임시 미끼로 풀어 나는 기라. 잡아나 뒀다가. 잡아나 뒀다가. 그래 가지고 그때 참 아버지가 면장을 하면서 인심을 안 일어던 모양이야. [조사자: 그래도 쉬쉬했구나!] 인심을 안 일어가지고 그래 도저히 저기 산에 숨어서 그래 생활을 도저히 생활을 못하겠거든. 그래 이제 부면장을 내놨다. 그래 그 속에 안 불을 테니까 면장도 와서 자수해라. 이래 됐어. 이래 돼가지고, 어째 가지고 그래 어디서 잽혔는가. 자수 했는가 그건 모르겠어. 그래 가지고 잡혀가지고 있는데 치안대 있는 한 사람이 면장실에 거기다 갇아 놓고 지키고 있는데, 들어오더니만

"내가 뒤에 가서 창문을 열 적에 [조사자: 도망가라고] 도망 가라,"고.

아무래도 전세가 불리한테. 저들이 [조사자: 해코지 할까봐.] 해코지 할까 봐 싶어. 가지고, 해코지 할까 싶어 가지고 뭐 그 사람들이 죽일 정도로 그럴 기세는 없었지. 인제. 야 여기 들어오면 그것부터 먼저래 치안대야, 요 여기 있는 사람들이 하는데. 이북에서 내려온 인민군이야. 뭘 알아서 [조사자: 그럴지 모르지.] 그 사람들을 이렇게 이렇게 이렇게 이런 사람 잡아들이라고 하는데 그래 다행히 고 사람이 아무래도 이것들이 내빼면서 어떤 짓을 할지 모르니까. 저쪽으로 가가지고 문이 열 태니까. 내빼라. 그래 가지고 문을 '드르르르' 열려서 그 길로 넘어가지고 고만 바로 면사무소 뒤가 산이야. 그리로 넘어가 지고 다시 숨었는기라. [조사자: 또 숨으셨어.] 그래 가지고 고때 싹 완전히 휘퇴를 다 해버렸지. 다 해버려 가지고 아버지 나오셨지. 나오셔 가지고.

[조사자: 큰일 날 뻔했다.] 대번에 뭐 직장인이니까. 면장일까 그런 책임도 있고 해서 다 갔지. 파출소에도 순경들이 다 갔다가 원대 복귀로 다 돌아온단 말이야. 그래그래 있는 사람들하고 다 하고 다 알지. 서로 모두 안부 인사하고 파출소가 여기 있기가 김천하고 좀 거기가 멀다고 가까운데 한 삼킬로 되는데. 양천동 하는데. 거기다 되고. 양천 면 임시 파출소였어. 구순해. 그대는 파출소가 뭘 해야 하면은 인민군에게 편의를 제공해준 사람, [조사자: 이번에는 또] 종북자. 그러니까 말하자면 종북자지. 그라고 치안대원으로 하면서 악질적으로 논 사람. 솔직히 말하면 사상으로 가지고 대결을 해야 하는데. 이념으로 대결해야 되는데. 사사로운 감정을 가지고 저기는 [조사자: 사람을 잡고 그랬지.] 사사로운 감정, 개인감정을 가지고 저거는 우리하고 사상이 다르다. 저기는 우익이다. 우익에서는 민주 진영에서는 그 사람들을 좌익이라고 하기도 하고 빨갱이 소리 들어봤지. 빨갱이, 빨갱이라 하기도 하고.

지금은 진보라 하잖아. 진보세력 진보세력 이카더라. 우리 같이 6.25를 겪고 70세 이후에 있는 사람은, 진보하는 것 전부 다 빨갱이로 봐. [조사자: 빨갱이 같아요?] 빨갱이로 봐. 아니 빨갱이로 봐. 마 그래 전부다 국회의원이고 다 그렇잖아. 김대중이 빨갱이, 빨갱이야. 노무현이 어떤 사람인지 알아요? 노무현이 저 제 아버지가 빨치산 빨치산이였어. 노무현 전라도 사람인데 진영으로 이사 왔어요. 전라도에서 진영으로 넘어 올때 거서 못 살아서 넘어왔어. 그만 참 그만 했는데 개인감정을 가지고 [조사자: 사람을] 사람을 갖다가 저거를 그 사람들이 뭐 그때는 우익이라 하니. 좌익, 우익 이랙했어. 그래가지고 심지어 죽은 사람도 있어. [조사자: 여기 동네에서?] 이 동네는 그래가지고 죽은 사람은 없어. [조사자: 다행히] 하마 이동네는 그래가 죽은 사람은 없는데. 그래 이제 동천면에 있는 사람들로 아버지하고 많이 친한 사람도 있고 그랬는데. 반드시 죽어야 할 사람이야. 쌍권총을 차고 나보다 세 살 더 먹었어. [조사자: 그 당시에] 쌍권총을 차고 말을 타고 우리 집 마당에 와서 총을 '팡팡' 쏘면서 혹시 보리가 그때. 나락은 다 가져가고 없고. 보리가 스물두가

마 있었는데. 그거 압수하러 왔어. [조사자: 집에] 다뺐겼지. 참 뭐 다 빼기고 나락이 누렇게 익었어. 그 사람들 후퇴해 가지고 올라가고 양식이 없잖아요. 식구는 많은데. 그래 나하고 내 동생하고 어머니하고 셋이서 나가가지고 나락을 배었지. 한결 촌에서 살아도 [조사자: 머슴이 있어 가지고 그랬는데.] 우리 집엔 좀 잘 살았기 때문에 나락 베본다 하는 것은 첨이라. 그래 나락을 덜 익었지. 조금. 덜 익었어 서도 어떻게 먹을 게 없는데. 다 빼기고. 벼가지고. 고놈을 대나무 요래 쫓게 가지고 나락을 조금 지면 훅 조록 조록 잘 훑어요. 훑으면 대나무를 요래 요래 만들어가지고 [조사자: 대나무 갈아 가지고] 그걸 훑어가지고 그놈을 훑어가지고 고놈을 갖다가 쪄. 쪄가지고 마르면서 그게 이제 표준말로 올게 쌀 [조사자: 올게 쌀 이라고 알아요?] 올게 쌀 하는 거 알아. 여기서 올게 쌀이라고 하거든. [조사자: 대장금에 나와서 다 알아요?] 고거 맛있어. 내 먹으면. 고거 밥을 해, 배고프니 맛있지.

그래가지고 아버지는 매일 같이 면에 안 나가. 현재가 마비됐는데 뭐, 면에 나가면 뭐해. 지서에 가 가지고 여 있던 사람들 좌익계에 치안대 그 하고 우리 집에 와서 권총 쏜 사람. [조사자: 권총 쏜 사람] 구명 운동하느라고. [조사자: 저기 죽으면 뭐 하니까?] 거기 우리 집에 이제 권총을 쏘고 그래했지만, 우리한테 해코지는 안 했지. 해코지는 안 했지. [조사자: 그래도 아버지가 (마음이) 넓으셨다.] [조사자: 그렇게 하셨으니까. 그 창문도 열어 주는 사람도 있고 그러셨겠네. 워낙 인심도 많으셨으니까.] 해방되고 나서 부면장이라. 해방되고 나서 면장 집을 뒤지니까 서로 쌀이 이쁘지 않아요. 쌀이 여덟 가마니가 나왔데요. 우리 집에 와서 다 뒤졌다. 다 뒤지니까 뭐 있어야지. 감자하고, 감자하고 쌀 몰라 찌어 놓은 게 한 가마가 됐는지 몰라. 머슴 둘이 되야 하지. 우리가 팔 남매지. 및(몇)이야. 할아버지 계시지. 그래 놓게 서니 한 달에 쌀 두 가마씩은 먹어야 돼. 그래 이제 부면장 집에도 가면 뭐 있을 것이다. 막 사람들이 무법천지 거든. 해방되고, 무정부 상태 아니라. 우리 집에 와가지고 그냥 신 신고 막 뭐 들어 와가지고 막 뒤비(뒤져). 뜨록을 다 팠다 하니까.

뜨록 그 밑에 뭐 너 놓았나 싶어서. 거름도 다 소를 위래 거름 밑자리 매 놓잖아. 소를 그 밑에도 파 가지고 뭐 신 나온 데가 있나. 그걸 막 뒤지는 사람이 있고 짚, 벼 비면 짚 안 있어? 그걸 소도 맥이고 저기 땔감으로 한다고 집 벼 가리를 제나, 그것을 여럿이 달려들어서 확 넘어 틀려서 그 밑도 파보고 해. 아무것도 없거든. 그래

"야 이렇게 없을 수가 없다. 부면장(면장집을 잘못 말씀하신) 집에."

이렇게 없을 수가 없다. 어딘가 감춰놨다 이기라.

" 어디든지 뜰어보라고."

말이다 할아버지가. 그때 나오셔가지고,

"어디든지 다 보라!"고 말이야.

그래. 그래 한 백오십명쯤 왔을 거야. 그래 가지고 온 집안을 막 괭이 가지고 목괭이 가지고 안 뒤빈데 없고, 하 참말로. 그래 그중에는 안면도 있는 사람도 있어. 다 끝나고 나서 내가 주먹으로 한번 때려줄라 하다가. [조사자: 부친이 많이 구명하셨겠네요?] 했지. [조사자: 안 그랬면 또 잘못됐을] 한 면 사람, 그 사람은 누가 옆에서 부추걸렸으면(부추겼으면) 형장감이라. [조사자: 원래 이 동네 사람이었어요?] 아이다. 한 면에 사람이다. [조사자: 그냥 한 면사람] 한 면에 사람인데. 그 자식이 평소에 그런 거는 아이라. 지 말로는 총 들이밀고 싸워 안 나가려고, 전투에 참여를 안 하려고 그 걸을 했다 이거야. [조사자: 인민군 보라고. 이래서 했다고] 그 사람들도 또 고 사정을 잘 아는 사람은 가장 잘 아는 사람을 갖다가 거시에 해놔야 되거든. 그 당시에 권총을 딱 차고 난 나는 권총 찰 것은 못 봤어. 우리 누님하고 동기라. 또 보니까 쌍권총을 차다 익하는데. 그때 그 당시에 인민군 승마하는 큰말 그거를 타고 승용차 타고 참 저기 권총 차고 말이다. 그래 댕겼으면 대단한 사람이지 뭐.

[13] 인민군은 소를 가져가고, 지역빨갱이는 개인감정으로 해코지하다

[조사자: 북한에서 직접 내려온 인민군, 정규군도 정규군들은 좀 달랐다면서요? 그 사람들은] 정규군들은 양반이다. 정규군들은 그 사람들은 우리 소도 잡아 먹었어. 큰 황소 인민군이 잡아먹었어. 몰고 오라 하는데 어떡해 우리 집에서 못 먹이고, 우리 머슴이 자기 집에서 먹었다고 매기는데.

"소 몰고 오라!"

하더래요.

"아! 우리 인민군 용사를 위해서"

[조사자: 인민군 용사를 위해서] 아이고 뭐 뭐라 하더라 뭐 갖다 바치는 걸,

"그걸할 용의가 없느냐!"고

하더래요. 아이고 뭐 우리 주인 소고 뭐 안된다고 이카면 말이야, 우리 아들한테도 이카고. 두말도 못했대요.

"아이고 잘했다!"고.

그 소 뭐 그 한 마리 주는 거 만약에 안 준다고 했다가 큰일 나려고. [조사자: 그럼요.] 개 묻지도 않아요. 개 보면 총으로 싸가지고 잡아. 그럼 이제 소는 워낙 크기 때문에 큰 부대가 도착해야 하고. 개는 뭐 돌아다니는 거 있으면 막 싸. 인민군같이 개를 잘 먹는거 처음 봤어. 근데 진짜로 이북에서 넘어온 사람은 진짜 교육도 많이 받았어. 우리는 그래 가지고 올라갔잖아. 이남 군인들은 이북에 올라가지 못할 짓 많이 했나 모양이다. 참전 용사들이 얘기 하는데. 여 진짜 인민군들은 그 사람들 명령에 살고 명령에 죽고 이라는데, 뭐 시계는 보만 시계는 보만 [조사자: 좋은 것 많이 하고] 자기 손에 넣어야 돼. 시계는 보면 [조사자: 민간인들 시계는 뺏어가고] 하마. 요 건넛방에 우리 누님이 있는데. 누님 시계를 고래 옷에 요래 걸어 놨다 말이야. [조사자: 바로 가져갔구나!] 고걸 보고 말이라, 자꾸 시계를 보고 또 시계를 보고 우리 어머니한테,

"고 걸린 시계가 누구 시곈고?"

묻더래요.

"우리 딸아이 시계라."고 이카니서로.

"왜요?"

이렇게 묻어 봤다고 우리 어머니 불안할 것 아이라. 저 시계 때문에 아 요절하겠다 싶어 가지고.

"당신 가져가라."고.

요즘 이 난세에 말이라. 뭐 시계가 무슨 소용인가 하면서

"당신 하라!"

하니까.

"고맙다"고.

[조사자: 고맙다고 그러는구나! 그래도] 실제로 인민군이 들어와 가지고 이 남 사람한테 여기에서 또 저 사람이들이 좌익계 계통에 있는 사람들이 우익계 사상적으로 좀 많이 괴로움을 받은 사람이 있어.

"저 사람들 빨갱이다."

지서에다 고발해요. 빨갱이다. 이래 가지고 옛날에 지금 경찰서에 가도 때리지도 안 해. 아이고 옛날에는 주먹으로 때리면 지손 아프다가 주먹으로 때리는가 하이 주먹으로 안 때려. 주먹으로 안 때려.(웃음) 목괭이 자루 같은 거 목괭이 자루 같은 거 안 그러면 워커 발로다가 막 사정없이 차지, 그런 사람이 가끔 있어. 그런 사람들은 여 구석은 없었는데. 딴 돼서는 그 하는 사람들이 죽은 사람도 있다 해. 개인감정이라. 그래 그게 이제 지금은 하이구 우리 집에 이제 피난 당시에 애 우리 집요 아랫집 지금도 고 방에 고 있어. 저기 유명한 빨갱이 아들이라. 지금 살아 있으면 나이가 팔십 한 일곱, 여덟 살 일을 꺼야. 자기 내외 여기 와서 살림을 딱 차려. 그래 우리 밭, 논 어디 것은 내 것이라 익해하고 [조사자: 그냥] 집 차지하려고 있는 거라. 남의 식구는 고것밖에 없어. 참 기가 막힐 노릇이라 고마. 그래 가지고 지 이리 노났

어. 저거는 누구래 저기를 누구래 누구래 누구래 [조사자: 그렇게 나눴구나! 토지를] [조사자: 분배 한 거구나!] 그렇지 가지고 좀 살아있으면 어째 됐을지 모르겠는데. 말만 그렇게 해 놓고 뭐 뭐 후퇴라고 갔으니. 뭐 뭐 [조사자: 내 땅이라고 찍어 났는데. 안됐구나!] 후퇴해 갖고 갔으니 뭐 그렇지. 그런데 나도 이거는 내가 들은 거라.

요거는 성주에서 우리 고모님 집에서 거기서 바로 고모님 뒷집인데. 집안이야. 남편이 경찰관이야. 아이고 경찰관 부인이 피난을 못 갔어. 경찰관 그 당시에 우리 처가에도 경찰관이야 처남이. [조사자: 들었습니다.] 어, 그런데 피난을 여기는 뭐 아이 장애인이고 뭐고 피난을 못 갔데요. [조사자: 그러면 잘 못하면 큰일 나는데.] 그래도 면에 나왔어. 그런데 그게 도마 위에다가 국수 만드는 거 이래 비슷한 거 있잖아. 판이 만큼 두꺼운 거. 여기는 그런 거 뭐라 하지 뭐 국수 판대기라 뭐라 해. 국수 만들 적에 미는 것. 거기다 이래 올려놓고. 칼로 가지고고 이렇게 막 처 경찰관 부인을 아주 젊어 그래 놓고, 올려놓고 탁 쳤는데. 애끼손가락인가 둘째 손가락인가 몽땅 똑 떨어져 나가고 아이고 참말로. 그래 그게 이북에서 넘어온 인민군들이 그라는게 아니다. 이남 사람, 이남 사람이 그래. [조사자: 지역 지역 빨갱이들] 이남 사람이 그래. 이남 사람이. 그래서 참 그때 이리저리 많이 고생했지. 우리는 성주에서 피난 생활을 하면서 낮에는 산 밑에서 가가지고 굴 파고 밤에는 불을 못 쓰니까 그냥 앉아서 있다가 강냉이나 삶아 먹고 뭐 그런 거 하고 있고 뭐 대나무로 가지고 대나무로 가지고 비행기, 모형 비행기 앞에 프로 팰라 이래 해자기고 고무줄 감아가지고 지금도 공작 시간에 할 거라. [조사자: 예, 있어요.] 그래가 날리면 고무가 풀어지면서 비행기 프로팰라가 팍 날아가고 그러잖아. [조사자: 그거도 경주대회, 경기대회 하잖아요.] 그것도 만들고 이래었어. 피난 생활하면서 [조사자: 다래끼 만들 시고 바쁘셨구나!] 그래 내 동생이 지금 서울 무슨 고척중학교 교장 인가 그러거든. 제일 막냇동생이 그럼 6.25사변 후에 낳다 말이야. [조사자: 그렇구나! 그렇네요.] 그럼 우리끼리 막 6.25사변 [조사자: 얘기 막하면] 어디 가서 뭐 어쩌고 형제끼리 모이면 추석이나 [조사자: 한 번씩 얘기하지] 설에 아버지, 어머니 생신 때나 모이면 마 그런 얘기하거든. 하도 얘기하니까. 훤 하니 다 알아. [조사자: 겪은 것처럼] 나는 그때 어디로 갔는데 작은 형님은 어짜고. [조사자: 자기는 태어나지도 않았으면서] 하도 얘기를 해 싸니까는 아이고 내.

[14] 인민군 노래들을 배우다

[조사자: 그런데 노래는 어디서 그렇게 많이 들으셨어요?] 그래 여 와서 이제. [조사자: 여 와서] 다 올라갔어. [조사자: 인민군 다 올라갔잖아. 인민군 다 올라갔잖아.] 다 올라가고 여기서 인민군이고 뭐고 하여튼 좌익계 그 계열에 있는 사람들은 내가 좌익이다. 할수도 없어. 그만 그때 [조사자: 그런 분위기 되고] 그러해서 조만 꼬만 아들이 국등학교 2, 3 학년 되는 아들이 가들이 지름이 노래를 불러봐야. 누가 와서 흑백이라고 잡아갈 사람도 없단 말이야. 그러고 뭐 가들이 노래를 부르니까 서는 나도 여기서 노래를 배웠지. [조사자: 배우셨구나!]

"장백산 줄기줄기 피 흘린 자국"

[조사자: 또, 또 기억나는 거] 나 나 대여섯 가지 알어었지. 그런데 지금 생각이 안 나서 그렇지 뭐 우리 또래 되는 사람들 그런 사람들 쭉 있으면 뭐 뭐 하면 다 [조사자: 그러면 기억이나.] 다 하면 다 나오지. [조사자: 그때 기억인나, 그때 기억이 나는구나! 또 기억나는 거 없으셔. 노래. 그러면 재밌네. 얼마나 오래 가르쳤으면 그렇게 다들 부르고 다녀. 지나가면서] 그걸 막 고함을 지르고 부르고 난 뒤에, 가고 난 뒤에 아따 이제는 이북에서 내려온다고 해도 대번에 김일성 장군 노래하고 이래 싸면 이 사람 애국자라고 하면서 이제는 그래 대우를 잘 받겠다. 이래 쉬워. 그래 노래 잘하는 사람이 없거든. [조사자: 저 동생분 잘하시겠다.] 자는 못해. 자도 아주 어렸어. 자는 아주 어렸어. 자는 그때

4살, 자는 4살이라서 모르고 [조사자: 모르네.] 나하고 내 바로 밑에 동생 그 밑에도 동생도 잘 몰라 거기도 지금 나이가 칠십 너이가 서이가. 칠십셋 인가 이런데. 거도 잘 모르고 약국하는 그 동생이나 나하고 나 알지. 이 동네 그때 노래 부를 줄 아는 사람 지금도 몇 사람 있어. 그런 얘기라 하면 술술 나오지 뭐. [조사자: 그때 뭐 저녁에 모아서 교육도 시키고 노래도 가르치고 그랬다 하더라고요.] 하마. 교육을 시키고 [조사자: 누나는 교육을 많이 받았겠다.] 인민군들이. 나는 그런 교육을 한 번도 못 받았지. [조사자: 한 번도 못 받았지] 그 거기서는 바로 저기 일선에 가까우니까 그런 교육을 못 시키는가 몰라도 모이라 소리도 안 해. [조사자: 성주는요?] 어 성주읍에서는. [조사자: 거기는 최전방이라서 그런가 보다. 그 당시에는?] 최전방이라 그랴. 모이란 소리를 안 해

[15] 낙동강전투로 포격이 심해 피해다니다

[조사자: 그러면 피난 갈 때 갖고 나갔던 재봉틀이랑 다 안 잊어버리고 가지고 오셨어요?] 그래 가지고 해방되고 나서 해방이란다 복귀가 다 되고 나서 갔어. 할아버지 묘도 가묘로 해놨는데 다시 가져와야 되지. 그 복기하고 나서 그 이듬해던가 그해든가 몰라. 그건 잘 몰라 이장을 했고. 거 가서 그 터를 캐내니까 까닥 없어. 녹도 안쓸었어. 그거 싹하고, [조사자: 놋그릇하고] 놋그릇하고 [조사자: 명주하고] 명주 그거하고 고대로 가져 올 적에는 츠럭(트럭)을 빌려 가지고 갔었어나.(웃음) 우리 구루마로 갔는데 [조사자: 구루마로 가고] 소구루마로, 소달구지로 갔는데. 그때는 누구 차를 빌려 가지고 갔었으니까. 다 싣고 왔지. [조사자: 그러면 50년 6월 25일에 전쟁이 났으니까. 피난 가고 막 오고 왔다 갔다 할 때 나락 피가 막 추수철 아니에요. 사실 9월 요 때는 그럼 그때는] 피난 났을 당시는 나락이 컸을 때라 [조사자: 컸고] 나락이 그때 6월 25일이고 여기서는 7월 10일경쯤 됐을 기라. [조사자: 인민군이 내려온 게. 금방 내려왔구나!] 나락이 이만큼 컸을 거라. 자동차를 몰고 자동차 방꾸나면 바람 넣는다고 펌프 싣고, 책을 싣고 갔어. 아이고 .내 참 그때는 왜 그 책을

피난 갈 적에 내가 그렇게 중요하게 여겼는지 모르겠어. [조사자: 그때는 그게 중요하셨어.] 먹을 거 하고, 뭐 입을 거 하고 이런 거 가지고 가야 되는데. 약이나 좀 비상약을 사던지. 비상약이나 사던지. 그때는 비상약 살줄도 몰랐고. 책이 중요하다 이것만 알아 가지고 교과서하고 뭐 이런 거.(웃음) 그래 가지고 [조사자: 그러면 가을에, 그해 가을에 추수고 뭐고 없었습니까?] 왜! 그 사람들 올라가고 난 뒤에 추수했지. [조사자: 그 뒤에 추수를 다 해갰네요.] 하마, 추수했지.

[조사자: 그 폭탄에 상하고 뭐 그런 것도 있었겠네요? 벼가. 포 떨어지고] 달리 상한 것 뭐 논엔 그런 건 별로 없고 주로 막 밭이나 산에. [조사자: 민가에] 이런데 민가도 바로 맞은 폭탄 바로 맞은 민가는 없었어. [조사자: 거의 없고] 우리 여기가 한 일메다면 요짝으로 떨어졌으면 우리 집 담 안으로 떨어져가지고 팍 터졌으면 우리 기와집이 한쪽 귀퉁이가 날아갔을기라. 담 바깥으로 떨어져가지고 담만 무너지고 말았고. [조사자: 그럼 김천 시내는?] 그럼 김천 시내는 고만 싹 도저로 싹 미룬 것 같이. 그래 돼버렸지. [조사자: 거의 시내가 다요.] 그렇지. [조사자: 여기가 폭격이 많았구나!] 굉장히 심했지. [조사자: 그게 서로 인민군 주둔지 이렇게 되니까 폭격을 많이 했구나!] 하이구. 비행기가 그만 요래 보면 김천 폭격하는 거는 못 봤는데 성주에서 이래 보면 B29나 B24, B29 B24는 이래 프로팰라가 4개 둘 다 4개 달렸어. 한쪽 날개 두 개씩 다렸는데. 어느 개 B29 B24 구분을 잘 못해. B29는 좀 압록강까지 이북까지 날아가서 막 폭격을 하는 기고. B24는 주로 이남에 저기 인민군들 기지라든지 보급창이라든 뭐 그런 거 하는데 그걸 주로 그런 거 하는데. 주로 폭탄 투하하는 기라. 이래 이래는 못하거든 이래 돌고 뭐 이러는 것 무지 무지하게 싣고 다니지. [조사자: 폭탄을] 폭탄을 이래 밑 저는데 밑져는 간격이 우리가 봐서는 몰라 한 2메다 될까 몰라. 마 계속 막 떨어지는기라. 이래 가면서

[조사자: 막 그냥 떨어뜨리는구나!] 막 폭탄 저거 떨어지면 내려 올 때는 똑같아요. 요래 자꾸 자꾸 자꾸 자꾸 자꾸 이게 앞에 떨어진 것은 이래 되고 뒤에

떨어진 것은 이래 되고 이래 되기 때문에 [조사자: 그런 식으로 촘촘히 그래 하는구나!] 그래 한번 지나가고 나면 그 밑에는 초토화되지 뭐 그래 이게 30대씩 와가지고 낙동강 다리 그게 북쪽이지 [조사자: 북쪽, 인민군들이 있는] 인민군들이 막 주둔해 가지고 저래가면서 삼십대씩 와가지고 삼열로 해가지고 쭉 가면서 그러니 그게 뭐가 남겠어. [조사자: 그게 융단 폭격이라 그러는구나! 그거를] 아이 대단해 요래 보고 있으면 하는데. 산에서 산에서 보고 있으면 그래해. 근데 우리는 그런 거는 겁 안나. 그거는 뭐 민간이 밀집되어 있는 되는 그런 일이 없어. 주로 그게 도화 작전하라고 준비하고 있는데. 그런데 밀림이 너무 많애가지고 나무가 너무 많아가지고 나무가 너무 많아가지고 나무도 없애지고 이러거든. 그런데 많이 쏘지. 여기는 이래 제트기가 제일 겁이 나지. [조사자: 제트기, 쌕쌕이 막 이렇게 내려와서 쏘고 가고] 그게 제일 겁이 나지. 아이고 그거 한 삼백호 넘어대는 촌마을인데, 그 복판에 있었어. 근데 식전 아침인데 그게 와 가지고 하는데. 내가 내 동생을 데리고

"나가자! 한기야! 나가자!"

하문서 나갔어. 내가 가지고 골목으로 막 내빼는데 만날 아는 된데 동서남북을 모르겠어. [조사자: 정신이 없으니까.] 전부 골목에 남자 신, 여자 신, 신이 왜 이렇게 많던가 몰라. 뛰니까. [조사자: 뛰니까. 다 벗거져] 다 벗겨져. 지금 모양으로 농구화 딱 졸라매면 [조사자: 딱 맞는 것도 아니니까.] 안 벗겨져야지만, 그때는 뭐 고무신도 있고 뭐 뭐 농구화 있어도 지금 맨 그로 지금 안 좋거든. 운동화도. 전부 신발이나 고만. 근데 뛰어오는 사람 뛰 가는 사람 저짝에서 뛰어 오는 사람 어디가 동서남북인지도 모르겠어. 그렇게 가는데 폭격기가 와서 '쌩' 그러면 '쌍' 그러면 '드라라라락' 그러면 내려오거든. 어떻게 뭐 땅에 딱 눌러 붙어야 되지. 뭐 [조사자: 일단은] 그래 박을 지붕 위로 이래 올리잖아. 담 밑에 이래 박 덤불이 있는 그 속에 쑥 들어갔어. 바로 그 담 너머에 저기 폭탄을 던졌던 모양이라. 그래 거기서 불이 났는데. 이래가 보니까 지붕에 박 이파리가 이래저래(잎이 힘없이 아래로 푹 꺼지는 형상으

로) 돼버려 [조사자: 뜨거워서] 뜨거워서 이래 이래 돼 우리는 그게 담이 있어서 안 뜨겁지. 이래저래 되는 거라. 얼마나 급하다 하는기라. '드르륵' 거리는 데에도 뛰어나갔다 한께. '불에 타 죽겠다!' 싶어서. 그래도 나는 좀 몸이 좀 빠르고 운동 신경이 발달 되고 이랬어. 내 뛰기도 잘했어. 어느 누구 한 테도 안 졌었어. 고등학교 졸업할 때까지. 아무것도 뭐든지 운동이라 하면 다 잘했었어. [조사자: 잘하셨구나!] 동생이 걱정이 되가지고 막,

"나만 따라온나!"

해가지고 막 뛰다가 한 이십메다 가서 뛰다 보면 저만치 떨어졌어.

"빨리 와! 이리와, 이리와, 이리와!"

[조사자: 그렇게 심하게 폭격을! 어휴! 진짜 심하다.] 아이고, 그래 나간께, 지 나가는데 한 육칠 메타 저쪽 '팍팍' 이래 기총 소격을 하면 '드르르' 나간께 '파바바박' 그리, 문창(왕창?) 부스러지는 소리가 나. 먼지 부스러기가 나. 하면 먼지가 그게 근데 그래도 불에 안타 죽으려고 나가는기라. 그래 가지고 막 동생 부르면서 뛰어 가가지고 동네 변두리까지 나갔어. 났는 되도 콩밭이 있어. 콩이 막 익지 않아도 콩이 마 콩에 밭에 가가지고 콩밭 구르고 마 드갔어. 싹 드가면 어른이 들어가도 들어가면 위에 비행기에서 안 보이거든. 아이고 참 그래 그때도 흰옷을 입고 흰옷을 당기만 [조사자: 좀 안전했나 보다.] 하마 한국 사람들이 흰옷을 많이 입는다 그래가지고 내려가서는 인민군들이 어디가서 흰옷을 [조사자: 바꿔 입는구나!] 바꿔가지고, 그래가지고 한참 그 낙동강 전투에서 그때 건널 적에 인민군들 건넌 사람 있어. 거기. 그쪽 가서 죽었는지 어쨌는지 했겠지만. 그래 민간인 복장을 해가지고. [조사자: 폭격 엄청 심했네요. 이렇게 피하신 얘기를 처음 들어요.] 예 [조사자: 폭격 엄청나게 심했다고. 이렇게 심하게 피하고 다니신 것 첨 들었어요.] 아이고 그거는 지금은 말로 하니까 이랬지. 그 당시에는 그 당시에는 참말로 생가 사가 왔다 갔다 왔다 갔다 하는 그런 것이었어.

[조사자: 그런 일이 잦았어요? 하루 일에 끝난 게 아니라. 얼마나 되셨어요?]

그래 이제 폭격을 안 하는 돼 있으려고 하면은 산으로 이래 가던지, 민간인 집에 있으면 안 돼. 집에 있으면 밥만 먹으면은 굴 파 놓은 대로 그리 가든지. 아니면 나무 많이 있는데 나무 밑으로 가던지. 비행기가 오만은 꼼작지도 안하고 가만히 있어야 해. 가만히. 가만히 꼼작 거리면 비행기에서 보이거든. 가만히 있으면 비행기 엄청 속력이 빠르기 때문에 가만히 있으면 [조사자: 또 안보이고] 괜찮은데. 못 움직거리게 하지. 밤에도 조명탄을 이제 미군들이 조명탄을 위로 막하면 낮보다 더 밝다하니. [조사자: 낮보다 더 밝아. 조명탄 하면은] 그늘만 없으만 낮보다 더 밝아. 그 조명탄이 어째 그렇게 오래까지 떠다니는지 모르겠어. [조사자: 그랬다 그러더라고요.] 조명탄 그거 뜨면 아무 것도 꼼작거리지도 못해. 낮보다 훨씬 밝아요. 그 그늘있는 데는 낮보다 못 해겠지만은, 조명탄 있는 데서 하이고 한번 꼼작 거리지를 자동으로 꼼짝거르지도 못하겠어. [조사자: 생각하고 말고를 다 떠나서] 자동으로 하며 그때는 뭐 꼼작거리면 내가 발각되겠다. 이래 되고 싶은 생각이라. [조사자: 아이고 심하다. 여기는 전투기하고 전폭기 폭격이 참 심했구나!]

김천이. 아 대전도 많이 부서졌고, 여 낙동강에서 제일 가까운 데가 김천인데. 김천이 제일 크지. 그때가 김천이 지금은 조만하지마는 [조사자: 그때는 인구가 굉장히 많아요?] 경상북도에서 그 당시 김천이 대구 다음에 컸었어. [조사자: 김천이 역시 크더라고, 아까 보니까.] 근데 지금은 경상북도 내에서 시중에서 제일 안 적을렌가 몰라. 지금 십삼만 얼만가. [조사자: 그래도 커요.] 옛날에는 여기 컸었어. 여기가 [조사자: 6.25 당시에는 대구 다음으로 인구가 많았으니까.] 대구 다음이야. [조사자: 여기가 그렇게 큰 동네였구나!] 대구 다음에 김천 그 다음에 경주, 안동, 포항은 저 밑이고 지금은 상주보다도 작고 [조사자: 지금은 구미도 크잖아요?] 아이고 구미, 구미는 지금 30만 넘었는데. 김천은 13만이라고 한께. [조사자: 그래도 오랜 됐는 데는 김천이지요. 여기가 그래도 전통이 있지요.] 그래 가지고 아이고.

[16] 전쟁 이후 아버지는 뒤탈 없이 지내시다

[조사자: 그러면 아버님은 전쟁때 까지 전쟁 끝날 때 까지 그래서 면장 계속하고 괜찮으셨어요? 위험하지는 않으셨어요. 나중에는] 나는 뭐 직접 뭐 거서한건 없었지. [조사자: 어르신 아버님, 면장하신?] 그래가지고 복기 되가지고 다시 면장도 복기 되고 그래 가지고 민속 면장 바로 됐었지. 그래가지고 아이고 나 이제 그만 한다 하니까 안 할라 하고 해가지고 아무 그건 없었어. 거기다 숨어 당기고 뭐 온 면민들이 다 알고 이랬는데. 그래 가지고 아버지도 별 탈 없었고. 그랬어. 칠십칠세에 돌아가셨어. [조사자: 여기 일사후퇴 때도 별이 없었고] 일정때 그때는 [조사자: 일사후퇴 때?] 일사후퇴? [조사자: 겨울에, 그때는 피난민이 그때로 여기까지 내려왔나요?] 일사후퇴 때는 피난민이 여기까지 안 내려왔었어. 일사후퇴 때는 트럭만 맞췄어. 아버지가 맞춘게 아니고 우리 당숙이 [조사자: 아예 트럭을 맞췄었구나!] 당숙이 아예 트럭을 맞쳤었어. [조사자: 안되겠어. 이제 겨울인데.]

'겨울인데 어쩌고 걸어서 가서 안된다.'

이래 되가지고 트럭 위에 올라가서 이불하나 푹 덮어쓰고 뭐 그래가지고 [조사자: 실제로 피난 가셨어요?] 안갔지. [조사자: 안가셨지요.] 안갔지. [조사자: 일단 트럭을 맞추고 마음을 놓고 계셨구나!] 피난 안갔었어.

아이 참말로 그때 6.25사변 때 참 이 동네 유명한 빨갱이가 살았었어. 살았었는데. 그게 무슨 그게 그때 마음에 요번에 피난 갈 적에

'저 영감 저거는 내가 이손으로 죽이고 간다.'

이런 생각이 다 들었다 하니까. [조사자: 그러셨구나!] 에이 참 그 영감 알고 보면 남도 아니다. [조사자: 어떠셨어. 빨갱이 일을 어떻게 하셨어. 그 영감이?] 빨갱이 일도 안했어. 안했는데. 자기 아들들이 전부 빨갱이라. 빨갱인데. 괜히 우리한테 뭐 뭐 우리한테 많이 뭘 바래 가지고 욕구를 못 채우니까 그 하는기라. [조사자: 이 기회에 그러셨구나!, 나중에 어떻게 돌아가셨어.] 그냥 병으

로 그냥 도는 병으로 돌아가셨고. [조사자: 많이 괴롭히고 그러는데 아버님의 아량이 넓으셨어.] 그때 아버지가 일제시대에 그때 인심을 일었으면 살림 다 부스고 갔을기고. 6.25 때도 인심을 잃었으면 [조사자: 창문 열어주지도 않았을 것이고] 어떻게 그래도 뭐 처형을 당할 그 정도 까지는 아니지 싶어. [조사자: 여기가 다 인민군 집이었구나!, 인민군이 여기서다] [조사자: 지방에서는 큰집에 보통 죽치고 있었다는데.] 기와집 이게 전부다 한 칸, 두 칸, 셋 칸, 넷 칸, 다섯, 여섯 칸 이거든. 기억자 집인데. 전부 위에만 하고 방2, 3개 부엌 하나 있고 마루 있고 그래논게 자기애들 거다. 되고 어디가서 풍금도 갖다 놓고 어디가서 풍금을 막 거기서 놀리고 그랬다께. 풍금을 [조사자: 풍금을 그 와중에 풍금 있어가지고 노래하고] [조사자: 그거 얘들 노래 가르쳤구나!, 아이고, 학교에서 가져온 모양이네.] 학교에서 가져왔겠지. 뭐! [조사자: 대단해 못 하는게 없어.] [조사자: 여기가 시내고 이렇게 인민군 집결지였나 보내요? 그래서 그렇게 폭격을 많이 한 모양이네요?] 여기 인제 후방 [조사자: 낙동강 전투 후방부니까.] 물자라던지. [조사자: 많이 직결돼있고] 병력을 보급해 주는 데. [조사자: 낙동강 전선에] 하마 기고, 수류탄 던지고, 총쏘고 [조사자: 훈련소로 있고] 하마 그래가지고 총줘 가지고 투입시키고, 투입시키고 [조사자: 여기서 훈련 시켰으니까] 여기서 훈련을 시켰으니까. [조사자: 그래서 아군도 그거를 아니까 폭격을 많이 했구나!] [조사자: 폭격, 이런 얘기 처음 들어 이만큼은] 폭격을 실탄 그 비행기에서 폭격하만 실탄 그 [조사자: 탄피] 탄피 [조사자: 탄피가 떨어지면] 탄피 떨어지면 누런 바가지 한바가지 씩 주워 왔었어. [조사자: 굉장히 굵다고 하던데. 이만하다고 그러던데] 하고 그 굵기가. 이만해 길이가. [조사자: 탄피 길이가 아휴 엄청나네요.] 탄피 길이가 그해쯤 가락지고 세 개씩 있고 그것도 줍고 그거 아무 쓸 때도 없는데. 지금 같으면 고철이라도 팔지.

철원 본토박이로 견딘 6년 세월

안 숙 옥

"폭격을 그냥 만날 떨궈서 휘발유통을 이렇게 떨구면 시뻘건 불이 나오면서 아주 사람이 끄실러서 개 끄실러놓은 것 같애. 그렇게 무서웠어."

자 료 명: 20120128안숙옥(철원)
조 사 일: 2012년 1월 28일
조사시간: 1시간 38분
구 연 자: 안숙옥(여 · 1936년생)
조 사 자: 박경열, 유효철, 김명수.
조사장소: 강원도 철원군 동송읍 오지2리 마을회관

[조사과정 및 구연상황]

마을회관에서 할머니들과 함께 점심식사를 한 후 먼저 김연중 화자의 조사가 시작되었다. 안숙옥 화자는 김연중 화자의 조사가 끝날 때까지 기다렸다. 마을회관 옆 주방에서 조사를 진행했다. 마주보기에는 공간이 비좁았으나 공간이 비좁은 만큼 화자의 소리는 더 잘 들렸다. 조사가 1시간 40분간 진행되었는데 방해받지 않고 조사를 진행할 수 있었다. 화자는 최근에 병세로 쓰러진 적이 있었기에 이야기를 잘 하지 못할까 걱정하였지만 이야기를 구연하는 데는 문제가 없었다.

[구연자 정보]

고향은 철원이다. 1936년생으로 전쟁 당시 나이는 15세였고 중학교에 다니고 있었다. 철원은 전쟁이 나기 전 북한 땅이었는데 교육이 엄격했다고 한다. 철원이 불바다가 되면서 철원을 버리고 안성까지 피난을 가게 된다. 결혼은 24세에 했다. 자식은 아들 3형제를 두었다. 둘째 아들이 27살 때 장파열로 일찍 세상을 떠난 것에 대해 가슴 아파하고 있다.

[이야기 개요]

삐라를 보고 전쟁이 났음을 안다. 초등학교 3학년 때 해방되었고 토지개혁이 시행되기 이전에는 현물세를 내고 살았다. 전쟁이 나기 전에는 문맹퇴치 교육으로 학교에서 교육을 받았고 나이가 많은 사람들은 별과라는 것을 통해 교육을 받게 할 만큼 교육열 분위기가 높았다고 한다. 미신 또한 믿지 않았고 믿지 못하게 했다. 화자의 집안이 노동당에 입당하지 않았기 때문에 반동분자라는 소리를 들었고 그래서 남한으로 피난을 내려오게 된다. 군인이 차를 태워 줘서 전남 이리까지 피난을 갔고 휴전 때는 안성에 있었다. 배급으로 연명해야만 하는 시절의 배고픔이 아직도 기억에 남아 있다.

[주제어] 토지개혁, 현물세, 학교, 교육, 노동당, 반동분자, 월남, 피난, 이리, 안성, 배급, 배고픔

[1] 불바다가 된 철원을 빠져 나와 6년 만에 다시 돌아오다

[조사자: 원래 본토박이세요? 오지리에 사셨어요?] 저기 철원읍에. 철원사람이야 난. 고향이 철원이야. [조사자: 그러면 그 전쟁 났을 때 그때 얘기해 주세요. 그때 어떻게 하셨어요?] 난 그 때 졸업하구선 중학교 1학년 들어가서, 들어가서 댕기는데 육이오가 났어. [조사자: 아 중학교 1학년 때.] 유월 달에 육이오가 나서. 피해 댕기면서 조금씩 하다가 비행기, 비행기가 폭격을 하니깐 피해 다니다가 할 수 없이 그담엔 학교고 뭐고 다 집어치고 집에 있었어. 방공호 숨어서. [조사자: 아 철원에.] 응.

그 때부터 철원읍을 이 납작한 비행기가 와서 치기 시작하는 거야. 때려 부수는 거야. 그니깐 휘발유다 불 그걸 던지면 아주 불이 시뻘건 게 올라왔다 시커먼 연기가 이렇게 그 나고선 인제 얼마 있다가 비행기로 인제 육이오가 인제 저리 갔다가 일로 후퇴하면서 들어왔잖아. 아군이 그게 들어오니깐 그게 남한에 B29라고 큰비행기. 그게 폭탄을 참새 이렇게 하나씩 떨어지는 것 같애. [조사자: 아 참새가 하나씩 떨어지는 것처럼.] 고렇게 요만큼씩 이렇게 톡톡톡톡 떨어지면 아주 뜰뜰뜰뜰 하는 거야. 이거 폭탄이여 그게.

그러면 철원읍에 사람이 삼백 명씩 그냥 이백 명씩 죽는다고 보도가 되는 거야. 그렇게 해서 인제 거기서 인제 살다가 인제 얼마 있으니까 방공호 속에 인제 중공군이 인제 나와. 나오길 시작을 하니깐 국군이 후퇴를 했어. 후퇴를 하니깐 중공군이 아마 쳐들어갔나봐. 저 용인까지 갔다고 그러더라구. 그러더니 또 얼마 있다가 구월 달에 인제 이 국군이 치밀어서 오는 거야. 국군이 치밀어 오니깐 그담엔 인민, 중공군이 후퇴를 하고 인민군이 후퇴를 하고 그러는 거야. 우리 이렇게 뒷산에 인민군이 있고 철원읍에 국군이 있었어.

그러니까 막 쌈을 하는 거야. 서로 총질을 하면서 싸우다가 인제 국군이 할 수 없이 식량이 모자라니까 후퇴를 했어 조금. 그러니까 인민군이 또 쳐들어가는 거야. 그래도 아마 국군이 세다리 비행기라고 있잖아. 그 비행기가

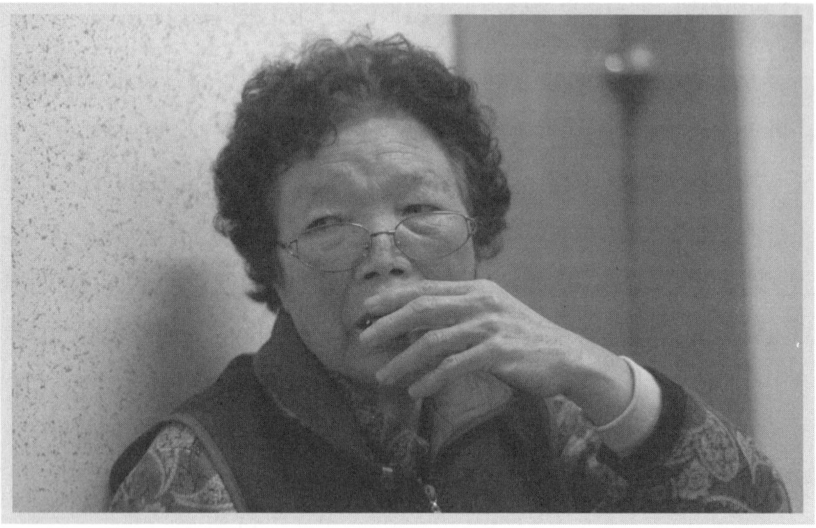

갖다 이렇게 떨구드라고. 뭔가 했더니 그게 식량이야. [조사자: 아- 하늘에서 그렇게 식량이 떨어지는 거예요?] 응 떨어지는 걸 낙하산으로 국군이 받아가지고 철알이고 뭐이고 있으니까. 그 담에 치밀어서 그 담에 인제 철원읍까정 쳐들어왔어.

쳐들어와가지고 철원서 인제 정전이 거기 인제 구월에 들어왔는데 우린 그 이듬해 오월에, 오월에 피난을 가는 거야. 인제 내일 모레쯤

"며칠만 있다 오면, 한 사흘만 있다가 올 겁니다."

그래서 국군이 그래서 나갔지. 나갔더니 안와. 안 오는 거야. 그래서 그냥 사흘 있다가 오긴 커녕 전라도 이리라는 데로 피난을 갔다가 거기서 걸어서 안성이라는데 왔다가 인제 또 얼마 있다가 그게 아마 오십 육년이나 칠년에 오십, 오십년도에 난리가 났으니까 오십, 한 칠년도인가, 육년돈가 돼서 우리가 피난 가서 인제 오는 거야. 와서 우리 적화면에 있다가 와서 여기 와서 사는 거지 인제. 우리고향으로 어데 못 들어갔어. 못 들어갔는데 그때 비행기가 그냥 그담부턴 중공군이 인제 쌕쌕이라고 이렇게 생긴 거 해니까 저희

나라 비행기라고 나가서 막 이거 손을 흔들다가 총을 내갈기니까 그냥 죽는 거야.

그니까 우린 방공호 속으로 들어가고 그런데 그때 아주 무시무시 했었어. 그냥 철원읍이 그냥 아주 불바다처럼 폭격을 하면 먼지에 사람이 뵈어. 우린 철원서 살았어. 그인 화천서 살고 그런데 그러구 나니깐 철원 그냥 우리 피난 갔다 와 가주고 여기서 살다가 그냥 지금 이렇게 사는 거야. 그니깐 하여튼 고생 많이 했어. 국군도 고생 많이 했고 우리네도 고생 많이 했지. 우린 피난 나가서 배급을 타먹는데 배급을 쪼금씩 줘서 아주 배가고파서 죽을 뻔했어. 여긴(철원에서는) 쌀밥만 먹는데 내 보리밥만 먹으니깐 내 설사를 해요.

[조사자: 아 쌀이 많으니까.] 쌀만 먹다가 가서 보리밥을 먹다가 설사를 하더라구. 그러더니 그 다음에 며칠 지나니까 그게 되드라 괜찮더라구. 그래가주고 들어와 가지고 여기 와서 농사짓고 사는 거야. 소 길르고 터전잡고 사는 거지 인제. [조사자: 그러면 철원에는 몇 년도에 들어오신 거예요?] 오십육년도 하고 오십오년도에 들어왔어. [조사자: 그러니까 난리 나고 육년 있다가 들어오신 거구나.] 피난 나가 안성 있다가.

[2] 이밥만 먹던 시절이 사무치게 그리웠던 피난 길

[조사자: 그때는 이쪽으로 가라 그래서 오신 거예요?] 안성이란 데서 고향 간다 이러니까 온 거야. 오니깐 집은 하나도 없구. 저 미군이 포막 그걸 쳐줘서 거기에 이제 이쪽 이렇게 치면 고랑 여기 가운데 이렇게 길이 나고 이쪽으론 한 집, 두 집, 세집 네 집씩 한 포막에 네 집씩 살았어. 그리 쫙 쳐놓고 살다가 인제 그 가을이 되니까 집을 져야 뜨듯해야 살잖아. 그니깐 재목(材木)을 주드라고.

저 피난 갔다 오는 사람들 한단 재목을 쪼금 씩 줘서 집을 인제 윗방하나 아랫방, 부엌 이렇게 딱 맨들어서 이렇게이렇게 질게, 길게 져서 그니까 사람 잡아 지금은 오래됐으니까 집을 지딴엔 잘 졌어. 우리도 요아래 살다가 저기 조금 내려가서 집 잘 짓고 소 길르고 살아 우리도 인자. 그래 그땐 아주그냥 얼마나 고생을 했다구. 피난 나가서 고생한 얘기하면 말도 말아. 낭구도 해 떼고. 그냥 배가 고파서 죽을 뻔했는데.

[조사자: 배급은 누가 어떻게 줘요?] 면에서, 면에서 나와 주더라구. 면으로 가면 얼마씩 줘. 겉보리, 수수, 인제 안남미 쌀 그걸 그렇게 해서 타먹었어. 근데 많이 안주니까, 쪼금씩 주니까 뭐 그걸로 죽을 쒀먹어도 모자라. [조사자: 식구가 많다고 많이 주는 것도 아니고?] 아니야. 그냥 식구가 우린, 그니깐 우리 큰오라버니는 그냥 나가서 돌아가셨어. 옘병. 옘병 앓다가 돌아가시구.

인제 그니까 큰 성, 조카애들 둘, 고담에 우리언니, 아버니, 어머이, 나 일곱 식구 살았지. 일곱 식구 살아서 배가고파 죽겠으니까 밥도 읃어다 먹었어. 밥을 읃어다 먹은 건 그지가 따로 없다고. 읃어다 먹었어 배가 고프니까. [조사자: 밥을 주는 사람들은 쌀이 좀 많았던 사람들인가요?] 그렇지 원주민이지. 피난 안 나가고 저 아래 몇 사람은 피난은 몰르지. 우리는 피난 나가 거기 있었으니까.

[조사자: 원주사람들은 피난을 많이 안 가셨나 봐요?] 그니깐 원주민이라는 건 피난을 안간 사람들. 저기 저 평택사람. 평택, 안성자락엔 피난 모른데. 우리네 여기 화천, 양구 인제 우리 횡성 그쪽은 여기 사람은 이 서해 쪽으로 동해 쪽으론 다 피난을 나갔지. 우리가 이북 이더랬어. 말하자면. 이북 땅이고 삼팔선이지? [조사자: 예 예.] 거기가 삼팔선이야. 그니까 이북서 그러면 피난 나갈 때 아이고 아주 힘들었어. 혼났어. 피난 나와서 고생을 얼마나 했는지 몰라. 밥을 얻어다 먹어. 한번 하도 떡이, 배가 고파서

"명일날 떡 좀 얻어먹어야 하겠다."

하고 정자 아줌마라고 우리 아 저께 우리 집안 아줌마가 있어. 가주고 나갔다가 못 얻어 가주고 왔어. 사람 있으면 부끄러워서 그냥 오고 사람 없는 집만 가니 누가 줘? 그래서 그냥 왔어 아주 그때 생각을 하믄 지금 아주 생각도

하기 싫어. 아주 정말 고상을 너무했어. 그래 이렇게 와보니깐 우린 피난 나가서 철원에 살아서

"이밥만 먹는다."

그랬더니 아 강원도 사람이 감자만 먹고 옥수수만 먹는데 그 입호강한다고 아주 그래. 그러더니 한 여자가 나와서 하는 말이 이 아가씨 거짓부렁을 한데.

"서울말, 서울말씬데 강원도 말 하네."

라고 그러더라고. 그 사람 한번 우리집에 왔어 나중에. 와서 보더니,

"철원 사람이 입쌀만 먹어 정말."

그랬어. 집을 잘 지어놓고 사니까 지금은 좋은 줄 알아. 이 철원서 군인 생활하는 사람이 여기 공병대하고 하는 사람들이 여기 집 많이 지었어. 안가 철원이 좋으니까. 난리 안 나면 철원이 참 살기 좋아요. 김일성이가. 김일성이가 철원 땅 뺏기고 울었다고 그런 소문이 있잖아. 너무 아까워서.

[조사자: 그러게 평야가 이렇게 넓은데. 곡창지대인데.] 넓어 응. 여기선 모르고 절로 들어가면 더 넓어. [조사자: 아 그래요.] 여기 좁아. 들어가면 거긴 밤새도록 닭이 울도록 댕겨도 들이 그렇게 넓어. [조사자: 북쪽으로?] 예 여기. 여기 철원 그 북면 쪽으로. 그쪽으로 넓어. 우리는 전방 농사를 안 져. 그냥 우린 여기 맨 농사는 논 사가지고 여기서 짓고 인제 거기서 피난. 안성 그쪽으로 전라도 사람 충청도사람이 못 살던 사람들이 땅들 조금 이런 거 팔아다 사가주고 지금 잘 살아. [조사자: 여기까지 오셨구나.] 저희도 모르지 뭐 육이오는. 칠십된 사람들 육이오가 (어린아이 키를 가늠하며) 요만했으니까 잘 몰라.

[3] 환경에 따라 달라지는 교육

[조사자: 그렇다고 그러던데. 팔십정도 되면은 그럼 할머니. 그러면 할머니가 난리나기 전에는.] 열다섯 살이었어. [조사자: 그니까 그때는 어디서 사셨어요?

그 전에는.] 학교 당겼지. 근데 이북선 육학년이 없어. 일본 놈들이 육학년까정 있었지만 우리는 인민공화국은 오학년 밖에 없어. 그리고 오학년만 되면 졸업하고 중학교 들어가는 거야. 근데 공부가 쎄. [조사자: 아 그래요? 많이 시켜요.] 쎄지 뭐 공부가 쎄. 여기 하는 거 보니까 공부. 거기는 삼십점이라든지 이렇게 하는데 백점이라고 그러는데 일본 놈이 샤꾸라 그러잖아? 여기는 오점이야 오점.

[조사자: 백점이 오점이에요?] 오점이 백점이고 사점이 구십점. 이제 이렇게 나가는 거야. 이점, 삼점, 사점, 오점이 제일 잘하는 사람이 오점이야. 오점은 다 우수생이지 뭐. 최우수생. 그런데 우리는 거기서 그렇게 공부가 쎘어. 인제 국민학교 인제 이학년만 올라가면 문법 배우지 이과 배우지 지리 배우지 역사 배우지 그래. 그니깐 쎄지 뭐. 그니까 점점 올라가면서 책이 달라. 그러니깐 여기서 한 육학년 오학년, 중학교 이학년만 댕겨도 그게 막 고등학교 댕기는 것만 할 거야. 그렇게 쎄요. 거기.

그니까 여기는 이학년들이 그러고 몰를거야. 무시하는지 몰라도 거긴 오대, 사대양 육대주 잊어버렸어 늙어서 인제. 그것도 다 시험에 나와. 그거 다 하고. 그럼 그땐 그것도 다 알았는데 다 잊어버렸어. 산도 인제 백두산 지리산 금강산 이러구선 한라산 이렇게 나오잖어? 근데 지금은 잊어버려서 몰라. 강도 두만강, 낙동강, 대동강 하는 건데 그것도 잊어버렸어 많이.

[조사자: 타지역 지명을 잘 아시네요.] 그래서 내가 잊어버렸어. 많이. 이번에 내가 쓰러지구선 정신을 잃었구 말이 이렇게 돼서 말도 잘했는데 말을 못해. 이래 지금. 저이 더러 하라 그러는 거야. 근데 저이는 여기서 안 살고 화천서 살았어. 강원도 화천서 살고 나는 원체 여기가 고향이야 나는. 여기가 고향이야. 그래서 나는 그때만 해도 왜정 땐 이이(2x2)는 니 닌가 시, 니 상가 로꾸 이렇게 배웠는데 해방되어 가주고 이이는 사를 내 말로 하니까 얼마나 좋은지 몰라. 빨르고.

그니까 사람은 한국 사람이 아주 그 영리해. 똑똑하고 영리하다구. 일본

사람보다 우리가 나아. 일본사람이 해방돼가주고 글리 갈 때는 보따리 이렇게 지고 애를 그 위에다 얹으고 이렇구선 가는데 우리가 물이라도 얻어 주면 안 먹어.

[조사자: 왜 안 먹어요?] 쫓겨 간다고 해서 그렇겠지 뭐. [조사자: 기분이 나빠서 안 먹었나 봐요.] 기분 나빠서 안 먹겠지 뭐. [조사자: 물을 왜 주셨어요? 가는 길에 목축이라고.] 물을 떠주면 아주 이렇게 말도 안하면서 (손을 저으며) 이렇게 해 먹고 가라고 인제 그러면 아주 쳐다도 안 봐. 아유 일본 놈들 얼마나 무섭다고. [조사자: 물을 왜 주셨어요?] 아니 가다가 힘들어서 목마를까봐 내가 생각해서 인제 주지. 인제. 그러면 안 먹어. 우물 옆이 그렇게 신작로 옆에 길옆에 있거든. 지금은 먼지도 없고 그러지만 요런 소로길, 요러니까 샘물이지 참 좋지 뭐. 그래도 안 먹어. 그리고 우리네가 인제 집에 있거나 그러면 한 번도 들어오지도 않아. 지나가. 치다도 안 봐.

[조사자: 길에서 자나 봐요.] 아냐 어디서 자는지 몰라 그냥. 그냥 가. 그 다 일본으로 갔겠지 뭐. [조사자: 할머니 그러면. 사십오년에 해방됐을 때 만세 부르

셨어요? 그때 해방되고 어떻게 하셨어요.] 학교에서 인제 만세를 불렀지 그때. 대한독립만세를 불렀지. 불렀는데 그 담엔 해방되고선 선생이 없어. 학교 가니깐 선생이. 왜정 때니깐. [조사자: 어 옛날엔 일본선생님이었는데.] 선생이 없으니깐 우리가 광산 따라 갔드랬어. 그 전날. 따가지고 오니까 우리 할아버지가 저기 폭격을 해서 사람 다 죽는다고 그러는 바람에 그냥 집으로 갔어.

갔더니 그 이튿날 학교를 가니깐 없어. 아주 학생들만 바글바글 하지 선생이 없어. 어떡하나 하구 갈까 말까 하고 섰으니까 선생이 시라누마 선생이라고 일본선생, 조선선생이 일본선생으로 교직을 했어. 그 사람이 거기 앉으라고 적고 앉으니깐. 붉은 군대 힘으로 해방이 됐으니깐 인제 지금 책이 없으니깐 어쨌건가 한글 없잖아. 그러니깐 한 일주일간 쉬라 그러더라구. 그래서 일주일간 쉬었어. 쉬었다 가니까 책 이런 거 하나 가지구선 우리네 칠판에 쓰고 쓰는 대로 우리가 받아쓰고 그렇게 배웠어.

[조사자: 공부를 다들 많이 하셨네요. 다른 지역 어르신들 보다.] 삼학년 댕기다 말았어. [조사자: 중학교 삼학년?] 왜정 때 중학, 국민학교 삼학년 댕기다가 해방이 됐다고. 그러구선 공부한 거지. 그러구 그냥 댕기다가 인제 저거 헌데 우린 쪼끄맸어. 근데 쪼그맣고 나이 많이 먹은 사람들이 들어오는 거야. 그건 별과라고 있어. 그러면 그 사람들 우리 걸 같이 배우면 아주 못― 읽었지. 그런 사람들이 공부하러 들어오지. 그게 별과라고 그럴걸. [조사자: 별과?] 별과반이라 그래.

[조사자: 특별반 같은 거예요?] 그니깐 인제 별과라고 하는 거는 나이 많은 사람들이 들어오는 거는 별과라고 그랬어 별과. [조사자: 아 너무 나이가 많아서? 같이 공부하기에? 많으니깐 공부를 이렇게 따로 하는 거야.] 우리는 나이가 어리잖아. 밭으로 갔으니깐 일곱 살에 들어갔으니깐 나이가 어린데 그래도 학교에 돈이 없어 못가니깐 그때 들어간 거야. 그리고 이북은 문맹퇴치라구 국문 모르는 사람 하나도 없어.

[조사자: 아 그래요?] 거기는 문맹퇴치야 문맹퇴치. 그래서 거기는 그리구

귀신도 무당 그런거도 없어. 미신타파라고 없어. [조사자: 할머니 지금 종교 있으세요?] 불교. [조사자: 불교는 어떻게 믿게 되신 거예요?] 우리 둘째 아들이 잘못 돼 가주고 그래서 내가 속이 상해서 들어갔어. 그니깐 부처님 앞에서 기도를 드리니까 마음이 아주 좋아.

[4] 노동당원이 되기 싫어 남으로 향하다

[조사자: 할머니 가족관계가 정확히 어떻게 되는 거예요? 할머니 있고 오빠가 있으셨던 거예요?] 구정? [조사자: 친정, 친정.] 둘이 앉아 있지. 오빠가 둘이야. 올케도 둘. [조사자: 오빠는 둘이고 그 다음에 언니는?] 성들. 언니 오빠가 둘 언니가 둘. 나. 내가 막내. [조사자: 이 언니가 올케언니는 아니죠?] 아니야. 친언니. [조사자: 오남매 중 막내시구나. 그래도 어떻게 피난 나올 때는 가족들이 흩어지지 않고 잘 왔다갔다 했나 봐요.] 응 다 나왔어요. 다 나왔어. [조사자: 친척들도?] 친척들도. 이북으로 가면 안 된다고. [조사자: 그때 그런 소리 했어요?] 우리 오빠가. 오빠가 남한으로 넘어가야 한다고 밤에 몰고 왔어. [조사자: 북으로 간 사람들도 많았어요?] 그렇죠. 많아요.

[조사자: 우리는 보통 피난하면 다 내려갔다고 생각했는데 올라간 사람도 있겠구나.] 노동당들은 다 글루 가고. 우리는 아무것도 모르고 우리는 반동분자라고 만날 그 사람 그랬었거든. [조사자: 왜요? 남으로 가서?] 남으로 가니깐 모르지. 남으로 가면 우리는 죽어. 몰래 넘어 오는 거지. 국군이 오는 바람에 우리가 나가지 그러지 않으면 못 나와. 숨었더랬어. 산에가 숨었더니. 숨었다가 나와서 얘기했더니 깜댕이가 막 때리면서 올라가래.

올라가서 타고선 저기 가니깐 기차. 의정부가는 기차를 탈수 있는 데가 길어서 아주 새카맣게 전라도 이리로 갔더랬더니. [조사자: 전라도 이리로 가셨다구요? 피난을 거기까지 가셨어요?] 갔다가 인제 걸어서 왔어. 걸어서 안성 이런 데로 왔어. 그니깐 고생은 말도 못 허지.

[조사자: 근데 오빠는 왜 남쪽으로 내려가자 그랬을까요?] 몰라요 왜 그런지. 무조건 가자 그러더라구. 그래서 왔지 뭐. [조사자: 가족들이 당원은 아니었나 봐요? 그래서 반동분자셨나보다.] 그건 아닌가 봐요. [조사자: 아니 노동당원이 아니면 다 반동분자야?] 우리는 노동당원은 아니여. [조사자: 그게 의무적으로 가입하는 건 아니에요?] 아니에요. 거기선 내가 하고 싶으면 하고 안하고 싶으면 안하지. 그니깐 아무래도 [조사자: 하는 사람이 많겠죠.] 노동당원이면 아무래도 알아주지. 우리네 반동분자라는 사람들은 말을 안 하죠. 그냥 가만히 그냥 있는 거지 뭐. 그냥 하려믄 하고 말라면 말고.

[조사자: 그럼 왜 반동분자라 그랬을까요? 당원이 아니면 아니지.] 아니 당원 아니면 그렇대요. 반동분자라고 그래. 안 해도. 반동분자 아니래도 반동분자라고 그래요. [조사자: 아 그냥. 거기 종사하지만 않으면 다 반동분자란 얘기를 들으신 거네. 그러면 할머니 그땐 거기서는 농사 이런걸 보통 짓고 먹고 이러는 걸 어떻게 해결했어요? 우리가 짓는 건 우리가 먹고 이런 식이었어요?] 우리가 먹어요. 우리가 먹는데 여기 저거 옛날엔 공출이라고 했어 왜정 땐. 거긴 현물세라고 있어. [조사자: 현물세?] 응. 현물세. 현물세라고 현물세 내고 이월 칠부를 내야 돼.

[조사자: 이월 칠부면 이할 칠푼 이런 거 아니야?] [조사자: 그런 거 같은데요. 그 벌은 것에. 수확한 것에?] 그 수확한 걸 이월 칠부로 바치라는 거야. 바쳐. 따라한다. [조사자: 나라에다 바치고.] 응. 농사진 거. [조사자: 아 그 왜정 때 말고 해방돼서요.] [조사자: 그리구 그 나머지는.] 먹어. 우리가 먹는 거야. 근데 거기서도 어려운 사람들 무척 많아. [조사자: 그러니까 그럼 못 바치겠네.] 3월 5일 토지 개혁이야. 3월 5일이. 3월 5일 토지개혁날 부자집은 다 내쫓아. 하나 없이 내쫓고 그 땅을 주는 거야. 노놔서. 거긴 그러니까 공산당이니까 없어 그런 거.

[조사자: 세금을 내야 되니깐 다들 땅이 있어야 되니까.] 땅을 그렇게 똑같이 노나 가져. 근데 우리 나올 때만 해도 괜찮았는데 우리 나오고 나선 살기가

힘들었다 그러는데 모르겠어. [조사자: 토지개혁이 이루어진 3월 5일이 몇 년도에요? 할머니.] 토지개혁이 3월 5일이 그니깐 47년인가 9년인가 그랬어. 50년대에 난리가 나잖아. [조사자: 여기는 사유재산이 없어졌구나?] 땅이라는 건 내 땅을 가진 사람이 없어. [조사자: 그 전까진 있는 대로 내가 선물세만 내면 되는데.] 그러니깐 공산당은 아주 똑같이 먹고 굶어도 똑같이 굶는다는 그런 형식이야.

그니깐 학교도 돈 있는 사람은 가르쳤는데 해방이 되니까 아주 공동으로 의무교육이라고 공부에 돈을 안 들여. 그러니깐 가난하고 이런 사람도 다 공부를 했어. 할머니들도 언문을 모르는 사람은 없어. 문맹퇴치라고 다해. [조사자: 그래서 특과반이 있어야 됐었구나. 다 배워야 되니까.] 그니깐 저기 야학반이라고 이렇게 그 저 국문, 강당 같은 데다 사람들 오라 그래서 칠판을 놓고 인제 가르쳐. 노인네고 어른이고 애고 가르치면 바쁜 사람은 바쁘잖아. 그럼 아주 애쓰지 뭐. 공부는 귀에 안 들어가. 그 생각을 해서. 우리 엄마는 이름을 써서 그 사람들이 줬거든. 그랬는데 금방 썼는데 할머니 그러면 몰라 우리 엄만. 정신이 일하는 데만 쓰여서.

[5] 소가 할아버지를 구하기 위해 호랑이를 이기다

[조사자: 그러면 거기서 있을 때. 난리나기 전에 들었던 막 옛날이야기 막 이런 건 없어요? 전해져 내려오는 옛날이야기. 혹은 거기 근처에 산에 얽힌 이야기 뭐. 철원은 그니까 전설이 없어요? 철원에?] 정신이 없어. 정신이 없어서 그 저기 뭐야 여기도 뭐야. 고속정. [조사자: 거기도 얘기 있어요?] 거기도 있어요. 임꺽정이가 살았다는 얘기도 있고. 거기서 살았다는 얘기도 있고 인제 금강산에 저기 가서 귀경도 하고 철원읍은 농사 많이 지니까 쌀이 흔하고 그냥 장날이면 인제 거기 인제 그네 뛰고 윷 뛰고 쌀팔고 우리네는 뭐 그런 데나 있지.

근데 동그란거 요런 거 가지고 뱅글뱅글뱅글 돌리고 이래 요렇게 하는거

그렇게 해가주고 돈 내서 뺏어가는 사람들도 있었어. [조사자: 아 야바위 같은 거.] 근데 소매치기도 있어. 소매치기. 소매치기도 우리 친정아버지가 소를 하나 팔고 오는데 팔고 오는데 뒤따라 오더래. 그런데 어디가 팔았냐면 우리 외삼촌네 외삼촌네 김화 [조사자: 김화.]

쑥고개라고 거길 넘어가는데 호랭이가 하나 있더래요. 호랭이가 앉았는데. 소 목에 방울 있잖아. 방울 두 개 달고 쩔렁 쩔렁 하잖아. 근데 그냥 소가가다 그걸 보더니 뒷걸음질을 허더니 뒷걸음질 허더래. 그래서 왜 그러냐 하고 이렇게 보니까 호랭이 더래. 그런데 그러곤 호랭이를 그때보곤 못 보셨대. [조사자: 호랭이를 보셨구나.] 응.

그때 보고는 호랭이래는 걸 못 봤는데 싸움을 하는데 소가 그냥 거기서 막 싸움을 하는데 할아버지를 뒤에다 놓고 그놈이 인제 할아버지 못 물게 뒤에다 놓고 싸움을 한데. 시다 시다하니까 씩씩 거리고 싸움을 하더랜다. 그 얘기를 와서 하시면서 나를 주인이라고 싸고 돈다고 그런 소리를 하시더라고.

[조사자: 소가 이겼나 봐요? 그러게 살아 돌아왔어.] 소가 이기죠. [조사자: 아 그래요?] 소가 이겨요. [조사자: 소가 호랑이를 이겨요?] 소가 이기죠. 그냥 막 받아 치니깐. [조사자: 호랑이가 안 되는구나.] 그러군 할아버지가 그때 보고는 호랑이를 모른데요. 난리 나고는 호랭이가 없어졌어. [조사자: 난리 나고 나서.] 지금은 호랭이 본 사람 없잖아요. [조사자: 없죠.] 여우도 그렇게 많았는데 여우도 하나도 없어. [조사자: 여우는 많이 보셨었어요?] 산돼지는 많아. [조사자: 호랑이가 없어서 그런가보다.] 아주 많지. 꼬랑지가 이렇게 길은 게 쌀쌀살

쌀 기어 다니는 게 꼭 키가 이만한 게 뾰족하게 뾰족한 게 아주 그냥 무척 많았어. 근데 그 화약 냄새에 없어졌네. 싹 없어졌어. [조사자: 화약 냄새? 총.] 포 쏘고 인제 그 화약 냄새에 없어졌는지 없어졌다니까.

[6] 여우 잡는 비법

[조사자: 홀린 사람은 못 들어보셨어요? 홀린 얘기는?] 없어. 그니깐 그 화약 냄새에 아마 그게 싹 없어졌나봐. 그 전에 여우가 꽁지가 이만치 희었어. 꽁지가 이렇게 길르면 이만침 희었는데 우리 작은 할머니가 돌아가셨는데 우리 작은 할머니 산소를 그렇게 파놓은 걸 구멍을 이만하게 내놓고. 뭐 하러 거기 갔다가 우리 언니랑 와가주고

"작은할머니 산소를 구멍이 이만한 걸 여우가 팠다."

라고 그러니까 큰아빠가

"어 그놈을 잡아야 되겠다."고.

그 구영(구멍)을 이걸 이렇게 반대 여기를 깊이 파고선 거기다 쐐기를 놓고선 살짝 덮어놨어 덮어놓고. [조사자: 덫 같은 건가보다.] 요놈의 여우가 걸려 들어가서 밟아 가주고 안 짤리고 섰어. 이게 뚝 짤라져 가주고 지랄을 할려니까 뼈만 남았어. 그런 걸 가서 삽으로 때려서 큰아빠가 죽였고 껍질을 까봤는데 새끼가 여덟마린가 일곱 마리 있더라고 걸 근데 수복이 큰아버이가 그걸 잡숫는 거야. 해수병에 좋다 그래서. 지금 약 있어 뭐 있어 아무것도 없지. 근데 그거 잡쉈어도 마찬가지야. (일동웃음)

저기 닭이 닭 물어가다가 옆에 파 놓구선 닭을 묻어놨어. 우리 죽은 언니랑 둘이서 오빠한테 얘길 하니까 오빠가 닭을 끄내구선 닭 잡은 털을 거기다 갔다가 묻었어. 묻고선 이렇게 생긴 말뚝을 박고 인제 고랑을 이렇게 매놓곤 거길 팠는데 아주 그냥 이거 그 이튿날 적에 와서 아마 이거 밀밭인데. 밀밭 호랑이(화자의 착각인 듯)가 와서 이렇게 했나봐. 그니까 그것도 앞발이 쳐

가지고 가만히 엎드려 있어서 없는 줄 알았다니까. 큰아버지가 가봐라 그래서 가서 거를 나가니까 확하고 달려드는데 얼마나 놀랐는지 그냥 그래 가주고 큰아빠가 그것도 때려잡아서 그것도 껍질을 까서 인제 가죽을 거 여우 목도리.

[조사자: 그래 목도리 하면 되겠구나.] 그 목도리 두 개 했어. 해놓곤 그거 피난 나갈 때 가져가지도 못했어. 그래서 그러곤 그 한 아저씨가 잡쉈는데도 그래도 안나. 해수병에 좋다 해서 그 아저씨가 잡쉈는데도 마찬가지야. [조사자: 여우가 뭐가 좋아서 그렇게 약으로.] [조사자: 요물이라서 그러는 거 아니야?] 아주 여우는 그다지 뭣하게 썩은 거를 잘 먹는데. 그러니까는 닭을 묻으면 썩잖아. 그래서 묻는 거야.

그리고 송장. 사람들 죽잖아. 죽으면 썩어 그니깐 굴을 파고 그리고 들어갔다 나갔다. 반질반질한데 뭐. 그야 많이 봤지 우리나라. [조사자: 여우가 그런 걸 먹으니까 그렇구나.] 아주 잘 먹은 건 번들번들한 게 아주 참 좋아요. [조사자: 예뻐요?] 그럼. [조사자: 그러니까 털이 그런가봐.] 아주 이렇게 한번 치다보고 캥 이래 내 한번 쳐다 볼 때마다 오줌 싸는 거예요. 그래 여우는 아주 잘 뛰는 사람이 계속 따라가면 잡는데요. [조사자: 아 그렇구나 오래 못 뛰는구나.]

오줌 누고 싶어서 오줌통이 터져서. 그런 말이 있어. [조사자: 여우에 대한 얘기가 많구나. 중간중간에 오줌을 못 싸면 잡힌다는 거지.] 오줌통이 터져서 죽는다는 거지. [조사자: 여우가 그렇게 오줌을 많이 싸나보다.] 여우가 참 많았어 여기. [조사자: 아 그렇구나 여우얘기 처음 들어요.] 아니 애들 쪼그만 거 홍역에 죽잖아. 죽으면 갖다 파묻으면 뜯어놔서 갈기갈기 자기가 다 먹고 그래 아주 무서와. 그 전에 여우 무척 많았어 여기. 근데 이 포 냄새 총알냄새 화약 냄새에 없어졌어 아주. 하나도 없어.

[조사자: 너무 없어서 또.] 없어서 보질 못해. 텔레비에 동물에 왕국에서 나오면 그때나 보지 몰라. [조사자: 그리고 동물에 관한 다른 얘기는 없어요 할머니? 도깨비불은 못 보셨나 봐요?] 도깨비 불은 많아도 소용없어. 상관없어 사

람한테 개기지는 않아. 벌건 게 이렇게이렇게 확 이러다가 이러다가 쭉 인제 하나씩 뚝뚝뚝뚝 떨어져 이렇게 있다가 인제 확 모였다가 또 이래 쭉 우리한테 오다가 또 뒷걸음질해서 쭉 이렇게 있다가 이렇게 있는데 그건 안 무서워 불인데 뭐. [조사자: 불이. 불덩어리가?] 요만치 요만해. 그니깐 이게 이렇겐 타도 요렇게 되니깐 뚝뚝뚝뚝 떨어져서 이렇게 놨다가 모였다가 한꺼번에 오고 이래. 소용없어.

[조사자: 그건 주로 어디서 보여요? 할머니. 산속 이런데서 많이 보나요?] 이젠 안보여 [조사자: 옛날에 보였을 때는?] 옛날엔 전기 안 달았을 때는 그게 봤는데 전기 달면서 없어졌어. 아주 지금 살기가 좋아. 호랭이도 없지. 인제 짐승. [조사자: 여우도 없지.] 여우도 없지. [조사자: 대신 멧돼지가 많다면서요. 산돼지.] 멧돼지는 여기 안와. [조사자: 여긴 안와요?] [조사자: 전쟁 때문에 사람이 많이 갑자기 죽어가지고 귀신 나오고 그러진 않았어요?] 폭격에 갑작스리 죽어서 그런지 그게 없어. (일동 웃음) [조사자: 너무 갑작스레 죽어서.] 폭격에 뭐 무지 인제 위에서 떨어뜨리는데 그러다 보니까 무슨 혼이 있어 다 날라가지.

[7] 폭격으로 힘들었던 철원

[조사자: 미군 처음 봤을 때 어떠셨어요?] 응? [조사자: 미군.] [조사자: 아까 흑인 보셨다고 하셨는데 전남으로 갈 때 차에 흑인이 막 이렇게 올려서 보내줬다고 했잖아요.] 미군은 그냥 쭉 그냥 가서 저기 거기서 청진 압록강 거기를 점령했다고 삐라를 떨궜어. 그런데 한 열흘 되니깐 점령한 거 없어지고 다 포위가 된 거야. 그래서 일차전쟁을 간 사람은 다 죽었어. 인민군 낙동강까정 간 사람 다 죽듯 여기서도 다 그랬어. 그러고 후퇴했다 다시 올라온 거야 이게. 갔다 왔다 여기 와서 정전이 되지.

[조사자: 그러면 할머니가 피난을 직접 나간 때는 난리가.] 난리 끝났을 때. [조사자: 겨울날, 그러면 봄날에 나가신 거예요?] 오월 스물 닷새날 모 내놓고 나갔

어. [조사자: 겨울 지나서?] [조사자: 삐라를 봤다는데 이미 육이오가 터졌다는 얘기 아닌가?] 오월 스물 닷새날 양력. 음력 오월로 스물 닷새니깐 4월 8일 그 지나고 모내고 갔지. 그 뜨뜻하지. [조사자: 겨울엔 안 가시고.] 안가죠. [조사자: 그러면 52년도에 가신 거예요?] 51년인가 52년인가 그사이에 갔어.

[조사자: 그지 왜냐면 여기는 아까 삐라를 서울 점령했다고 삐라를 아까 뿌렸다 그랬죠?] 응. [조사자: 그러니까 그걸 보고 왔으니까 육이오 이후에 갔다는 얘기가 되는 거 아닌가?] 아니 육이오 난 담에 피난 나왔어. 육이오가 오십년대에 육이오가 났으니깐 그 이듬핸가 갔어. 그 이듬해 갔는데 중공군 나와서 거게 아래대 까정 쳤다가 인민군이 낙동강 까정 갔다가 낙동강에서 다 몰살을 하고 또 중공군이 거기 갔다 되물려서 돌아와서 그때 있다가 우리가 갔어 피난을.

여기 철원사람은 많지도 않아. 다 죽어서. 철원읍의 사람은 그냥 폭격을 그냥 만날 그냥 떨궈서 방공호에 있는 사람 그냥 죽어서 몰라 몇 명. 하루 이백명이 죽었든 삼백명이 죽었든. 소식만 들렸지 사람 죽는 건 몰랐어. [조사자: 그니까 안에 들어가 있어서 이렇게 폭격이 내려오면 그대로 그냥.] 휘발유통을 이렇게 떨구면 시뻘건 불이 나오면서 시커머면서 이렇게, 이렇게 해서 아주 사람이 끄실러서, 개 끄실러놓은 것 같애. 그렇게 무서웠어.

[조사자: 그걸 보셨어요?] 그럼 우리 집안 동생이 방공호에 들어갈 때 비행기 올적에 몰르고 들어갔어. 근데 비행기가 그걸 보고서 휘발유통을 떤져서 아주 그 방공호 안의 사람이 새까맣게 탔어. 그래서 난 방공호에 안 들어갔었어. [조사자: 그러니까 그게 더 위험할 수도 있겠다.]

[조사자: 그럼 어딜 숨으셨어요?] 그냥 나무 밑에 있다가 비행기 웅— 뜨면 인제 이짝에서 총질하면 이짝에 엎드리고 저 짝에서 총질하면 저 짝으로 엎드리고 그러다가 안띨땐(안뜰땐) 앉을 땐 그늘에 앉아 있다가 그랬어. [조사자: 되게 무서우셨겠다 근데.] 아유 무섭지. [조사자: 그러니까.] 그냥 천둥을 울려도 폭격소리 같고 맷돌질을 이렇게 해도 폭격하는 우루릉 하는 것 같고.

아유 마음을 못 놨어. 소두 그 폭격 떨어져서 새카맣게 타서 그거하면 못 먹어 낸내가 나서. [조사자: 아 그래요?] 고기가 낸내가 나. 못 먹어. [조사자: 탄내가 난단 뜻인가? 낸내가 탄내에요 할머니?] 응 탄내가 나서 못 먹어.

그니깐 철원사람은 여기 사람이 제일 고생을 했어. 철원사람이 제일 고생을 했어. 폭격을 하니까. 철원이 컸거든. 여기 강원도에는 춘천은 시로 가지만 철원은 군이야. 군이래도 여기만치 들이 넓질 않아. 그냥 폭격. 사람이 사는데 마다 폭격 그러면 아주 사람이 타죽지, 그 이렇게 붕 떴다가 떨어지면 그냥 죽는데 뭐. 파편. 파편은 또 날라 가서 이런데 찔려서 배가 터져 죽고 무서와. 피를, 피를 많이 흘려서 사람을 못 봐서 피를 흘려서 그냥 죽고 아주 무서웠어 난리에. 지금 사람들 그걸 모를 거야.

[조사자: 그러니까. 할머니 그때 안 다치셨어요?] 우리식군 다친 사람 없어. 방공호를 낭구 밑에다 팠거든. [조사자: 나무 밑에.] 거기다 팠는데 오월 달에 피난을 나가니까 나무가 이렇게 잎이 밤나무 잎이 이렇게 퍼지니까 기어 나오는 걸 몰라. 비행기가. [조사자: 응. 보이질 않는다고.] 그렇게 해서 거기서 피난을 다 갔어. 우리 작은 아버지, 둘째 작은 아버지, 막내 작은아버지. 우리 네 집 사형제가 우린 하나도 안 들키고 피난 나갔어.

[8] 군인과 맺은 각별한 인연

[조사자: 군인은 안 나가셨나 봐요?] 군인 나갔지. [조사자: 언제 나가신 거예요? 전쟁 끝나고?] 그니깐 둘째 작은 아버지네 큰아들이 동섭이라고 나갔는데 같이 나간사람들은 포로에 다 잡혀서 여기에 있어. 여기에 나와서 사는데. 못 봤대. 같이 전쟁하러, 같이 했는데 못 봤대. 그니깐 포로에도 안 잡혔고 그러니깐 모르지 죽었는지. [조사자: 작은 아버지? 작은 아버지 아들. 둘째 작은 아버지.] 둘째 작은 아버지 큰아들.

[조사자: 그럼 여태 소식이 없는 거예요?] 없죠. [조사자: 알 수가 없는 거예

요?] 지금 팔십둘인데. [조사자: 살아계시면.] 그럼 근데 포로를 당했으면 여기서 살았어요. 포로당한사람들은 다 나와서 근데 보니깐

"아유 난 못가."

그러고 털썩 주저앉아 있더래. 그니깐 총에 맞아서 주저앉았는지, 이게 맞아서 주저앉았는지 모른다는 거지. 총알이 막 들어오니깐 그냥 살을려고 우리 그 누구 아범은 기었대 기어 넘어왔대. 급하니깐 생각할 저를도 없지. 그러고 나서 얼마 있다 우리 피난 나갔는데 뭐. 그 오빠가 그렇고 그러고 나서 휴전됐어. 이승만이가 있을 때. 휴전, 우리 피난 나가서 휴전됐어.

[조사자: 그때 어디 계셨어요? 휴전될 때. 안성에?] 안성. 안성에 있을 적에 우리가 피난 나가기 전에 인민군이 뒷동산에서 싸웠어. 국군하고 싸우는데. [조사자: 아 그때 그럼 안성에도 군인들이 모였어요?] 응. 요만한 함지박이 있어. 요 함지박이다 이렇게이렇게 해서 주먹밥을 인민군을 갖다 줘야 되고요. 인민군이 안 갖다 주면 지랄하고 쏘지 뭐. 그니깐 그걸 해서 이 아줌마가 이고 이렇게 가는데 뭐 송장이고 뭐이고 죽은 게 다 보이네. 그럼 걸 갖다 이렇게 이고 올라가니까 국군이 포를 딱 쏘는데 그 앞에 똑 떨어지는데, 하얀 연기가 폭 이렇게나 올리더라고. 그래서 고기다 놓구선 그냥 왔어.

그랬더니 뭐 고 옆으로 막 떨어지는 거야. 거기 있으면 죽는 거야. 그러니까 불포만 떨어지면 거기에 가지 말아야 돼. 그니깐 그냥 오는 거야. 그거 소리 난 담에 가니깐 그냥 그 함질 가지러 가니깐 인민군이 막 우릴 욕을 해. 사람 살리라고.

"이놈의 기집애들아. 사람 살리라고!"

막 욕을 해. 아니 그니깐 욕을 하지 않아도 살려줄지 말지 한데 글쎄 그 지랄을 하고. (일동 웃음) 그니깐 그냥 왔어. 그냥 와서. [조사자: 화나서?] 할아버지 보고 인민군이 막 우리를 쌍놈의 새끼가 욕을 하더라고 그랬더니 가 보자 그래서 갔어. 가니깐 일리 들어가 가주고 일리 나왔는데 들어간 자리는 이렇게 아주 저거한데 요만한데 나온 게 아주 이래 크다. 확 커졌어.

그렇게 되니깐 할아버지가 진흙이 거기 있드라고. 거깄는 걸 물 있는 데다 물 이렇게 적셔 가지고 인제 수건을 가지고 진흙을 가지고 이러니깐 그 피나는 걸 여길 막았어. 이렇게이렇게 지금 막았지. 막고선 거길 이렇게 묶어 가지구 데리고 이렇게 할아버지 이렇게 놔두고 어깨다 팔 이렇게 해서 끼고 와 가주고. 그 전에 우리 왜정 때 쌀 감춰 먹던 데가 있어. 그런 방이 커요. 거기다 쌀 거기다 놓고 먹으면 인민군, 일본 놈들도 몰라. 그리고 거기다 장롱을 놨어.

그런데 거길 거기다 놓곤 여물을 끓일 적마다 호박을 삶아서 여기다 붙여주고 약이 있어 뭐 있어. 그니깐 잣나무 이렇게, 이렇게 긁어서 진이 나오면 그거 긁어다가 거기 이렇게 붙여주고 그랬더니 새살이 나서 났어. 발을 벗어서 발이 꺼매졌어. 발이 하얗지 아주 만날 군화를 신어노니. 그러니깐 할아버지가 인민군 와서는 지침도 하지 말라고. 그러니까 가만히 잠만 자는 거지 뭐 그 사람. 그러니깐 하얘 얼굴이. 그래 가주고 피난 나간다 그러니까 데리고 나갔어.

[조사자: 인민군을?] 그 사람 살려주고. 황해도 사람인데 그래서 저기 거기 어디야 저 화천. 거기 가서 싸우다가 죽었어. 전사편지가 우리집에 왔더라고. 재봉다리가 왔어. 우리집으로. [조사자: 재 봉다리?] 어 재, 재를. [조사자: 아 재를 넣은 봉다리.] 그래서 그거를 인제 갖다가 인제 뿌려 내버리고 그랬어. [조사자: 근데 왜 편지를 그쪽으로 보냈어요?] [조사자: 그러게. 할머니 가족도 아닌데?] 아유 그래도 우리집에 있다가 가서 같이 아들처럼 그 사람을 그렇게 했어.

[조사자: 오래 되셨어요?] 한 일년. [조사자: 그분이 그 쪽으로 보내달라고 그랬었나요?] 아니 그 주소가 있잖아. 우리 앞으로 그이가 있으니까. 피신 나가서 그러니깐. [조사자: 인민군으로 싸우다가 죽은 거죠?] 아니 인민군하고 싸우다가 죽은 거지. [조사자: 인민군하고 싸우다가.] 거기선 안 죽고 여기 나와서 국군으로 죽었지. [조사자: 아 인민군이었는데 원래. 다시 국군으로 가서 싸우다

죽은 거예요?] 동부전선이라고 다시 거기서 죽었어. 근데 어디 사냐고 하니까 황해도 연백에서 산다고 그러더라고.

[조사자: 아 연백 알아요.] 연백에 산다 그러더라고. 그래서 살렸는데 글쎄 죽으니깐 어떻게 안됐는지 불쌍하더라고. 그리고 우리를 저기 저 우리 작은 언니를 누님, 누님하고 아버지를 아버지, 아버지 하고 형님, 형님 하고 아주 아들처럼 지냈다고 우리가. 그 사람도 잘해. 그러니까 우린 자연적으로 잘하지.

연백이라고 알아? [조사자: 예전에 어떤 할머니 고향이 연백이었어요. 그래서 얘기 많이 들었어요. 거기도 평야가 되게 많다 그러던데.] 많아. 거기 저기 황해도 연백에 평야가 있는 저 논이 많은데 그쪽으로 인민군들 이북서 글리 땅이 무척 커요. 이 철원에. 그걸 물줄기를 글리 돌렸데. 물줄기를 글리 또랑을 내면서.

우리도 그 철원 그 보만 차지했으면 철원사람들 밭 해먹는 사람 없어. 다 논이지. 좋은 데서 살다가 피난 나가서 도로 또 들어와서 쪼금 피난 나가서 쪼금 더 들어갔으면 원산으로 댕기고 금강산 댕기면서 여기 살기 좋았어 철원이. 금강산 가깝지. 원산 가깝지. 원산이 서울 가는 거 밖에 안 해. 또 금강산도 가차와. 요기 가면 전차 있었어. 그걸 타고 가면 금강산 앞에가 내려. 그렇게 좋았어 여기는 살기가. 철원에 살기가 무척 좋았다고. 근데 인제 세월이 다 갔어 우리는.

[조사자: 어렸을 때는 자유롭게 왔다갔다 하던 곳인데 이제는 갈 수가 없으니까 참 마음이. 저거이 그러니깐 삼팔선 될 적에 나 사학년 때 맥혔나봐. 사학년 때 맥혔어. 그래가주고 이게 몇 핸가 못 가고 여기 사람은 절리 못가고 저기사람은 일로 안 오고 그러지. [조사자: 열세 살 때.] 그러니까 내가 사학년 때 될 거야. 아마 그때 그러니깐 열-. 한해 배우고선 중학교엘 와서 오학년이 됐어요 우리. 그러니깐 열두 살인가 열세 살 인가 그랬어. 내가 열 살에 해방이 됐으니까.

[조사자: 그러니까 근데요. 인민군 왔던 분은 왜 국군으로 또 나갔어요? 그냥 같이 가시지.] 아니 또 나이가 있으니깐. [조사자: 군인을 가야 해서.] [조사자: 또 잡혀가는 거예요?] 또 끌려 나와. 군인으로 나왔으니깐 갔지. 우리가 피난 나와서 호적을 맨들었는데. [조사자: 호적을 만들어 줬어요? 호적까지?] 그니깐 호적을 맨들어서 우리 앞으로, 우리 아들로 삼았지. [조사자: 그러니까 주소가 그쪽으로 되어 있는 거구나. 응 어쩐지.]

[조사자: 근데 그 또 간다고 했을 때 가고 싶어 하지 않았을 텐데.] 아유. 인민군 나오고 국군 나왔다고 그러니깐 실망을 해가주고 눈물을 얼마나 흘렸다구. [조사자: 그러겠다 진짜 공포가 되게 심했을 텐데.] 아유 이렇게 살려줘서 살려줬는데 전쟁터로 또 간다고 우는 거야. 그러니까 우리어머니는 아들 가는 것보다 더 서럽게 울었어. 그 사람이 가족에게 잘했어 아주. 사람이 키도 보통 키고 아주 약한 게 그래. 그래 내가 고 욕하는 얘길 하면 우습데. (일동웃음)

[조사자: 나이가 많으셨었나 봐요?] 그니깐 우리보다 네 살 더 먹었어. [조사자: 열아홉 스물 그거 밖에 안됐구나.] 우리는 열다섯 살 적에는 열아홉이고 난 피난 나가 열다섯 살에 피난 나왔으니까 그때들 군인 나갔어. 둘째 시아주머니도 인민군 붙들려갔는데. [조사자: 인민군으로?] 학교댕기다 인민군 붙들려갔다고. 그니깐 붙들려서 간 사람도 많아. 그니깐 갑작스레 내리 이쪽으로 치미는데 군인이 얼마 안 되잖아. 그니깐 무조건 군인으로 총 하나씩 주고 해. 그런 사람 많아.

[조사자: 누가 누구랑 싸우는지도 잘 모르겠다.] [조사자: 쏘래니까 쏜거지 뭐.] [조사자: 다른 할머니가 할머니 얘기 매우 잘하신다고 그러시면서 얘기 듣고 너무 웃었다고 한 이야기는 뭐예요? 너무 재미있게 막 웃었다는 얘기가 있었는데.] [조사자: 껌통이 다 없어지도록 막 웃었다 그러던데. 그 얘기도 좀 해 주세요.] 아유 잊어버렸어 다 내가. 뇌졸중으로 쓰러졌더랬거든 내가. 정신이 없어져서 그전 같지 않아.

[9] 아들을 앞세우다

[조사자: 언제쯤에 쓰러지신 거예요?] 작년에. 작년 유월에 그래가주고 다 죽는다 그랬는데 그래도 살았어. [조사자: 그래도 이야기 매우 잘하시는데 할머니?] 그러니까 지금 얘기가 잘 안되잖아. 근데 내가 목소리가 쇳소리가 나는 게 아주 야무지다 그랬거든 근데 병신인 게 병신이여. [조사자: 우스갯소리 이런 것 이런 것도 괜찮아요. 할머니 그러면 지금은 할아버지랑 같이 두 분만 사세요?] 손주.

[조사자: 장남. 장남이랑 같이 사세요?] 며느리 둘 손주 다섯 식구가 있어. [조사자: 며느리가 둘씩이나 있어요 지금?] 우리 집에 살아. 큰며느리는 우리집에 살고 작은 며느리는 부천서 살아. [조사자: 아 부천 살구.] 아들만 둘이지 딸도 못났어. [조사자: 아 아들만 둘 딱. 작은 아들이 어떻게 안 좋으셨어요?] 둘째아들이 죽었어요. [조사자: 사고로?] 아니 그냥 죽었어. 배가 아프다 그러더니 그게 인제 말하며 장파열인가봐. 피를 그냥 말로 쏟더니 그냥 하얘지면서 서울대학병원에서 죽었어. 지금 살았으면 오십 아마 넷인가봐 스물 일곱에 죽었는데 뭐. 그러고 막내가 부천에 있는데 오십 하난가 그래. 범띠. 그래도 딸하나 아들하나. 큰아들도 아들하나 딸하나.

[조사자: 그러면 원래는 삼형제였나요?] 삼형제였는데 하나가 잘못됐지. 걔네는 데리고 그냥 그런 거지. [조사자: 그러면 철원에 오셔서는 거의 쌀농사만 지으신 거예요?] 에? [조사자: 여기 철원에 오셔서 정착하면서 거의 쌀농사로.] 어 쌀농사만. 먹고 사셨던 거예요? 쌀농사 짓고 소 좀 길르고. 우리 철원 땅 그거 한가지 밖에 못해 보리도 못 심어. [조사자: 왜요? 땅이 안 좋아서?] 추워서. [조사자: 추워서 보리가 잘 안되는구나.] 어 얼어 죽어서.

[조사자: 근데 어머니 그러면 쌀은 추울수록 잘 되는 거예요?] 아니 여름에만 내지 모. [조사자: 상관없는 거구나. 그냥 봄에서 가을에서 끝나는 거가 상관이 없는 거구나. 그래도 철원은 보니까 땅도 되게 많고 부자들이 되게 많으신 거 같아요. 땅부자.] 땅부자여 땅부자. 돈부자가 아니고 땅부자. [조사자: 할아버지는

군인 안나가셨어요?] 나갔다 들어왔어. 참전용사지. 지금 할아버지가 참전용사여.

[조사자: 그럼 할머니가 결혼을 몇 살에 하신 거예요?] 내가 스무살에. 할아버지는?] 스물네 살. [조사자: 그럼 할아버지는 군대를 언제쯤에 가신 거예요?] 피난 나가서. 피난 나가서. [조사자: 아. 그니까 할머니 만나기 전에?] 그니깐 먹기가 힘드니까 자원을 하고서 나간거야.

[조사자: 그렇게 자원해서 나가면 돈을 좀 줬어요? 먹을 걸 좀 줬어요?] 뭐이. 아니야 그런 거 없어. 피난 나갔다 여기 와서 만나서 참전용사 받는 거를 몇 해 탔어 인제. 처음엔 사 만원 주더니 요샌 오 만원주더라고. 그래도 지금 한 십일만원으로. 십이만원. 그거 주는 거야. 남들은 같이 해다 다쳤다고 다리도 안 절룩거리고 괜찮은데 그 사람은 백만원을 넘게 타는데 우리는 그거밖에 못타. 사고 없이 그냥 나왔으니까.

[조사자: 그래도 사고 없는 게 좋죠. 돈 받는 거보다.] 그거 고르지 못한 거야. [조사자: 그 얘기 다들 하시던데.] 그래가지고 참전용사 나오는 돈 가지고 나가서 그 얘기 하지. 왜 고르지 못하고 사람이. 고르지 못하지 뭐야. 같이 싸움을 하고도 어떤 사람은 몇백만원씩 타는데 우리는. 처음엔 그 사람들 팔십만원씩 탈 때 만원씩 탔는데 뭐. 그래도 그런 얘기 하면 다치질 않았는가가 얼마나 고마웠냐고 그 소리 해. [조사자: 그건 또 그거고 돈은 제대로 줘야 되고 그렇죠.]

[조사자: 아직 건강하시죠?] 그렇죠. 아직 건강해요. [조사자: 아까 그 할아버지 아니야? 이렇게 지갑주신 할아버지. 석이 할머니(라고 하면서 지갑을 건냈음). 지갑주신 할아버지가. 석이 할머니. 손주 이름이 석이에요?] 큰아들의 손주야. 지금 서른하나야 둘 다. 걔가 서른하나. [조사자: 손주가?] 근데 애인이 있어. 있어서 근데. 봄에 잔치할는지 가을에 잔치할는지 몰라. 그 집에서 하자면 해야지 뭐. [조사자: 조만간. 증손주도 보시겠네요.] 그래 잘하면 내가 증손주도 내가 보겠어. [조사자: 오래오래 건강하셔야죠.]

[10] 어릴 적 추억을 떠올리다

[조사자: 어렸을 때는 주로 뭐하고 노셨어요 할머니? 학교 안가면.] 진돌이. [조사자: 그게 뭐예요?] 진돌이라고 있어 인제 집을 이렇게 저 문에 하나씩 이렇게 있으면은 거기 사람하나, 애하나 놔두고 싸우다가 그 집 가서 집을 짚으면 진돌이라고 이야길 하는. [조사자: 술래잡기 같은 건가보다.] 그담에 이거 공기 집기. 공기집기. 또 이렇게 생긴 거 있어. 그면 여기서 이렇게 나가 가주고 금 밟고 띠밀고 그런 거 싸움하고 또 이렇게 이렇게 해가주고 이렇게해서 이렇게 이렇게 이렇게 팍잡아서 이렇게 받는거. [조사자: 땅따먹기 같은 건가 보다.]

또 그러고 오재미. [조사자: 비슷하구나. 다.] 그래 그렇게 살았지 뭐. 고무줄 짚기. 그 전에 이렇게 다리가 안 올라가. 그 전엔 이렇게 해서 예전엔 이렇게 다 올라가는데 이젠 다리가 요만치밖에 안 올라가는데 뭐. [조사자: 잘하셨나 봐.] 못해 아무것도 못해. 그 전엔 그러고 이렇게 잔디 많은데 가서 여기 밖으로 해서 헐렁 뒤집어지면 번떡 일어나는 거 뛰어가서 헐렁 뒤집어지고 그랬는데 지금은 못해. (일동웃음)

[조사자: 그때 들은 노래 이런 건 없어요?] [조사자: 공기 노래하면서 공기하시지 않아요?] 다 잊어버렸어. 장백산 줄기 줄기밖에. [조사자: 고무줄을 할 때 부르는 노래에요 할머니?] 아니야 그건 이북서 애국가. 그건 맨날 아침마다 불러서 안 잊어버렸지. [조사자: 장백산 줄기줄기 다음에 모르시는구나.] 비 어린 자욱. [조사자: 비가 내린 자리.] 그걸 했구 그러구선 잊어버렸어 그러군 끄트머리는 제 오일절 하는 건 그 오일절이 행사야. 그것도 배웠는데 다 잊어버렸지 뭐. 그때 열다섯 살 전에 그때 배웠는데 지금 칠십이 넘었는데 아나 몰르지. 하나도 몰라 나 이북노래.

[조사자: 어렸을 때 민요 그런 거는 안 부르셨어요?] 아니. 그런 거 없었어. 거기는 무당도 미신타파라고 그냥 징 하고 울리는 것도 깨트려버리고 장구

이런 것도 다 때려 부숴어. [조사자: 악기도 못하고.] 악기 그런 거 하는 건 저희가 하면 했지 민간은 아무나 못해. [조사자: 그럼 어렸을 때 황해도도 가보고 그러셨어요?] 거긴 안 가봤어.

[조사자: 금강산 가보셨어요?] 금강산은 갔드랬지. 오빠하고. 우리 작은아버지하고 같이 갔으니까. [조사자: 아 금강산에.] [조사자: 지금 봐도 되게 금강산이 어마어마하던데. 그때 봤을 때는 되게 막 어마어마했을 것 같은데.] 어마하게 다시 맨들었겠지 뭐. [조사자: 거기 비석 보니까 장난 아니던데.] [조사자: 그 금강산에 가셔서 뭐 어땠어요? 재밌는 일 없었어요?] 재밌긴 뭐 애들 적에 뭐-. [조사자: 도시락 까먹고.]

우리 작은 아버지 오빠가 따라가니깐 재밌는 건 없고 그냥 저거 봐라 요거 봐라 하면 저거 보고 저 바위가 어떻게 생겼나 보라 그러면 어떻게 생긴 건 까마귀 이렇게 주둥이 같이 생기구 어떤 건 저거 봐라 저거 노루같지 않냐 그러면 그렇다하고 그랬는데 뭐. 쪼끄매서 갔으니깐. 그니깐 거기서 절에서 일주일 자면서 봤어. [조사자: 일주일 자구서.]

거기 절 있어. 금강산 가면 거기 절 있는데 그 절에서 일주일 자는 거도 그 사람들이 괜히 저기한 게 아니라 시주를 나와. 그러면 쌀을 이렇게 주잖아 그러면 가만히 이러고 우리 사랑채에다 갖다 싸. 착착. 주머니를 해서 싸면 우리 큰아빠가 우리 채수원이라고 일꾼이 있었어. 그래서 그거를 가주고 실어다주고 그걸 전차 있는데 전차역에서 그걸 올려놓고서는 스님이 타고 가서 거기가면 금강산 앞에가 내리거든.

[조사자: 스님이 그러면 여기까지 오셨어요?] 그럼 철원. [조사자: 잘사니까.] 쌀이 많으니까 그냥 이렇게 보내면 스님은 요렇게 안주거든 대접에다 하나씩 주니까 금세 몇 가마니 돼. 지금은 스님들을 이렇게 우리네가 가면 돈을 얼마씩 내서 살리지만 옛날에는 돈 안냈어. 그냥 가서 부처님께 인사만 하면 돼. 지금은 장삿속이야. 스님들도 장삿속이고. 근데 거기는 그전엔 그렇게 안했어 그거.

그런데 가니깐 그러면 우리집에서 자면서 물을 떠다 달라 그러면 사랑채에서 이렇게 자. 우리 할아버지가. 같이 나가자면 옆에서 윗목에서 자고 그랬는데 종일 배가 고팠다 먹으면 배가 고프지 뭐. 그니깐 물이 맥혀서 물 얘기를 많이 하고 그러면 내가 밤에 물 떠다가 놨다 드리고 드리고 했더니 고맙다고 스님한테 얘기하니깐 금강산구경 시켜준다 그래서. [조사자: 아 그래서 가셨구나.] 네 우리 오빠가 작은아버지랑 이렇게 셋이 갔는데 일주일 동안 절에서 먹고.

아주 절 반찬 좋아 참 잘해놔. 산골에서 나물 그냥 다시마 볶음, 꽃잎 튀겨놓고 고사리 이렇게 해서 아주 잘 채려줬더라고. 북어랑 해서. 그래서 잘 먹었지 와서 제가 잘 먹었다고 그냥 거기가 있었으면 좋겠다고 그랬더니 스님이 한분 왔어.

"그 집 애가 거기가 있었으면 좋겠다고 그러는데."

하면서 얘 댁에서 수양딸 하라고 그러니깐

"정말 줄겁니까?"

물어보는 거야. 그니까 할아버지가 빈말이라도 그런 소리 하지 말라고 그랬어. [조사자: 잘못하면 금강산에서 사실뻔 했구나.] 거기 좋아요. 절에 갈 때 그랬어. 여기 사람들은 지금 뭐 말도 못한대지 거긴 가서 저기 저긴 만물동이고 저건 무슨 데고 다 얘기해줘. 그니깐 다 손가락질 하는데 지금은 못한대. [조사자: 그런가 봐요.] 못하는데 지금은 벌금내고 잘못하면 거기서 붙들렸다 메칠 있다 와야 된다 그런다는데.

[조사자: 그래도 금강산 여행을 할머니 다시 한 번 꼭 가셔야 되겠다. 어렸을 때 갔던 거랑 비교도 해보고.] 그때 내가 아홉 살 때 갔더랬어. 그래도 눈에 선한데. 그때 내가 첨에 가서 그렇게

"아유 참 좋다."

그러니까 스님이

"좋아요?"

물어보더라구. 그러구선 이렇게 올라가는데 이렇게 우리 말뚝처럼 바닥에 놓고 그걸 붙들고 올라가는데 그 밑에 소이(沼) 가 있어 그니깐 여기서 남의 연필을 훔쳤다던가 장난감을 애들이니까 쪼그마하니까 장난감을 가졌다던가 하면 저기 떨어져 죽는다고. 안 훔친 사람이래야지 올라간다고. [조사자: 그 소이가 벼랑이에요?] 소이, 소이라고 있어. 물 이렇게 빙글빙글 도는데. 그래서 거길 올라갔어. 올라가니까 너 아무것도 안 훔쳤냐고. 난 안 훔쳤다고 하니까 그래서 슬슬 타고 올라갔는데 올라갔다 다리가 탁 붙으믄 죄가 있는 거래.

그래 어린 마음에 진짜 이렇게 다리 붙는 줄 알고 싸움을 애들끼리 놀다가 싸움할 수 있잖아? 그것 때문에 그래서 다리가 붙으면 어떡하나 그랬더니 괜찮더라고. (일동웃음) 올라왔어. 그랬더니 싸움도 안하고 죄도 없다고 그러더라고. 착하다고. 그래서 내가 속으로 아이구 내가 싸움을 했는데. (일동웃음) 옛날엔 그렇게 내가 개구졌어. 남자 새끼모냥. 근데 지금은 안 그래 늙어서.

[11] 공출과 매 맞는 것이 힘들었던 시절

[조사자: 그럼 여기는 원래 철원분은 별로 없으시죠?] 철원분 없어. 여기는. [조사자: 할머니 중엔 할머니가 유일하세요?] 둘이야. [조사자: 한 분은 오늘 안 나오셨어요?] 아들네 집에 명절 때문에 가서 안 왔어. 나 하나야. 철원사람은 나 하나야. 이웃사람들 다들 충청도, 전라도, (말소리를 줄이며) 전라도가 많고, 충청도가 많고 나는 철원사람이야. 그래서 우린 서울이 가까워서 표준어를 많이 써. 철원사람들은 표준어를 많이 쓰는데 전라도 저기 화천 저기 속초, 태백 사람은

"그랬시유."

뭐라 그러면 그래 저 거기 사람들 저기 달라 나는. 여기 속초만 가도 얼마나 쌀라쌀라 경상도 사람같애. 근데 우리 여기 철원에 서울이 가까워서 표준어를 많이 써요. 달라.

[조사자: 저번에 저희 속초 갔다 왔거든요.] 우린 철원사람이야. 철원사람인데 표준어를 많이 써. 문법에도 나오잖아. 바른말 고운말. (일동 웃음) 아유 그런데 잊어버렸어 많이. [조사자: 아 근데 정말 기억 잘하시는데요. 아홉 살 때 기억도 하시고.] [조사자: 금강산 갔다 온 얘기도 하시고.] [조사자: 그게 되게 인상 깊게 남으셨나 봐요. 금강산 갔다 온 기억이.]

왜정 때 일본사람들이 놋그릇을 걷어갔어. 총알 그거 맨들라고. 그랬는데 나는 놋주발에다 놋대접에 뚜껑이 있거든 놋숟갈에. 그걸 줄까봐 그걸 책가방에다 싸서 설거지 한 다음에 거기다 종이를 넣고선 싸가주고 가는 거야. 그럼 집에 있는 거 다 뺏겨. 다 걷어가고 없어. 그러면 내 것만 남는 거야. [조사자: 책가방은 안 뒤지니깐.] 그니깐 학교를 가져가니깐 거기선 안 뒤져. 그래 가주고 집에 와가주고 걷어간 다음에 내놓고 먹지 뭐. 아유 얼마나 그랬다고 일본사람들 무서워서.

[조사자: 공출 많이 했다고 그러더라구요.] 쌀 뒤지다 들키면 막 패고 막 때리고 순사가. 저기 순사 온 다 무서워서 꼼짝도 못했어. 지금은 순사가 뭐 무서와. 그 전엔 순사라면 아주 애들도 무서워했어. 그러니깐 쌀 이렇게 하면 쿡 찔르면 쌀이 이렇게 나오잖아. 들키잖아 그러면 막 패는 거야. 공출하랴 이걸 그렇게 했다고. 말년에 그니깐 왜정 말년에 그랬어. 나 저기 광솔, 광솔도 따러 댕겼어.

[조사자: 광산에요?] 광솔. [조사자: 광솔이 뭐예요?] 소낭구 가지에 진. 광솔. 그거 일본 놈들이 일본 때 삼학년 때 따러 당겼어. 그거 따 가주 오니까 그 이튿날 해방됐다 그러더라니까. 그렇지 않아도 비행기가 커다란 게 하나 떠서가니까 선생이 있다가 히꼬끼 노래를 하라 그러더라고. 히꼬끼, 히꼬끼 랄랄라라 뭐 헌사 그 노래를 하고서 그 이튿날 학교를 가니까 할아버지가 오셔서 큰일났다고 난리 났다고 일본 지금 원자탄을 터뜨려서 일본이 망했다고 그러더라고.

아우 그래서 그냥. 학교를 가니까 아주 선생은 하나도 없고 아이들만 바글

바글 해서 보니까 좀 있다 선생이 오더니 붉은 군대 힘으로 해방이 되었다고 그러더라고. 그러면서 만세를 불러서 만세를 삼창. 그니깐 일본사람들이 그 전엔 기생들이 뭘 잘못했는지 막 때려. 그러면 그 아가씨들 머리를 여기까정 땋아가지고 매를 맞고 그래서 기생은 뭘 잘못해서 순사가 때리나 그랬어. 그랬더니 그건 왜 그러는지 몰라. 그렇게 때려. 애들도 응응 하고 울다가

"저기 순사 온다."

그러면 꿈쩍도 못하고 가만히 앉아 있잖아. 무서와. [조사자: 일본아이들하고는 같이 수업을 안 듣고 따로 들으셨나봐요?] 아니에요. 같이해요. [조사자: 한 반에?] 일본애들도 아마 같이, 일본선생들 애가 있잖아 걔네들 같이 수업해. 때리지는 못하지. 일본 애들은. 그러곤 선생들도 다 때려도 걔네는 안 때리지.

우리네는 요렇게 하고선 때리려면 이렇게 때리지. 그게 얼마나 아픈데. 언 손을 때리면 회초리로 딱 때리면 얼마나 아픈데. 숙제해가주가서 숙제가 백점이래야지 잘못하면 잘못했다고 때리고 그러면 아파. 그래 요게 손톱, 손톱 안 깎았다고 때리고 그러면 매 맞고. 아유 많이 맞았지 뭘. 지금은 안 때려서 좋아. 그러니까 애들이 버릇이 없어.

[조사자: 그땐 너무 맞았고 지금은 너무 안 때리고.] 지금은 선생이 제자를 좀 뭐라고 그러면 부모가 될 수 있으면 훈계를 잘하라고 해야 되는데 엄마가 아버지가 더 야단을 해서 지금 새끼들이 버릇이 없어. 그니깐 어른 애도 모르는 세상이야.

먼저 한번 버스를 탔는데 쪼그만 게 한 고등학교 됐겠어. 담배를 피드라고 서울. [조사자: 남자애가?] 지하철에서. [조사자: 지하철에서?] 그래서 내가 내가 옆에 서 있길래 옆에 치면서

"왜요?"

학생 그러니깐 담배피지 말라 그랬더니 아니 우리 부모도 안 말리는데 왜 할머니가 그러냐고. 그러는 거야. '그래 너도 다 됐다.' 이러고 속으로 그러고

말았어. 옆에 할아버지가 있다 간담에 저거 뉘집 새낀지 새낀 버렸다고 그랬어. 내가 좋게 말했지. 이렇게 툭 치면서 담배피지 말라고 그랬더니

"아 우리 엄마, 우리아버지도 말 안하는데 왜 말하느냐."

고 지랄하는 거야. 아유 무서와. 지금 사는 게 무섭다고.

[12] 말은 통하지 않았지만 욕을 알아들은 중공군

우리가 그 첫 삐라 떨어질 때는 압록강 수풍발전소라고 거기 있어 큰 게. 그걸 점령했다 그랬는데 그거 점령한 사람들이 포위가 됐어. [조사자: 중공군한테.] 거기가 청진이지 그니깐 함흥 청진. [조사자: 아 그러니까 그게 압록강 그 쪽에 뭘 점령했다고 삐라를 뿌린 거예요?] [조사자: 국군삐라죠 그게?] 그니까 그래서 이렇게 해서 비행기로 삐라를 뿌렸지. 지금 우리는 아군은 저기 저 압록강 수풍 발전소를 다 차지했다고. 그니깐 이짝 아군들이 거기 끝을 맺으니까 끝난 거지 뭐. [조사자: 끝났다고 생각했는데.]

그럼 인민군이 있다 포위를 한 거야. 다 죽고 인민군도 거기 나가서 낙동강 거기서 아군이 인민군을 다 잡아서 다 죽고. 그때 잘했으면 우린 평화 됐는지도 몰라. 군인들이 신작로에 차만타고 그냥 갔어. 산은 지금처럼 산 같은데 뒤지면서 가질 않고 그냥 가니까 산에 숨었다가 나온 거야.

[조사자: 나온 거예요? 인민군이?] [조사자: 그걸 다 삐라로 소식을 알고계신건가요?] 여기서 삐라를 다 주더라고. 딱 삐라를 읽어보고 알면은 어디까지 들어갔다. 또 이렇게 보면 인민군은 삐라가 없어 비행기가 없으니까. [조사자: 아 그때까진 인민군은.] 그때도 중공군도 없었어. 그러니까 남 그러니깐 남굴이야. [조사자: 예. 괭이를.] 남굴을 또 이렇게 해서 파구 보냈어. 일자간 오삽 이렇게 꺾어서 이렇게 미는데 인제 휴전 되면서 우리네가 인제 여기서 쌀 가져가고 미국서 주고 이렇게 주는 바람에 그걸로 다 전쟁 준비하는거 같애.

[조사자: 미리 방공호도 파라 그러고.] 방공호 돌 같은데 그냥 해가주고 견디

나? 다 아주 없어지는데. 그런데 산 옆에 이렇게 있으면 거기다 엎드려 있어. 하나가 밥을 해놓고 어

"투퉁데 치팔라 치팔라."

그런다고. 이렇게 하는 거야. 밥 먹으란 소리라 이거지.

"어 퉁퉁데 치팔라 치팔라."

그러면 나와 하나씩 나와서 먹고 뜯으러 가. 퉁퉁데는 달아서 먹으란 얘긴가봐. [조사자: 아무한테나 다 줬어요 밥을?] 아니 중공군을 그렇게 부르지. 밥 해놓고는. [조사자: 숨어 있다가. 폭격하니까?] 그 사람들은 치팔라가 밥 먹으란 소리야. [조사자: 퉁퉁대는 다 같이 치팔라는 밥 먹어.]

"퉁퉁대 치팔라, 치팔라."

나가서 보고 비행기 오나 안 오나 보고 와서 먹어. 먹고 기어들어가 또 그러다 한 사흘인가 있다가 보니깐 없어. 다 어디로 갔는지 없어. 그 전에 국군이 구월 초 하루날. 음력 구월 초 하루날 국군이 철원을 점령했어. 거길 들어와서 삐라를 뿌리더라고. 철원은 아주 국군이 점령을 했다고.

그래서 그런데 우리 구월 초하루 날인데 여름날 우리 조카를 났어. 밤낭구 밑에서. 어쩔 수가 없었어. 무서우니까. 걔가 벌서 예순 벌써 둘인가 셋인가 그래. 육이오 나던 그 이듬해 났어. [조사자: 사변둥이네요. 사변둥이.]

[조사자: 중공군은 폐 안끼쳤어요? 와 갖고.] 안 그래. 그 사람들은 한 방에서 자도 여자 생각도 안 해. 우리네가 이렇게 이거 이거 봐. 이러면서 모택동 모가지 이렇게 모가지 짜른다고 아주 질색을 해. 아주 군기가 무서와. 저기 저 모택동이가 못하게 하나봐. 한방에 자도 괜찮아. 여기 국군이 그렇지 아군하고 미군들 무서워서 처녀들을 바지를 입고 아주 거지 같이 하고 있었어. 그 사람들은 한데 있어도 괜찮아. 아무렇지도 않아. 한방에서 뒹굴어도 여자들에 손을 안대. 그냥 모택동이가 나가서 건들으면 모가지 없앤다 그랬나봐. 모택동 모가지 모가지 이래. 모가지 소리는 잘해.

[조사자: 모가지라 그래요 한국말로?] 그러더니 와서 한 열흘 있으면서 여기

열흘 있으면서 한국말을 배워서 욕도 못해. [조사자: 알아들으니까?] 방공호 속에 인제 들어가서 인제 있는데 비행기가 이렇게 떠서 오니까 그게 인제 방공호로 들어왔어. 그런 걸 못 알아듣는 줄 알고

"저 개새끼가 들어와서 비행기가 보고 폭격할 것 같다."고.

인제 욕을 했어.

"새끼! 새끼! 새끼!"

암 달라붙는 거야. [조사자: 아우 무서우셨겠어요.] 그래서 난 무서와서 그 방공호 밖으로 살그머니 막 기어서 산 밑에 가서 그냥 이렇구 앉아 있었어. 앉어 있으니까 그 아줌마가 잘못했다고 빌어

"내가 우리 애 욕했지 죽을려고 욕을 하냐."고.

그러니까

"아니야. 새끼! 새끼!"

이러니까 대뜸 지랄을 하고. (일동 웃음) 고담엔 그 아주머니 보고

"아주머니 그러지 마라. 그 사람들도 고생하고 그러는데 뭐 그까짓 내버려 두지 그렇게 하냐."고.

그니까

"비행기가 보면 우리가 죽지 않아. 그러니까 새끼라 그러지."

그러드라고. 비행기가 보면 폭격을 하면 죽은 거야 우리는. 이왕 죽으나 그 속에서 죽으나 한가지니까 난 기어 나와서 좀 떨어져서 산밑에 가 앉았더랬어. 그랬더니 안 오더라구. 못 봤나봐 그래서. 봤으면 영락없지 뭐 죽는 거야 거기다 폭탄을 터뜨려서.

[조사자: 전쟁 때는 폭탄이 가장 무서운 거구나.] 아이구. 폭탄이 먼데서 보면 꼭 새새끼 같애. 요렇게 똑똑똑 떨어지면, 떨어지면 뜰뜰들뜰 이 벽이 흔들리면서 벽이 다 떨어지는 거야. 포가 이렇게 포를 쏘다 잘못 쏘면 있지도 못한 거 쏘면 집이 이게, 이게 포 맞으면서 불이나면서 집이 타면서 그렇게 해. 얼마나 우리는 인민군 포가 외양간에 떨어져서 소가 죽었는데 뭐. 매기를 거

기다 매어 놨더니 쏘기를 다른 데를 쏜다는 게 거기다 떨어져서 오발이 됐어.

그래서 국군도 추운데 떨면 불쌍하고 인민군도 추운데 떨면 불쌍하고 그래 다 인간이잖아. 한민족인데 왜 갈라졌는지 몰라. 우리 민족끼리 싸우는 거 아니야. 형제, 그러니까 이북 동생들 두고 온 사람 형들도 있는데 싸움을 하니까 그 형제끼리 싸우는 거 아니야. 한민족인데. 해서 이승만이 정치를 빨리 잘했으면 다 잘됐으면 한국이 됐을 거고 김일성이가 잘했으면 이북이 됐을 거고 그렇잖아. [조사자: 둘 다 못해갖고.]

지금도 생생한 4년간의 원주 수용소의 기억

김 연 중

"종이짝이나 주고 뭐 쓰라고 이러는데, 그게 우습기도 하고 나한테는 재미있었던 거야. 그냥 아무것도 안하고선 있다가 그런 걸 하니까."

자 료 명: 20120128김연중(철원)
조 사 일: 2012년 1월 28일
조사시간: 1시간 12분
구 연 자: 김연중(여 · 1929년생)
조 사 자: 박경열, 유효철, 김명수
조사장소: 강원도 철원군 동송읍 오지2리 마을회관

[조사과정 및 구연상황]

전날 조사팀이 다른 조사로 늦게 오지리 마을회관에 도착하였다. 마을회관에는 어르신이나 할머님들이 많지 않았다. 전쟁체험 듣기를 청했으나 이야기할만한 사람이 없다고 하셨다. 김연중 화자가 다음날 오면 이야기를 하겠노라 약속하였다. 다음날 찾아갔을 때는 점심 준비를 하고 계셨다. 조사팀도 함께 먹자고 권유하셔서 함께 점심을 먹었다. 점심을 먹고 난 후 할머니 세 분은 마을회관 큰 방에서 화투를 치셨다. 조사팀과 화자는 주방으로 이동하여 조사를 시작하였다. 화자는 수용소에서 배운 공부나 율동에 대해서 말을 할 때 톤이 높아지고 웃음이 만발하였다.

[구연자 정보]

1929년생으로 전쟁 당시의 나이는 22세이다. 화자는 전쟁당시의 나이가 15-16세이고, 결혼은 전쟁이 끝나고 한참 뒤에 한 것으로 기억하고 있다. 가족은 6남매로 오빠가 둘, 동생이 둘이며 언니가 있다. 언니는 일찍 시집을 갔고 동생 둘의 뒷바라지를 구연자가 자처했다. 자신이 제대로 배우지 못한 한을 공부 잘 하는 동생들이 대신 이루어 줬으면 하는 꿈을 갖고 있었다.

[이야기 개요]

1950년 가을 폭격이 시작되면서 아버지가 빨치산에게 구타를 당하자 거동이 힘들어 가족과 함께 피난을 가지 못한다. 화자는 나머지 가족과 피난을 가다가 군인의 도움으로 원주 수용소에 들어가게 되었고 그 곳에서 4년간 생활한다. 원주 수용소에서 단체 생활을 하며 겪었던 경험들이 지금은 행복한 기억으로 남아 있다. 함께 피난을 나오지 못한 아버지의 생사를 알 수 없었고 돌아가셨을 것이라 생각한다. 작은 오빠는 공부를 잘 하여 당시 소련으로 유학을 갔는데 유학을 3년 다시 연기하면서 전쟁이 났기 때문에 연락이 끊겨 지금도 생사를 알지 못한다.

[주제어] 폭격, 빨치산, 피난, 아버지, 원주 수용소, 행복, 소련. 유학, 오빠

[1] 토지개혁으로 곤궁해진 삶

그 전에 살을 때는 식구가 대가족이야. [조사자: 맞아요.] 대가족이어서 우리 큰아빠는 나가 갖고 분가해서 살고. 우리 식구하고 이렇게 살다가, 살다가 인제, 그때는 왜정 때 좀 살았기 때문에 고때 고때 살고 그래서 우리 작은 오빠는 서울로 인제 공부를 가고, 우리는, 우리는 여기서 공부를 다 학교를 가다보니까 공부한 것은 없어도, 거기를 다니다가, 다니다가 고냥 5학년 때인가 4학년 때인가 해방이 됐지.

해방이 되고 나니깐 그때 돌아온 건지 우리 오빠 돌아오고 우리 식구들 살다가보니까, 우리 작은 오빤 그 때 그 때 해방되고 나서니까 잠깐 어디 취직했는지는 몰라. 그건. 좀 나갔다가 다시 돌아오고 그러고선 그때 이제 우리 작은 오빠가 난 저기 춘천서 여자를 데리고 와서 올케를 결혼을 했지. 결혼을 하고서 살다보니까, 살고 그리고서 해방이 되고나서는, 우리 오빠는 그니깐 애기가 정월달, 어제 어제가 그저께가 생일인데, 걔 낳고 그 해 여름해로 이제 유학을 떠났어. 막. 떠나고 우리는 고냥 살고. 살다가서는 식구대로 살았으니까.

그 때는 그 때는 해방되고는 어려웠지. 왜냐하면 거기는 이 토지개혁이라는 법이 있어가지고 남 주었던 땅은 그 사람이 하게 되고, 그래가지고선 우린 이제 우리 하던 땅만 일꾼들 두고 하던 땅만 조금 가지게 됐어. 그래서 살고 그러니까는 힘들었지. 힘들게 살았는데 그러고나서 그냥 학교를 다니는데, 다닐 적에도 그냥 뭐 그렇게 다녔는데 어렵게 살은 거여, 그때는. 땅이 이렇게 분배가 되고서는 어렵지.

어렵게 살다보니까는 아닌게 아니라, 이제 우리 앞집 혼자 계시고, 우리 애들만 많으니까는 살기도 무척 힘들었는데, 그렇게 살다보니까 육이오를 이제 나게 된 당시는 그렇게 우리 큰 오빠네는 따로 살고, 우린 우리대로 살고 하다가 육이오가 날 당시에는 그때는 우리가 이렇게 그땐 사변이라고 날 생

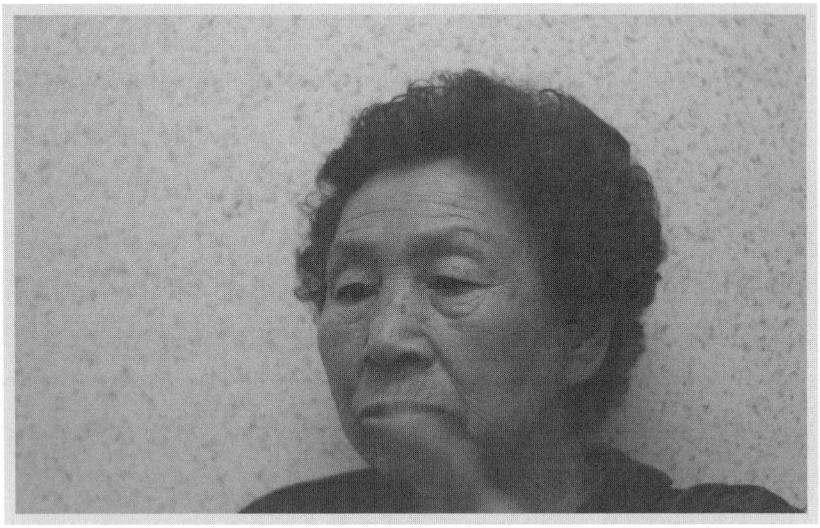

각도 모르고 아무것도 모르고 살은 거지, 우리는. 근데 군인들 군인들이 많이 배치되고 하니까, 그러면서 그때 이제 방공호를 파라고 했어. 집집마다. 그래서 방공호를 다 팠어. 다 파고서 났는데, 얼마 있다가, 그러니까 그 해인가 그해는 아니지. 그 다음해 했지.

[2] 집이 폭격을 맞자 광산굴로 들어가다.

고 때 인제 우리 오빠 간지 3년 접어드면서인가 그렇게 하면서 육이오가 났는데 [조사자: 그러면 육이오가 나기 전부터 방공호를 팠어요?] 아니여. 육이오가 나기 전에 팠어. [조사자: 그러니까.] 그럼. 그해. 그해 파라고 마당에다 우리 집이 요렇게 네모진 군형 집이거든. 사각형 집인데, 바깥마당에다 파야 된대. 그래가지고 바깥마당에 파고선 있고 있는데, 육이오가 나던 그 해 가을에, 가을에는 제사지내러 우리 오빠네 가차운데, 거기 가서 제살 지내는데, 그때 비행기가 처음 폭격을 하는 거야.

그때 폭격을 할 당시는 우린 제사 지내고도 인제 고기 식구가 있고, 또 방공호로 들어가라는 사람이 있어서 방공호로 들어가고. 그렇게 하면서 며칠 됐는지, 그건 잘 모르는데, 이제 중학교는 요 짝이 있는데, 국민학교는 저 짝에 거리가 그것도 가차웠어요. 가차웠는데 학교가 길어. 우리는 거기가. 계단이 요렇게, 요렇게 있고, 헌데 제일 먼저 친 게 가운데 중심지가 사무실이 있는데, 거길 폭격을 했는데, 그때서부터 비행기를 무서워한 거야. 처음에는 그래도 아무것도 모르고 살다가. 그래서 가운데 이제 사무실이 무너지고, 그리고 그때서부터는 학교를 중지한 거지. 전기불도 끊어지고 그러다보니까 못 갔지.

그렇게 살다보니까 이 군인들은 절로 나갔잖아. 나갔다가 부산까지 갔대나 어디까지 갔대나 뭐 이러는 데, 우리는 뭐 그거 모르지. 라디오도 없고 테레비도 없고 아무 것도 없으니까. [조사자: 그럼 어디서 들으셨어요?] 사방으로 연결해서 듣는 거야. [조사자: 소문으로만 듣는 거구나.] 그럼. 소문으로만 들은 거지 아무 것도 없었거든. 그러더니 낭중에는 인천항으로 들어왔다고 그 얘기가 또 들리더라고. 인천항으로 미군이 들어왔다고.

그랬는데 얼마 안돼서, 우리가 또 후퇴하잖아. 피난가래. 피난을. 피난을 잠깐 갔다가 또 왔는데, 그때는 집으로 폭격을 해가지고 우리 집이 제일 먼저 탄 거야. 가운데 중심지에 있는데 집이 크니까, 이 군인들이 여길 와서 집 좀 있으니까 여길 친 거야. 그러니까 집도 없어, 우린. 집도 없는데 산골짜기 위로 가서 피난을 이제 하는데, 외딴집이 있는데 거기 광산골이라고 요만한 데, 꽤 컸는데, 거기 가 있으니까 고 앞에서 살다보니까 비행기가 또 폭격을 하니깐, 고기로 이제 들어가서, 광산굴은 크거든. 그게. 지금도 그 굴이 있을 거여.

근데 거길 들어갔다 나갔다 피난을 하고 살다가, 하고 살다가 낭중에는 나왔다가 또 후퇴를 하는 바람에 저 화천 아까 얘기하다시피 그 외가식구들이 산골이니까, 우리 집도 산골인데 글로 간 거여. 글로 가다보니까는 그 셋이서, 우리 언니하고 내 동생하고 셋이 넘어가다 보니까, 군인이 서라고 그러잖아. 밤이니까. 비행기가 있어 밤에 가다보니까 서라고 그래. 손 다 들고 섰지. 그럴 때 우리 비행기 때문에 피난 간다고 그러니까 잘 가라고 그러더라고. 그래 가다보니까 날이 샜어요. 얼마 멀지 않아도 날이 센 거예요.

그러다보니까 화천읍에 못가서, 화천읍에 못가서 다리 이렇게 칸이 있는데, 거기 애들이 있더라고, 거기서 들어갔다 나왔다 하는데 비행기가 뜨니까 걔는 쏙 들어갔는데 우린 못 들어가고 있던 거여. 사람보고 칠까봐. 그래서 바깥에서 섰었어. 바깥에서 나무에 가려서 숨어서 있다가 비행기가 지나간 다음에 그 굴에 들어간 거지. 들어가 가고서 또 비행기가 없어진 거야.

그러니까 또 가는 거지. 가다보니까 화천읍 바로 지리산 밑에 고길 가는데 비행기가 또 떴어. 또 집으로 숨은 거지. 그때 그 앞에 여기서 저기 다리 밑에 마침 그 집을 폭격을 한 것 같애. 폭격을 할 당시에는 그땐 우리는 가만히 끝나도록만 있는 거여. 끝나도록 있으니까, 끝이 나고 기와집이니깐 막 불이 나면 튀어. 그래가지고선 끝난 다음에 거기서 얼마쯤 가면 풍산이라고 있어.

풍산리 고개를 너머서 가가주고 내려가야 우리 외갓집인데, 올라가다가 어린 마음에 우리들은 이쪽으로 가면 빨리 찾고 이쪽으로 올라가서 보니까 저기 발전소가 있는데, 거기 문이 있거든. 일루다 이렇게 내려오는 보이거든. 여기 잘못 왔다.'고. 도로 내려와서 이 고개를 너머서 내려가는 거여, 글로.

내려가서 인제 우리 외삼촌의 집으로 갔고. 가서 며칠 있다 보니까는 우리 셋이서 간 것이 우리 아버지가 또 오신거야. 근데 나쁜 병을 앓았기 때문에 많이 댕기시질 못했어요. 그래 거기서 앓는 상태로 있다 보니까는 우리 외갓집이가 또 피난을 또 간 거야. 거기서. 우릴 놔두고. 우린 그 집에서 있고 우리 외삼촌은 또 다른 데로 가고 [조사자: 왜 같이 안가시고 따로 가셨어요?] 아니요. 외삼촌의 집으로 갔는데, 외삼촌네는 거기서 또 딴 데로 올라갔지. [조사자: 먼저 가셨구나.] 우린 거기서 있고.

그러다보니까 비행기가 무섭고 그러니까 우리도 또 산에다 방공호를 팠는데, 거길 또 올라간 거여. 올라가서 보니까는 거기서 며칠 있다, 며칠인지 한 달도 넘었겠지. 하여간 나물이 나와 가지고선 나물을 해먹고 돈나물 김치를 해먹고 이랬으니까. 그렇게 해먹을 게 없으니까 그렇게 다 하고 났는데, 아군들이 들어온 거예요.

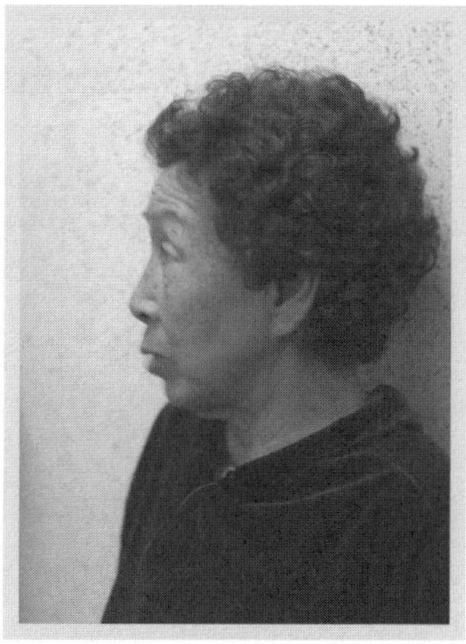

군인들이 들어와서는

"왜 여기 있냐?"

"비행기가 무서워서 못 내려간다."

"이제는 비행기가 안 무섭다고 내려가."

그래. 또 내려왔지, 집엘. 내려와서 거기서 사노라니까는 살다가 인제 얼마 동안 있고 하니깐 그 군인들이 멸치도 주고 뭐도 주고 그러더라고. 그래서 거기서 얻어다 먹었어. 그리고 얼마 있는 거 잘 몰라도, 있다가 피난을 이제 가라고 그러더라고. 그래서 비행기가 막 뜨면 우린 그래도 또 무서워서 숨으면 그 사람들이 군인들이 그러는 거야,

"안 무섭다."

군인이 그래.

"여긴 안친다."고.

이제. 아군이니까. 그래서 그걸 안치니까 겁이 났는데도 그래도 밑으로 돌면 무서워서 숨었어. 그러다가 한동안 있다가 배로, 배로 가야 하거든. 배로 실어 날르는 거야. 이불보따리만 하나 들었는지, 그때 옷도 없을 거여, 아마. 그랬는데 내가 이고가고 우리 애기가 애기들을 걔네들이 이제 지 동생 업고, 쪼금 저거 한 애들은 걸리고 그렇게 가가주고서는 그 물을 물건을 배에서 건너줬기 때문에 건넜어.

건너고서는 차가 온다고 해서 하루를 기달리는데, 한나절을 기달렸는지 생

각이 안나는데, 차가 와서 차가 오는데, 미군들 차겠지. 근데 거기서 볼 적에는 첫번에 미군들을 보는데, 피부도 정말 무서워, 실제로 보니까. 한국 사람만 보다가. 그러더니 낭중에 또 차타고 어찌 부산을 왔다갔다하고 하는데, 검둥이 타고, 이렇게 타는데 그때는 진짜 무섭더라고. (웃음) 검댕이가 무섭더라고.

그러고 꽉 잡고 그렇게 하고 있었는데, 그리고 나서는 거기서 자고서는 그 차에 올라타고 가다가 홍천서, 홍천서 잤어, 우리가. 잤는데 그때 자들 나쁜 병을 앓아가지고 사람이 시원치 않았거든. 근데 애를 나는 보따리를 들고서는 내가 애를 업어도 되는데, 보따리를 메었으니까 못 허고, 우리 어머니는 나이가 많으니까 못 저거 하시고.

근데 그 애를 업고 가다가 내려놨는데, 죽은 거야. 죽으니까 그 애를 어떻게 할 수가 없잖아, 우리가. 그래서 우리 엄니가 어디 가서 얘길 하더라고.

"아이, 우리 애기가 죽었는데, 어떻게 하면 좋을고. 밥을 좀 줘요."

그랬나봐. 그러니까

"어디에요?"

하고 오더니 자기네가 가지고 가서 우리가 묻어주니까 걱정하지 말래. 그래서 애기를 어디서 묻어주고, 우리는 우리대로 피난을 거기서 또 가는 거야.

[3] 원주 수용소의 즐거웠던 추억

인제. 거기서 자고서 가는 곳이 어디냐면 원주야. 원주서 가서는 거기서 인제 원주 시내에서 내려놨는데, 해먹을 게 있어! 우리가 아무것도 모르고. 우리 어머니 촌아주머니고. 우리는 어리고. 그러니까 해먹을 것이 없지. 뭐야. 식구는 많고. 그러니까는 우리 큰집 큰 어머니가 먼저 나오신 거야. 그전에 나오신 건지, 어떻게 나오셨는지, 그걸 아는 거야. 인제.

"어디 가면 수용소가 있는데, 애들 밥 못 먹이지 말고, 애들을 거기다

보내.”

그래서 우리 사천 동생들을 글로 보냈지 뭐야. 그리고 걔네들은 끝이고. 우린 거기서 밥도 못 먹고 있다가, 낭중에 흥암면, 흥암면 수용소. 글로 갔어. 글로 가가지고 그때서부턴 배급을 타먹는 거지. 배급을 타먹는데 거기도 보니까는 이렇게 그게 중학교더라고, 가만히 보니까는.

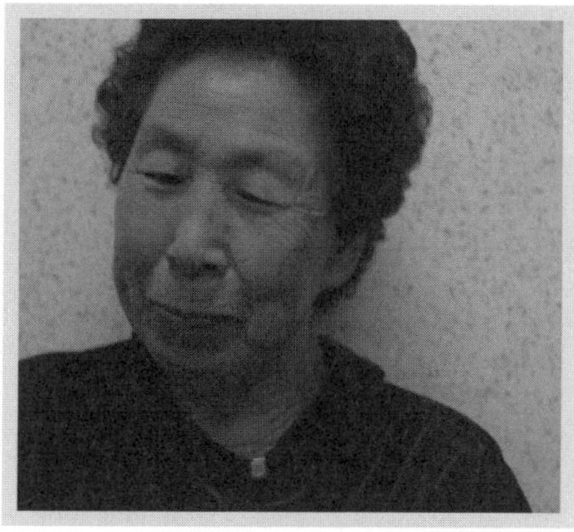

요렇게, 요렇게 되가지고선 있는데, 거기도 좋은 학교라서, 좋지는 않아. 요렇게, 요렇게 칸이 되어 있는데, 한군데 있는데 거기 있는데 보니깐, 저짝은 저하고 여기 우리 가마니 깔고서 잤거든. 근데 이렇게 보니까 우릴 피하라고 하는데, 아주 피하진 말고, 저쪽 구석에 가서 달아 있으래요. 여기서 공부 가르치고, 칠판 있고. 그래서 거기서 보니까, 거기서만 있게 하면 공불 하겠어. 거기서만 있으면. 그런데 다 나가래. (웃음) 나갔지.

그러고선 또 교실 같은 걸 하나 지어가지고선 칸칸이 이제 분배를 해주는 거야. 그 칸에 기장이 이만할꺼야, 아마. 좁기는 이만해도 거기 두 집이 세 집이 들어가는 거야. 불을 저기다 떼고. 커다랗게 지어서 이렇게 칸칸이. 이거는 막지 않았는데 그냥 불을 떼니까 고렇게 됐어. 그래서 거기서 피난을 하면서 밥을 그때는 밥을 안 읃어 먹었지. 잘 줬기 때문에, 배급을. 우유죽도 주고.

거기서 그렇게 있을 동안에, 거기서 있을 때, 동안에 이제 나무해서 그렇게 사는데 거기서 재미있는 일이 또 있대. [조사자: 어떤?] 재미있는 일이 뭔가 하냐면 학교를 칭칭이 하고 아무것도 안 배우는데 (웃음) 젊은 사람들을 젊은 여자애들을 다 오래. 오래고선 이제 이 이별로 대항을 하는 거야. 앞으로 가 그거를 하고, 36반까지 있더라고. 여기. [조사자: 36반?] 어. 그거를 우리는 그거를 몰랐어요. 저기선 그걸 몰라. 발맞추어 가하니까, 그때는 그 기차놀이 하니까는 그래도 아무것도 안하고 나무막대만 하고 그냥 이렇게만 있다가 그런데 나가니까 좋잖아. (웃음) 말하자면.

그래가지고 거기서 딴 수용서에 가서 우리 여기 인제 학생들은 아니래도 인제 한 패에 있고, 다른 패에 있고, 칠판에 놓고 시험을 보는 거야. 시험을 보는 거야. 근데 시험이라고도 할 것도 없어. 그냥 종이짝이나 주고 뭐 쓰고 이러는데, 못 쓰는 사람은 갔다 써 줘도 되고, 이렇게 (웃음) 그렇게 해서 시험을 봤는데, 그게 우습기도 하고 나한테는 재미있었던 거야. 그냥 아무것도 안하고선 있다가 그런 걸 하니까.

그래서 거기서 앞으로 가라 뒤로 가라, 뭐 그런 거야 하던 사람이 허던 사람이니까 그건 발맞추고 하는 건 할 수 있잖아, 기본은 다. 그러니까는 거기서 그렇게 있다가 우리 동생이 큰동생은 나하고 쪼금 배우다가 국민학교 배우다가 나왔는데, 거기서 인제 또 학교를 가마니 깔고 배우는 데가 있는데, 애들을 보내더라고. 그래서 보니까 우리 동생이 그랬어. 일학년으로 들어가는 거야. 그래서

"야, 너 일학년으로 들어가지 말고 삼학년으로 들어가. 네가"

왜 3학년으로 들어왔냐고 하냐면은 거기서 배우다가 왔으니까, 그래도.

"기차는 알으니까. 3학년으로 들어가. 들어가서도 넉넉히 배울 수 있으니까, 들어가."

그래서 걔는 거기서 국민학교는 다니고. 그러다가 그냥 배급이 이제 차차 끊어지는 거지. 차차 끊어지니까, 우리 어머니가 밥을 얻어다가 새끼들을 먹이고. 결국 읃어다가 멕이고. 그러니까 그게 내가 21살에 들어왔으니까, 한 5년 그랬나? 그니까 4년 동안, 4년 동안은 아마 거기서 생활을 하고 거기서 동생들이 크면서 하나씩 다 데리고 인제 화천으로 어머니가 데리고 들어가고.

[4] 취직시켜 주지 않은 큰언니와 원수가 되다

나는 그때 그때 여긴 빽이잖아. 그러니께 우린 빽이 없잖아. 아무것도 아는 사람이 없어. 근데 거기 저 원주에 제사공장이라고 있었어요. [조사자: 무슨 공장?] 제사공장 [조사자: 제사공장? 제사공장이 뭘 만드는데?] 누에고치로 뭘 어떻게 하는 공장인데, [조사자: 아, 제사. 살 만드는데.] 그래가지고서 거기 가 있는데, 아는 사람이 없어 취직을 못했어, 나는.

그리고서는 저기 저 납품하는 공장, 콩나물 기르고 두부하고 하는 공장. 거기 가서 일을 하면서 있었지. 동생들은 다 보내고, 거기 들어갈 적에도 거기 들어갈 적에도 우리 언니한테 하는 소리가,

"언니 나 여기 들여보내줘."

그러면 내가 우리 동생이 공부를 잘 했어요. 밑에 동생이. 그래서 내가 제는 저거해서 가르칠게 얘를. 나만 들여보내줘. 언니한테 동생들 맽기질 않을테니까 나한테 그거만 갖다 놓아주라고 이렇게만. 나를 들여보내지 않았어. 한동안 아닌게아니라 우리 언니하고 내가 막 [조사자: 싸웠어요? 왜 안 놓아주셨어요?] 에 ? [조사자: 왜 안 놓아주셨어요?] 그러니까는 내 생각은 동생들 있으니까는 자기한테 갖다둘까봐 그랬는지,

"언니한테 부담 안 시켜. 내 동생 다 보내고, 내가 하나만 내가 뒤를 대줄테니까."

큰 동생이 공부를 잘했으니까, 뒤를 대줄테니까,

"언니 나만 넣어 줘."

그러니까

"에이 너두야."

마음은 그래. 화가 났는지. 얼마나 화가 났는지, 그때 추석 때인데, 서로 그때 잡아먹을 때야. 어디 가서 고길 가질러 갔대. 형부가. 그러니까 고기를 가져 가래.

"언니 나 고기 안먹어도 살아."

그리고선 신을 신고 이십리야. 이십리면 사킬로 사킬로 팔킬로지? [조사자: 네.] 거기를 해가 쪼금 있는데, 언니 나 갈 거야. 그리고선 막 허둥지둥 그냥 막 왔어. 그리고 거길 못가서 내가 인제 분하고, 여태까지도 그 한을 하고 사는데, 동생을 못 가르쳐 한을 갖고 살아요.

그래가지고선 와가지고선 다시 한 번 작은 동생이 거기 갔다 안와서, 데리고 누굴 시켜서 데리고 나오고, 다신 안 갔지. 우리 언니하고 웬수진 것처럼 안 봤어, 인제. 그렇게 하다가선, 우리 동생 들어가고, 나도 나는 그때서부터 거기 안 들어갔으니까, 그런 공장에 거기 다니고. 다니고 들어온 거지. 우리는.

근데 뭘 내가 안했는지 모르겠네? [조사자: 말씀하셨던 걸 또 하셔도 돼요.] 아이, 그거 뭐 자꾸 할 필요가 없잖아. [조사자: 그래도 얘기가 이어지니까.] 응? [조사자: 얘기가 이어지니까] 아후. [조사자: 말씀을 잘 하세요. 완결이 되잖아요.] 에이. (웃음) 그래가지고설랑 나중에도 지금 살다가도 그때 언젠가는 신문에 보니까, 그래가지고 지금 난 여기서 살고. 운전하는데, 내가 거기 가 사는데 우리 동생은 지금 거기서 중학교 다니다 왔거든. 와서 신문을 하도 보니까 웬만한 것 다 알아, 걔가. 신문을 보면 나왔다는 거 보고 얘기하고 우리 큰조카는 누나가 누나가 출가를 잘 해가지고, 그래도 공부를 시켰어요.

그니까 큰오빠네 조카딸이 조카를 그니까 우리 큰오빠네 애들이 셋인데, 고 아들은 하나 시켰어. 그래가지고선 걔는 중학교 댕기고 중학교 춘천 가서 거기서 다니고 중학교 댕기지, 그리고선 고등학교는 어떻게 된지 모르는데, 하여간 공부를 서울 가서 했나. 서울 가서 했나봐. 그리고선 났는데, 걔는 그래도 배우면서 저거하고 집이 좀 산도 있고 했으니까, 그걸 팔아다가 우리 올케가 걔를 대준거야.

대주고 또 바느질도 바느질은 우리 큰 올케는 우리가 그 전에 왜정 때는 가게를 봤어. 포목가게. 그걸 해가지고 옷도 팔고 그랬는데, 재봉틀을 잘 해가지고 그거 하면서 걔를 가르킨 거지. 그러더니 그래도 공부를, 우리 동생보다는 못했는데도, 걔가 성공을 하니깐 내가 우리 언니한테 더 비위간 하는거지. 그리고 나선 낭중이야 끝이지.

그런데 걔는 그렇게 해서 그래도 가가지고 선생노릇하고 낭중에는 부산대학교 저기 뭐의 외국어 대학, 이렇게 산으로 있대, 거기. 나도 가봤는데. 거기 거기 교수로 있고. 그러다가 암이 걸려서 죽었는데, 내가 거기서 그때 가을인데, 저기 가가지고서 동생들과 부산으로 갔었어요. 교회에서 뭐 목사래나 집사래나, 뭐라고 그러면서 그런데 교회에서도 걔 장사를 해준대고, 학교에서도 장사를 해준대고.

그러니까는 두 가지 중에 한가지를 택했는데, 하도 교회 저거하니까 교회에서 장사 치러 준다고 그러더라고. 교회가 길에서 얼마 안돼. 그러니까 교회에 관을 가지고 들어서 이 높은 데다 올려 놓고, 그러고선 저걸 봤대. [조사자: 예배를.] 예. 예배를 받고서도 문상객들 그거 하는 거 있잖아요. 그걸 받드라고. 그리고 또 누워가지고 가면서 얼루 가냐 하면은, 학교를 가는 거야. 학교로 가 이렇게 올라가는데 보니까, 그래서 가본건지, 난. 인제.

거기서 학교로 들린 거야. 산이니까 비스듬히 올라가대. 그래서 거 거기서 돌을 수 있는 차가 다 돌질 못하고 얼마치 도니까, 거기서 이렇게 돌게 해놨더라고. 거기까지 돌아가지고 오는데 학생들이 양쪽에서 쭉 섰어. (눈물 흘리심) [조사자: 아직까지 마음이 안 좋으신가 봐요?] 살지도 못하고 가니까. 그래서 거기서 장사 하고 인제 산에다 교회 산에다 묻고, 바로 돌아오고. 얼마 있다 들으니까, 거기 조카메느리가 그때 걔가 얼마냐. 지금 일흔 몇이구나. 그 조카가 일흔 몇이구나. 우리 동생은 다섯이고.

그런데 거기 학교의 책들이 남아있는데, 비싼 게 있는가봐. 그때도 벌써 그때 책 하나에 칠 팔백만원 간다 그러더라고. 보던 책이. 그렇게 비싼 게 있다고 그래. 우리는 모르지. 그러니까 그거를 그냥 학교에 기부를 하고 왔다 그러더라고. 그래 그 산소는 산에 거기 있고, 조카 며느리 나와 있고, 아들들은 하나는 서울 의과대학에 있고, 하나는 뭐 발전소고 뭐 거기 있고, 하나는 취직을 못하고 있대. 골고루 있어. 그렇게 있다고 하더라고.

그래서 우리 형님은 며느리가 안 모시잖아. 모신다고 그러긴 하는데, 싫으니까 싫으니까 혼자 계시다가 지금 말이 안 나오네. 고 앞인데. 근데 우리 조카딸이 거기 있으니까, 지가 모신다고. 그리고선 거기 가 계시는데, 아흔일곱이야. 가실 때도 됐지. 자식의 명을 잇고 오육팔의 명을 잇고, 그래서 그렇게 오래 사는 거라고 그러지, 우리가.

이렇게 온 몸이 붙었어요. [조사자: 안 움직이세요?] 근데 이게 붙은 게, 병원에 가기 전에는 안 붙었는데, 병원이 인천 무슨 병원인데, 손주 사위가 거기 과장으로 있어. 그래가지고 그 병원에 가서 운동을 시키는데, 그때부터 다리가 더 아프대. 그래가지고 아프다고 안쓰니까 붙은 거야. 이게. 붙은 거야, 양쪽이. 그런 거, 우리 조카딸이 그래도 엄마 백살까지, 그렇게 있는데도 백살까지 살래. 난 얼른 돌아가시라고 했는데. (웃음) 고생을 하니까. 얼른 돌아가시라고 하는데. 들을 지 못하고.

"아휴, 엄마가 돌아가셨으면 좋겠다. 네가 너무 고생을 해서."

"에이 엄마 그래도 백 살은 사셔야지."

그래. 그러니 정말 그거 보면 잘 하는 거야. 나는 안보는데도 내가 돌아가시라고 그랬지.(웃음) 그래. 지금은 내가 이따금씩 올해 내가 작년에 안 갔고, 올해에 내가 안갔는데, 우리 할아버지도 아프고 그러니까 내가 가질 못했어요. 그랬는데 다른 데 갈 적에는 아닌게 아니라 촌에서는 돈은 드릴게 없잖아. 돈은 드릴게 없으니까 내가 가면 그 전엔, 그 전엔 흑석동에 있었어. 중앙대학교 뒤에. 거기에 있을 때는 내가 가까이 갔었는데, 그때서부턴 내가 안 가지고 가고.

이제 그 무슨 시장이라고 그러더라. 저쪽에 시장이 있는데 거기. 그 시장을 잃어버렸어. [조사자: 서울에?] 예. 저 성남 뒤에 [조사자: 모란시장] 거길 가서 두부도 사오고 고작비지라는 것이 있어. 비지 띄운 걸 가지고 고작비지라고 하거든. [조사자: 고작비지?] 띄운 것이 고작비지인데, 그걸 좋아하셔서, 내가 항상 그걸 해가지고 갔었거든. 두부하고. 인제 돈은 못 드려도, 많이도 못 드리고, 내 생각엔 많은 거지만, 자기네는 우습겠지. 돈 삼 만원 드리고 오는 거야. 그리고는 어떨 땐 안받으실라면 안받으실라고 그러지. 이불 속에 넣고 오면, 이불 깔다 보고 전화를 하는 거지.

"고모들 내가 차비를 줘야 하는데 그걸 거기다 놓고 왔다."

"드릴 것이 많지 않아 조금 드렸어."

그러고 오는데 작년하고 올해는 내가 못 갔어. 다른 때는 그래도 가서 가기는 인제 명절 전에 가긴 가봐야 하는데, 그게 그렇게 안돼. 가면 우리 언니하고 이제 둘이서 약속하고 저기 그게 어디야. 석계역 전에가 상봉역. 상봉역에서 우리 언니하고 만나서 같이 가거든. 그런데 몇 년째 내가 안가니까 우리 언니도 못가는 거야.

"난 너 안가면 찾질 못해." (웃음)

못가는 거야. 항상 생각해보면, 그전에는 젊었으니까, 살으는 것도 그렇지만, 모르고 사는데, 인제는 형제들이 다 가니까, 형제들 늙어서 가니까, 우리도 갈 때가 다 되니까, 그게 제일 아쉬운 거지, 그래서 남은 식구들도 지금 그러니까 한번 보고 죽은, 소용은 없겠지만. 그래도 이 마음에 응, 맺힌 것은 한번 만나보고 싶고. 보고래도 죽으면 이제 그 한을 풀고, 그러는 거지.

[5] 생사를 알 수 없는 아버지의 행방

[조사자: 할머니 그 아버지는 어디가 그렇게 아프셨어요?] 우리 아버지? [조사자: 친정아버지] 아프신 것은 몰랐는데, 내가 아까 얘기했지. 육이오 사변 나고서는 [조사자: 나쁜 병이 나셨다고] 나쁜 병이 아니고, 아프신 게 아니고, 육이오사변 나고 후퇴당시에, 우린 농촌에서 사니까 소를 길렀어. 소를 한 마리 길러야 일을 하잖아. 애들이 작고. 그러니까.

길렀는데 육이오가 나서 몇 번 후퇴하다 보니까, 소를 가지고 있어야 농사를 짓게 됐으니까, 그랬으니까 그걸 없어가지고 여길 가질러 간 사이에, 여기 이쪽에 중학교 교장 선생이 우리 큰집하고 이 집하고 한 울타리야. 그런데 그 중학교 선생, 중학교 선생하고 우리 큰 집하고 사이가 안좋았던 가봐. 그러니까 우리 아버지가 소를 찾으러 간다고 연락한다고, 연락한다고 교장 선생님 마누라가, 마누라가 이른 거야. 그니까 우리 아버지는 뭐도 모르고 이 빨치산 부대한테 내려놔진 거지. 그걸 가지러 댕기는 걸.

그래갖고 낭중에는 낭중에는, 그거 그 왜 아까도 이렇게 얘기했지만, 빨래 걸면 이렇게 바지랑대라고 해, 요렇게 걸치는 거. 그걸 빼가지고서 때려서 이제 그렇게 일어나지도 못하고 했다고 해. 그런데 우리가 그때는 피난가서 춘천까지 갔다 들어가는데, 이래 죽으나 저래 죽으나 굶어죽으니까는, 집에는 쌀이 있으니까는 가질러 들어가다가 어떤 집이서 춘천시내에서 자고선 들어가는데, 누가 보고선 아버지가 돌아가셨는지 모르겠대. 그래 왜 그러냐니까. 아휴, 장말 빨치산 부대한테 매를 맞았대. 가다보니까 일어나지도 못하고 눕히고 일으키고 하는 거야.

근데 그때 우리 그때 언니가 그 옆에 사는 언니가 있었는데, 개똥이 약이래니까. 그때는 약도 없었지. 약이라니까 그 개똥을 주워와 갖고서는 삶아서 그 물을 들여라 그러더라고. 근데 개똥도 약에 쓸려고 하니까 없더래. (웃음) 그니까 그러다가 막 그렇게 때리는 순간에, 누가 봤냐하면은 이 빨치산 쫄병들이 때리는데 대장이 봤대, 그걸. 근데 우리 아버지를 알으니까, 그 양반이 우리 동네 살던 사람이니까, 난 누군지도 그거 하지만, 그 양반이 이 양반 그럴 사람이 아니라고. 그래가지고선 그때 중질해서 안 죽은거지. 이제.

그래서 우리 아버지는 그렇게 되서 앓다가, 앓고 일어났지. 그랬다가 낭중에 그 아군이 들어오면서 짐을 지고 가다가 두 분이, 우리 아버지하고 딴 분하고 두 분이 같이 갔다는데, 그 분도 안 오고 우리 아버지도 안 오고. 그니까 그 중간에 가서 어떻게 됐는지 모르지. 그렇게 가다가 전쟁에서 총질해서

죽었는지, 서로 싸우는데 들어갔던지, 하여간 짐 지고 갔는데, 그때 안계신 거야. 그때. 그리고선 못 만난거지, 우리는.

그 영원히 피난 나와서 혼자살고. [조사자: 제삿날도 모르시겠네] 예? [조사자: 제삿날도 모르시겠어.] 제삿날 모르기 때문에 유월 열하루 날이 우리 아버지 생신이야. [조사자: 그날 드리시는 거예요?] 그날 드리는 거야. 그날 드리는데, 우리 어머니 정신이 없어, 머리가. 그래 우리 올케들이 가면 고모 아버지 제사를 지내는데, 고모는 안다고 하는데, 어머니가 그래. 그래서 열하루날, 유월 열하루 날이라 그러더니, 어, 참 유월 열하루 날이라고 그래. 그래서 그날 제사 지내. 그렇게 된 거야.

[조사자: 아버지는 원래 직업이?] 농사. [조사자: 그냥 농사 지으셨어요?] 아무것도 안하고 농사만. 우리 아버지 고향은 원래는 어려서는 전라도 광주가 고향이래. 그런데 이리 와서는 어디 와서 살았냐면은 서울 덕수, 덕수, 왜 혜은이가 노래하는 거 있지. '덕수궁의 돌담길' 그 노래 하잖아. 덕수가 고향, 거기서 살으셨대요. 거기 산도 있어. 그란디 산도 있고 한데, 우리 사촌오빠

하나가 그걸 팔아먹었어. 그러니까 우리는 없어. 우리 사촌오빠가 몰래 팔아먹고 산도 어디다 다 팔아먹고, 우리 어머니 혼자 되니까 일찍 고생을 많이 했어. 돌아가신 거지.

[조사자: 그러면 그때 결혼했던 작은 오빠가 결혼을 하고 유학을 갔잖아요.] 그렇지. [조사자: 그 올케는 그 이후 계속 같이 사셨어요?] 그 올케는 사변이 나고서는 사변이 나고서는 혼자 있었잖아. 우리캉 같이 살다가. 그 조카도 있어. 지금. 그 조카는 교문리에서 지금 버스 끌다가 지금은 자가용 끌어, 택시를. 그 올케는 같이 있다가, 같이 있다가 이제 피난가면서 헤어졌지. 헤어져가지고 그 조카 하나 데리고 있다가 딴 남자에게 시집을 간 거야.

[6] 나이를 늘려 군대 가지 않은 남편

[조사자: 애 데리고 갔어요? 그러면] 데리고 갔는데, 데리고 갔지. 가긴. 갔다가 나중에 그게 크니까 나와 가지고선 지 혼자 돌아 댕긴 거지. 지 혼자. 그래가지고선 교문리에서 택시를 하고 [조사자: 할아버지는 지금? 어떻게 할아버지 말씀을 안 하신 것 같은데] 우리 아버지? [조사자: 아니, 아니요. 남편.] 우리? [조사자: 네.] 우리 할아버지는 여기서 같이 살다가 돌아가셨는데, 지난 여름에. 이월 달에. 이월 달에 돌아가셨어.

[조사자: 할아버지는 참전을 하셨던 분이신가요?] 예 [조사자: 군인, 군인 나갔다오셨나요?] 군인 안 나갔다 왔는데. 거기도 안 나가고, 나이를 늘어가지고 안 나갔어. [조사자: 안 나갈 수도 있었나 봐요, 남자가.] 나이가 늘어가지고. [조사자: 할머니 그러면 몇 살에 결혼하신 거예요?] 스물 한 살. [조사자: 스물한 살, 그러면 한참 뒤네. 난리났을 때가 열한 살인가 뭐 그랬다고 하셨는데] 아니지. [조사자: 그 때 열한 살이라고 그러셨는데.] 열다섯, 열다섯 열여섯인가, 그렇게 됐지. [조사자: 열다섯, 전쟁 나고 칠년 정도 있다가 결혼하신 거네요?] 그렇게, 그렇게 될 거야.

[조사자: 그러면 할머니 지금 한 83세 정도 되세요?] 내가 29년생으로 되어있으니까, 지금 어떻게 되나. [조사자: 83인가, 84] 팔십 얼마나 됐지. 팔십이나 팔심 삼정도 된 것 같은데. 넷으로 됐나? [조사자: 셋이나 넷] 그러니깐 내 나이를 그냥 그거만 왜도! [조사자: 몇 년생만 외어놓고 나이를 안 세시는 구나.] 번호만 윈 거지. [조사자: 그러면 결혼하고, 결혼하고는 그때가 전쟁 끝나고 6년 7년 정도가 됐으니까, 고때 할아버니 나이는 몇 살이였어요? 더 많으셨어요? 더 어리셨어요?] 아니. 거기도 늘었어. 늘어서 나도 인제 왜 나를 늘었냐 하면은 6.25나고서는 자꾸 가서 뛰어오라니까, 그거 귀찮잖아.

[조사자: 아 등번호 뛰어오라니까.] 잉 그러니까 그렇게 늙혀 놓은 거여. 그래서 [조사자: 늙혀놓았다는 게 나이가 더 많아졌다는 것인가요?] 그러니깐 많게 했으니까 그러니깐 [조사자: 나이가 많아서 그러면 군대를 안 가신 거예요?] 아니, 나. 나. [조사자: 할머니도 그렇고 할아버지?] 나이가 많아서 안 갔을 거야. [조사자: 왜냐면 예전에 얘기를 들어보니까 다 6년 내지 7년 군대를 갔다 왔던데.] 그전에 안 갔어. 그때 인민군갈 때 일거야. 보나마나. 그런데도 안 갔더라고. 안됐는지, 그때는 어떻게 됐는지 그건 몰라. (웃음)

[7] 전쟁으로 낯선 사람들을 보다

[조사자: 할머니, 어제 말씀하실 때, 그 국군은 어땠다, 인민군은 어땠다, 그런 말씀하셨잖아요, 그건 어떻게 아셨어요?] 그거 그거는 왜 알았냐하면은 그건 알 수가 없지. 아니 국군은 여기 나오다 들은 거고, 그짝 인민군은 우리가 당하고 살았을 때니까, 그렇잖아. [조사자: 인민군은 실제로 보고] 그럼. 보고. 그전에 중공군은 여기 인제 나왔었잖아요. 그때 후퇴했어, 후퇴할 당시에, 그 우리가 산골짜기에 거기 있을 적에 있을 적에 그 집에 있었는데, 사단장이 그 집을 왔어. 사단장이. 사단장이 둘이더라. 사단장이래. 그러니까 그런가 보다 하지.

사단장이 둘이서 왔는데, 연락병이 둘이서 쫓아 당기더라고. 그때 말은 안 통해도 우리 언니하고 거기 주인 아줌마하고 맷돌로 갈으니까는 문을 열고 막 이렇게 해. 그러니까는 좀 기분이 나빴는가 봐. 난 모르는데. 우리 언니하고 그 양반하고. 그랬더니 통역관이 오니까 그러더라고.

"아 저기저기서 연락병이 말이여, 우리가 이렇게 하니까 와서 웃으면서 다 이렇게 하고 있었어."

라고 했다고 그랬어. 그랬더니 뭐라고 야단을 쳤는지, 다시 와서 뭐 달래면, 손가락 발가락질 해야 알잖아. 그렇게 해서 가져가고 그러더라고. 그리고 그 후퇴할 당시, 그 사단장은 다 이렇게 가고, 낭중에 여기서 후퇴하듯 여기서 막 들어오잖아. 그때 우리가 아팠어요. 나쁜 병을 앓아서. [조사자: 홍역!] 아니지. 장질의사. [조사자: 장질의사요?] 옘병이라고 하지, 왜. 그거해가지고 그거를 앓았어, 다. 들어 누워있는데, 내가 그때 아파서 들어 누워있는데, 군인들이 막 들어오는 거야.

그러니까 난 그때 무서운 것도 모르고, 그냥 발로 막 찬 거지. 쑤시고 들어오는 거지. 일루. 막 쑤시고 들어오고 자고 그랬는데, 그러다가 자꾸 들어오니까 좁으니까 밀려가야지, 어떡해. 그래가지고 윗방에 가서 식구들이 잤고. 근데 그 사람들은 그거는 거기 사람들은 이 타치를 안한다는 걸, 그러니까 아는 거지. 그러니까 타치를 안해요. 어느 사람이든지 나이 잡숴 지금 돌아가신 분들, 우리 나잇세 된 사람, 다 물어보면 다 그래. 거기는 군인들이라는게 절대 타치 안해. 인제는 세월이 바뀌 어떻게 된지 모르지.

[조사자: 혹시 거리에 사람들이 죽어 있거나 그러기도 했어요? 폭격 맞아서, 시체들이] 그거는 못보고. 그거는 못 봤는데, 한군데 이렇게 덮은 게, 한군데 대강 덮었는데 다리 나오고 팔도 이렇게 나왔어. 여긴 다 덮어지고. 뵈기 싫으니까 흙으로 다 덮었겠지. 근데 검둥이같아. 새까만 이렇게 있는 게, 그리고 다른 건 못 봤어. 그건 봤는데. [조사자: 주로 폭격만 있었군요? 폭격] 응. 폭격을 했어. [조사자: 총으로 총으로 이렇게 하진 않고] 그거 할 적에는 우리는

방에 있었으니까. 총소리는 나구요. 못 나갔지. [조사자: 총소리는 나요? 낮에 나요?] 응. 낮에. 저쪽에서 이쪽에서도 양쪽에서 콩닥콩닥하고 저쪽에서도 콩닥콩닥하고.

[8] 즐거웠던 단체생활의 추억과 그리운 동창

[조사자: 뭐 친한 사람은 없으셨어요?] 예? [조사자: 친구? 그 피난생활 할 때 처음 만난 친구들은 없으셨어요? 그때 같이 또래끼리 모여 있지 않으셨어요?] 아니, 또래끼리는 없어요. 또래끼리는 없는데 나보단 나이가 많아가지고, 같이 한 막소에 있어서, 있다가 그냥 그이는 나이가 많으니까, 언니 언니하고 지내다가, 그이는 양구로 가고 우리는 헤어지고, 그거지.

그때 재미있었던 것은 그거라니까. 단체생활한번 하고 (웃음) [조사자: 그게 인상에 남으셨어요? 그게 재미있으셨어요?] 예. 재미있었잖아. 그런 생활을 못 했잖아. 들에 나가서 뭘 했어, 어디를 갔어야지. 산에 나무나 가고 밥이나 해먹고, 밥이래야 알랑미 쌀 가지고 해먹고, 그러다가 거기 나무 갔다 오니까 한번은 여자가 단장이라나, 지가 단장이래요. 그 여자가 춘천서 중학교를 댕겼나 봐. 그리고선 단장이라고 지가 저거하고 하는데, 그 여자가 앞으로 가, 이제 뒤로 돌아, 12방향 뭐 어쩌고 이렇게 하면 다 하는데.

근데 아닌게 아니라 저쪽에서는 웬만하면 글씨 모르는 사람이 없거든. 문맹퇴치야. 그래가지고서는 나이 잡순 양반들은 마흔다섯 살까지도 의무교육으로 해가지고, 의무교육이 아니라 그건 야간에 학생들이 이렇게 나와서 [조사자: 야학, 야학.] 칠판에 놓고 가르쳐. 그러면 그걸 배워서 옛날에는 엄마들이 그걸 해독을 한 거야. 그래서 정말 공문모르는 사람이 별로 없었어요. 그런데 여길 나오니까는, [조사자: 많아요?] 여기 나오니깐 우리 젊은 우리네 또래들 '앞으로 가' 할 적에 앞으로 가덜 몰르고, 발맞추는 것 학교 안 댕겼으니 모르지. 발맞추는 것도 모르고 뒤로 가는 것도 바로 가는 사람 옆으로 가는 사람, 맞출지도 모르고.

우린 들은 사람이라 뒤로 가라하면 저쪽에서 배워 반대방향으로 돌더구만. 그러니까 우린 반대방향으로 하면 되는 거구. 발맞춰가 가 할 적에도 하나 하면 왼발을 한다던지, 바른 발을 하던지 거기에다 맞추면 이렇게이렇게 하면서, 그런 거 못하고. 그런데 거기서는 거기서는 친구가 거기 하나 나왔었지. 하나 나올 적에 같이 휴양사에서 같이 그 생활을 했지.

그러다가 들어갔는데, 그때 그러고선 몰라요. 몇 년도인가. 십년됐나. 십년 쪼금 더 됐나. 그때 우리 언니가 그래요.

"야야 네 주소 자꾸 알으켜 달란다."

"왜?"

"동창회한다고 자꾸 알으켜 달란다."

"알으켜 주지마. 나 안 갈래."

여기서 돈 들여서 갈려면 힘드니까. [조사자: 서울에서 하나보다.] 저 춘천에서 해요. 여름이면 거기서 하고 12월 달이면 서울서 한대요. 근데 지금 생각하면 왜 안했나 생각을 하는 거야. 그때는 내가 애들하고 댕기기도 그렇고, 그래서 안했는데, 지금은 동창회 한 거 생각하면 아휴, 내가 왜 안했나. 그때 했으면 그래도 동창생들을 만나보는데 그런 생각도 해. 12월 25일로 아주 정했다고 그러더라고. [조사자: 크리스마스 때?] 잊어버리지 않게. 정했다고 그러더라고. 그런데 지금 와서는 후회스러워.

[조사자: 그러면 얄밉고 미운 사람은 없었어요?] 얄밉고 미운 사람은 몰라. 그냥 남자들꺼라 여자들꺼는 남자 여덟이면 여자 여덟, 같이 뛰고 그냥 같이 힘차게 놀고 그래고. 그런 거는 모르고. 미운 것도 모르고 이쁜 것도 모르고. 그런데 친구 하나는 우리 뒷집이야. 제일 친한 친구야. 친한 친구가 걔가 제일 친한 치구야. 왜냐하면은 어딜 가든지 같이 가는 거야. 토요일 날, 우리는 촌에 살으니까, 거기서 쪼금 가면 이 솔밭이 있고, 낙엽 솔밭이 있고, 거기 고사리가 나요. 고사리가. 그럼 무슨 고사리냐면 당고사리야. 당고사리는 어

떻게 되냐하면은 고사리를 뜯어다가 바로 읆어서 국 끓여 먹어도 안 써. 다른 고사리는 쓴데, 안 써.

그래서 인제 고 우리 우리가 셋이야, 딱. 여자들은 셋이야. 다 아래 학년이고. 그런데 셋이서 오다가 토요일날은 얘 새끼 까고, 얘는 지 조카고 얘는 아줌마고 난 이거고. 이렇게 둘이서 인제 얘 빼놓고. 빼놓고, 셋이 가면 막 뛰고 그러는데, 둘이 가면 사분히 걷거든. 그러니끼 빼놓고 가느라고 둘이서 이렇게 다니고. (웃음) 다니고 또 학교 갈 적에도 일 년을 쉬었어요, 우리가. 일 년을 쉬었는데 그러다 보니까는 걔가 또 가는 거야. 나도 또 간다고. 학교 가서 보니까 때가 늦었대. 늦었대. 따라가기가 힘들대. 그래서 그 후로 인제 다시 들어갔어. 같이. 학교로 들어 간 거야. 증지에서 학교를 또 간 거야.

그래서 걔하고 제일 친한 친구야. 미운 건 없고, 미운 사람은 없어. 친하니까 이제 우리가 앞뒷집이니까 전깃불만 나갔다, 난 뒤에 나가서 우리 집이 크니까, 뒷마루가 이만해. 거기 나가서 문 열고

"아무개"

"우린 불나갔는데 불나갔냐?"

거기서도 또

"어. 불나갔어."

들어올 때 바라고 기다리고. 이제 그렇게 하고. 나무를 가도 요 앞에 우리가 대문을 이렇게 났는데, 걔네 집은 저기이니까, 볼까봐 일루 던지고. 나만 이렇게 돌아 같이 가는 거야.(웃음) 그거는 옛날 얘기고. 정말정말 옛날 얘기야.

그래 여길 나와서 재미있는 건, 한 가지, 수용소에서 그거 한 것이 제일 재미있었다는 것, 단체 생활을 못해봐서. 그전에는 학교 댕길 적에는 단체 생활을 해봤지만. 그때는 다만 몇이래도. 한 이삼십 명. 가서 그거 받고. [조사자: 수용소에 사람이 많았나 봐요?] 많았죠, 거기. 거긴 나오는 사람들, 춘천서 나온 사람들, 화천서 나온 사람들, 양구, 인제, 이런 데서 다 나온 사람들.

근데 근데 이북서 나온 사람들은 몇 안돼요. 안되고 걔하고 나하고 걔도 그냥 학교 나오던 데로 가고 걔는 고등학교로 간 거고. 나는 고등학교 못가고. 중지했다 갔기 때문에. 그러면서 그래 그래가지고선 다녔기 때문에 아쉬운 것은 뭐 지금 아쉬운 것은 많겠지만 뭐, [조사자: 할머니 그때 전쟁 때 제일 두려웠던 건] 폭격! 그게 제일 두려웠던 거지. [조사자: 소리가 얼마큼 해요? 소리가] 소리가 엄청나게 크지. 웅만 소리만 났다하면 그냥 방공호로 들어가던지 숲에 있었으면 나무 밑으로 바짝가서 붙어 있는 거야. 무서우니까. 폭격을 하니까.

피난 나오니까 피난 나오니까 살만 한 거야. 군인들이 점령하니까 우리가 일루 나오니까 그렇게 그렇게 살았지. 그러다보니까 죽지 않고 살으니까 고생만 했지. 그런데 한편으로 생각하면 또 좋은 것도 본 거야. 왜냐. 내가 밤낮 그 소리 하는 거야. 이북에서 내가 짠 것도 짠 것도 어디서 읃어 입어봐. 이런 걸 어디서 읃어 입어보고, 그런데 여기서는 좋은 것도 있지만은, 거기다 비하면은 옷은 정말 광목도 없고.

그 전에도 입던 건 이렇게 입고 하는데 명주나 짜고 그러는데, 베짜고 그렇게 해서 입었는데, 우리는 남줘서 했기 때문에 그걸 우리 손으로 못하고, 했기 때문에 반타작으로 이렇게 하니까 못 얻어 입는 거지, 고전에는 왜정 때 왜정 때 장사를 했기 때문에, 그래도 그 끈으로 그 끈으로 억지로 잇고 살았는데, [조사자: 포목장사, 포목장사] 예. 그것 좀 있던 걸로 억지로 잇고 살았는데, 거기서는 이 중학생 교복이 여기 해군모양으로 이렇게 뒤에 판이 있잖아요. 이렇게 판을 해가지고 하얗게 요렇게 했잖아요. 그런데 그거 할 천도 없었어. 천도. 어떻게 그거 구하면 그거 해서 이렇게 했지.

[9] 유학 간 지 칠년이 되어도 돌아오지 않는 작은 오빠

그리고 훈련병들 빨간 마후라. 넥타이 메고 그랬는데, 그런 걸 중학교 때는 그게 교복이야. [조사자: 그럼 할머니, 큰 오빠, 큰오빠는 학교를 어디까지 다니셨었어요?] 국민학교. [조사자: 국민학교. 근데 둘째 오빠는 어떻게 공부를 잘해서 유학까지 가신 거예요?] 유학 간 것은 낭중에 해방되고 나서 간 거고. [조사자: 해방되고 나서?] 그럼. 그리하고. 왜정 때 한 것은 우리 작은 오빠가 서울로 중학교를 갔지. [조사자: 서울로? 중학교를. 춘천에서 서울로.] 그럼. 글로 간 거지. 갔다가 해방될 무렵에 이제 왔지, 그래 해방이 된 거지.

해방이 되고서 인제 그때 마누라 얻어가지고 이렇게 같이 있다가 어디 잠깐 취직했다가 마누라 얻었으니까, 그때 애기 낳고나서 몇 달 있다가 유학을 떠난 거야. [조사자: 돈이 있어야 유학을 갈텐데] 어? [조사자: 돈이 있어야 유학을 갈텐데.] 몰라. 어떻게 됐는지. [조사자: 아버지가 보내주거나 이러신 않으셨네요.] 자기가 간 거지. 그러니까 서울 가서 공부했으니까, 그 자기가 그걸 할라고 갔는지, 그땐 우리가 어렸으니까 모르지.

근데 거길 공부를 갔어. 근데 거길 공부를 가가지고 처음에는 3년을 간다고 해서, 3년을 언제 기다리나 그랬어. 근데 3년, 한2년 되니까 연기를 해서 몇 년이라고 또 그러잖아. 칠년을 언제 기다리나. 근데 칠년이 되기 전에 난리가 났어. 그래서 그 전에는 편지 왕래를 하다가 난리나니까는 끊긴 거지. 뭐 알어?

우리도 여기 나와서 그러니까 처음에는 이산가족 찾을 적에도 그때 당시에 우리 오빠가 돌아오지 않았을까. 칠년이 됐으니까. 그래서 내가 신청을 한 거고. 그런데 그런 거지. 근데 한편으로 생각하면, 하질 않았으니까 잘했는지도 모겠다. 그런 생각도 하는 거야. 거기서 우리는 다 나왔고 우리 오빠 그쪽으로 갔으니까, 그쪽에서 살으니까, 거기서 또 우리가 다 일로 왔으니까, 저거 할까봐. 그래서 또 그런 생각까지 하는 거지.

근데 이제는 뭐 서로 왕래를 하고, 우리는 왕래를 못해도, 그래도 이산가족 그런데서 다 만나서 이렇게 하고, 그러니까 여기서 보니까 텔레비에서 보니까 소련에서 온 학생들도 있더구만. 그러니깐 그러니까 마음 놓고 한 거지. 표나 한번 해본거지. 그래서 육이오가 났어도 우리 오빠는 살았다. 다른 사람은 살았다. 이제 그런 희망을 가진 거야. 다른 사람은 폭격을 해서 이렇게 해서 죽었을 수도 있는데, 우리 오빠는 외국에 가서 있으니까, 소련 모스크바.

[조사자: 들어오지만 않았으면] 들어올 때가 안됐어. 그때 공부할 시간이야. 연기했기 때문에. 그래서 우리 오빠 다 죽어도 우리 오빠는 [조사자: 연기하는 건 편지로 보낸 거예요?] 그럼. 편지로 보낸 거지. 그런 거니까 알지. 꼭 보내면 우리 집이 우리 올케가 작은 올케가 어떨까 두 장을 써서 보내. 우리 올케한테 보내고 나한테 다 보내고. 그러면 나는 할 소리가 있어. 우리 아버지가 농사 어떻게어떻게 잘 됐다 그러니까 그런 얘기 저런 얘길 쓰다보면, 그런 얘길 우리 올케한테도 얘길 해서 전화를 하다, 저 편지를 써서 보는 거야. 자처럼 그런 거를 자세히 써서 보내라고. 나는 할 얘기 없으니까, 그런 걸

[10] 배움에 목이 말랐으나 풀지 못한 한

[조사자: 왜 언니한테는 안보내시고] 아 그러니까 우리 올케한테도 한 장, 나한테도 한 장. [조사자: 아니, 큰 언니.] 우리 언니. 우리 언니는 시집을 갔으니까. 나 하나. 나하나 거기 있거든. 내가 그러니께 제일 큰 동생이지. 글쎄 한 해는 학교를 안 당기고 있으니까, 내가 또 편지를 한 거야.

"오빠 나 학교 못가고 있어."

또 편지를 보냈더니 받았나 봐.

"그러지 말고, 읍사무소래도 댕겨서, 배워야 한다."

배워야 아는 것이 힘이래 그러더라고. 그래서 중지했다가 또 한 거야. (웃음) [조사자: 중학교를 마치신 거예요, 할머니?] 마치질 못했지. 사변 나서 나치지 못하고 다니다가 그렇게 된 거지. [조사자: 많이 배우셨네요?] 아이, 많이 배우긴, 뭘 많이 배워. [조사자: 그때 할머니들 초등학교도 잘 다니지 못하셨는

데.] 우리 아버지가 그래도 유식한 거야, 그걸 보면. 우리, 우리 언니들 다 학교 다녔어, 우리 언니들. 여자래도 이름은 알아야 된대. 우리 오빠, 우리 아버지가.

그래서 우리 언니들도 왜정 때 다 학교를 보냈어요. [조사자: 그러셨구나.] 난리를 나는 바람에 우리가 중퇴를 하고 못 간 거지. 그러다보니까 우리 동생을 못 가르쳐서 내가 한이 되서 우리 언니를 그렇게 한 거지. [조사자: 가풍이 그러시니 더 화가 나셨겠네요.] 난 한이 많은 거야. 우리 동생 못 가르쳐서 한이 되는 거야. 동생이 공부를 못하면 생각을 늘 하는데 [조사자: 잘 했으니까] 잘해서. 왜정 때도 우리가 이렇게 있다 가면, 다 언니들까지 학교를 댕기니까, 일본말을 잘 하잖아. 그러니까 걔가 그걸 듣고서, 첫번에 일학년에 들어가서 걔를 반장으로 시키는 거야. 그리고선 공부도 잘 하고 이랬는데 못가르쳤으니까, 내가 한이 그래서 죽을 때까지 한이 되지.

청주 피난민 수용소의 추억

박 명 자

"청주 내려가서 그 수용소 가서 있는데, 들어갈 데가 없어 가지구선 매일 저 화장실 같은 데 거기 있었어"

자 료 명: 20130219박명자(춘천)
조 사 일: 2013년 2월 19일
조사시간: 90분
구 연 자: 박명자(여 · 1940년생)
조 사 자: 김경섭, 김정은, 이부희
조사장소: 강원도 춘천시 서면 방동1리(장절공 마을 노인회관)

[조사과정 및 구연상황]

늦겨울 오후에 조사팀은 일명 장절공(고려 개국공신 신숭겸의 시호) 마을로 유명한 춘천시 서면 방동리의 한 노인회관을 방문하였다. 사전 연락이나 섭외 없이 방문한 터라 회관에는 아무도 없었다. 다행히 몇몇 할머니들이 회관을 방문하였고, 조사팀의 설명에 구연에 나서는 화자가 있었다. 조용하고 고즈넉한 분위기에서 이야기를 들을 수 있었다.

[구연자 정보]

박명자 할머니는 서면 방동리가 고향인 분이다. 전쟁이 나자 아버지와 함께 피난을 떠나 청주까지 갔다. 1·4후퇴 시에는 다시 청주로 피난 가서 정부에서 마련한 피난민 수용소에서 살았다. 청주 피난민 수용소 생활에 대해 비교적 상세하게 기억하고 있었다.

[이야기 개요]

열 살쯤 6.25 전쟁이 일어나고, 맏이로서 동생들을 챙겨 여주로, 청주로 힘겹게 피난을 다녔다. 병에 걸린 작은 댁 아저씨를 피난 도중 잃어 버렸는데, 신기하게도 다시 만날 수 있게 되었다. 전쟁 때문에 가족들을 잃기도 했고, 월남전에 참전한 남편이 일찍 세상을 뜨는 바람에 홀로 자식들을 키우며 어렵게 살았다. 1.4후퇴 때에도 청주로 피난 갔고 정부에서 마련한 피난민 수용소에서 살았다. 수용소 시절 부친이 열심히 잡일을 해 송아지 한 마리를 장만했지만 춘천 집으로 돌아올 때 가져오지 못해 매우 안타까웠다.

[주제어] 피난, 가족, 재회, 여주, 청주, 피난민 수용소, 월남전 참전, 남편 전사, 1.4후퇴, 송아지

[1] 여주, 이천을 거쳐 청주까지 피난가다

[조사자2: 6.25 나셨을 때가 그럼 몇 살 이셨어요?] 열 살. [조사자2: 열 살.] [조사자1: 맞아. 41년생… 41년생 40년생 이 정도 될 것 같애. 원래 여기가 고향이세요?] 예. 여기가 아주 토백이예요. [조사자1: 그럼 기억이 다 나시… 열 살이면 기억이 다 나시겠네.]

예. 학교 인제 일학년, 이학년 들. 이학년 올라가자 인제 난리가 난 거예

요. 이학년, 요 금산 국민 학교, 난리가 나면서 저 이학년 올라가자 인제 난리가 나가지고 책가방을, 이렇게 뭐야. 그 전에는 책가방이 없었어요. 책보에다 싸가지고. 책보에다 싸가지고 인제 거기서는 피란을 간 거야. 피란을 가가지구서는 허다가, 한 번에는 여주 이천이래는 데. 여주 이천 거길 갔다가? [조사자1: 피란을 인제 글루 가셨구나.]

예. 여주 이천으루다가 갔다가 여주 이천에서 인제 노인네를 인제 할머니가 기셨어요. 우리 할머니가, 우리 할머니가 지게에다가 지고. 지게에다가 지구서는 피란을 간 거야. 그래갖구서 여주 이천에서 인제 아군들이 인제 들어와 가지구선 저 인제 좀 저거 한다 그래 갖구선 인제 그냥 들어와 가지구, 집에 와가지구선 보니 뭐 난리 저거 났으니깐 집이 홀딱 다 탄 거야.

집을 다 타가지구선 허는 바람에 어떻게 됐나하믄 남, 안 탄 집에 가가지구서 고 요놈의 그 옛날 집이 있었는데, 그 집에 가서 인제 딴 방에 가서 인제 살림을 하는 거예요. 그게 살림 허다가 또 난리가 또 난 거야. 나가지구서는 인제 가다가다 뭐, 가다가 보니까는 저 추우니깐은 장작을 가뜩 들어와갖구

해놨드라구, 나무들 통나무들을 인제 삼판을 해가지구. 그래가지구선 그냥 추워가지구선 그 불을 해놓는데, 아 거기들 와 가지구서 한 번 딱 쿵 하더라구. 중국놈들이 와가지구. [조사자1: 아 중국 사람들이?]

그게 한 번 딱 쿵 하는데, 어떻게 갈 수가 없어요. 갈 수가 없어가지구선 꽁꽁 얼은 데, 그냥 인제 기냥 들어온 거야. 아 그래 가지구선 그 집에 가서 인제 방에 가서 이렇게 자다가 보니까, 자다가 저거 했는데 한 번 이렇게 해가지구 왔는데 뭐 그 때야 뭐 이렇게 집이 뭐 사람들 이렇게 이렇게 막 드러누웠지 뭐. 그러다가 한 번 딱 쿵 허는 바람에 우리 친정어머니가, 우리 저 동생을 이렇게 업구서는? 우리엄마 그래도 살라구 막 밑으루다가 들어가 그냥 뚫구 들어갔어. [조사자1: 마루 밑으로?] 마루 밑으루다가.

그랬는데, 다 들어 애를 업었으니까 다 들어가지는 못허구서는 이거 인제 뱃돌이 여기 얹혔어. 얹혀 가지구서는 했는데, 대가리는 다 내놓고 꼬랑지만 들어가 인제 다리만… (웃음) 그래가지구서 도저히 안 되겠다 인제는 죽던지 살던지 우리 아버지, 아 인제는 천상 가야되겠다구 그러시더라구. 그래서 인제 담 날 그냥 증말 아주 아침 새벽꺼정 걸은 게 청주. [조사자1: 아이구… 많이 걸으셨다. 충청도 청주까지요?]

예. 청주에 가가지구서는 어디 갈 데가 있어요? 거기 뭐 저 학교가 있었어. 학교 가가지구선 수용소, 수용소 거기 가가지구서 있는데 먹을 게 있어야죠. 먹을 게 없어갖구서는 우리 친정아부지가 남구를 가서 해서 그걸 지구 와가지구서는 싸리나무를 해서 그걸 갖다가 거기서 인제 그걸 파는 거야. 아주 엄청 먼 데 가서 그거 싸리남구를 벼다가. 게 그걸 팔으셔가지구서는 때고 살아가는 거예요. [조사자2: 때?]

아니, 그 저 밥을 먹어야지. 밥을 먹어야 되니까는 그거 식구는 여러 식군데 뭐 먹을 게 없으니까. 아 그래서 그걸 팔아가지구서는 하루 가서 인제 벼가지구 와서 그냥 그 날 팔구. 하루 가서 해 가져 와서 그걸 또 팔구 이렇게 해가지구선 했는데 거기서 인제 소를 산 거야. 송아지를 산다고 산 거야. 우리 친정아버지가 하두 그렇게 저거 하셨어유. [조사자1: 그러면 여주 이천에 피난 갔을 때는 처음에 유월 달에 갔고, 청주까지 간 거는… 시월에?] 시월달 저거 근깐 추웠으니깐 불 저걸 해놨었지. 장작불을. [조사자1: 아… 그랬구나.]

[2] 잃어버린 작은 댁 아저씨와의 재회

그래서 인제 그렇게 내려가 가지구선 했는데 거기서 송아지를 인제 하나 샀더니 우리 친정 아버지가. 밖에 송아지를. 거기서 인제 첨부터 수용소에서 인제 쌀을 주더라구요. 배급을 줘 배급을. 그래서 거기서 한 두어 달 있다가, 그 소를 사구선 하니깐은 그 뭐 강을 건너갔는데 소를 못 가지고 간대요. 소를 못 가지고 간다 그래선 소를 또 팔았어 우리 친정아부지가.

그게 친정아버지가 소를 그렇게 팔구서는 들어오실라고 허니까는 우리 작은 댁 아저씨가 저 그 전에 뭐라 그랬냐면 옘병이라 그랬어. 옘병. [조사자1: 아 그게 걸리셨구나.] 예, 그게 걸리셔 갖구서는 안 되겠다구.

"인제는 너를 놓칠 것 같다. 아부지가. 너를 놓칠 것 같으니까는 저 어떻게 해서래두 하튼 내가 끌구 가야 되겠다"

끌구 가야 되겠다구 해가지구선 오셔 갖구서는 허는데 오다가 또 잃어버렸어. 우리 작은 댁 아저씨를. 작은 댁 아저씨를 잊어 버려 가지구선 있는데, 그렇게 잡술 게 없으니까는 뭐 만일 허해가지구 어떻게 헐 수가 없어 그냥 그 땐 인제 그렇게 허다가 보니까는 다 떨어지는 거야.

먹을 게 다 떨어져. 먹을 게 떨어져 가지구선 이렇게 저거 오다가

"어이쿠 인제 너를 놓칠 것 같다."

그러시더라구요. 그래서 우리 저 작은 댁 아저씨가 둘 명의 자락을 쥐고 이렇게, 이렇게 쥐구 작은 댁 아저씨가 그랬는데 거그서 놓쳐가지구서는 오다가 저걸 했는데, 우리 남면이래는 데가 있어요.

거기 남면 와 가지구선 그래두… 우리 친정 어머이가 우리 친정 패들이 거

갔으니까 거그 오니까는 그래도 첨 시누라구 그래두 여기저기서 밥을 먹으러 오라 그러드라구. 그래갖구 옛날엔 이렇게 감자가 있었어요, 감자를 이렇게 까가지고, 밥을 해가지구선 주시는데 그냥 다들 미친 사람들 먹듯 허지 뭐. 배가 고프니. 배가 고파가지고 막 또 인제 저걸 해가지구서는 했는데, 우리 아저씨를, 당숙을 갖다가 그걸 오면서 인제 거서 인제 잊어 버려 가지구선 막 저거를 허다가 그걸 먹으라구 인제 이것도 우리 작은 댁 아저씨를 이걸 드려야 된다구.

잃어 버렸는데두. 내가 있다가

"이거 작은 댁 아저씨를 갖다가 드려야 되는데 잃어버렸으니 어떡하냐."

아 그랬다 오다 오다가 인제 증말 참 거꺼정 와가지구 있는데 어디루다 넘어가게 했냐믄 여기 저 수루내미 고개로 왔는데 거그 와서 만난 거야. 우리 작은 댁 아저씨를 만난 거예요.

아 그래 거그 와서 만났는데 요기 저 경씨네라구 있어요. 저기 저 경씨네 집에 와가지구선 주무시다가 배가 고프니까는 집을 찾아 들어갔는데 아는 집을 들어가신 거야 우리 작은 댁 아저씨가. 아는 집을 들어가가지구서는 있는데 나는 집을 찾아가야 되는데 배가 고파가지고 나를 밥을 주던지, 그러니까 아주 그냥 반가워가지구서는 아는 사람인게 여기서.

우리는 인제 거기선 인제 얘기를 듣구선 인제 만나 가지구선 우리만 일리 넘어 오고. 집으루다가. 넘어 오고, 우리 작은 댁 아저씨는 거그 와서 인제 그랬드이 우리 작은 댁 할아부지가 하시는 말이 그 아부지지. 아부지가 있다가 어따가 죽어 가지구선 내삐리고 오는 건데, 느네가 데리고다 저거 했다구… 그르니

"그게 진짜냐 아니냐."

그르시드라구.

그래서 아유 저그 와서 만났는데 뭐야, 그 메주를 그걸 배가 고파 갖구 거리가 먼 줄 알구 그거 메주를 가서 떠가지구선 주머니다가 이렇게 넣어 가지

구서는 그걸 가지구 오시다가 저기 저 수루내미 고개 있는데 거그 와서 이렇게 앉아 가지구서 있다가. 내가 배가 고파서… 거리가 멀어가지구 배가 고파서 가다가 먹을라구 그걸 메주를 주머니에다 넣으셨대는 거야. 주머니에다 넣으셔가지구서는 그걸 가져 와서 했는데 우리가 하두 기가 맥혀가지구 인제 거반 다 왔어요.

인제 우리 아버지랑 우리 어무이랑 뭐 또 인제 다 왔으니까 뭐야 이 고개만 넘어가믄 되니까는, 뭐야. 가시자구. 그랬드니 오면서는 그 때 우리 아저씨… 그러니까 당숙이 됐든지 그 여 군수 됐었어 옛날에. 옛날에 군수를 해가지구서 이렇게 허다가 뭐 이렇게 했는데 그렇게 그 양반 덕을 많이 봤어. 덕을 많이 봤어요.

그 인제 죽는 사람을 배리구 저거 했다 그래 갖구 그래드니 거 와 가지구선 저기 쌀을, 거기서 인제 그 군인들이 해는 인제 저 사둔인지… 그러니까 갖다가 주더라구 쌀을 갖다가. 그래서 뭐 난리 나구서는 그렇게 허구서는 고상은 몰랐어요 인제 농사를 짓기 때문에 인제 뭐 그 땐 해방이 된 거지. 해방이 돼 갔는데 아후… 증말 고상을 많이 했는데 다 잃어 버렸어. 다 잃어 버리구서 났는데 그 양반들이 다들 돌아 가시구서는…

[3] 전쟁으로 인해 가족들을 잃다

[조사자1: 그럼 중공군은 만나 보신 적이 없어요? 중공군은?] 아유, 그 거기 만났죠. 만나 가지구서는 여그 와 가지구서는 기냥 그 미군들 들으와 가지구 여기 안 가시밭에, 안 가시밭에서 인제 거기서 인제 참 밤이면은 거기서 인제 이렇게 들어와 가지구서 인제 있구, 낮에는 숨느라구… 풀숲에 거기 숨느라구 숨어 가지구서는 기냥 참… 헐레믄 뭐 저벅저벅저벅 걸어가지 뭐. 미군들이구 인제 뭐 저거 가구.

그래 그 사람들은 중공군들은 총들이 없더라구 그 때는 총이 없구서는 무슨 작대기 같은 걸 끌구서는 이렇게 가더라구. 그게 그 때 그렇게 허구서는? 뭐야, 얼마 안 있다간 해방이 된 거야. 쬐께 가는 거 보구서 미군들이 들으와 가지구서는 저거 허는 바람에. 그게 그래 해방이 되 가지구선 허다가 고상은 아주 그 때 어떻게 많이 했어요. 농사를 지어야 되는데 뭘 가지구서 농사를 지어. 농사를 지어 놓구 못자리를 부어 놨는데 난리가 났어요.

[조사자1: 그 때 난리가 났으니까.] 그게 난리가 나가지구서는 허는 바람에 쌀을 갖다가 그래두 우리 친정은 그전에 옛날에 좋은 논에 살으셨는데 쌀 갖다가 논두렁 밑에다 갖다가 묻었었어. 논두렁 밑에다 갖다 묻었더니 이놈의 쌀이 썩은 거야. 썩어 가지구서 헌 거 그 썩은 쌀은 증말 못 먹겠대유. 그걸 갖다가 빻아 가지구서는 그냥 쪄서래두 먹는다구 기냥, 저거 해가지구서 했는데 그 쌀은 먹지두 못했어 아주. 썩어가지구. 아유 다 잃어버렸어유.

아니, 내가 인제… 그 때 인제 고 생각만 나는 거지 어떻게 돌아간 건지, 다 잃어버렸어. 난리 나가지구선 미군들 허구선 이렇게 허구, 그 저 빨갱이들 인제 넘어와가지구 우리 옛날에 우리 저 그 질 큰 댁, 우리 큰댁이 인제 저걸 했었어요, 종갓집이라. 인제 그래가지구선 인제 윤예희라구. 그 사람이 빨갱이루다가 허연 거를, 우리 아버지가 인제 옛날에는 청년부 구단장? 그걸 하셨었어요. 그래 가지구선 우리 아버지 그냥 그 의용군 가셔가지구서는 붙들려 가가지구서는 증말 죽을 건데 살아 오셔가지구 [조사자2: 아, 아버님이요?]

예, 우리 친정아버지가. 게 우리 작은 아버지는 저기서 샘밭이라는 데 거기서 청년단장으루다가 기시다가 여기 저 중도, 거기 뽕나무 밭에서 기냥 돌아가셨어. 우리 작은 아버지가. 총에 맞아가지구. 여기 총에 맞아가지구. 그래 우리 아버지는 인제 또 의용군꺼정 갔다가 오시구 일루 어떻게 잘 돌아서 오셨어. 돌아오셔가지구선 그래두 연세가 많아가지구선 인제 시방 하믄 한 십 년? 됐을 거야 돌아가신지가. 그리고 인제 뭐 친정 식구들은 인제 뭐 다 기냥 그렇게 되구 우리 또래만 살아 있는 거예요.

[조사자1: 그러면, 친정도 여기였고 시댁도 다 여기?] 에이, 시댁은 여기 아니

에요. 시댁은 저 평창이에요. [조사자1: 강원도 평창? 저 밑에?] 강원도 평창. [조사자1: 그러면 지금 집이 여기 친정 쪽으로 오신 거예요, 아니면…] 아부지가 군대 생활을 허다가, 군인이 되어 글루다 시집을 갔다가 군인 갔다가 와가지구서는…

[조사자1: 그러면 저기 할아버지가 직업군인이셨구나?] 예. 직업군이이었었어요. 그기 어서 저기, 저거를 했냐믄 저 오옹리. [조사자1: 예, 화천? 저 오음리 사격장 있는 데.] 예. [조사자1: 파로호?] 예. 21사단 병리중대 수송 선임하사를 했었어요. [조사자1: 아, 그러셨구나. 21사.] 21사단 그… 거기서 인제 선임하사루다가 저거 해가지구선 그 부대가 또 어디로 갔냐 하면 저 이동이 돼가지구서는, [조사자1: 양구로 갔나?] 아니요, 저 양구가 아니구서는 서화, 서화.

[조사자1: 아 화천면에서 인제, 인제? 서화군? 천도리?] 예. 천도리. 글리다가 갔다가 거기서 인제 저 부산… 저 뭐 어디루 갔나 부산으루다가 내려가게 돼서… [조사자1: 예 아, 예 그럼 이사를 많이 다니셨겠다.] 그랬는데 가다가 보니깐 또 공병대야. 공병대. 공병대 저걸 해가지구선 그저 간 데마다 그저 작업허러 댕기느라구 인제 좇아댕기는 거야. 안 간 데가 없어요 안 간 데가. 저 아래에서는 인제 그러다가 인제 역… 오, 올라와가지구선 어디루다 저걸 했냐하믄 저, 경기도 양평. 양평 와가지구서는 거기서 인제 첨 월남을 하게 됐었어요. 월남. 그 저 월남으루다 가가가지구선… [조사자1: 아 저 베트남 가셨다고?] 예. 월남 갔었어요. [조사자1: 월남전 참전하셨구나?]

예. 월남 가가지구서는 했는데, 이리 잡으니까 돌아가는 바람에 그거를 다 저걸 해야되는데, 난 하나두, 그걸 혜택을 하나도 못 받는 거예요. 올라갔다가 와가지구서는. 그래 포병… 저거루다가 갔었어요. 그래 포병으루다 갔다 와가지구서는 그러니깐 애들이 요만해졌구 허니까는 그 애들을 육남매를 데리구서는 내 우리… 영감이 몇 살에 돌아갔냐믄 내 마흔 일곱에 우리 영감님을 잃었어. [조사자1: 그러면 전사하셨어요?] 네. [조사자1: 베트남에서?]

아니, 전사한 건 아니죠. 제대해가지구서는 와서 집에 와서 같이 있다가…

돈은 다 기냥 아주 물리치구 월남갔다 온 돈이랑 퇴직금이랑 못해 그냥 뭐, 군인 돈은 돈이 아니데요 뭐. 군인 돈은 돈이 아니야. 이 사람 저 사람 뜯어 먹을라구 하니깐, 돈이 아니야. 그게 그러다간 참 애들 요마 요마 핸 것들을 두구서는 세상을 떠가지구 육남매를 내가 시방 참… 그 애들을 다 출가들을 다 시켜가지구서 여기서 시방 살아요. 강동서. 강동서 사는데, [조사자1: 친정 쪽에 와서 인제 사시는구나.] 예. 큰아들허구 큰며느리허구 인제 같이 시방 살구 있는 거야.

[4] 동생들과 함께 한 피난길

[조사자1: 슬하에 자제분은 몇이나 두셨어요?] 우리 자제 육남매. 예, 아들 넉에다가 딸 둘. 그래서 인제 출가들 시키구 인제 큰아들허구 시방 살아오는 거야. [조사자1: 아… 그래서 여기 사시는구나. 그러면 저기 원래 친정에는 형제가 어떻게 되셨어요.] 우리 친정에는 뭐야, 거기는 사남매. [조사자1: 사남매? 그러면 6.25 지나고 결혼하셨겠네요?] 그럼. 그 땐 뭐 몇 살 됐나 하믄은 열 살. 열 살. 그 땐 여덟 살에 들어갔었잖아 여덟 살에.

[조사자1: 그러면, 저기 사 형제 중에 맏이세요 아니면,] 내가 제일 맏이예요. [조사자1: 맏이세요? 그러면은, 동생 분들 막 데리고 피난 다니고 막 그러셨겠네.] 그럼. 동상들 데리고 피란 다녔지. [조사자1: 그 조그만 것들 어떻게 데리고 다니셨을까?] 그럴 땐 지게에다가 우리 친정아버지가… [조사자1: 할머니를 지게에 지셨다면서.]

할머니를 졌는데, 그 동상을 우리 아버지가 우리 친정 할머니를 지게에다가 지구 가셨다가 오셔가지구 오셔가지구서는 했는데 우리 인제 큰 동상을 낳은 거야 인제 딸을 몇 남매를 낳았냐 하믄 육남매를 낳았어요 육남매 낳은 데서 우리 동상 하나를 낳은 거야 아들을. 그래 우리 친정어머니가 열둘을 낳으셨어. 낳으셔가지구서는, [조사자1: 여섯이 잘못되고?] 예. 그리구서는 인제 남자들은 서이가 저걸 허고, 아이 시방 오남매가 있구나, 오남매. 저 막내 동상이… 저 여동상이 있으니까는. 그래 저 파주사는 데. 그게 저거 했는데 큰 동상이 저기 또 세상을 떴어요. 사고로다가.

[조사자1: 그래서 오남매구나? 그러니까 사남매 아니고 오남매… 원래는 육남매셨네. 원래.] 오남매. 오남매에서 사남매. [조사자1: 오남매. 오남매에서 사남매.] 그래 시방 동상들 왔다갔다 이렇게 허구서는 아주 고상고상.. [조사자1: 그 여주 이천 피난 가셨을 때는 멀리 안 갔으니까 그렇게 힘덜 들으셨겠다. 그 때는 또 춥지도 않았고. 청주 내려가셨을 때가 춥고.] 청주 내려가서 그 수용소 가서 있는데 들어갈 데가 없어 가지구선 매일 저 화장실 같은 데 거기 있었어. 근데 거기를 칸을 막구서는 거기서 피란했어. 사람이 워낙 많아서. [조사자1: 그 때 거기 수용소를 아예 만들어 놨었구나.] 수용소가 아니지, 그 학교. [조사자1: 학교, 학교에다가 인제 임시로?] 예. 학교가 거기는 안탔어요. 그 학교서 다 이 저걸 한 거야.

[조사자1: 그럼 거기 청주 수용소에 있다가 다시 고향으로 올라오신 거예요?] 그럼요. 거기서 인제 뭐야 저거 되는 바람에 인제 올라왔지. 그렇게 올라와가지구서는 그냥 여기서 자리 잡구서는 할아버지랑. [조사자1: 그럼 시월 달에 중공군 내려와서 청주 내려 가셨다가 거기서 얼마나 계셨어요? 청주에서?] 청주에서 글쎄 한 두어 달… 수용소 거기에 두어 달 있었어요. [조사자1: 그러면 봄 되면서 올라 오셨겠네.] 예. 그게 올라와 가지구선 인제 농사짓고 그랬죠. [조사자1: 그 때도 전쟁은 아직 안 끝났죠.] 그 땐 뭐야. [조사자1: 마지막 막 전투?] 마지막 저거 됐었죠.

[조사자1: 그 때도 대단했죠. 마지막 전투할 때도.] 마지막 저거루다가 해가지구서는 허는 바람에, 삼월 그 때 언제 와 가지구선 모자릴 부었으니까. 모자릴 부어가지고 저 그랬으니까. [조사자2: 폭격이 내려오진 않았어요? 그 때도…] 아유, 폭격은 다 탔지. 집덜이 이래 다 타가지구서는 뭐 질를만한 데가 별루 없었죠. 그 살아 오구서는 저걸 막 했는디 시방 또 참 만약에 난리가

난다고 하면은 인제 오고 갈 데가 없어. 그 때는 그냥 그래두 살을라구 기냥 뭐 보따리들을 쥐구선 저거 했지만, 이젠 뭐 세월이 어떻게 될래는지두 모르겠네요. 시방 다들 뒤져버려서.

[조사자1: 그러면 거기 수용소에서는 배급이 나왔어요?] 배급 나왔었죠. [조사자1: 삼시 세 끼 다 나왔어요?] 아니 배급이 나오… 쌀이 나와 가지구선 해 먹었지. [조사자1: 거기 집, 거기서 해먹는 거예요? 그럼 취사하는 데가 따로 있었어요, 아니면 지들이 알아서 하는 거야?] 에이… 우리가 인제 이렇게 저거 허면은 이렇게 저… 뭐 돌 겉은 거 거기다 갖다가 이렇게 해서 놓구, 거기다 인제 불을 때 가지구선 밥을 해먹었지 그 냄비 겉은 데다가.

[조사자1: 하루에 한 번씩 배급이 나왔어요?] 그 하루에 저거 허는데 인제 일주일치가 인제 배급이 나오는 거야 쌀이. [조사자1: 그것도 충분히 나오진 않기 때문에?] 그거 가지구서는 인제 뭐 해먹구서는 인제 거기서 생활을 했죠. 생활을 했는데, 낭구해다가 팔아가지구선 저거기서 송아지 새끼 다 저거로 산 거죠.

[조사자1: 수용소에서 송아지를 사셨다고? 나무장사 해서?] 들어올라고 인제. 남구장사를 해서 인제 들어오다가 인제 끌구선 집에 들어올라구 그 인저 우리 친정아버지가 소를 사셨던 거야. 그랬는데 무슨 강을 건너가야 되는데, [조사자1: 아 그게 그 때 이야기구나. 청주에서 다시 춘천 올라오실 때.] 예. 그래서 소를 잡아 하여튼 무슨 강을 건너가야 인제 뭐 하는데, 소를 못 가져간다 그래가지구서는 인제 팔았죠. 싸게다가. 그게 인제, 그 때 그 소만 끌구 왔었으믄 괜찮았지. (웃음) 강 건너 오는데 사람도 못 건너간대는데 소를… 동물을 어떻게 끌고 저거 허느냐 그래가지구서는 그 팔았던 소예요.

[조사자1: 그래도 피난 가가지고 소까지 사시고 대단하시네.] 예. 저것이 싸리나무 그거 뭐야 한 줌씩 패다가 그 때, 그게 시방 말루다 시방 말루 하면은 천오백 원 꼴이 밖에 안 돼. 천오백 원 꼴이. 그래갖구선 그래도 그거 가지구서는 우리 그래두 아저씨 그 저 병간허면서는 데리고 오다가 놓쳤지.

[5] 작은댁 아저씨

[조사자1: 그 작은 댁 아저씨라는 분이 작은 아버지 말씀하시는 거예요 아니면,] 아니 그렁께 사촌. 우리 친정아부지 사촌 동생. [조사자1: 친정아버지 사촌 동생? 아.] 그래가지구선 오다가 여그 수냉 뽑아와서 거그 와서 찾았어요. [조사자1: 잊어버렸다가?] 거그서 잊어버렸다가. 인제 어떻게 그러니깐 친구들이 인제 끌고 왔다가 인제 우리는 인제 그걸 같이 오면서도 그걸 몰랐어. 떨어져 가지구선 해가지구 찾느라 그렇게 잊어 버렸는데, 그래도 여기 어떻게 [조사자1: 그래도 가까이 오셨네, 여기까지.]

그렁께 저 밑에 저 명월이라 그래 명월이 시방. 명월이래는 데. 거그 가서 찾아가지구서는 오셨어요. 그래서 저거 배고파서 저거 헌다구 메주, 메주를 해가지구서 두루매기 자락에다가 싸서… (웃음) 가지고 오다가… [조사자1: 그럼 메주를 뜯어 먹는 거예요 이렇게?] 응. 오시면서 인제 거리가 멀으니깐 인제 먹은다구 멀은 생각을 하구서는 오며 그걸 뜯어 잡순 거야, 아침을 거기서 줬대는데 배가 허전허니까. 그래가 인제 없으니까 인제 허전허지. 그렇게 옛날엔 옘병이라는 걸 앓아가지구 저거 허니까. 배가 헛헛해가지구서는 밥을 줬는데두 기냥 헛헛헌 거지. 그 집이서 밥을 얻어 잡숫구서는 오는데 글쎄 가다가 먹어야지 하구서는 그 메주를 뜯어가지구서는 두루매기 자락에다가 해서 싸가지구서 오면서는, 오시면서는 뜯어 잡순 거야.

저기 저 명월이 고개래는 데. 여기 그걸 시방 옛날 저 수루내미 고개지 수루내미 고개 거기 장 되면 와서 내리다 보구선 저거 이렇게 허는데. 뭐이 그거 뜯어서 잡숫구 저기 했대니 우리가 인제 빨리 와가지구서는 어디꺼정 오셨으니까 저거 해라 그랬드니 우리 작은 댁에서 밥을 싸와가지구서는 거글 가니깐 같이 인젠 우리 친정아부지허구서는 인제 저기 저 고개 올라와가지구서 거기서 메주 덩어릴 뜯어가지구서 잡숫드래요.

그랬더니 니가 살았구나, 저기 우리 할아버지가 있다가 나 죽어서 갖다 묻구 와가지구선 나 맘 편하게 헐라구 뭐야… 그르지 않았냐구 그르다가 아 찾았으니 월마나 반가우냐구 글쎄. 그렁께 시방 그 집 아들덜이 도청 과장으루다가… 계장으루다가 있구, 그 아들덜은 다들 잘 살아유. 동상들은 다 잘 살아. 나는 인제 옛날에 하두 어렵… 저거 해가지구선 허는 바람에 애들 데리구 저 먹구 살을라구 그저 산으루만 그냥 다니구 들이구 막 돌아다녀가지구서는 살아왔어요.

[6] 남편을 잃고 홀로 자식들을 키우다

[조사자1: 고생 많이 하셨겠다.] 고생 많이 했어요 아주. [조사자1: 그러면 남편분 돌아가시고, 그 때 어디 사셨다구요? 돌아가셨을 때?] 돌아갔을 적에 인제 요 아래 인제 오막살이집에 있었어요. 그거 사가지구선 살다가 시방은 요 아래 다리 있잖아요? 다리 건너서 그 저 뭐이, 쪼끔 높은 집이 그 집이서 살구 있어요. [조사자1: 그러면 마흔… 마흔 일곱에 혼자 되셨으면 자식들 어떻게 키우셨어요.] 그래서 애들이 다 요마요마했었어요. 우리 큰 아들이 큰 아들이 인

제 뭐야… 이십 살도 안됐지 뭐. 이십 살도 안되구서는 저거 뭐 아주… [조사자1: 힘드셨겠다. 다 키우시느라구.]

생선장사 다 허구, 이렇게 배 가져가래두 생선장사해서 이 웃사람으루다가 살아왔는데 인제는 그래도 아들이 잘 그냥… [조사자1: 아 그러면… 막내는 아버지 얼굴을 잘 모르겠네요? 막내?] 막내가 그 때 몇 살인가 하면은… 국민학교 들어갈라구 허다가 저걸 했어요. 걔 만날 사투리 밑에다 이렇게 끼구서 잔 거야. 그런데 시방 인제 갓 마흔 됐어. 마흔 돼 가지구 인제 결혼 해가지구서는 시방 나가서 인제 직장에 다니면서 있어요. 그 인제 뭐 인제 고상은 다 했죠 뭐. [조사자1: 그럼요. 이제, 이제 뭐.] 인제는 기냥 맨날 먹구 돌아댕기는 거 허구 인저 노는 거 밖에 없어요. 삼농사를 짓기 때문에 삼농사를 큰아들 허구 인제…

[조사자1: 아 삼요? 여기 많던데 밭이?] 예. 삼농사를 많이 지어요. [조사자1: 여기 잘 됩니까 삼이?] 잘 되죠. [조사자1: 예전에도 여기 삼농사를 했었어요? 할머니 어렸을 때도? 그 땐 없었죠. 그 땐 농사만 지었었죠.] 예. 이 삼농사… 아마 우리가 거거 한… 한 사십 년 동안 될 거예요. 우리 저 그러니깐 그 밭에다가 전부 그거 심어가지구서는 그 때 어디 사람 왔냐믄 저 강화 사람들이 와 가지구선 [조사자1: 가르쳐줬구나? 가서?]

예. 강화 사람들이 여그 와서 농사를 지어 갔어요. 그 사람들이 와서 농사를 지어 가면서 여… 여그 사람들이 인제 다 배워 가지구서는 다 헌 거지. [조사자1: 근데 그 분들이 왜 여기 와서 농사를 지었어요?] 거기 강화 인제 옛날에는 거기가 [조사자1: 쑥대밭이 됐으니까 전쟁 때문에?] 아니 전장 때가 아니지 그 때는. 뭐야 우리 영감님 기실 적에니까 전장이 아니라 거기서 인제 다 심어 먹었으니까는 이 강원도루다가 올라온 거야.

[조사자1: 아.] 강원도로 올라와가지구서는 [조사자1: 그럼 강화 분들이 많이 이주해서 사셨어요? 여기로?] 에이 없죠. 그러니깐, 인제 자기네들 와가지구서 인제 끈 붙여가지구선… [조사자1: 아 농사만 지어가지고 갔다고?] 농사만

지어가지구 갔지. 저 뭐야 삼농사로만 와서 져가지고 가고, 그 사람들이 이거 삼어놓은 거를 우리들이 댕기면서 인제 진 내고 [조사자1: 아 그러면서 배웠구나.] 그래가지구 배워가지구서는 인제 이게 삼농사가 된 거예요.

[조사자1: 아 강화사람들은 여기 농사 지어가지고 쌀 가져 갈려고 와 가지고, 삼농사…] 돈 가져갈라고 인제 와서 삼농사 짓는 거지. [조사자1: 삼농사도 같이 했고? 그러면서 여기 분들은 또 삼농사를 배우고.] 예. 그게 인제 삼농사를 인제 그르다가 보니깐은 인제 삼농사가 인제 여기 확 펴진 거지. [조사자1: 그게 이윤이 많이 남습니까? 삼농사는?] 에이 근데, 잘 되믄 좀 이물이 남고, 안 되면은 뭐 품값 뜯어 먹는 거야. 품.

[조사자1: 보통 한 해 하면 또 며칠, 몇 해를…] 육 년근 해 육 년근. 육 년을 심어놔 쭉. 인제 연년연년 심어야죠. [조사자1: 아 연년연년? 예. 그러니까 몇 줄은 작년, 몇 줄은 내년 뭐 이렇게 되는 거예요 그러면?] 예. 그거 밭으루다가 인제 그냥 한두 줄씩 심어가지구… [조사자1: 그러면 육 년만에 수확이 나오면 저 밭은 좀 몇 년 쉬어야 되죠, 또.] 예. 그 밭은 인제 쉬어야죠. 쉬구선 인제 딴 밭에다 하고 딴 밭에다 하고 이렇게 해서 나가요. 그게 우리도 삼 벌써 캐기를 한 댓 번 캤는데… 해마다 캐는 거예요. [조사자1: 그래서 피부도 이렇게 좋으신 거구나.] 아이고. 피부가, 말도 못 허쥬 인제 늙어서. [조사자1: 일을 하는 분들이 덜… 더 천천히 늙으시는 것 같애요.] 얼굴이 부었어요. (웃음)

[7] 청주 피난민 수용소

[조사자1: 근데 그러면 전쟁통에 맏이 노릇하느라고 고생 많이 하셨겠다. 막 엄마 아부지가 신경 못 쓰면 맏이가 다 거둬야지 어떡하겠어요.] 그 전에 뭐뭐, 맏이래두 뭐 나는 우리 친정한테 이놈의 기집애 소리 한 번두 안 들어봤었었는데 뭐. 귀했어. 그래서 지지배소리 한 마디 안 들어 보구, 우리 친정 아부지가 약주를 얼마나 많이 잡숫는지… 애길 가졌다 하믄은 와서 송치 쑥 빼서

이렇게 퍼대기 치구. 딸만 낳는다구. 그래가지구선 낳았는데 또 저, 낳을 때 죽었지 뭐. 딸들이. 근데 내가 질 못난이가 살았어. 잘 생긴 건 다 죽고. (웃음) 딸들 중 안에서. 그래 우리 큰 동상 낳았을 적에 우리 친정아버지가 바로 온다구, 맨날 이렇게 바지 속에다가 이렇게 넣구서는 살아 오셨는데 죽었어요. 올해 환갑이여.

[조사자1: 살아 있었으면?] 예. [조사자1: 아들 하나 낳는데 참…] 그래구 그 담부터은 아들을 서이를 낳았어요. 서이를 낳구, 고 다음에 딸 하나 낳은 거지. 그래서 오남매로 해서는 다들 산… 저거지. [조사자1: 제일 기억이 나는 거는 아무래도 청주 거기… 뭐야. 피난민 수용소 거기가 좀 기억이 많이 나는 편이신 거죠?] 예, 그게 그 무슨 학굔가 허면은 중학교더라구 중학교. [조사자1: 무슨 중학굔지는 기억이 안 나시구요? 사람이 얼마나 많았어요? 꽤 많았어요? 꽉 찼어요?] 꽉 찼었지유. [조사자1: 운동장까지?] 아니. 교실만 인제 다 찬 거지. 찼는데 우리는 화장실 같은 데 이렇게 저걸 했는데 그거… 시방 말루다가 허면은 공구리 저거 해가지구선 저거 헌 데서 살은 거예요.

[조사자1: 아 그거 되게 추울 텐데. 이거 한기가 올라와 가지구.] 아유. 추우나 마나 뭐 말도 못 허쥬 뭐. [조사자1: 그럼 뭐 거적대기라도 뭐 저 안 깔아 줬습니까?] 거적대기 인제 뭐 가져가면 저것들 뭐 이불 보따리들을 뭐 싣고 나갔으니깐은 그냥 깔구서는 그냥 거기서… [조사자1: 그럼 거기서 보급이 나오면 좀 어떤 집은 옆에 보면 좀 잘해먹는 집이 있고, 어떤 집은 다 뺏겨갖고 좀 그런 집, 그런 집이 있었겠네요?] 그럼요, 뭐… 된장찌개 끓여 가지구선 된장… 그거 인제 저거 해 가지구 끓여 먹지 된장 그것도 인제 얻어서 뭐 끓여 먹는 거지 뭐. [조사자1: 서로서로?] 예.

[조사자1: 그럼 뭐 누구 거 훔쳐서 뭐 도난사건이나 이런 거 막 나고 그랬겠네요? 사람들 있는 데니까. 싸움도, 싸움 같은 건 잘 안 나고?] 싸움은 안 났어요. [조사자1: 서로 돕고 이렇게?] 응. 서로서로 피란민이니깐 도와 가면서 저거 했쥬 뭐. [조사자1: 거기서 뭐 출산하고 그런 일은 없었습니까? 산모들이?] 산모들

은 못 봤어요.

[조사자2: 특별한 일은 없었나요? 거기서?] 특별한 일 그거는 없었어요. 저 우리 동상이 이렇게 된장 지져가지구서 들어가다가 특별한 일은 인제 지져가지구 가다가 이렇게 문 열다가 그걸 갖다가 인제 저그 뜨거운 걸 갖다가 찌얹어가지구서 이 등허리가 다 갈라졌었어 아주. 우리 그 저 큰 동상이.

그래갖구선 여그꺼정두 머리가 저거 했는데 그냥 그래두 거그 약방 이런 데가 있어 가지구 약을 사가지구서는 발라가지구서는 그게 여기 있다가 죽었쥬. 여기 머리가 이게 없었어. 그게 여그 머리가 여기가 없어갖구서는 했는데 여기 머릴 갖다 이렇게 간신히 씌워가지구서는 [조사자1: 아니 여기가 이렇게 타가지구 머리카락이 안 나는구나, 이쪽이.] 머리카락이 안 났었어요. 그러다가 세상을 떴는… 그래도 거 그 동상이 와 가지고, 아들 삼 형제. 삼 형제 인제 저거 보고. 그래서 뭐… 저쪽 너머에서 살았었는데 사고 바람에 죽었어. 오도바이 사고. [조사자1: 오토바이 사고로?]

그게 시방 사 남매는 인제 그렇게 서로덜 똘똘 이렇게 뭐 있다 하면은 똘똘 뭉쳐가지구 사는 거야. 하난 양양에 있구, 서울이구 하난 파주에 있구. 나도 여기 있구. 그렇게 살아오는 게 그렇게 살아오는 거여. [조사자1: 그 때 그거 피난민 수용소가 기억이 많이 나시겠다.] 나지요. 그 개울을 건너 다녔는데. 학교를… 저 뭐야 학교, 학굔데. 거기 시장 거기 뭐야 장마다 인제 가서 뭘 사 올려면은 개울을 건너 다녔는디 시방 말루다가하믄 강이야 강. 빠져서 이렇게 건너 다녔으니까.

[조사자1: 무심천일 것 같은데? 거기 청주에 개천이, 무심천이라고 제일 큰 개천이 있는데.] 예. [조사자1: 그게 무심천이에요 제가 알기로는.] 모르겠어요 내가 거기 인제 시방에 옛날에 저걸루밖에 모르는데, [조사자1: 거기 서울사람들 뭐 여기 강원도 사람들 이렇게 많이 내려갔죠.] 말도 못 허쥬 뭐 피란민들이 말도 못했쥬 뭐 각지 사람이 모여서 뭐 저 그러는데… 그래도 크더라구유. 학교가 엄청 컸어요 거기가. 근데 무슨 중학교야 중학교. 그 전엔.

[조사자1: 그러면 아침에 일어나서 밥해먹고, 할머니 아버님이 나무하러 가셔가지고 나무 캐… 해 와서 팔고.] 삼십리 길을 걸어가 가지고 나무를 해가져 와서 그 때 팔아 갖구, [조사자2: 장에서 파셔서?] 예, 장에다 팔아가지구. [조사자1: 소를 한 마리 사셨는데, 아유. 그거를 못 가져가서.] 못 가져 왔어요. 무슨 강을 건너갈라 그래가지고.

[조사자2: 할머니, 할머니는 뭐 하셨어요 거기서?] 나요? 나는 뭐이 그래두 뭐 그저 친정어머니가 나만 데리구서는 이 왔다갔다가 이렇게 저걸 허시구 우리 친정아버지는 그래 한 푼이래두 벌어야 된다구 가서 남구 해가져 와서, 싸리나무, 싸리나무도 요런 것들을 해가지구서 한 짐 해가지구 와서… 그르니 삼십 리 길이야 오고 가고 삼십 리 길이면 얼마나 머냐구. 고상 참 많이 했어요.

[8] 부역으로 징용 간 친정아버지

[조사자1: 아버님이 의용군에 끌려가신 건 언제예요?] 의용군이 아니라 우린 저, 우리 친정아버지? 친정아버지 그러니까는… [조사자1: 인민군들이… 그 인민군들이 데려 갔어요?] 아니 아군… 왜 저거 있잖아요. [조사자1: 아… 아군 의용군의 아.] 응. 의용군에 끌려간 건 아니구 아군 저 [조사자1: 저 그 짐 지고 뭐 이렇게 하는 거? 포탄 이렇게 지어다 주고 이거? 아. 부역하는 데? 아…] 그걸루다 저거 하셨죠.

[조사자1: 그게 언제 그렇게 하셨어요?] 아이 글쎄 그게 언제 저건지 그걸 모르겠어요. [조사자1: 그러니까 그게 6.25 나고 그 다음 해에 그 일을 하신… 데려가셨나 아니면 청주 내려가기 전에 하신 건가?] 그러니까는… [조사자1: 청주 내려가기 전에 하셨을 것 같은데.] 아유. 갔다 와가지구 올랐다구. 예. 갔다 와가지구선 나 이제 그 땐 처녀… 저걸 했었는데 소양강 다리. 소양강 다리 그 웃다리… 그거 인제 저거 헐 제니까는, 그 때 인제 군인, 우리 아부지 후방

가셔가지구서는 이렇게 저거 했는데. 공병대가 인제 와가지구서는 인제, 우리 친정아버지가 안 계시니까 남구들 해다가 주더라구.

그 인제 남구들 허러 왔다가 내가 인제 그 때는 그래도 조금 컸었어요. 커가지구선 저걸 했더니 뭘 나무도 인제 불쌍허다고. 게 오면은 우리 또 친정어머니가 증말 잘 허셨어. 그래가지구선 밥도 해 주고 이렇게 저거 해가지구선 허면, 그 사람들이 남구두 해 가지구 줬는데 공병대 애들이 저거.

[조사자1: 다, 다른 얘기 하시는구나.] 아니 다른 얘기 하는 게 아니라. 그러니깐, 그 때 후방 가셔가지구서는 인제 오셔갖고, 오셔 가지구서는… 그러니까 후방 가셨는데? 내가 인제 나무를 했댔어. 나무를 했대니깐은 [조사자2: 그 때가 몇 살이셨어요?] 그 때 아마 열 일곱이나 그 정도 됐을 거예요. 그래도 처녀티가 조금 났었으니까. 처녀티가 조금 났었으니까.

[조사자1: 아니 아까 말씀하실 때, 친정아버님이 저기 뭐야 부역 하러 끌려가셨다고. 그 얘기가 무슨 얘긴지 지금 못 들어서 저희가.] 아. 그 그러니까는 왜 옛날엔 노미자라 그랬잖아 노미자, 노미자. [조사자1: 군인이 데려갔어요? 우리나라 군인이?] 그러니까 군인이 게 그 짐 지고 가는 거, 밥들 지고 가는 거. 그것 땜에 인제 끌려갔었지 그래서 삼 년을 계시다가 오셨으니까. 근데 어디 갔나 하면은 시방 저 고성 쪽일 거야, 고성, 고성. [조사자1: 아 저 강원도 고성? 좀 북쪽에?] 예, 거기 가서 저거 잠깐 했다고…

[조사자1: 그게 무슨 제 2 국민역인가 뭐 그런 거였을 거예요 아마. 예.] 고성, 고성 거기 가가지구서는 했는데, 대나무. 옛날에 왜 여기 그게 없었어요. 없어가지구서 했는데, 대나무. 그걸 가져 오셔가지구서는 동네에다가 돌리셨으니까는 몰라. 오시면서는 그걸 해가지고 오셨다고. [조사자1: 그러면 전쟁통에 나가서 그거 하고 오셨겠네.] 예. 그래서 거기 가가지구선 뭐, 저 병 겉은 거저 무슨 고철, 그런 거 해서 인제 거 팔으셔가지구 했다 그러더라구요. 고철 같은 거. 그니까 부대에 그 힘이지 부대.

[조사자2: 그래… 저 그 때는 친정아버님이 집에 없으셨겠네. 그 때는 그 때 한

해 동안은. 삼 년, 삼 년 계시다 오셨으니깐.] [조사자1: 삼 년 동안 그럼 농사를 어머님이랑 같이] 우리 친정어머니허구서 농사지었었어요. [조사자1: 아이고 되게 힘드셨겠다 그죠.] 친정엄마랑 농사를 짓고 그 우댁 저거, 헌테 집이 거기 몇 채 있었어요 근데, 난리에 이제 폭격 저걸로…

[조사자1: 다 폭격으로 없어지고?] 예, 예. 그래서 그거를 물고 가면서는 해 먹었지 뭐. [조사자2: 어린 나이에…] 응. 아유. 어쨌든 저거 했어요. 인제 뭐 다 인제 이렇게 되니까는 잘 살아 왔어요 시방 인제 잘 살아요. [조사자1: 진짜 고생 많이 하셨네.] 예. 고상 무진장 했어요.

배고파 힘들었던 수용소 생활

유 옥 순

“서울 청량리 수용소서 있다가 그 다음에 광주 소용소에 갔다가 저 전라남도 해남까지 갔었어요, 피난을.”

자 료 명 : 20130512유옥순(인제)
조 사 일 : 2013년 5월 12일
구 연 자 : 유옥순(여 · 1936년생)
조 사 자 : 오정미, 김효실, 남경우
조사장소 : 강원도 인제군 신남로

[구연자 정보]

화천이 고향인 화자는 피난을 나오게 되었다. 오빠와, 올캐, 언니, 조카들과 피난을 나왔지만, 지금은 연락되는 가족이 없다. 경찰 집의 아이보모로 들어가서, 결혼도 하게 되어 인제에서 살게 되었다.

[이야기 개요]

화천에 살던 화자는 6.25전쟁이 난 뒤 산으로 피난을 갔다. 산꼭대기에 있는 방공호에서 지내는 동안 아버지는 병으로 돌아가셨다. 비행기가 마을을 폭격해서 집들이 불탔지만 전쟁이 끝나면 마을로 내려가서 살 것이라 생각했었다. 그러나 미군이 마을에 들어오고 살아있는 사람들은 수용소로 옮겨졌다. 춘천 수용소에서 지내다가 서울 청량리 수용소, 전라도 광주, 해남에 있는 수용소로 옮겨 다녔다.

해남에서 2년을 지내다가 화천에 들어갈 수 있다는 소문을 듣고 다시 찾아갔지만 민간인들은 들어갈 수 없었다. 그래서 다시 원주에 있는 수용소에서 생활을 했는데 먹을 것이 없어서 오빠가 원주 시내에 돈을 벌기 위해 지게꾼을 했다. 그러나 오빠가 집으로 돌아오지 않았고 나중에 소식을 들으니 이북에 노무자로 끌려갔다는 소리를 들었다.

여러 수용소를 다녔지만 청량리 수용소에서는 배급되는 식량이 적어서 너무 배가 고팠던 일이 기억에 남는다. 올케는 잘 먹지 못하고 병에 걸려 죽고, 조카들도 얼마 살지 못했다. 원주 수용소에서 살다가 과부가 아이를 봐줄 사람을 구한다는 이야기를 듣고 그 집으로 들어가서 살았다. 과부는 소위과 재혼을 했고, 그 군인이 발령받아 이사를 가면서 따라서 이곳으로 오게 되었다. 열아홉에 소위가 소개시켜준 사람과 결혼을 했고, 현재까지 인제에서 살고 있다.

[주제어] 강원도 화천, 피난, 방공호, 비행기, 폭격, 미군, 춘천 수용소, 천량리 수용소, 광주 수용소, 해남 수용소, 원주 수용소, 오빠, 배급, 식량, 결혼

[1] 화천에서의 전쟁 상황

[조사자: 화천이 고향이세요?]

응. 화천이 고향이야. 그때는 이북이었었고. 이제 6.25사변 나가지곤 거기가, 거기까지 들어가니깐 거기도 이젠 요쪽이지, 남쪽 이짝. 그러니깐 화천서 살을 때 6.25사변이 날 적에 뭐 아주 쌕쌕이 비행기가 그냥 막 웡- 하고 돌며는 그 쌕쌕이 비행기가 와서 그냥 폭탄을 막- 해서 거기 동네에서 살지를 못하고 저- 산꼭대기 골짜기, 골짜기마당 가가지고 거기서 방공호 파고 구뎅이 파고 거기서 밤에 비행기 올까봐 들킬까봐 거기서 밥, 밥을 해서 먹는 거야. 방공호 속에서. [조사자: 방공호 속에서.] 산꼭대기서. [조사자: 산꼭대기서.]

응. 피난 나가서. 집은 다- 마을에는 폭격을 해서 다 타고 집들이. 다 타고 그래가지고 그 산에서 피난하는데 아, 어느 날 그냥 응 아군이 쳐들어왔다고 미군 뭐 깜둥이들이 막 쳐들어온거야. 거기를. 그래가지고 우리는 그래도 그렇게 고생을 안했지. 와가지고 군인들이 지프차 뭐 튜럭 이런걸 가지고 그

산에 있는 사람들 그냥 다 싣고 간거야. 싣고 아휴. 막 소며 막 다 버리고 아이고 그냥 난 몸뚱아리만. 그 미군들이 싣고 나왔어. 거기까지 인제 6.25 사변 때 우리 고향까지 들어와 가지고. [조사자: 그때가 화천이고.] 응. 화천인데 이제 거기가 이북이었었는데. 6.25사변 나면서 우리 여기에 남한 군인이 거까지 쳐들어와가지고 이제 피난민들 다– 싣고 군인 지프차에다 싣고 저기 뭐 춘천 수용소에서 한 달을 있고. 막 우유죽 쒀서 그냥 멀겋게 쒀서 갖다 주고. 죽 먹고 해서 한주먹씩 갖다 주고.

[2] 수용소에서의 피난생활

우리 서울 청량리 수용소에서 또 그렇게 했어. [조사자: 청량리 수용소까지 가셨었어요?] 그럼요. 청량리 수용소에서. 차로 갔으니깐. 미군 차들이. 그래가지고 또 서양 저기, 청량리 수용소에서 한 달 있고. 또 거기서도 우유죽 쒀가지고 구제품주고 먹을 게 없어서 막 그냥 굶다시피하고 그랬지. 그렇게 피난민들을 그렇게 싣고 가더라고. 남들은 많–이 걸었다는데 우리는 차로 막 계속 간 거야. 그래가지고 서울 청량리 수용소서 있다가 그 다음에 광주 소용소에 갔다가 저 전라남도 해남까지 갔었어요, 피난을.

2년 있다가 화천 민간인 들어갈 수 있다고 그래가지고 원주까지 오니까는 아직 민간인 못 들어간다고. 그래서 어떻게 헐 수가 없어. 뭐 어디서 먹고 살어. 왜 원주 수용소에서 거기서 우리 식구가 인제 오빠, 언니 뭐 나 조카 그렇게 한 댓 명이 거기서 있는데. 그걸가지고 밥을 저. [조사자: 못 먹지.] 못 먹지. 배가 고파 죽는데. 기름, 기름나물 그걸 한–치 막 뜯어다가 삶아서 소금에 무쳐가지고 그냥 그걸로다가 배를 채운거야.

그래가지고 배급을 타먹을라고, 우리 배급을 타먹는데. 원주서 피난민들 배급을 줘. 그래가지고 고거가지고 뭐 택도 없이 모질라 쬐–끔씩 주는 거가지고. 그러니까 우리 큰 오빠가 저 원주 시내에 가서 지게품 팔고. 지게품 팔러 갔다가 노무자로 뽑혀간거야. 너무 배가 고프니까는 그걸 벌러 갔는데. 피난민들 한 열댓명 갔어. 근데 영 안오는거야 기다려도. 그래서 낸중에 소리 들으니까는 거기 이북에 가믄 뭐야 쌀두 주구 돈도 부쳐주구 헌다 그러니깐 우리 큰오빠가 간 거야. [조사자: 이북으로 그냥.] 응. 근데 딴 사람들은 약아빠져서 배아프다 그러고 뭐슨 뭐 아주 죽는 시늉을 치고 그래가지고 몇 사람 빠져나왔는데 우리 오빠는 순진하고 그냥 그러니까는 그냥 딸려 간 거야.

그래서 몇 년을 기다려도 안와가지고 우리 올케가 점을 쳐보니까는 뭐 요런 쪽지를 가지고 이북으로 간 거 갔다고 그러더라고. 그래 생전 안와가지고 몇 년을 올캐랑 살다가 올캐는 죽구. 남의 집 순경네 집에서 애봐주구. (웃음)

[3] 전쟁으로 뿔뿔이 헤어진 가족

애 봐주구 얻어먹었지. 남편 없는 여순경한테. 그래서 그 집에는 애가 둘인데 나보고 잘해준다고. 그때 열여섯 살인데, (웃음) 6.25 사변 때가. 그래가지고 거기서 밥을 얻어먹고 있다가 우리 또 그 시어머니가 그 순경이 또 군인을 얻었어. 수위를. 그래가지고 이 부평 요기. [조사자: 네네.] 부평으로 그 군인, 군인이 발령이 났어. 소윈데. 그래가지고서는 거기서 나도 따라와가지고. 갈 데가 없으니까. 다 죽구 아무도 없어 나 혼자야. 그래가지고 따라와가지곤 뭐야 2년을 있다가는 뭐 거기 그 군인이 중신을 해가지고 결혼을 했어. (웃음) 구식으로다 여기 신당서. 요기 지금 이 동네서. 그래가지고 열아홉에 여기를 와가지고 지금 칠십 여덟까지 사는 거야. (웃음)

아휴 진짜 고생 많이 했어. 그래 식구들이 뿔뿔이 헤지고 다 죽구 없어요. 우리 큰오빠도 뭐 지금 몇십 년이니 소식이 없으니깐 죽었겠지 뭐. 찾지도 않고 그냥. 아휴 너무 힘드는 거야. 6.25사변 때 정말 송장이 뭐 군인들이 그냥 비행기 폭격을 허고 그냥 총질을 해가지고 그냥 시커멓게 다 죽은 거야 군인들이. 그 송장을 밟고 댕기다시피 했대니깐. 아휴 끔찍스러워서. 방공호 가가지고 피난 나가서 산 생각하면 먹을 게 없어서 진짜 아휴 굶다시피하고 사는거야.

[조사자: 그러면 6.25사변 때 그때 피난 나올 때 부모님은 안계셨어요?] 없었어. 우리 아버지는 그 산 꼭대기서 6.25사변때. 옘병이라고 그 해는 많이. [조사자: 맞아요.] 그때 났어. 옘병앓다가 돌아가시고. 우리 어머니 나 열한살 적에 6.25사변나기 전에. 8.15 해방되고나서 돌아가시고. 그러고 올캐하고 오빠하고 그렇게 살았는데 다 돌아가신거야, 지금은. 아무도 없어.

[조사자: 그러면 그때 피난을 오빠, 올캐언니, 그 다음에 조카들. 그리고 할머님.] 언니, 우리 언니. 그때 언니도 있었어. [조사자: 그럼 언니는 어떻게 되셨어요.] 언니도 돌아가셨어요. 여기에 와서 서울서 살다가, 구로동에서 살다가 한 몇 년 살다가 돌아가셨어. [조사자: 같이. 어쨌건 피난은 같이 다니고.] 응. 같이 다니고. 엄마, 오빠는 없고. 그 전에도 가시고. 우리 아버지는 피난 나가서 방공호에서 돌아가시고. 그래고 내가 여기 순경네 집에서 밥해주고 오다가 인제 와서 시집와가지고 지금 이렇게 사는거야. 아휴 피난 때 진짜 고생 많이 했어요. 우유죽 먹기 싫은 거 아주 들큰— 헌거 그거 쒀가지고 한바가지씩 노나주구. 구제품주구 막 주먹밥해가지고 기차타는데 기차에다 막 올려주구 그러더라고. 저 전라남도 광주까지 우리가 피난갔었어. 그랬다가는 오는 거는 그냥 버스타고 왔지.

[조사자: 할머니 그 여기저기 다니면서 수용소에 있어보셨잖아요. 어디가 제일 기억 속에 남아계세요, 할머니?] 나? 저기 뭐야 청량리 수용소. [조사자: 청량리, 아, 청량리 수용소?] 응. 청량리 수용소. [조사자: 왜 왜요, 할머니?] 거기서는 뭐 너무 거긴 먹을 걸 안 주는거야. 쬐—끔식 주먹밥 요만하게 해서 하루 한끼 요거. 피난민들. 그래가지고 그때 배가고파 죽을 뻔했어. 죽지 않고 살아난 게 진짜 다행이야. 그래가지곤 또 또 가야 한다고 기차에 타고 전라남도 해남까지 갔다가는 거기서 2 년 살고 강원도 저 화천 민간인 들어갈 수 있다

해서 못 들어간데. 그래서 또 원주 수용소에서, 춘천 수용소에서 계속 그렇게 아주 구제품 읃어 먹고 먹으며, 읃어 입고 주먹밥 요만큼씩 읃어 먹고. 우유 죽 뭐 생전 먹어보지도 않은 거 아주 들큰- 입에 댓, 받지도 않은 거 너무 배가 고프니까 그것도 맛있더라고. (웃음) 그래서 그거 먹고. 그러고 지금까지 이렇게 사는 거야.

그러고 또 우리 지 아부지는 저 이북 평안도에서 혼자 피난 나와가지고선 스물 다섯 살에. 그래가지고 결혼해가지고 살았지. 그래 우리 지할아버지도 이젠 돌아가시고 아무도 없어. 내가 6남매를 혼자 키우고. 시집, 장개 다 보내고 살았어요. [조사자: 할아버지도 돌아가시고.] 그럼. 20년 됐어 돌아가신지. 21년. 내가 오십 몇 살이니. [조사자: 할머니께서 해남으로까지 가셨잖아요.] 예. [조사자: 거기서 2년 사셨잖아요.] 예. [조사자: 거기서 어떻게 다른 피난한 사람들이랑 사신 거잖아요.] 그럼요. [조사자: 거기서 어떻게 계셨는지 말씀해주세요.] (웃음) 그때도 거기서 그냥 뭐. 거기는 나무도 없, 저 나무도 했다는데 나무 저런 게 없고. 나무가 야산이니깐, 야산이니까는, 야산이니까는 나무뿌리를 캐다가 때더라고. 전라도서. 그래서 거기서 우린 나무뿌리 때다가 나는 사랑방에서 고생- 고생하면서 살고. 또 보리 캐다가 거기서는 죽 끓여 먹더라고. 보리. 전라도는. 그래서 또 보리죽 남들 하는데 좀 읃어서 해서 먹고 뭐 또 또랑에서 새우 뭐 훑어가지고 그것도 먹고.

그 우리 오빠도 거기 있다가 원주 와서 돌아가셨거든. 그 지게품 팔러 갔다가. 돈 벌러 나갔다가. 붙들러가지고서는 소식이 없는 거야. 돌아가셨지 뭐 지금 백살은 됐, (웃음) 백살은 됐을텐데. 찾을 길이 없어서 다 잊어버리고 없는 거야. 사람이, 친척들이.

[조사자: 그때 그럼 조카들은?]

조카들도. 우리 조카, 장조카하고 있었는데, 장조카가 포천서 학교 소사노릇을 하다가. 6.25 전쟁. 그냥 자다가 죽은거야 심장마비로. 밥 먹으러 나오라고 여덟시면 나오는데 영 나오지 않아가지고 가보니까는 심장마비로 죽었대. [조사자: 전쟁 중에 죽은 건 아니고?] 전쟁 중에선 아니고. 쫌 살다가. [조사자: 살다가.] 전쟁 중에선 우리 아버지가 돌아가셨지. 피난 나가고. [조사자: 고 얘기 좀 해주세요. 어떻게? 어떻게 피난갔다 돌아가셨어요?] 피난나갔다 글쎄 옘병에. [조사자: 그냥 병에 걸려서?] 응. 돌아가셨지. [조사자: 돌아가셨구나.] 우리 올캐하고 나하고 살다가. 조카들하고 살다가 우리 올캐도 죽고, 조카도 죽고. 뿔뿔히 다 죽은거야. [조사자: 그때 올캐도 돌아가셨어요? 전쟁 중에?] 예. 우리 큰 오빠의 부인이. [조사자: 어떻게? 왜?] 몰라 어떻게. [조사자: 병이 걸려서?] 병도 걸리고 뭐 굶어죽다시피했지 뭐. 피난 나가서. 먹을 게 없으니깐. 너무 힘들어서 살기가. 우리 오빠가 그래서 원주 소용소에서 지게 품 팔러 나갔다가.

[조사자: 그럼 조카들은 누가 키운거에요?] 조카들은 우리 저거 했지. 조금 키우다 다 죽었어. 6.25사변에. 6.25 사변에 다 죽었어. 우리 언니는 또 얼마 전에 돌아가시고. 6.25 사변 때 고생- 고생하다 병들어가지고는 돌아가시고. 나만 이렇게 살아있는거야. (웃음)

그래도 6.25사변 때 나는, 우리는 걷질 않았어요, 벨로. 지프차로 뭐. 아주 첨엔 얼마나 놀랬는지 몰라. 깜둥이 뭐 그냥 코큰 사람, 눈 퍼런 사람. 군인, 미군을 그냥 첨 봤지 그때요. [조사자: 그쵸.] 아이고 그래가지고 뭐야 피난까지 가가지고 산꼭대기 방공호에서 우리 아버지는 돌아가시고. 그냥 비행기가 쌩쌩하면 그냥 우두두둑 파편이 떨어져서 그냥 땅이, 땅이 푹푹 파이고. 아이고 집이 다 타고. 그래가지고 거기서 어떻게 살 수가 없으니깐. 인제 그래도 해방되면 내려가살라 그랬는데 여기 인제 군인들이 거기까지 이북 화천까지 쳐들어와가지고. 우리를 막 차에다 싣고서는 춘천 수용소에서, 원주 수용소.[조사자: 타라 그래요?] 어. 막. [조사자: 그럼 짐도 못 챙겼겠네.] 못 챙겼어. 우리 소도 있는데 소도 그냥 다 내비렸지 뭐. 동네서 다 탔어 싹 탔어 집안이. 집들이 폭격을 해가지고. [조사자: 폭격을 해서.] 그러고 그냥 알몸만 올라가서 뭐 먹을 게 있어? 굶어죽지. 병들은 사람은 그냥 먹을 게 없어서 성한 사람들만 그래도 남아 있었지. 나이 많고 병든 사람은 다 죽다시피 했지. 우리 아버지도 그랬어. 우리 어머니는 8.15 해방될 때 6.25, 저 그때 돌아가시고.

아이고 정말 그때 고생한 거 아이고 송장을 막 밟고 댕기다시피했어. 민간들 보따리 싸가지고 걸어가는 사람들 다 폭격해서 터져서 그냥 가다가 다 맞아 죽구. 군인들은 뭐 아주 이북에 군인들은 아주 그냥 발로 진짜 밟고 댕겼다니까. 애가 막 울구 뭐 보따리 싸가지고 그냥 가고. 아이고 세상에.

나는 그래도 걷지는 별로 안했어. 차로 수용소에 갖다 놨다가 또 수용소에 가고. 그 미군들이 저 얼룩덜룩한 미제품 그거 몇 가지, 하나씩 주면 그거 얻어 입고, 주먹밥 한 덩어리 주면 먹고. 저– 전라남도 해남 광주까지 가서 한 2년 살다가 왔지. [조사자: 해남 살다가 그 경찰 집 애기 봐주러, 그건 언제 그러신거에요?] 원주서 그거는, 피난 나와 가지고 막바지 한 1년 있다가 그 여자를 만난거야. 혼자 사는 과부 순경인데. 아들 하나 딸 하난데 딸 그거 쪼끄만 걸 봐달라고 하더라고. 그래서 봐줬더니 너무 내가 잘해주고 친동생 같다 그러면서 자기 우, 자기한테 쫓아가재. 쫓아오래. 그래가지고 부평이라는 데 여기 신남 거기네 쫓아왔는데 그 순경이 인제 순경 여자가 군인 소위 들어가가지고 이리 부대를 옮기는 바람에 전, 쫓아왔지 나도. 갈 데가 없으니깐 밥 한, 밥 읃어먹고 살을라고. 그래와가지고 쫓아와가지고선 거기서 열아홉살 때까지. 얼마 안있다가 시집왔, 시집갔어. [조사자: 그 분들이 소개시켜주셔서?] (웃음) 그 소위가 자기 뭐 아이 몰라. 어떻게 된 건지 정신이 다 없었어. 아휴. 6.25사는 생각하면 끔찍스럽지. [조사자: 그럼 그때 경찰 집에 있으실 때는 그래도 조금 먹고 살만 하셨어요?] 그럼 그럼. 그때는 그랬지. 잘 먹었. [조사자: 어떻게 그럼 그 분을 만나신거에요?] 고 우리 6.25 원주 수용소 있는데 거기 그 동네 있는데 소문을 들었나봐. 그이가 순경인데, 애 봐줄 사람을 구한다 그래가지고 내가 봐주러 거기 들어갔지. 밥 얻어먹고 살으려고. 배가 고파서. 밥만 얻어먹어도 얼만 줄 모르겠다고. 거기서 있다가 그이가 이리 신남리쪽으로 오는 바람에 내가 따라왔지. 따라와 가지고서 밥 얻어먹고 한 얼마 있다가 시집가라 그래가지고 아이고 진짜 밥이라도 얻어먹을라고 더 있었다 갔으면 좋겠는데. 그냥 열아홉 살 때 딱.

황해도에서 진도로 피난 들어와 고생한 사연

안 재 영 외

"백령도 와서 탁 내리니까 밤중에 컴컴한데, 엄마 손 잡고 그냥 끌려서 그냥 가가지고서"

자 료 명 : 20140326안재영외(진도)
조 사 일 : 2014년 03월 26일
조사시간 : 52분 37초
구 연 자 : 안재영(남 · 1931년생) 안순애(여 · 1943년생)
조 사 자 : 박현숙, 조홍윤, 이원영, 황승업
조사장소 : 전남 진도군 군내면 안농리(안농마을 경로당)

[조사과정 및 구연상황]

안농마을 이장인 안재영 제보자에게 사전에 연락하여 조사의 취지를 설명하고 조사 일정을 논의하였다. 약속한 날짜에 마을회관에 방문했을 때 안재영 제보자가 마을 주민들을 모아놓고 기다리고 있었다. 조사자들이 어르신들께 인사를 드린 후 곧바로 구연이 시작되었다. 모인 분들은 많았지만 실제 구연은 안재영을 비롯하여 안순애, 이정자 제보자 중심으로 진행되었다.

[구연자 정보]

안재영은 황해도 성화군 출신으로, 한국전쟁 당시 진도로 피난 왔다. 20세의 늦은 나이에 중학교에 입학하려 했는데, 그 즈음 6 · 25전쟁이 발발하여 공부를 지속하지 못하고 고향을 떠났다. 조사 당시 마을 이장을 맡고 있었다.

안순애는 6 · 25전쟁 당시 8살이었다. 이듬해인 1951년 5월에 가족들과 함께 피난길에 올라 백령도를 거쳐 진도에 정착하였다. 피난지인 진도에서 엿을 만들고 묵을 쑤어 완도, 조도, 목포, 우수영 등으로 팔러 다녔다.

[이야기 개요]

안재영 : 황해도에서 똑딱선을 타고 백령도와 목포항을 거쳐 진도로 피난 들어왔다. 먹고 살 것이 없는 피난지에서 나무 해다가 내다팔아 끼니를 이었고, 실향민들끼리 모여 간척지를 개간했다.

안순애 : 여덟 살에 큰오빠를 제외한 가족들과 피난길에 올라 진도로 들어왔다. 큰오빠는 인민군에 가려고 숨어 있다가 동네 간첩의 밀고로 내무소에 잡혀간 후 소식이 끊어졌다. 진도에서 처음에는 수용소 생활을 하다가 정부에서 제공한 작은 집에 여러 가구가 모여 살았다. 나무장사, 엿 장사, 묵 장사 등으로 가족들이 생계를 이었다.

[주제어] 황해도, 피난, 배, 설움, 간척지, 실향민, 인민군, 공출, 간첩, 밀고, 내무소, 장사

[1] 안재영: 황해도에서 진도로 피난 와서 간척지를 일구다

[조사자: 이장님, 그러면 이 마을 형성과정 좀 말씀 듣고, 할머니 하시는 이야기 들을게요.] 우리가 지금 53년도 진도로 와가지고, 진도로 왔는데. 53년도 우

리가 이 황해도에서, 그 해 이 성도에서 우리가 들어와서 다 실향민들이 들어왔는데

"그 섬을 내놓아라."

그러니까 우리 백령도를 거쳐서, 백령도에서 다시 하루 거기서 자고서 그 다음날 배를 타고서 목포항으로 들어와서. 목포항으로 오니까, 그 옛날에는 똑딱선이었지만은 그때 그 똑똑선이 좀 큰 배는 세 가족도 이렇게 싣고, 또 두 가족도 싣고 그래서.

"내일 진도로 가라."

그래서 우리 안농 황해도 실향민들이 그래서 진도로 이제 왔어요. 와서 53년도에 왔는데, 그게 벌써 61년 이제 됐어요.

그래서 이제 여기 진도, 옛날에는 국민학교였잖아요. 지금은 초등학교이고. 그래 진도초등학교에서 한 700명 이상이 수용을 하면서 한 3개월을 살다 진도로, 의신면 나가는데. 그런데 그때 왕무덤재라고 거기 이름이 있는데. [조사자: 어디요?] 왕무덤재, 예 의신면. 그러면 그게가 인제 지금 마을이 또 바껴져가지고 신설리 마을이 됐어요. 우리는 그 당시에는, 53년도 그 당시에는 수용소로 거기서 이제 생활을. 산에서 나무 찍어다 오막살이집을 짓고 거기서 한 3년 동안 살았어요. 3년 동안 살다가 정부에서

"너희는 여기서 도저히 살기가 힘드니까 군내면 둔전리 간척지로 나가서 농사지으면서 살아라."

그래서 59년도에 일루 나왔어요, 우리가. 59년도에 나와서 우리가 이 보니까 바다를 막아가지고 평수는 900평으로 만들었는데, 가서 보면은 간티가 하얀해. 소금이에요 완전히 소금. 그러니 그 해 약물을, 방조 없이 부는 맹물을 민물을 해야 되는데, 그것도 얼른 안 되고. 그래서 한 육칠년 동안 고생고생 했어요. 그 밥도 없고, 그 간척지를 가지고 농사를 짓다 보니까 참 그 어려운 일이 많았죠. 그런데 한 팔구년 되니까 그때부터 이래 농사를 조금 조금씩 이렇게 되어가지고 살아 왔어요.

우리가 육십 일 년 동안에 요대로 살고 있는데, 2012년도부터 우리 정부에서 4개 마을에 고정 마을을 해가지고 1개 마을에 10억씩 권역사업을 해야 된다, 그래서 이제 우리 진도군수가 우리 안농에는 10억 가지고 예산이 안 되니까, 일단은 농수산에서 우리 안농을 개발을 해 줄려면은 돈을 더 끌어와야 된다, 그래서 농수산에서 나와서 우리 마을을 다 인제 보고 그래가지고 농수산에서

"이 마을은 안농마을 리모델 시범마을로 만들라."

이래서 지금 공사를 하고 있는 중이고요.

사실 인자 우리가 이런 목조 집에서 진짜 태풍이 오면은 걱정이고 또 농사도 제대로 안되고, 그래서 이제 우리 주민들이 고생고생하면서, 현재 살면서도 밭이 없고 우리는 단 논만 가지고 생활을 해나가기 때문에 살아 나가는데 상당히 어려워요. 그래서 이제 우리는 이게 뭐 우리가 이제 얘기를 하자면은 엄청나게 깁니다.

[2] 안재영: 황해도에 거주할 당시 인민군에게 식량과 가축을 빼앗기다

[조사자: 이장님은 전쟁 때 몇 살이셨어요?] 그 때 우리는 스무 살에 여기 내려 왔어요. 스무 살 때 내려왔는데, 스무 살 때 내려왔으니까 우리는 거의 이북에 지금 독재정권이라는 거 어느 정도 알죠.

[조사자: 이장님은 황해도 어디가 고향이세요?] 황해도 성화군. [조사자: 그러면 거기서 전쟁 났을 때부터 기억나는 대로 말씀 좀 해주시겠어요?] 6.25 때 우리가 스무 살 때니까, 우리나라에서 이런 비행기가 막 날라 오고 폭탄 던지고. 우리는 그걸로 다 이제 그런 광경을 다 겪고.

[조사자: 그 때 이장님은 뭘 하셨었어요?] 인자 국민학교 졸업하고 인제 중학교 들어가는데 이런 6.25사변 일어나가지고. 그땐 공부하는 나이잖아요. [조사자: 그 때 학교 다니고 계셨어요?] 말하자면 초등학교 졸업하고 중학교를 들

어갈라고, 다닐라고 했는데. [조사자: 그 때가 스무 살이었다고요? 중학교를 들어갈라고 할 때?] 그런데 이제, 그 때 나이는 이제 중학교 나이가 아니라 대학 나이잖아요. 학교를 늦게 갔어요. 지금은 다 유치원서부터 초등학교, 중학교 이렇게 나가지만 옛날에는 지금은 여덟 살이면은 전부 다 초등학교 들어가잖아요. 옛날에는 아홉 살, 열 살부터 학교를 다니고 그랬지.

[조사자: 그러면 전쟁 나기 전에도 전쟁 날 기미가 좀 있었어요?] 그러지요. 그러니까 우리도 이제 마음을 편하게 못 살았죠. 우리가 이제 열아홉 살 때 바닷가로 나가서 고기를 잡아다가 이렇게 걸어 놨는데, 그 인민군 애들이 와 가지고 그거를 내놓으라는 거에요. 그래서 저는 그 때 인자 어린 나이지만 이제 뭐 그런 거 겁도 안 나고

"아 내가 죽고 살가서 잡아 왔는데 그러면 안 된다."

그러니까

"요놈의 새끼야, 요거 죽어 볼래? 내 놔라."고.

권총을 갖다 대는데요. 그러고 있으니까 누님이 있다 와서

"야, 어서 그냥 줘라."

권총을 들고 당기면 난 죽는 거에요. 겁이 나지 그때는. 그런 엄청난 세월을 하고.

우리나라에서는 농사를 지어도 자유가 아니에요? 그런데 거기에서는 우리 황해도 말로는 공출이라고 그래요. 말하자면 나라에서 그냥 막 가져가는 거에요. 강제로 가져가는 거에요. 그런, 금방 이야기 했듯이 이북에는 독재니까, 독재니까 우리 국민들은 마음대로 마음 편히 못 살았어.

그런 어려운 세상을 살다 우리가 이제 남하해가지고 우리 실향민들이 이런 어려움을 겪고 살아 왔는데. 지금은 우리 마을 리모델링해서 이렇게 가꿔준다니까 마음은 좋지. 그러는데 제일 첫째는 여기 본 주민들 같이 밭도 있고 그런다만은 지금은 논농사만 가지고 살아가기 힘들어요. 밭이나 논이나 다 이런 땅이 있어서 농사를 지어야 되는데. 우리는 벼농사만 짓기 때문에 힘들

어요. 그러니까 우리 실향민들이 이렇게 어려운 고비를 다 살아가면서 살고 있어요. 힘들게 살고 있어요.

(안재영 제보자와의 자리를 정리하고 경로당에 모인 할머니들과 새로 이야기판을 만듦.)

[3] 안순애: 진도로 피난 와서 나무 해다 팔아 끼니를 잇다

[조사자: 전쟁 났을 때가 몇 살이셨어요?] 여덟 살, 아홉 살 그럴 때지. 오면서 거 이 배 타고. 그 때는 아구리선이라고 했어. 저 배에다, 거기다가서 이제 오면은 질게 밥 하나씩 해서 준 거야. 그러면 그거 타고 내려와갖고, 백령도로 와서 또 얼마나 걸어서 모래밭에, 밤에 그냥 보따리 지고, 이고 인제 그러고 갔어. 거기서 조금 있다가 또 나왔어요. 나와가지고 목포로 와갖고, 또 이튿날 또 목포를 와갖고 여기를 또 진도를 들어 왔어요.

진도에 와서 수태 고생했어요. 그 때 와가지고 저, 저, 학교도 제대로 못 다니고. 먹고 살아야 되니까. 저 나무, 저 산 있잖아요, 높은 산. 거기를 몇 십리를 가가지고서 가서, 남자들은 나무를 지개에다가 지고, 여자들은 이고, 한나 묶어갖고 이렇게 해서 이고. 그러고 큰 산을 넘어서 넘어서 내려오는 거에요. 그렇게 내려와서 고생해서 또 그걸 팔러가요. 팔러 가면은 저기 그 때 지금 좁쌀이라고 하면 몰라. 서석쌀, 서석쌀이라고 저기 저 까만 거. 조 있지요, 조. 그거 팔고 하면 그거 한 되 줘요. 한 되 주면은 그걸 갖고 또 밥을 해먹어요.

그러고 요기 온께 배급을 탔어요. 배급을 주더라고요. 뭘 주냐? 밀가루하고 옥수수가루하고. 그렇게 줘가지고 그걸 저기서 강냉이, 옥수수가루만 물 붓고서 끓이다가서 비비는 거야. 솥에다 넣고 비벼가지고서는 그거 먹고 또 나무하러 가는 거에요. 낫 하나 들고 새끼, 끈 가지고 가서 나무, 산에 가서 해서 이고. 신발도 지금 뭐 있어요? 저기 검은 고무신 있죠? 그런 거 이제

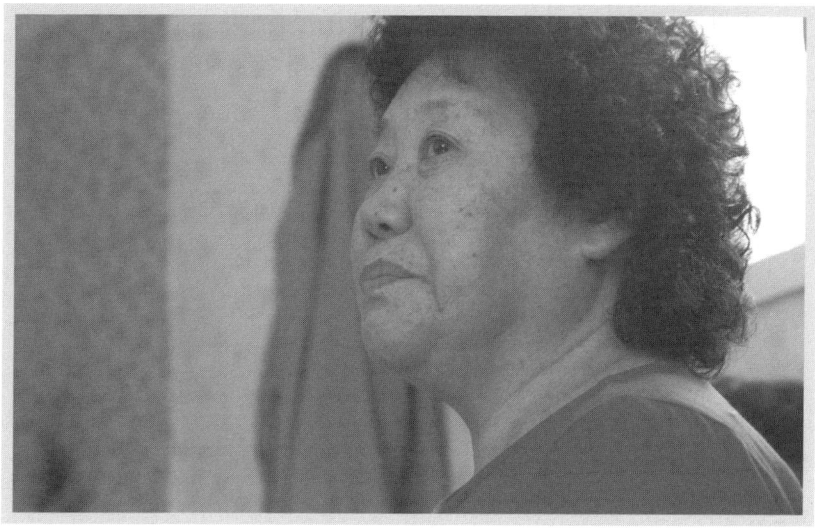

신고서 미끄러우니까 겨울에. 칡, 칡끈으로다가서 여기다 매고 그러고 이고서 이 땅이 안 보이는 거에요. 이걸 이고서 그걸 내려오면. 아흔아홉 고개 빙빙 돌아서 그러고 내려오고. 또 팔러 가야 돼. 그래야 또 먹고 사니까. 그러면서 고생했어요. 엄청 고생했어요.

그래서 지금까지 와서 이렇게 집 손질도 못하고 그냥 그때 지어주는 대로 그냥 지금 살았는데. 이제야 지금 저 리모델링을 해준다고 저렇게 해서 하고 있는 거에요. 여지껏 그렇게 살았어요.

[4] 안순애: 엄마 손잡고 피난 내려오다

[조사자: 어머니는 전쟁이 났는줄 어떻게 아셨어요?] 그 뭐 엄마들이 전쟁 났은께, 우리들도 어느 정도 어렴풋이 이런 생각이 나죠. 막 뽑혀 가고, 막 군인들이 총 들고 다니고, 막 그냥 비행기서 폭격 때리고. 그러고 하니까 엄마들 손 잡고, 치맛고리 잡고, 그냥 이제 따라만 다니면서. 빨리 저 피난을 가야된

다고 하니까 거기다 타고서, 이제 그렇게 따라 다니고 그러면서 내려왔죠.

[조사자: 그러면 누구랑 피난을 나오셨어요?] 우리 같은 경우는 다 나왔어요. 몇 명이나 나왔냐 하면, 엄마 아빠, 할머니. 여기 할머니, 여기 저 수용소에 다 모셨으니까. 할머니, 또 오빠, 언니 둘, 동생 둘, 이렇게 다 나왔어요.

그러니까 그 때 뭐 고생을 엄청 했죠. 그 때 와가지고 학교도 못 다니고 그러면서 고생을 그렇게 했어요. 벌어는 먹고 살아야 되니까. 그걸 이고 가서 팔아야, 그거 쌀도 아니에요, 보리.

[조사자: 그때 몇 월에 나오셨어요?] 5월 달에 왔나? 5월 달이에요, 5월 달. [조사자: 5월이면 6.25 전에 나오신 거에요?] 6.25 지나고 그 다음 해. [조사자: 황해도가 예전에는 3.8선 이남이었는데, 휴전선 되면서 이북이 됐잖아요. 그러면 인민군이 내려왔겠네요?] 인민군이 글루 쳐 들어오면서 우리가 내려온 거지. [조사자: 그러면 마을에서 인민군들도 만나셨겠어요?] 옛날에 그런 사상 가진 사람들도 있으니까 몰래 다 빨리 타고 가야 된다고. 이렇게 큰 배를 타고 오면서 몇날 며칠을 배에서 고생을 하면서 이제 그러면서 왔지. 엄청 고생했어.

[조사자: 어렸을 때, 빨갱이나 인민군과 관련해서 기억나는 거 없으세요? 집에 가서 뭘 가져간다든지……] 그런 분들도 있고. 그 빨갱이, 웬 인민군들이 막 집에 와서 오빠들 군인 안 갈라고 숨고도 이러고 이런 했잖아요? 막 찾아다니면서, 집집마다 찾아다니면서 막 그러면. 그렇게도 하고, 그러면서 그냥 하면 우리들은 그냥 무서워 가지고. 거 막 총소리 빵빵 나지, 북에서 비행기 폭격 치지. 그러니까 막 그냥 울고, 그냥 엄마 뒷치마 잡고 그냥 그러면서. 그래가지고 엄마랑 다 내려가야된다는데 집안이 내려가야 된다니까 내려온 거지. 따라 내려 와가지고 요기서 내려오면서도 엄청 고생했어요. 제가 지금 71살인데 굉장히 고생하고 71까지 왔어.

그런데 우리 같은 경우는 아까 이장님이 말씀 하셨지만, 성화군이지만은 초도였어요, 초도. 초도라는 데에요. 섬에서 살았기 때문에 그때 초도에서 이제 배를 갖다놓고 타라 그러고 왔으니까. 말하자면 도시지, 이제 섬. 그런

데서는 이제 군인들이 인민군들이 다니면서 집집마다 막 쑤셔 가버리면 그냥 했지. [조사자: 초도에 있을 때는 군인들이 직접적으로 마을에 들어오거나 한 건 아니었나요?] 네. 직접 마을에 들어오고 그런 거는 안하고. 그때 그래서 그렇게 해가지고

"빨리 가야 된다."

하고 가니까.

[5] 안순애: 큰오빠가 동네간첩의 밀고로 내무소에 잡혀간 후 소식이 끊어지다

우리 오빠, 오빠가 있었는데 큰오빠가 있었는데, 한 분이 소식을 몰라요. 소식을. 왜냐면 인민군대에 갈라고 하니께 못가고. 어떻게 해서 안 갈라고 했더니 숨었었어. 숨었는데 잡으러 와가지고 잽혔어.

그 마을에서도 또 뭐하는 사람이 있었어요. 같은 우리들 있는 데도 그 사람이 수색하는 일 하는 사람 있죠? [청중: 동네 간첩이지, 동네 간첩.] 그러니까 이런 데 그런 사람들이 있어가지고 잽혔어. 그래가지고 지금은 경찰서라고 그러고 뭐 하잖아요? 그때는 내무소라고 했어, 내무소. 거기 가서, 잽혀 가가지고 막 그 사람들한테 매 맞고.

엄마가 도시락을 싸가지고 가면 그냥 막 울고, 그냥 그걸 보면서. 그래가지고 우리 친정 엄마는 그래서 우리 오빠가 애 업고 다니면서 그래갖고 이게 가슴에 응어리가 생겨갖고, 그렇게 가슴으로 앓다 돌아 가셨어요.

그래가지고 여기는 지금 소식을 몰라요. 잡혀가서 그 내무소라는 데 가서 그렇게 얻어맞고, 죽게 얻어맞고 거기를 갔대요. 거기 육지로. 육지로 배로 싣고 갔대요. 육지로 배로 싣고 가다가 물에 빠트려 죽였는지, 총살을 시켰는지 그건 모르고. 어떻게 얼핏 들으니까, 어디메 어디메로 총살도 안 시키고, 빠지진 않고 어델로 갔다 하는 거 같더라고요. 거기 육지를 가서 어디멘지. 말하자면 이런 빨갱이 큰, 뭐 하는 데로 그런 데로 보냈는지 어땠는지. 그러

니까 소식을 몰라요. 오빠 한 분이 그런 경험이 있어요.

[6] 안순애: 황해도에서 진도로 피난 들어오다

[조사자: 그러면 처음에 나오실 때 마을 주민들이 다 같이 나오신 거잖아요. 그러면 그 배에 몇 명이나 타고 나와요?] 어이고 저 큰 저, 지금 저 철선? 철선이 아니라 저 바다에 지키는, 군인들 지키는 그거. 지금 뭐라 그래요? 군함, 군함이라 하나? 군함. 그걸 보고 아구리선이라고 했어 그때는. 아주 굉장히, 아주 문을 열면 그냥 왕-하니 여는데. 우리 친고모가 거기서 건너다가 신발을 하나 빠트렸어, 그 바다로. 문을 요렇게 쑥 여는데. 나오다가 그거를 빠트렸어. 그래갖고 그걸 그 신발 달라고 울고. 쪼그매서 나오다가. 그런 경험도 있고. 거기 배에서 질긴 밥 요만한 거 하나씩 주더라고. 때마다 요만한 거 하나씩 주면 고거 먹으면서 있지.

또 나와서 백령도 와서 탁 내리니까 밤중에 컴컴한데 모래밭이, 백령도 순 모래잖아요. 그 타박타박해서 세상에 걸음을 못 걷갔는데, 그 엄마 손 잡고 그냥 끌려서 그냥 가가지고서. 가니께 물이 비린내가 나서 못 먹갔어. 나무도 없고 그냥 모래밭. 그래 거기서 이틀인가 있다 갔어.

또 목포로 나왔어요. 목포에서 나와 가지고 인천으로 간 사람, 서울로 간 사람, 부산으로 간 사람. 이렇게 다 갔는데, 우리들은 요 진도로 떨어진 거에요. [조사자: 이거는 본인이 가고 싶은 곳으로 선택해서 가요?] 배치가 얼마 얼마 되면 어델로 가라, 어디로 가라 배치가 되었겠지. 안농마을 사람들은 일로 온 거지.

[7] 안순애: 방 한 칸에서 여러 식구가 살며 나무 장사, 엿 장사, 묵 장사로 생계를 잇다

[조사자: 여기 오시자마자 수용소 생활을 하신 거에요?] 예 수용소 생활을 했

었었어요. 여기 오니까 또 학교에서 생활을 하니까, 왕무덤재라고 아까 말씀하셨지만, 거기서 살다가 여길로. 여기 지금 집 한 칸 있죠? 그 집에서 두 집이 살았어, 반동 씩. 부엌 하나, 방 하나. 아버지, 엄마, 오빠, 언니 한꺼번에 일곱 식구 다 자는 거야. 이불 한 때기 덮고 거기서 자고.

그러면서 나무 해다가, 낫 하나 가지고 전부 나무하러 가는 거야. 저 산, 지금 높은 산 보이죠? 그런 데로. 가가지고 또 해와서 또 내려놓고, 강냉이 밥 그거 한 숟가락 씩 먹고, 또 그것도 없으면 못 먹고. 그러고 또 나무 팔아야지, 가서. 읍에 가서. 팔아서 김치로 바까다 먹고. 김치가 없으니까 된장, 간장, 그런 거 다 바까 먹고. 왜냐면 여기 도민들한테, 주민들한테. 그렇게 바까서 고거 해서 먹고. 고거 팔믄 그 때 당시에 40원, 50원 할 때에, 한 되. 보리쌀 있으면 바까다 와서, 쌀 봐가지고는 여러 명이서 그냥 바가지에다가 퍼 놓고는 그냥 먹고. 그나마 살았었어요.

[조사자: 원래 살던 주민들이 텃새는 없었어요?] 그런 거, 저기는 없었어요. 피난민이라고 하고 저기 그랬어. [조사자: 수용소에 사시다가 왕무덤재에 오시기 전에 혹시 주민들 집에 얻어 사신 적은 없으세요?] 그런 건 없었고. 거기서 단체 생활을 했으니까.

수용소 가면 단체 생활을 했으니까. 거 왕무덤재에서. [조사자: 그럼 수용소에서는 생활을 어떻게 하신 거에요?] 수용소가, 거기 왕무덤재, 거기서 살은 거에요. 글루 배치가 돼갖고. 그러니까 목포에서 와 가지고 초등학교로, 중학교 초등학교로 인제 배치를 돼서 학교생활을 좀 했죠.

조금 하다가 그걸로 또 집을 거길로 나가라고 해서 거기다 집을 막, 움막, 움막처럼 이렇게 짓고서 거기서 살았지. 살다가 여기서 또 이렇게 해줘서

"저 집에서 두 집서 살아라."

그래갖고 방 한 칸, 부엌 한 칸에서 그냥 여지껏 살다가. 도시 또 올라간 사람은 올라가고. 그러면서 우리들은 또 여기 올라가서 애들 둘 낳고, 거기서 공부시켜서 출가시키고. 지금 여기 내려온 지 9년 됐어요. 인천에서 살다가.

[조사자: 그러면 초등학교에서는 얼마정도 사셨고, 왕무덤재에는 얼마 정도 사셨어요?] 저 초등학교서는 며칠 안 살았어요. 얼마 안 살고. 그냥 왕무덤재로 배치가 되어서 그냥 집 지어줘서 나가서, 거기서 좀 살다가. 거기서 오래 살았지. 그래가 일루 나왔지.

[조사자: 그러면 여기 나온 지는 얼마나 되셨어요?] 여기는 나온 지는 한 20년? 20년 더 됐겠다. [조사자: 그러면 왕무덤재에서 거의 한 삼사십 년 사신 거에요?] 어, 그렇게 살았지. [조사자: 어머니 그러면 왕무덤재에는 학교도 지어져 있고 그래요?] 어이, 여기 여기 주민학교 있지 뭐, 의신, 의신이라는 데. 거기 글루, 거기 학교 다니는, 그 당시에 학교 다니는 사람은 다니고. 다닐 수가 없었다니까. [청중: 먹고 살기 바쁜데. 나무장사 하고, 두부장사 하고, 엿 장사 하고. 좀 큰 사람은 벌어서 먹을라니까 못 댕기고. 아주 조그마한 것들은 학교, 그때는 월사금이라고 했어. 그러면 못 내서 또 못 댕기고, 댕기다 ·…….] 그리고 그 당시에는 여자들 학교 보내서 뭐하냐고 그러고 남자들만 보내고.

[조사자: 어머니 그러면 주로 나무해서 팔고, 그 다음에 두부해서 팔고?] 두부장수 하고, 여기 와서 많이 엿 장사 하고. 거기 나무 팔아다 쌀 사다가 또 망으로 갈아다가, 맷돌. 그거를 해갖고 죽하는 도라묵, 도람 있잖아요? 그걸 반 짤라가지고 솥을 만들어 가지고 거기다가 쑤어가지고서 이래갖고 완도, 조도, 뭐 목포, 우수영 그런 데로 막 이고 지고 다녀.

[조사자: 그때는 어떻게 다니셨어요?] 걸어서 다녔지. 여기 차가 뭐 있었어? 그때 당시 차도 없었어요. [조사자: 그럼 그렇게 장사하고 하실 때가 어머니가 몇 살 때였어요?] 그러니께 나는, 우리들은 젊었지요, 그때는. 뭐 몇 살이나 됐었을까? 30도 못 됐죠? 처녀 때, 인제. 아버지, 엄마가 팔러 가면 거기 좀 여다 주고. 여서 저 산 넘어서 벽판하는 데 가서 차를 배를 타야 완도, 조도 그런 데로 가잖아요? 거기 인자 좀 여다 주고 그러면서 그렇게나 했지. 집에서 인제 엿 하면 그런 거 심부림이나 해주고 그렇게 했지. 엄마들이 엿 하면.

[8] 안순애: 피난지에서 실향민들끼리 만나 결혼하다

[조사자: 여기 피난 오셨을 때 진도는 6.25 피해 같은 거는 없었어요?] 여기 왔을 때? 아이고, 남의 나라에 와서 고생하고. 저거 뭔 또, 아이고 뭐라 그러면은 피난민들이라고 그러고. 그런 소리도 했지. 왜 안 들었겠어요? 저기 했지만 내 몫, 먹고 살아야 되니까 저기 뭐 무슨 저기 있어요? 저기 보리, 풀 뜯어서 먹고.

그런데 우리들 보다 더 먼저 내려 온 사람들도 있어요. [이정자: 그 사람들이 고생했대. 더 고생했다고 그러더라고.] 밥 얻으러 다니고. 깡통 들고 밥 얻으러 댕기고. [조사자: 그러면 어머니 남편분도 같이 피난 내려온 분이세요?] 아니지, 여기 와서. 그렇지만 같이 있다 피난 와서. 여기 살면서 같이 나와서 살면서. 여기 다 그렇고 그렇게. (웃음) [이정자: 없는 사람끼리 살아야 되니께. 여기 주민들은 상대가 안 되지. 시집갈라면 뭣도 해갖고 가야 되잖아요, 그러니까 상대가 안 돼. 그러니까 끼리끼리 다 만난 거여.] 옆집에 살면 옆집에 다 살고.

[이정자: 식구가 많던지 작던지 사방 아홉 자 방에서 다 식구가 살았으니까. 그러다가 인자 공터가 있응께 조금 나아진께 요렇게 나무 찍어다가 방 하나씩 요만치 건드려갖고 또 따로 살고, 또 따로 자고.] 그것도 어떻게 그렇게 했냐면 조금 저기 하니까, 도시로 올라가니까 거기, 그거를 사가지고, 거기 옆에서 같이 집을 한 집을 만들어서 좀 넓게 살았지. 저 나간 사람 많아요. [이정자: 여기가 한 200가구 살더니 인자 한 30가구 밖에 안 돼. 다 나갔어.] 그러니까 자식들은 다 나가 있고, 부모들만 여기 살잖아요. 혼자, 둘이 다 요렇게 사는 거에요. 이렇게.

[9] 안순애: 평화롭던 고향을 떠나 빈손으로 피난길에 오르다

[조사자: 고향 가보고 싶지 않으세요?] 아휴, 고향 가보면 좋지요, 생각나요. 밭에도 생각나고. 밭, 아 거기 그냥 복숭아도 많고. 우리 그 밭 우에가 복숭

아나무가 있어갖고. 지금은 그 에지라 하더라, 자두. 지금 생각해보면 자두, 자두야. 또 배나무도 하나씩 있고 그런 거. 그런 거 다 생각이 나요.

바다에 가서 나가서 또 게도 잡아도 먹고. 조그만 애들도 어른들 따라 대니면서 그런 거 다 먹고 다 해요. 저 어부리, 우리 같은 경우는 우리 아버지가 어부, 어부니까 배를 가지고 나가서 까나리도 잡아오고, 고향 있을 적에. 또 저 조기, 칼치, 상어, 민어 이런 것들을 굉장히 많이 잡아 온 거에요. 막 이런 거, 상어도 이런 거 잡아서 해가지고 거 말려갖고, 광에다 가서 독에다가 착착착착 쌓아나서 그렇게 먹고. 고향에서는 그랬었어요. 그래 살면서. 까나리도 다 말려가지고 저녁 먹고 그러고. 그래 살다가 다 뿌리치고 여기 내려와서 이러고 살다…….

[조사자: 나오실 때 뭘 챙겨 가지고 나오셨어요?] 아 여기서 그 당시에 하루하루 먹고 사는 거. 그러니까 그것만 생각하고 살다보면 지금, 그때 그러다 살다 여기 나와서 뭐 그냥 철없이 그저 놀면서. 그런 거 하다 20살 너머 되니까, 인제 또 시집을 가고 장가를 가야 되잖아요? 이러면서 살다가 지금 또 자식들 나가지고 또, 그래도 공부는 시켜야 되잖아요? 우리들은 못 배워서 해도. 그래 자식들 공부 시켜가지고 다 저기 도시들 가서 다 자식들 도시 살아요. 도시 살고, 부모들은 여기서 살고. 추석 때랑 구정 때랑 내려와서 보고, 자식 집에 올라도 가고 그렇게 사는 거죠.

[조사자: 피난 때 살림살이 같은 거 챙겨 나오셨는지요?] 챙겨 가는 것도 있어요. 어떤 집들은 맷돌까지 다 갖고 나왔어요. 맷돌까지 다 갖고 나왔다. 아구선에다가 그 맷돌까지 싣고. [이정자: 솥도 갖고 나왔다더만은, 솥.] 솥도 갖고 나오고 오강도 갖고 나오고 다 가져 나왔어. 어떤 사람들은 다 갖고 나왔어.

[조사자: 어머니 집에서는 무얼 가지고 나오셨어요?] 가지고 나올 게 뭐 있어야죠. (웃음) 그때는 어름어름 하면은 배 떨어지면은 죽어. 죽으니깐 새벽에 그냥 쥐도 새도 모르게 빨리 챙겨서 나와야 되는 거야. 그래서 그렇게 나오는데, 그런 거 챙겨가지고 다 끌고 나올 뭐가 있어요?

설움으로 얼룩진 섬에서의 피난살이

강 영 봉

"피난 와갖고 넘의 작은 방에서 사니께, 그란디 글케 사람이 독하더라고."

자 료 명 : 20140326강영봉(진도)
조 사 일 : 2014년 3월 26일
조사시간 : 58분
구 연 자 : 강영봉(여 · 1930년생)
조 사 자 : 박현숙, 이원영, 조홍윤, 황승업, 한상효
조사장소 : 전라남도 진도군 군내면 안농리 (제보자의 집)

[조사과정 및 구연상황]

봄기운이 완연한 3월 말, 안농리 마을회관을 찾아갔다. 회관에 모인 어르신들을 대상으로 1차 조사를 마친 뒤, 이장님과 주민들에게 강영봉 제보자를 추천을 받아 연락을 취하였다. 강영봉 제보자가 흔쾌히 인터뷰에 동의하여 제보자의 집을 방문하였다. 제보자는 피난민의 서러움에 초점을 맞추어 구연을 진

행했는데, 구연 도중 피난살이의 서러움이 복받치는지 여러 번 울먹였다.

[구연자 정보]

강영봉은 황해도 장연군 후남면 선교리에서 태어나 그곳에서 살았다. 17살 되던 해에 서른 살 먹은 남편과 결혼하였다. 18세에 첫 아들을 낳았는데 이듬해 전쟁이 터지면서 피난 내려와 진도에 자리를 잡고 지금까지 살고 있다. 52세 때 남편이 사망하여 홀로 되었다.

[이야기 개요]

황해도 출신으로 17세에 결혼했다. 한국전쟁이 발발한 후 9.18 수복 당시에 인민군에 징집되었다가 탈영한 남편을 따라 남쪽으로 피난 내려와 백령도, 초도를 거쳐 진도에 들어왔다. 정착 초기에는 남의 집 곁방살이를 했는데 야박한 집주인 때문에 서러운 적이 많았다. 공사판 품삯으로 겨우 먹고살다가 엿을 만들어 팔아 생계를 꾸렸다. 그렇게 고생해서 번 돈을 남편이 술과 노름으로 다 날렸다. 북쪽에 두고 온 친정식구들을 만나고 싶어 이산가족상봉 신청을 여러 번 했지만 만나지 못했다.

[주제어] 피난, 배, 진도, 곁방살이, 남편, 도박, 이산가족, 인민군, 장사

[1] 황해도에서 진도로 피난 내려오다

내가 황해도 장연군에서 완 사람은 나 하나밖에 없어요. [조사자: 어디서 오셨다고요?] 장연군 해안면, 장연군. [조사자: 장연군이요?] 응. [조사자: 황해도 장연군 해연면이요?] 황해도 장연군 음— 선교리, 거기서 살았어. 몽금포 내려와, 몽금포 저 아래로 선교리라는 데가 있어. [조사자: 아까 연세 여쭤보니까 올해 여든두 살] 셋. [조사자: 셋 되시는 거예요? 그러면 띠가 어떻게 되시는 거예요? 띠는 무슨 띠, 몇 년 생, 무슨 띠세요?] 잔나비 띠. [조사자: 아, 잔나비

띠세요?] 내가 열아홉 살에 이 진도를 들어왔어. 열아홉 살에 와가지고 지금 팔십 셋이니까 몇 년 되야? [조사자: 아—, 아이구, 한 번에 계산이 안 되는데요. 육십, 육십사 년 이렇게 되셨네요?]

그 처음에는 초도, 저 처음에는 월래도 섬으로 피난을 들어왔다가, 또 월래도에서 백령도로 또 피난을 옮겼다가, 또 백령도서 이자 아구리선을 타고 내리가자고 하대? 그래서 아구리선을 타고, 백령도서 타구서 내려오니께 요 목포, 목포에다가 풀어놓고는, 인자 몇 명은 얼루 가라, 몇 명은 얼루 가라 하니께 우리는 이 진도로 떨어졌어.

진도로 떨어져갖고 들어오니까 여기는 흉년들었다고 하는데, 일을 해주고 밥을 얻어 먹을래도, 밥도 줄 것이 없대. 그래가지고 밥도 못 얻어먹고, 식구는 네 식구, 다섯 식구 내려왔네, 나꺼정. 그래 내려와갖고

[조사자: 어떻게, 어떻게 내려오셨어요? 그러니까 뭐 부모님이랑 따로 이렇게 아우 형제들 있었어요?] 시아버지, 신랑, 나 [조사자: 그때 결혼하셨었어요?] 결혼해갖고 애기 하나 낳아갖고. [조사자: 그러면 시아버지, 신랑, 할머니, 애기, 그러면 한 명 또 누구?] 그 너이. [조사자: 아, 네 명 내려오신 거예요?] 시어머니는 돌아가셨어.

[2] 진도에서 곁방살이하다

그래갖고 이 진도 와갖고는 아주 배급 준다는 것이 옥수수 가루 한 됫박, 한 달 먹을 거 한 사람 앞에 한 됫박, 됫박으로 한 되. [조사자: 그걸로 한 달 먹는 거예요?] 한 사람 앞에 한 되. [조사자: 그걸 한 달 먹으라고 그랬어요?] 어. 그러니까 그것을 갖고 한 달을 먹을라니 이, 그니까 저 이런 데 나오는 풀, 안 먹고 죽을 풀은 다 뜯어다 옇고, 죽을 끓이면 요 옥수수 가루가 밀가루 맹키 엉구는데, 옥수수 가루는 모가루라 엉구도 안 해. 기름자가 얼른얼른해, 이렇게 죽을 쒀다가 이렇게 그륵에다 퍼다 노믄은. (울먹이며) 그라는 것도 한 그륵도 못 먹고 반 중발씩 먹고.

밤새 인자 자고는 아적에 일어나믄은, 인자 넘 작은방에서 사니까 큰방 어매가 뭣을 시기냐면은 아칙에, 보리를 도구통에다가 한- 도고통을 옇고 그 놈을 찧으라 그래. 그라믄 인자 시아버지는 시아바이라고 못 하지, 신랑은 신랑이라고 안 해주지, 나는 밤새껏 애기한테 젖 뜯긴 사람이 무슨 힘이 있냐고. 그런데 그것을 도구통을 그 인자 떡매로다 인제 찧어서 인자 그 한 통을 다 찧어주고는, 그렇게 해줘도 밥 한 숟갈 안 줘. 그러는 세상을 내가 이리로 내려와 살았어.

[조사자: 그러면 그 보리 찧으라고 시키신 분은 어떻게 되시는 분인데 시키신 거예요?] 그거 저 우리가 지금 피난 와갖고 넘의 작은방에서 사니께, 저 의신면 칠전리라는 디서 살았어. 그란디 글케 사람이 독하더라고. [조사자: 아, 거기 원래 살던 주민?] 응. 거기 원래 살던 주민 집에 들어가 살았지.

그래갖고 어-찌케 정말 일을 시키고 밥 한 숟갈을 안 주고, 못 하니께 인자 그 옆에 집에 인자 할머니 할아버지가

"요 우리 산을 한 평짜리 주꾸매, 거기다 이제 나무 비어서 막을 짓고 살라."고 하더라고.

그래서 인자 그 할아배 말 듣고는 인자, 톱 갖고 가서 인자, 나무다 찍어갖

고 인자 움막을, 막을 인자 한 칸 맹글어서 인자, 거기서 살음시롱 인자, 어데 일 났다믄 가서 점심, 아칙에 죽 한 숟가락 먹고는 점심도 없어. 그라고는 가서 일 하고는 인자 오고. 하— 나 살아온 얘기하믄 눈물 나. 말 못 해.

[조사자: 할머니 그렇게 그러면, 낮에 이렇게 다른 집 일을 봐주러 가시면, 그때 애기는 갓난애기 아니었어요?] 어. 애기는 두 살 먹었었어. [조사자: 두 살? 그러면 시부모님께서 이렇게] 아, 긍께 인자, 애기는 인자, 넘의 일하러 가믄 인자, 시아버지가 봤지.

[조사자: 그러면 시집을 몇 살 때 가신 거예요?] 옛날에는 그케 그냥 애기들을 얼른 그케 시집, 긍게 열일곱 살에 시집갔어. 열일곱 살에 가갖고 열야덟 살에 애기를 낳았어. 우리 그 아들이 지금 서울, 저— 경기도 구리시 사는데, 지금 그 아들이 육, 육십네 살 먹었나?

[3] 공사판에서 일한 품삯으로 겨우겨우 먹고 살다

[조사자: 그러면 거기서 피난 오실 때 아이를 데리고 오셨으면 다른 분들 보다 더 힘드셨을 것 같은데, 그때 좀 겪으셨던 것 좀 얘기해주세요.] 아이— 힘들었지. 그 애기 젖도 실컷 못 멕이고, 뭣을 먹어야 젖도 나지. 그래갖고 인자 일, 일은 뭔 일을 했냐믄은, 공삿 일을 하믄 가서 흙 파다가 인자 하꾸, 인제 하꾸 이렇게 짜갖고, 하꾸로 한—나 갖다 부으믄 인자, 그 하나 앞에 얼마씩 주믄 인자 하루 죙일 인자 그거 해갖고 쪼끔 인자 월급 타믄 뭐 식량이라고 뭐 쌀을 사다 먹겄냐, 무슨 쌀을 먹겄냐? 서숙 쌀. 그런 때는 서숙이 많이 나드라고. 서숙 쌀 사다가 죽 끓여 먹고. 밥도 못 해먹었어. 죽 끓여다가 먹고 살고.

그러다 또 저— 산 일 한다 해서 산 숯 굽는 거, 숯 있지, 숯. 그 숯 굽는데 가갖고 그 높은 산에서 톱질해서 나무 던져갖고 이 밑에 내려 오믄, 그거 지게로 져다가 이제 숯불에다 여어서 불, 밤—새 불 띠어갖고 인자 그놈 구워서 숯섬에다 인자 담아갖고 팔고 그래갖고 월급 받으믄 인자 좀 먹고.

벌어서 인자 밥이나 좀 먹을 만하니까 신랑이라는 것이 술 먹고 제끼하고. 그라고 하니까 돈을 벌어 보태질 못 하고 버는 족족, 간주 타는 족족 갖다가 제끼하고 술 먹고 그랑께 말도 못 허지. [조사자: 아이고, 힘드셨겠네요.] 말하기 힘드니까 그냥 왔는데. (조사자 웃음)

[조사자: 그러면 그 피난 나오실 때 그날 나왔던 기억들 더듬어보시면, 어떻게 그 전쟁이 난 줄 아셨던 거예요?] 뭐한다고? [조사자: 전쟁 난 거, 6.25난 거.] 어– 6.25 나서 딱 전신을 하니께 나왔지. 우리 신랑이 고향에서 인제 군인을 갔었어. 군대를 인자 갔는데, 인자 요 미군 인자 이북으로 쳐들어옹께, 인자 그러믄 이 빨갱이들이 인자 손들고 인자 지게 생겼으니께 몰래 인자 이 손꾸락을 짤르고 왔드라고, 이 손꾸락을. 부상당헌 사람은 저그들이 급하니까 못 건사헌께 그양 집으로 가라고 보내서 손꾸락을 짤르고 그케 짬매갖고 왔드라고.

와갖고는 피난을 가자고 하더라고. 인자 금방 인자 미군이 쳐들어왔다가 인자 또, 저 또 인제 이북허고 쌈해서 인제 못 견디믄, 우리가 잽히믄 죽는다고 피난 나가자 해서 밤에 보따리 싸갖고, 인자 배타는 디가 여상 멀었어. 밤새도록 걸어가갖고선 인자 배 타고 피난 나갔지. [조사자: 그러면 그 피난……] 거기서 살 때, 농사 지으면 그 새끼들이 다– 뺏드러가. 다– 뺏드러가고, [조사자: 누가 뺏어갔어요?] 농사 지으믄 다– 뺏어가. [조사자: 누가?] 아, 이북놈들이 그라지, 빨갱이 새끼들이. 다 뺏어가고 배급 쪼끔씩 줘. 그라믄 그것 먹다 나왔어.

[4] 고생해서 번 돈을 도박에 빠진 남편이 날리다

[조사자: 그, 그럼 피난 나오던 날 기억하세요? 계절이 언제쯤인지?] 몰라, 기억도. 너무너무 험허게 살아서 몇, 뭐 몇일 날 왔는지도 몰라요. [조사자:

6.25, 6.25 지나고 뭐 여름에 나오셨는지, 가을에 나오셨는지, 그 이듬해 봄에 나오셨는지.] 뭐 6.25 나면서로 피난 나왔고, 가을에, 가을에 왔던 거 같애요, 여기, 여기 들어온 거는.

[조사자: 다른 분들 보다 쪼금 더 일찍 나오셨나 봐요?] 어, 여기 지금 저 노인당에 그 사람들은 초도 섬에서 살다가, 이북 놈들이 초도를 비라고 항께, 그 사람들은 피난이 아니야. 이사한 거나 마찬, 한 것이야. 그래갖고 그 사람들은 여기 와갖고 배급을 뭐 쌀, 뭐 된장, 간장 다– 주고 그라니께 그 사람들 하나 이리 나와 고생 안 했어. 우리 먼여 인자 그 피난 나온 사람이 고생했지. 그 사람들은 이사 오다시피 했으니께. 하다못해 뭐 그륵, 저 뭐 함지, 뭐 농짝, 다 갖고 나왔는데, 다갖고 나와, 살림살이 다 갖고 나왔어 그 사람들은. 우리들은 몸 빼만 나왔지, 아무것도 못 갖고 나왔어.

우리는 공사판에서 일해서 그런 어디로 벌어먹다가, 여기 또 정부에서 논을 인자 준, 여그가 개 막았거든. 저기. 갯바닥을 막았어. 막아갖고 요것이 뻘바닥이라 했어, 여기 논 있는 거이. 길 나니께 다 이거 논 팔아갖고 돈 다 많이 받은 사람은 받고 했는데, 여기 나와서 논 분배해갖고 인자 900평짜리 두 자리씩 줬거든. 한 세대. 한 세대 두 자리씩 줬어.

여그 와서는 농사짓는데, 인자 갯바닥 막은 짜니까 안 되야, 나락이. 안 되니까 인자 풀 비어다 옇고 인자, 모두 그래갖고 논으로 인자 갈고 그래갖고는 인자 몇 년 하니께 나락이 되더라고. 그래서 인자 또 좀 인자 먹고살 만하니께 인자, 공사판에서 그렇게 고생을 하다가 돈 좀 벌 만하니께 또 제껴서 다– 인제 못 하고 고생을 하고는. 여기 내려와서 좀 살 만하니께 또 제껴갖고 논 다 팔아먹고. [조사자: 할아버지가요?] 아유, 아이고– 말도 못 해. [조사자: 제낀다는 게 어떻게 해서 제낀다는 거예요?] 어? [조사자: 제낀다는 게 어떻게 해서 제낀다는 거예요?] 튀전, 튀전. [조사자: 아– 도박?] 도박, 어. [조사자: 화투 치시는 거예요?] 어. 화투 해갖고, 도박해서 다– 아주 망하고 말았어.

[조사자: 거기 고향에 사실 때 좀 잘 사셨었나 봐요?] 고향에 살 때는 잘 살았

지. 그런디 그냥 하나도 못 갖고 몸 빼만 나왔는디, 그렇게 인자 어른이 술 먹고 못된 짓거리만 하니께 여그 와서 못 살고. 그러니까 자슥들도 내가 5남매 낳았는데, 딸, 6남매 낳았구나. 딸 삼형제 아들 삼형제 낳았는데, 대학도 하―나 못 보냈어. 중학교 서이, 중학교 서이 보냈구나. 그러구선 국민학교도 나오다 못 나오다 하고. 다 그냥 서울로 다 올라가서 고생하다가 저희들끼리 다 만나서 시집도 가고 장개도 가고.

[5] 정부의 지시 하에 진도로 피난 들어오다

[조사자: 아까 여기 말씀 들어보니까 나중에 피난 나오신 분들은, 여기 목포로 왔다가 초등학교, 국민학교 수용소에 잠깐 있다가 왔, 거기 이렇게 사셨다던데, 처음 나오신 분들은 어떻게 오신 거예요?] 그랑께 인자 목포다가 인자 아구리선을 갖다 대았지? 대았는디 인자 거기다 갖다 푸니께, 목포 유달학교라고 거기에다 풀어서 거기서 잤어. 자구서는 인자 거그 오니께 인자 밥도 이렇게 주먹밥으로 해가지고 한 덩치씩 주드만. 그거 얻어먹고서는 인자 몇 명은 얼루 가라, 몇 명은 얼루 가라 지시를 다 하드라고. 그니께 서울로 간 사람, 부산으로 간 사람, 뭐 인천으로 간 사람 다 가는디 우리 이 진도로 완 사람이 제일 많이 고생해요.

[조사자: 그럼 보내는 거는 별다른 기준 없이 그렇게 보내는 거예요?] 네. 저기 그 저 정부에서 그렇게 인자 보내니께 뭐, 가라 하는 데로 가야지 뭐. 나 가고븐 데로 못 가지. 그라고 여기가 어딘지 알아서 가갔, 어디로 가갔다고 할 수도 없지, 처음 들어완 사람이. 이북서 남한에를 처음 왔는데 어디가 어딘지 알아서 나는 얼루 가갔다, 얼루 가갔다 할 수가 있나.

[조사자: 아까 그, 그 의신면에 처음에 들어와 사셨다 했잖아요, 거기가 왕무덤재 근처예요?] 응응. 인제 그 사람들은 인자, 한꺼번에 인자 섬을 인자, 이를테면 진도면 진도 이렇게 한꺼번에 배를 타고 보냈으니께 그 한 간데로 인제

지시해서 가 살다가 인자. 자슥들 다 서울로 가고, 또 돈 벌어갖고 또 서울로 들 가고, 어마이 아바이 여기 한나씩 남은 사람만, 전-부 혼자 사는 사람 많아. 아들들 다 저 서울로 보내불고 아배나 엄매하고 살다, 이장도 작년 가을에 할마이 돌아가고 혼자 계시고. 나는 여그 피난 와서 여그 살다가 오십 둘에 영감이 죽고. 아그들 둘 여우고서 돌아갔냐? 그라니께 그 남은 나머지는 내가 다 여우고.

[6] 진도에서 엿을 만들어 팔며 가계를 꾸리다

[조사자: 그럼 혼자되신 지 거의 30년 되셨네요?] 그란디 뭐 모자란 것이 없다. 지네라고 하믄 알까, 지네? 지네 알아? [조사자: 벌레요?] (웃음) 벌레. 산에서 인제 돌팍 떨치믄 지네 나와. 그거 잡아다가 인자 불을 이렇게, 장작불을 때아갖고 인자 무슨 그릇에다 인제 불을 담아놓고 거기다 구워서 장에 갖다 팔아. 그래갖고는 인자 나 애기들 둘 여우고. 여섯인께 너이 남았지. 그랬는디 그거 잡아갖고 팔아서 인자 좁쌀 사다 밥해먹고 그라믄서 둘 내가 중학교 보내고.

[조사자: 어떤 어떤 장사 해보셨어요?] 뭐 엿장시도 하고 뭔 오만 장시 다 했지, 뭐. 엿 해갖고 저- 완도에도 팔러 댕기고, 목포로도 팔러 댕기고, 시장으로도 팔러 댕기고, 동네로도 팔러 댕기고. 그랑께 우리 여기 지금 리모델 사업인가 하믄 인제 집 지어주고 뭐 이 지붕 다 고쳐주고 하는데, 여그 인제 엿장시 하라고 공장 차려준다고 하는데. 우리들은 엿을 뭐갖고 하냐믄 쌀 싸라기, 그거에다가 순 보리 엿기름 길어갖고 고거 두 가지 들어가서 하거든. 그러니께 아주 진짜여, 엿이.

[조사자: 아, 여기 특산품으로 이걸 하라고 여기 공장을 지어준다는 거예요?] 응. 이것이 못 가는 데가 없어. 오만 데로 다 가, 맛있다고. [조사자: 음-, 진짜 맛있다. 호박엿 같애요, 호박엿.] 호박엿 아냐, 쌀엿이야. [조사자: 쌀엿이에요?]

응. [조사자: 이걸 다 옛날에 직접 고으셔서 엿을 파신 거예요?] 그럼. 물엿으로도 팔고, 된엿으로도 되야서 팔고. [조사자: 맛있다고 잘들 사가요?] 예. 가지고만 가믄 박스로 막 사. [조사자: 그 멀리까지 장사 다니시느라고 고생 많이 하셨겠어요.] 아유-

[7] 북에 두고 온 가족들 생각에 이산가족상봉 신청을 했지만 만나지 못하다

[조사자: 아까 노래 막 들으시던데, 혹시 어렸을 때 황해도에서 이렇게 막 들으셨던 노래 같은 게 기억나시는 거 있으세요?] (웃음) 하도 세상을 험하게 살아서 막- 정말 노래도, 불르던 노래도 다 잊어먹고. 뭐 그라니께 내가 심심하믄 저것을, 우리 사위가 사다줌시로

"어머니 심심하믄 틀으세요."

그래서 내가 트는데, 그 노래가 오만 노래가 다 나오드라고. 그랑께 막 심심할 때는 그냥 틀어놓고 듣고. [조사자: 어떤 노래 좋아하세요?] 다 좋아하지, 뭐. [조사자: 다 좋아하세요?] 믿는 사람이 그런 것을 안 들어야 되는데. 그래도 모다 긍게 하나님 믿고, 하나님 의지하고 살아요. [조사자: 아, 교회 다니세요? 교회는 언제부터 다니시는 건데요?] 아- 오십 둘에. 영감 죽고부터.

[조사자: 아- 돌아가시고 가셨구나. 혹시 어렸을 때 그 황해도 기억나시는 거 있으세요, 고향?] 아 기억나는 거 많지. 해도 뭐 인자

'해방 되면 고향땅이나 밟아보고 죽을까?'

그 생각밖에 안 나.

[조사자: 많이 그리우세요, 고향이?] 아이, 그립지, 그럼. [조사자: 가족 분들이 남아계세요?] 언니들 다 못 나왔지. 언니들은, 언니들 서이 못 나왔고 동생 못 나오고. 그래서 이산가족 신청하라길래 혹시나 나왔는가 그러고 신청을 멫 번 했는데 안 되더라고. 이북서 이제 가족을 한 둘이든 서이든 냄겨 놓고 여기를 오거든. 그 가족들은 그 빨갱이들이 다 죽여부러. 다 죽여불고. 안

그러면, 안 죽이면 저 아오지 탄광으로 보내고. 그렇게 이 신청을 해도 안 되야.

이 이산가족 만나는 것은 어드런 사람이 만나냐? 이 빨갱이들이 여기 왔다가 이렇게 후퇴해 감시로 데리고 간 사람, 여기 가족 냄기 논 사람, 그것만 만난다고 저거. 내 테레비 다 보는데 그것만 만나지 우리 이북서 냄기 놓고 완 사람 한–나 만나는 사람 없어.

[조사자: 거기서 두고 나오신 분은 못 만나신다고요?] 못 만나. 저 새끼들이 냄겨 놓질 안 햐. 총으로 쏴죽이질 않으믄은 아오지 탄광으로 보내고 말고 그라니께 못 만나. 아이, 받아 주들 안 해. 신청하라고 해서 신청을 멫 번 했어. 근데 안 받아줘. 안 받아주는 원인이 어디가 있냐? 거기가 살아갖고, 살아갖고 있질 않으니께 그라니께 안 받아주지. 저 이산가족 만나믄은 다 만나잖아. 저 이북에서 살고 여기서 살고. 저 남편 놔두고 남자가 저리 갔지? 또 아들이 혹시 절루 갔지? 그러믄 부모님들, 각시, 서방 만나고. 이산가족 만나는 건 그렇게 만나. 우리 이북서 놔두고 완 사람 하나도 못 만나. [조사자: 친정식구들 많이 보고 싶으시겠어요.] 우리 친정식구들 하나도 못 왔어. 언니들 두, 서이 못 오고, 동생, 남동생 하나 못 오고 그랬는디. 한다 했는디 신청하라고 해서 멫 번 했는디.

[8] 황해도에서 배 타고 나와서 진도로 피난 오다

[조사자: 왜 친정식구들은 피난 안 나오셨어요?] 피난 못 나왔지, 안 나오질 안 허고. 뱃길이 먼 디는 못 나와. [조사자: 그 친정집은 좀 뱃길이 멀었어요?] 응. 뱃길이 멀었어. 이 뱃길 가차운 디가 피난도 얼른 나가지. 뱃길 먼 디는 나오다가 총살 당하니께 그 새끼들한테. 암만 몰래 나와도 사방에가 보초서고 있는디 안 되야. [조사자: 그때 피난 나오실 때도 막 총살하고 하는 게 있었어요?] 그럼.

[조사자: 혹시 주변에 이렇게 인민군한테 피해 받으셨던 그런 거 보시거나 겪으셨던 거 있으세요?] 그런 건 없어. 나 나온 다음에나 다 어땠는가 몰르지. [조사자: 아까 저쪽 마을 회관에 들어보니까 어떤 마을에 와서 그 말린 생선도 가져간다고 뭐 이러셨다 하더라고요.] 뭐 한다고? [조사자: 생선 말려 논 것도 가져간다고, 인민군들이.] 그럼. 다 그때 그러고 했지. 이 초도 사람들은 바로 갯바닥가 녘에서 살았으니께, 바닷가 녘에서 살았으니께. 고기 잡아먹고 살았어, 그 사람들. [조사자: 할머니가 사셨던 데는 바닷가 쪽이 아니에요?] 난 바닷가 쪽이 아니야. 바다가 있었는데 좀 멀었어. 그럼 밤에 인자 어찌케 좀 틈타서 나와.

[조사자: 그럼 타고 오셨던 배가 컸어요? 몇 명이나 탈 수 있었어요?] 뭔 배가? [조사자: 타고 이렇게 피난 나올 때 타고 나온 배요.] 아, 배. 우리 그 아구리선이 무-지하니 컸지. 멫 천 명 싣지. 아구리선이란 게 뭐인지 몰랐는데 저 바다에 큰- 그 저, 그 뭐 뭔 배라고 할까? 경비선이라고 할까? 그런 거, 큰- 배 타고 왔어. [조사자: 그럼 그때 같이 나오셨던 그 고향 분들, 아직 살아계신 분들 계세요?] 아- 나랑 같이 나완 사람들은 인자 진도는 없어. 같이 나온 사람 진도는 없고 그 저 웃녘으로 다 올라간 사람, 살아있는 사람도 있고 죽은 사람이 많아.

[조사자: 그 처음에 여기 왕무덤재에서 집짓고 살 때, 그때 좀 기억나시는 거 있으면 하나씩 얘기 좀 해주세요.] 나 왕무덤재에서 안 살았어 나는. [조사자: 거기서 안 살았어요?] 그랑께 저 의신면 그 주민들 사는 데서 살다가, 또 산판 일하는 디 가서 또 막 짓고 살다가, 또 여기 정부에서 인자 또 논을 준다, 논 줘갖고 농사해 먹으라고 그러니께 또 일로 내려와갖고서 인자 여기서 살았지. 그 의신면, 저기 이제 왕무덤재에선 안 살았어.

[조사자: 아- 그랬구나. 그럼 저분들처럼 왕무덤재에서 사신 게 아니라 다른 데서 사시다가 여길 오신 거예요?] 어, 어. 저-그 저 의신면 칠전리라는 부락에서 살다가 저- 그 뒷켠에 산에 올라가서 인자 흙무지 일을 몇 년 했냐? 한

삼사 년 했을까? 한 5년 했겄다. 그라고는 여기 정부에서 논 인자 준다고 하매, 이 집을 정부에서 이 집을 지어 줬어. 그라니께 이 요것이 방 한 칸, 요것이 뭐, 두 개여. 두 개여, 요것이 요렇게 갈르믄. 요기 한 가족 살고, 요쪽에서 한 가족 살고 그랬어. 그랬는디 인자 서울로들 올라가면서 팔고 올라간께 합쳐갖고 사서 살고 인자 그라지.

[조사자: 그럼 여기 오셔서 사신 건 얼마 되신 거예요?] 요-, 요게 와서 산지 또 이삼. 내가 저- 뒷켠에 저리서 살다가 요리 완지가, 거기서 서른- 멫 살에 왔다니? 요리로는 멫 년도에 완지도 몰라. 나는 공부도 못 해서 국민학교도 못 가봤어. 그래서 말도 글도 모르고. 교회 댕기면서로, 정말 아무것도 몰르더니 그래도 교회 댕기면서로 눈 쪼끔 떴지. 아무것도 몰라.

[조사자: 할머니 나오실 때는 거기 바닷가가 아니어가지고 멀리, 그 숨어서 멀리 나오셨다고 하셨잖아요, 피난 나오실 때? 그러면은 그 보초들 피해가지고 막 멀리 나오신 거죠?] 뭐한다고? [조사자: 보초들 막 서고 했는 걸 막 이렇게 숨어가지고 나오신 거예요?] 그럼. 숨어서 나왔지, 밤에. [조사자: 그때, 그때 얘기도 좀 자세히 해주세요.]

밤에 숨어서, 인자 그 처음에 초도 섬에로 인자 피난 갈 때 밤에 인자 나갔는디. 그 초도 섬에를 단판 못 들어가고 인자, 그 초도 섬에 쪼끔 못 가서 갯바닥 가녘에 굴이 있더라고, 굴. 인제 굴 뚫린 데 거기 들어가서 인자 자고서 인자, 날 새면 인자 초도로 들어갈라고. 배가 나와야 또 들어가니께 초도로. 그때 인자 그 굴에서 인자 들어가서 인자 앉었는디 막 바닷물이 이렇게 확- 하고 끼얹이니께 막 그 굴로 물이 들어와갖고 막 애기 뉩혀 논 게 애기가 다 둥둥 떠서 막. (웃음) 이렇게 보듬아서 다 못 하고 아이구-.

그래갖고 막 옷 다 질고 그래갖고 벌벌 떨고 있다가 아칙에 인자 그 섬에서 인자, 월래도 섬이라는 디서 인자 연락해갖고 나오니께 인자 월래도 섬에 들어가서, 거기서 한 몇 개월 살았나? 그라고 또 거기서 멫 개월 살다 또 백령도 섬이라는 데 들어가서 또, 여름에 들어가갖고 가을에 인자 일로 내려왔지.

진도 들어와서 말-도 못 하게 고생했으니까 뭐, 말할 도리 없어요. 진도 들어와갖고는 안 죽었으니께 살았지, 험했어.

[9] 정부에서 제공한 땅에 손수 집을 짓고 살다가 등기를 내서 소유하게 되었다

[조사자: 진도에서 고생을 많이 하셔가지고 여기가 좀 싫으시겠어요, 할머니는?] 집을 진-작 지어줘야 하는데 나라에서 안 지어주고 있다 인자서나 지어주면, (방바닥을 두들기며) 이거 봐라. 이게 베니다판이야 이거. 저그 양쪽 다 베니다판이야 이거. 처음에 와서 이 집 짓는 거 여기다가 정부에서 땅을 주니께, 집을 짓는 거 이놈 손으로 짓는데. 흙, 황토 흙, 이렇게 개아갖고 나뭇가지 해다가 이 잘잘한 요만씩 한 거 인자 벼랑지게 얽어갖고 인자 흙 붙여갖고 그케 살았는디. 거의 다 허물아지고 뭐 하니께는 이거 집을 인자 고치민스로 벽돌을 쌓아서 고칠라니까 돈이 많이 들어가. 그라니께 그냥 베니다판 붙여서, 양짝에다 베니다판 붙여갖고 그냥 살아가. 이게 뭐 집인 줄 알어? 시옷잉께 집이지. (웃음)

[조사자: 안에는 고대로 다 있네요, 지금? 옛날에 지으셨던 게?] 응. 이 큰 태풍불면 날아나 날 건데 지금. 우리 진도는 보배섬이로 태풍이 한 번도 안 왔어. 태풍이 다른 데는 다 갔어도, 태풍이 안 와서 이거이 안 날아났지. 우리 이 안농 집들은 태풍 한 번 왔다 하믄 싹 날아날 집이야. 뭐 기둥 다 썩어서 허드럭- 허드럭 하지 뭐. 그란 디다 지끔 쪼깨 지붕 해준다고. 저쪽에 지붕 해 논 구경했어? 그 양짝에다 이렇게 지붕 세워서 지금 지붕 다 해있는데, 그것도 돈 내라고 하니께 하네 안 하네 하는 사람이 많고.

이거 이거 우리도 지붕을 인자 그 스릿드로 해 논 게 스릿드가 다 깨져갖고 비가 새니께 해 옇는데, 이것을 싹 뱃기구서 다시 해준다고 하잖아? 그라고 하는데 이거 다시 하는데 돈 뭐 150만 원 내라고 하고 그라니께 나는 그냥 혼자 살음시롱, 그 저 혼자 사는 사람은 집을 지어준다네. 방 한 칸, 이제 부엌 한 칸, 이제 화장실 이렇게 해서 지어준다는데, 그것을 지어 주믄은 공짜로 사는 것이 아니구 저 서울 사람들 사글세 살디끼 한 달에 돈을 얼마씩 내라네. [조사자: 얼마씩 내라고 그래요?] 몰라 아직 결정은 안 됐는디 뭐 한 6만 원으로 된다고 그라네. 그라니께 그것도 수도세 전기세 인제 그런 거 다 물라믄 돈 10만 원 가차이 인제 물어야 되지. 그라는데 [조사자: 공짜로 해주는 것도 아니네요, 그러니까?] 공짜가 아니지. 공짜는 없디야 우리나라에.

내가, (헛기침) 그라믄 우리 집 이거 헐믄은 땅값은 안 주냐니까 이 이 땅값도 안 준디야. [조사자: 어– 땅을 애초에 줬던 게 아니었어요?] 이거 인자 우리 땅이지, 내 땅이지, 인자 등기를 내았으니께. 정부에서 그냥 산을 줌시로 산 이거 깎아내고 집을 지으라고 해서 짓고 살았는데, 인자 내 땅 맹길라고 등기를 다 내았어.

그래갖고 이녁 땅으로 맹글었는디, 여그 어디로 이렇게 길 나는 집들은, 빈 집들 다 내깔기고 서울로 이사 간 사람들, 그 빈집도 다 700만 원, 뭐 1000만 원 다 그렇게 나왔어, 다 길 낸다고. 그란디 이거 헐구서 저 들어가는 사람은 이거 한 푼도 안 준다잖아. [조사자: 되게 좀 부당하네요, 그거.] 그랑께이, 그 서울 사람들 그거 내깔기고 서울 가서 잘 사는 사람들은 뭐하러 돈을 주냐고. 쪼끔씩이나 주지, 땅값이나 쪼끔씩 주지. 그 빈집 돈 주고 다 쪼끔씩 주고 사놨던 사람들은 땡잡았어, 돈 많이씩 나오니께.

[10] 백령도 출신 손부에게 증손까지 보다

[조사자: 그러면 황해도에 사실 때도 농사짓고 사셨어요?] 그럼. 농사지었지. [조사자: 거기서도 벼농사 지으셨어요?] 그럼. 벼농사도 하고, 서숙 농사도 하고, 콩도 심으고 뭐 그런 보리도 심고 다 그라고 살았지. [조사자: 그쪽은 좀 그 농사가 잘 되는 지역이었죠?] 잘 되았지 잘 되았는디. [조사자: 그럼 만일에 통일이 되면 황해도에 가서 살고 싶으세요?] 살고 싶은 마음은 없어. 뭐 내가

농사를 짓갔냐 뭣을 하갔냐? 그저 이 내 내 배꼽 떨어진 고향 땅이니께 한 번 가보고 싶지.

우리 손주 메느리는 백령도서 얻어 왔어. (웃음) 어떻게 백령도 큰애기가 서울로 나와 있다가, 우리 손주, 손자하고 결혼이 되아갖고. [조사자: 보통 때 이런 이 6.25 피난 얘기, 뭐 자식들한테나 손주들한테 얘기 해주세요?] 아 물어 보믄 해주지. 뭐 아이들한테다

"할매는 이라고- 이라고 살았다."

[조사자: 얘기 들으러 다녀보면은 막 떠올리기 끔찍해가지고 말씀들을 안 하고 사시는 경우들이 많더라고요.] 그니께 내가 이제 내일모레 손주가 뭐 애기 돌이라고 올라오라고 해서 갈라고 하는디, 나 인젠 손손자까지 봤어. (웃음) 손손자까지 본 사람이야. 하니께 인제 죽어도 원 없어. (웃음) [조사자: 증손자 보신 거예요?] 증손자 보고, 손손자 보고 다 봤당께. 증손자 보고 그 손자가 또 장개가서 애기 났응께 손손자지. (웃음)

[조사자: 아- 고생하셔도 정말 뿌듯하시겠어요.] 그랑께 내가 뭐 여기서 벌어 논 것도 없고. 남편이 그렇게 다 망쳐 먹었응께 벌어 논 것도 없고. 인자 큰 손자가 10만원, 둘째들이 10만원, 그렇게 인제 주는 거 갖고 나 노인 돈 타고 그래갖고 먹고 사는 거여.

[11] 방 한 칸에서 아홉 식구가 살다

[조사자: 그 그런데 영감님은 여기 진도 들어 오셔가지고 다른 일 안 하셨어요?] 뭔 일을 해? [조사자: 이렇게 뭐…….] 뭔 다른 일 할 거 있나? [조사자: 하지 않으셨어요?] 그럼. 내동 판에 댕기고 [조사자: 그럼 할머니가 다 돈 버신 거예요?] 아이, 영감님은 술 먹고 다, 못 되게 굴어갖고 다 없앴으니께. 내가 다 새끼들 멕여 살루고 그러다가.

[조사자: 아- 시아버님도 모시고? 시아버님은 언제 돌아가신 거예요 그러면?]

시아버니도 팔십 아홉에 돌아갔어. [조사자: 와– 오래 사셨네요?] 오래 살고 돌아가셨지. [조사자: 이렇게 살기 힘드시고, 공간도 좁은데 시아버지까지 모시고 같이 살려면 정말 힘드셨겠어요.] 이, 이 방이 사방 아홉 자 방이거든? 아홉 자 방인데 애기들 여섯 낳고, 시아버지, 신랑, 아홉 식구서 있었어. 그랑께 더워서 여름이믄 마당에가 나가서, 인자 자리 깔고 마당에 나가서 드러누믄은 모기는 물지. 방에는 들오믄 땀나고 더웁고. 애기들은 막 땀을 쪽–쪽 흘림서로 자지. 밤에는 뭐 잠을 자다가 말다가 그라고 날 새고 세상을 살았어.

[조사자: 그럼 돌아보시면 그 난리 겪으시면서 언제 제일 힘드셨어요?] 아, 힘들기야 여그 피난 나와갖고 죽 먹, 죽도 실컷 못 먹을 때가 제일 서러웠지 뭐. 그랑께 내가 못 먹고 살아서 그라는가 어쩌는가? 배고픈 것도 몰라. 이틀 사흘 굶어도 배고픈 것도 몰라. 나 저 노인당에 앉고 있으믄 그 젊은 여자들이

"아이고, 배고프다. 뭐 먹어야 쓰겄다."

"배가 왜 고프냐?"

"배고파 죽겄어, 배고파 죽겄어."

뭐 고구마도 먹다 뭐 먹다가. 오늘도 벌써 고구마 한 차례 먹었지, 족발 또 갖고 오니께 먹었지. 그러고 인제 또 저기 어매가 또 고구마 또 갖고 가더라고.

[12] 17세에 서른 살 먹은 남편에게 시집가다

서울서 왔다매? [조사자: 네.] 오늘 올라가야 될 것 아니여? [조사자: 아니에요, 아니에요.] 안 가? [조사자: 네. 그럼 여기 진도 들어오셨는데, 여기 사셨는데 그래도 제일 좋았던 때가 언제예요?] 좋았던 때 한–나도 없어, 나는. [조사자: 없으세요?] 난 그런 꼴 못 봤어. 하도 험하게 세상만 살다가 아그들 다 여우고, 나 지금, 나 지금 행복하지. 혼자 살고, 누구 성가시게 하는 사람 없고. 지금은 제일 행복해. [조사자: 지금이 제일 행복하세요?] 응. 내가 나이는 먹었

지만은 뭐 아픈 데도 없고 그랑께. 내가 제일 행복하지, 지금. 젊었을 때는 뭐 고생 말도 못 하고.

뭐 집에 왔다 해도 뭐 마실 것도, 뭐 아무것도 없고. 입 다실 것이 없네. (웃음) [조사자: 아니에요. 저희가 가져와야 하는데…….] 아이고- 참말로. [조사자: 저 잠깐 나가있는 동안 혹시, 그러면 친정 식구들은…….] 친정 식구들 한 사람도 못 왔어. 우리 사촌 오빠 하나 와서 저- 서울 인천에가 살다가 돌아가고. [조사자: 연락 닿으신 분은 안 계세요, 나중에라도?] 없어. 그, 그 사촌 오빠도 멫 년 만에 연락이 닿아갖고 한 번 가서 뵈오고서는. 돌아가고서는, 아들 한-나 딸 하나 낳았는데 돌아가고 나니께 갸들이 연락을 안 해, 아그들이라. 안 하니께 모르고 살아.

[조사자: 그러면 여기 진도가 먹고 살기 힘드신데 왜 도시로 안 나가셨어요?] 도시로 뭐 돈이 있어야 나가지. 뭐 맨손으로 어찌케 나가. 영감님은 아이들 그렇게 놔두고 돌아가고, 시아버지 돌아가고. 뭐 돈이 있어야, 갖고 나갈 것이 있어야 나가지. 여기서 저 서울로다 그런 디로 나간 사람들은 여기서 돈 벌어갖고 다 나간 사람들이지. 여기 남안 사람들은 돈 얼마 없어, 여기. 혼자서 다 남아갖고 혼자 살고 그라지.

[조사자: 할아버지랑은 좀 나이 차가 있었나요?] 나이 차이 많이 있었어. 13년 차인가? [조사자: 와- 아니 열일곱, 열일곱 살에 결혼하셨는데 서른 살이랑 결혼하신 거예요, 그러면? 왜 그렇게 일찍 하신 거예요?] 그렇게 인자 옛날 어른들이 그렇게 그 시집을 얼른 그렇게 줘. 옛날에는 다 그랬어. 열세 살에도 시집가고, 열네 살에도 시집가고 뭐. 열, 내가 열일곱 살에 시집갈 때 저 약혼해갖고, 열야듦 살에 시집갔지. 결혼을 했지. 열아홉 살에 또 애기 낳고.

[조사자: 그럼 뭐 중매로 결혼하셨어요?] 어? [조사자: 집안 어른 중매로? 중매로] 중매로 결혼했지. 그럴 때는 중매로 결혼해. [조사자: 근데 그렇게 나이 차이가 많이 나요? 남편이, 남편이 나이 차가 나는…….] 그렁께 나는 인자 엄마를 여덟 살에 잃었어. 친정 엄마를 여덟 살에 잃어갖고 아버지가 인제 동생 하나

데꼬 살다가, 인자 다른 엄매를 얻었어. 그라고 난께는 이 남편 집에가 시엄매는 없고, 이제 신랑하고 시아버지하고만 있는 데로 그냥 그렇게 시집을 줬어, 일찍. 그라니께 나이 차가 많이 나.

[조사자: 나이 차가 많이 나면 싫지 않아요? 싫지는 않으셨어요?] 옛날에는 그렇게 많이 있는 디로 시집을 줘서 시집 장개 해서 살았어. 지금이 모다 뭐 못 하니께 그라지. 옛날에는 전부 다 그렇게 나이 많은 사람한테로다 시집다 줬어. 그라고 이 나이 많은 사람한티 시집 줘야 각시를 이뻐하고 그란다고 시집 줘. 그것도 사람 나름이지. 이뻐하긴 커니는.

[조사자: 많이 안 예뻐해 주셨어요?] 이뻐하긴 커니는 낸–동 술만 먹고. [조사자: 속 많이 상하셨겠네.] 못 되게 허고, 매만 때리고. 매도 무–지하니 맞고 살았다. 말도 못 해. [조사자: 술 드시면 이렇게 하시는 거, 때리시는 거예요?] 응. 술 먹고 들어오면 때려. 안 살라고도 많이 해봤지만은 이 자슥들 놔두고 또 나가기도 뭣 하고, 아주 맨날 눈물바람으로 살았어.

[조사자: 일정 때, 일정 때랑 그 6.25할 때까지 처녀셨어요? 그 사이에 결혼하신 거죠?] 응. 6.25 전쟁 나기 전에 결혼을 했지. 결혼해갖고, 결혼해갖고 2년 살았냐? 그런데 6.25 나갖고.

[13] 남편이 인민군으로 있다가 군대에서 나오려고 손가락을 자르다

[조사자: 할아버지가 군대, 군에 있을 때 결혼하셨어요?] 아니야. 신랑이 군인 갔다가 인자 인민군들이 인제 남한에 군인들이 인자 쳐들어 온다고 하니께, 군인 갔다가 손꾸락을 몰래 밤에 짤랐디야. 그라고는 부상당했다고 하니께

"너 그거 치료해 줄 시간 없응께 너그 집에 가 치료해라."

그러고 내려가라고 해서 내려왔다 함시로, 그래 내려왔다고 하더라고.

[조사자: 그럼 군대는 몇 개월 안 계신 거네요, 얼마?] 응. 얼마 안 되았다 왔어, 간지. [조사자: 그때 갔던 군대가 인민군 쪽으로 가신 거예요, 그 국군으로?]

인민군대로 갔지, 그럼. 인민군대로 나갔다 왔지. 그라니께 밤으로- 밤으로 인자, 몰래 몰래 숨어갖고 내려왔지.

그래갖고 인자 어른이 먼여 인자 피난을 들어갔어. 먼여 피난을 인자, 이 인민군들한테, 이를테면 그 인민군대로 군대 가서도 인자 저 군대생활 안 할라고 인자 손꾸락을 짤랐으니께, 잽히믄 죽는다고 피난을 먼여 갔어. 갔는데, 피난을 가갖고는 인자 무장대들을, 무장대들이 인자 총 맨 사람, 군인을, 군인을 많이 데꼬 나왔더라고. 그래갖고 밤에 인자 나를 데꼬 갔지. [조사자: 아-] 그랬지 인자. 밤에 못 댕겨.

그라고 이 갯바닥 먼 디는 못 가. 바다 가찬 데니께 델러 와서 갔지. 그랑께 우리 친정 식구들은 머니, 멀리 사니께 뭐 하나도 못 나왔지. [조사자: 갑자기 나오시니까?] 응. 그거 친정 식구들 다, 친정에로 알릴라믄 여기서, 여기서 목포가 얼마나? 고 목포보단 쪼끔 가찹기야 가찹지. 하니께 알릴 수가 없지. 알려야 밤에 내려오믄 인민군들한테 잽히니께 못 와.

[14] 인민군이 후퇴하면서 동생을 끌고 가다

[조사자: 그때도 인민군들이 막 무서울 때였어요?] 그럼. 하니께 우리 동생이 국민학교 그때 댕겼는데, 그 인민군들이 인자 후퇴해 감시로 우리 동생도 끌고 간 거 같애. 그라니께 연락이 안 되지. 인자 거기서 사는 거 같으믄 인자 이산가족 신청하믄 될 텐데 안 되는 거 보니께 데꼬 가서 죽였는가 아오지 탄광으로 보냈는가 연락이 안 되더라고. 신청하라 해서 세 번인가 네 번인가 했어, 이산가족 찾으라고. 한데 안 되드라고.

이제 테레비로 보믄 이산가족 만나는 거 보믄은, 여기 가족 냄겨 놓고 거기로, 이북으로 넘어간 사람 요렇게 만나고, 또 아들이 넘어가고 엄매랑 여기 남은 사람, 그런 사람만 만나드라고. 그 이북 냄겨 놓고 완 사람 한-나 안 만나. 못 만나. 만나는 거 없어.

[조사자: 그 힘들 때 혹시 '참 도와줘서 고맙다.' 하시는 분 없어요, 혹시?] 누구라도 도와줘야 뭐 고맙다고도 하지, 뭐. (웃음) [조사자: 도와주셨던 분들도 계세요?] 도와줄 사람이 어디가 있었나, 뭐. [조사자: 그 산에다가 집 지으라고 내줬다는 사람도 있었다면서요, 할아버지.] 난 요리 와서 고생한 거뺶에 없어. 요 요 옆에 할아배 혼자 사는 사람. [조사자: 네. 지금 거기도 가 있어요.] 그 할아배가, 할아배가 이북서 완 할아밴가? [조사자: 조진래 할아버지.] 조진래 씨라고, 고 할아배가 이북서 나완 할아배지. 여기는 그 사람뺶에 없갔구만. 그라고 이북서 나완 사람 그 할아배하고 나밖에 없어요, 여기는. 온 전부다 초도서 완 사람들이야.

[15] 피난통에 갓 돌 지난 아들을 업고 나오다

[조사자: 그럼 거기서 피난 나오실 때, 그 큰 아들이 갓난쟁이였잖아요?] 갓난쟁이지. [조사자: 한 몇 개월 정도 되셨어요, 난지 얼마 안 되죠, 그때?] 1년, 1년 넘었어. 돌 넘어서 왔어. 돌 넘어서 왔으니께 [조사자: 그럼 아직 걸리진 못 해서, 안고 오신 거예요?] 응. 뭐 피난 나올 때 뭐, 도망질해서 나오믄 뭐, 총 쏘니께 뭐 애기 업고 나와도, 애기도 딱 끌러 팡가질하고 나오고 뭐, 그 나완 사람들 말 들어보믄 그래. 총 쏘믄 애기 궁뎅이 무거운께, 애기 끌러 팡가질하고 혼자 나오고 그랬다고.

[조사자: 그래도 할머니는 잘…….] 그래도 나는 그래도 바닷가녁이 가차운께 신랑이 데꼬 와서. [조사자: 그래도 되게 큰아들이 명이 기신가 봐요?] 어? [조사자: 명이 기신가 봐요. 그때 사는 사람도 잘 그런데, 애기가 아프지도 않고…….] (웃음) 응, 그렇께. [조사자: 병에 안 걸리고, 네. 잘 먹이지도 못 하고, 씻기지도 못 하는데 아프고 그러지는 않았어요, 애기가?] 응. 아프지도 안 했어. 그러니께 항상

"어매 나는 클 때 못 먹고 자라서 이렇게 살도 안 찌는가봐, 안 찌는가봐."

(웃음) 항상 그랬어. 긍께 애기가 결혼 해갖고 살민시로도 어린 아 둘 낳았는데, 결혼해갖고 살민시로도 몸이 살이 안 오르더라고.

"엄마 나는 클 때 못 먹고 커서 이렇게 살이 안 찌는가봐. 안 찌는가봐."

그렁 해, 항상. (웃음) 아 요새 아이들이야 먹고븐 거 다 먹고 정말, 그라니께 잘 크지만은 그런 때야 뭐 보리밥도 실컷 못 먹고 자랐으니까. 험한 세상 살았지, 정말. (한숨)

[조사자: 그래도 맨 몸으로 나오셔서 다 이렇게, 자식들도 다 일우시고, 증손자 보시고 하니까 뿌듯하지 않으세요?] (웃음) 지금이야 뭐 정말 자녀들도 다 잘 자라고, 다 밥 먹고 살만치 다 살고 하니께, 나야 인제 맘 놓고 사는 대로 살다가 하나님이 부르시면 가는 거야. (웃음)

세상 살면, 고통 받으며 살다 지금이 제일 행복하지. 행복한 세상 살지. 옷도 우리 막내딸이, 우리 막내딸 광주서 살어. 옷도 전-부 우리 막내딸이 사주고 신발도 막내딸이 다 사주고. 뭐 정말 하다못해 전기장판 그런 것 전부, 이불이니 다 우리 막내딸이 그렇게 다 사주니께. 우리 막내딸한테 덕보고 살아. 아들 며느리한테는 덕보고 못 살아도. 딸 하나는 잘 낳아놨어.

[조사자: 딸들이 그렇게 잘 챙기드라고요. (웃음)] 그라고 사위도 잘하고. 올라만 가믄 아주, 장모님 오셨다고 하믄 그냥 고기 먹으러 가자고 하면서 고기 사주고. 나같이 옷 비싼 거 입는 사람, 우리 동네에 없을 거야. 그저 메이커만 입는구만, 그저. 30만 원, 50만 원 주고 딸이 자꾸 사서 입히니께. [조사자: 와- (웃음) 그랬어요?] 그냥 부러워 해. 요참에도 저 광주 세일한다고 하는디 목사님이랑 사모님 감시로 가자해서 갔는디. 딸한테 전화하니께 마침 그날 일 한나절만 하고 끝난다고 같이 가자고 해서, 오라 해서 또 점심 사줘서, 여기서 여덟 명 갔는디 또 점심 사줘서 얻어먹고. 또 옷도 한 벌 또 좋은 거 사줘서 또 얻어 입고. 그라고서 내려왔지. [조사자: 김치냉장고도 커다란 거 있으시네. (웃음)]

인민군에서 탈영하여 남으로 내려오다

조 진 래

"여기 사람하구 이 피난민하구 가게 되믄 피난민하구 사람하구 간다 이런 말까지 나왔어"

자 료 명 : 20140326조진래(진도)
조 사 일 : 2014년 03월 26일
조사시간 : 1시간 14분
구 연 자 : 조진래(남 · 1937년생)
조 사 자 : 박현숙, 조홍윤, 이원영, 황승업
조사장소 : 전라남도 진도군 군내면 안농리 (구연자의 집)

[조사과정 및 구연상황]

조사자들이 안농리 마을회관에서 1차 조사를 마친 뒤, 마을 이장님과 마을 주민들의 추천을 받아 조진래 제보자에게 연락을 취했다. 제보자가 흔쾌히 인터뷰에 동의하여 조사자가 제보자의 집을 방문하였다. 제보자는 차가운 방 안에 전기장판만 켜놓은 채 몸져누워 있다가 조사자들이 들어서자 힘들게 자리에서 일어나 앉았다. 조사자와 제보자의 건강에 대해 대화를 나눈 뒤 본 조사취지를 설명하고 인터뷰를 시작하였다.

[구연자 정보]

조진래 제보자는 황해도 송화군 풍해면 1937년에서 태어났다. 제보자는 농사를 짓고 살았다. 한국전쟁이 발발하자 인민군으로 끌려갔다. 군대를 탈영하여 숨어 지내다가 1.4후퇴 때 혈혈단신으로 주민들 남하시키는 배를 타고 남쪽으로 왔다. 뒤늦게 가족들과 재회하여 진도에 정착하였다. 이곳에서 아내를 만나 가정을 꾸렸다. 제보자는 고향에 대한 그리움이 크다. 고향이 그리울 때면 고향에서 자주 해 먹던 메밀냉면이 먹고 싶다고 한다.

[이야기 개요]

일제강점기 때는 무기를 만든다고 유기그릇을 많이 공출해 갔다. 한국전쟁이 일어나기 전부터 사람들에 대한 단속이 심했다. 조진래 제보자는 한국전쟁이 일어나고 인민군으로 끌려가서 삼 개월 정도 지내다가 탈영하였다. 집 근처에서 은신해 있다가 1.4후퇴 때 황해도 주민들을 남하시키기 위해서 아리스대 큰 배를 준비한 배를 타고 탈출하여 어청도에 도착하였다. 군인들이 젊은 남자들만 선발하여 백령도로 이동하여 훈련을 받고 목포항에 내렸다. 뒤늦게 피난 나온 가족들과 목포에서 상봉하여 해남 옥천을 배정을 받았다. 그곳에서 품팔이, 공사장 등을 다니면서 힘들게 일을 하였다. 쌀 한 되로 사흘을 연명해야 했다. 조진래 제보자는 진도가 인심이 좋다는 소문을 듣고 1955년 진도에서 단체로 지어놓은 피난민촌으로 와서 정착하였다. 그러나 실상 와보니 피난민에 대한 편견과 천대가 심했다.

[주제어] 애리스대배, 어청도, 군사훈련, 백령도, 목포, 해남 옥천, 진도, 피난살이, 막노동, 단속, 인민군, 폭격, 탈영, 기아, 1.4후퇴, 재회, 천대, 고향, 메밀냉면

[1] 해병대에 지원했다가 떨어지다

뭘 알고 싶어서. [조사자: 뭘 알고 싶은 게 아니고 어르신들 육이오 겪고 하셨던 거, 저희는 겪어보지 못하고 공부만 해봤잖아요. 그래서 어르신들 살아오신 이야기 저희가 듣고 공부하려고 찾아왔습니다. 어르신 그때 육이오 전쟁 날 때가 어르신 몇 살 때였어요?] 오십 년도에 육이오가 오십 년. [조사자: 네 오십 년.] 유월 이십오일 날, 육이오가 일어났지. 그때가 스물 셋. [조사자: 스물세 살. 어르신 그때 스물 셋이었는데 그때 군에 안가셨어요?] 군엘 못 갔지. 몸이 너무 약해서 해병대에 지원했다가 몸이 약해서 두 번이나 지원했다가 나서 못 갔어. [조사자: 해병대 지원할 때가 몇 살, 처음 지원할 때가 몇 살이었어요?] 그때가 오십, 오십일 년도. 오십 년도지 그때도, 오십년도. [조사자: 아 전쟁 나고?] 그럼. 전쟁 일어나고.

[조사자: 전쟁 나고. 그럼 어르신은 육이오전쟁 일어난 걸 어떻게 아셨어요?] 응? [조사자: 전쟁이 난 걸 어떻게 아셨어요? 뭐 소문을 들으셨어요, 아니면 누가 내려오는 걸 보고 아셨어요?] 그때 방송두 허고 그랬지. [조사자: 방송을 해요?] 하고 뭐 자연히 알게 되드라고, 그게. 그러구서 같은 이웃에 살믄서 그거 모른다고 하믄 안되지. [조사자: 그때 어떤 소문이 있었고 어떤 일이 있었는지 그런 이야기를 죽 해주시면 됩니다. 저희가 물어보는 게 아니고 어르신 생각나시는 대로] 여기서 유엔군이 진격을 해가지고 저 이 압록강 거진 다 올러 갔어. 그때 오십일 년도지 그러니까. 오십일 년도에 그만치 진격해 올러 갔는데 중공군이 압록강이 얼었으니께, 그땐 막 건너오잖아. 중공군이 밀려 내려오믄서 후퇴를 허게 됐지, 유엔군이. 그서 그게 일사후퇴야. 일월 사일. 그래가지구 그때에 피난을 나왔지. [조사자: 일사후퇴 때?] 일사후퇴 때. 그래 일월 사일 날 후퇴를 하기 시작했는데 우리는 일월 팔일 경에 그래 남하시기는 이리소대가 댕겼었어, 배가. 피란민 남하시킬라고. 이 애리스대라는 배가 피란민 실러 다녔어, 거기. 그서 해변 가로 나와서 그리들 탔지. 그래서 남하하게 된 거지.

[조사자: 그럼 누구랑 그때 피난을 같이 오셨어요?] 나 혼자서 내려왔는데, 혼자서 왔는데, 그 뒤로 어머님하고 동생하고 왔드라고요. 그 뒤로. 그래서 우리는 어떻게 됐냐믄 애리스대서 내려오다가 그때 우린 잘못 허믄 쏘니깐 젊은 사람들이 그때 군산으로 첨에 갔거든. 군산 앞바다라는 어청도까지 갔어요. 해서 거기서 애리스대서 하는 말이 젊은이들이 거기 다 내려오면 어떡허느냐고, 향토는 누가 지키냐. 향토 지키는 사람 있으야 된다. 그래가지구 거기서 전부 사람들 뽑아서 도루 들어가는 거지, 군산 앞바다 어청도서. 아, 젊은 사람들 거기서 뽑아가지구선 백령도로 올라왔어, 백령도. [조사자: 남자들만?] 으? [조사자: 남자들만 뽑았어요?] 그렇지. 젊은이들만. 젊은이들만.

백령도에서 올러왔는데 우리 송하니까 송하 일대대. 운유리 이대대. 또 이 장현이 삼사대. 지역별로 나와서 훈련을 시작했지, 거기서 훈련을. 이 자체 훈련이지. 자체단체지 이게. 무명용사야, 무명용사. 우리들은. 거기서 한 육 개월간 훈련을 하는데 뭐 유엔군에서 피복을 준다, 뭐 무기를 준다허드니 그만 유명무실되고 말았어. 안와서 거기. 해서 그때에 내가 해병대에 지원을 했지. 해병대 이 긴가 삼 긴가 되대, 삼 긴가 됐어. 지원을 했는데 먹지도 못하고 뭐 체력이 약한데다가서 신체검사하는데 벌써 퇴실. 체중두 미달되지 모든 것이 다 미달이야. 제대로 된 게 없어. 그래서 거그서 떨어져가지구선 또 거기 있다가 다시 한다구 그래서 두 번을 지원했어. 두 번 다 떨어졌어. 그러다 거기서 정 몸이 약해서 못 견디게 돼서 초도라는 섬으로 갔지. 지금 여기 간 사람들 살던 섬으로 갔지. 거기서 이 개월 살았나. 이 개월 살다가 누가 실러왔드라고. 해군대 시대야 해병대. 그걸 타구서 밤새두룩 왔는데 목포항에다 내려 놓드라고. 그 목포항까지 내려왔지.

[2] 진도에서의 피난살이

그때부터 피난생활이 시작된 거야. 근데 나 혼자서 왔는데 그 뒤로 또 어머니하고 동생하고 찾아 왔드라고. [조사자: 어디서, 목포에서 만나셨어요?] 목포에서, 그 목포에서 만났지. 목포에서 만나가지고 해남 옥천면이란 데로 해남 옥천, 옥천으로 배치가 됐어. 거그서 있는데 뭐 먹을 게 있나, 뭐가 있나. 그래서 그때는 품팔이, 지게 품팔이도 하고 그러다 이 공사장, 저수지 막는 공사장 그런 데 찾아다녔지, 뭐. [조사자: 그래서 가족들 부양하셨어요?] 그래서 (기침) 뭐 다 오래돼서 생각도 안 난다. [조사자: 해병대는 왜 지원하신 거예요 처음에 오셔서? 해병대, 어떻게 지원하시게 된 거예요?] [조사자: 군대 가실라고?] 으 군대 갔다와 야지. [조사자: 전쟁 끝난 다음 아니예요 그 백령도로 오신 게?] 여기 와서두 또 군인에 갈건데 그 식구 때문에 군인 못 갔어. [조사자: 가족들 부양 때문에?] 군인을 못 갔다 왔어. [조사자: 군대가 가고 싶으셨어요?] 으? [조사자: 군대를 가고 싶으셨어요?] 그럼 그 그 그 새끼들허고 싸와야지, 그럼. 군대 가고 싶었지.

[조사자: 그러면 일사후퇴 때 혼자 나오신 이유가 있으세요? 다 같이 안나오시고?] 혼자 나와서 해남서 몇 해 살면서 거그서 부인을 만났지. [조사자: 아 거기서요?] 그럼. [조사자: 해남에서?] 해남 옥천서. [조사자: 가족들 다 같이 오셨을 때?] 그기 남의 사랑방에서 살았지. [조사자: 남의 사랑방에서?] 그럼. 살면서 근데 공사장에 찾아다녀야 남선이라는 공사장에서 거그서 일을 하다가 소문 듣기는 진도가 참 인심이 좋다고 그래. 그래 진도로 들어왔지 그때가 몇 년도 되갔냐 하믄, 한 삼년 이십, 오십일 년도 내려와가지구 삼 년 사 년 지나니께. 해남서 삼 년 살다가 군대를 왔으니까 한 오 년도? [조사자: 오십오 년도?] 오십오 년도 되겄나. 진도로 간지가. 그래가지구 진도서 단체루 막을 짓구서 살았지. 오십 년.

[조사자: 왕무덤재에서 사셨다고?] 으? [조사자: 왕무덤재?] 그럼. 거기 단체루 살믄서 거기서 저수지가 있어. 그 저수지가 끝나도록 거그서 일을 했지. 일을 하다가 으 몇 년도 되겄냐, 다 잊어부렀어. 조병문 씨가 아 국회에 농림분과 위원장인가 됐어. 그서 오산 조병문 씨가 그서 그분이 힘 써가지구서

이거 여기 이 뻘땅이었거든. 엿다가 이 식물을 심어두 안될 적이야. 안될 적이야. 근데 그때 한 세대에 구백 평씩을 줬어. 천팔백 평씩을 줬어. 그 뻘땅을. 그래서 거기서 또 여게 이 산을 사가지구 이 집을 짓구서 나와서 살기 시작했거든. 근데 여기 나올 때 오십구 년도, 오십구 년도 되것나 육십 년도가 돼. 그래 나와가지구서 여기 정착을 할라니 염분이 많아가지구서 안돼. 그래서는 한 육칠 년동안 고생을 했으까. 근데 쪼끔씩 살믄 사는 데서도 얻어먹고 하이간 그릏게 되니깐, 그뒤루 수확을 보게되드라고. 그래서 이만침 이루구 사는 거야. [조사자: 여기서는 논농사만 된다고 그러던데요. 밭농사는 어렵고] 밭농사는 없고. 논 논 그 뻘땅 천팔백 평 바라보고 헌 거지. 그래서 논 폴아가지구서 잘 되잖아. [조사자: 그럼 여기 주로 생계수단이 농사?] 농사지. [조사자: 여기 계신 분들은?] 그럼. 다른 건 없구 농사지, 뭐.

[3] 전쟁 일어나기 전의 분위기

[조사자: 그럼 어르신 고향은 어디신데요?] 황해도. [조사자: 황해도 어디요?] 황해도 송화군. [조사자: 송화군 어디요?] 풍해면. [조사자: 풍해면?] 에. [조사자: 그러면 이때 육이오 전쟁이 나고 위쪽에서 피난을 나오신 분들이 있었어요? 아니면 어르신 고향에 인민군들이 내려왔었어요? 지나가는 거 혹시 보셨어요, 일사후퇴 나기 전에?] 고향에? [조사자: 예. 그니까 고향에 계셨죠, 그때 전쟁 육이오 때는?] 그럼. [조사자: 그때 얘기 좀, 전쟁 때 기억나는 얘기 좀 해주세요.] 말을 해서 뭐해. 그놈들이 단속이 심해가지구 사람들 몇 맹씩 모여앉아서 이야기도 못했어. 나쁜 말 할까봐. 그 새끼들이 우리한테두 못하게 했어. 쪼꼼즈들에게 안 좋은 말 하믄 반동분자라구 잡아가는데. 저 가선 탄광으로 보내구. [조사자: 전쟁이 이미 났을 때?] 전쟁이 났었어. 나기 전부터. [조사자: 나기 전부터 감시가 심했어요?]

[조사자: 전쟁 일어나기 전부터 그런 이야기 좀 해주세요] 아 그 전에. [조사자:

네, 전부터.] 이 노동당이 그 여당 아니우 걔들은 노동당이. 그기두 종리당이 있어구 민주당이 있었구 당이 있었어요. 그거 노동당이 일단 거기 들어가믄 쟤네들이 그냥 들어가나, 뭐. 그 뒷조사를 해가지구서 쪼끔이라두 자기네들이 쫌 불리하게 말을 한다믄 이자 말대루 잡아다간 어디루 간지두 모르게 종적두 모르구 말아. 반동분자라고 해가지구. 그룹게 심했어. 그러니깐 거기서 살지 못하구 여기까지 온 거지. 하구 농사를 짓게 되믄 평떠기를 한다구 해가지군. 한평씩 그걸 수확때 되믄 한 평씩 비어가지구선 그 얼마나 하나 수확을 조사해. 아이 백 평이믄 평당 얼마 나온다는 게 나오잖아. 그니깐 거그서 칠할을 섬을 세라고 해가지구서 왔었지. 그 삼 할밖에 못 먹었어. [조사자: 가져간 게 훨씬 많네요] 응? [조사자: 가져가는 게 훨씬 많아요] [조사자: 뺏어 가는 게.] [조사자: 뺏어가는 게 많다구.] [조사자: 인민군들이 뺏어가는 게 많다구.] 걔네들이 그래서 살았지 뭐. 아 그러니깐 지금두 뭐 배급제도가 있잖아. 해서 내중에는 뭐 농민들이 힘들게 되니깐 배급제도 해가지구서 배급 쪼금씩 준다구서 주구 그랬지. [조사자: 그게 전쟁이 나기 전부터 그렇게 배급제가, 배급을 해주고 그랬어요?] 아이 배급 있다구, 그래두 농사짓는 사람 주두 않구. 그룹게 심하게 허는데 이룹게 이룹게 마주 앉아서 얘기한다구 ,그러믄 무슨 노동당 지하조직에서 벌써 이게 돌구 있어. 뭐 누구누구 있다는 거 다 알구. 거서 누구 무슨 말 한다는 거 다 알구. 그서 한마디 잘못 하게되믄 채가구 말아. 잡아가구 말아. 그런 세상을 살았어.

[조사자: 그런 지하조직에서 활동하는 사람들이 누군지는 모르시고?] 그 노동당원이지. [조사자: 당원인데 누군지는 아세요, 아니면 몰래?] 모르지 뭐. [조사자: 모르게?] 그럼 모르지. [조사자: 그리고 나서 전쟁이 나갖구는 어떻게 됐어요?] (기침) 그때 당에 들어간 사람들이 토지개혁이라 해가지구서 농사 없는 사람은 좀 나놔줬어. 이 부잣집이거 뺏아가지구 압수해가지구 없는 사람들을 나놔줬어. 그러니껜 없는 사람들이 노동당을 많이 들어갔거든. 그러니깐 못살았지.

[4] 일제강점기와 해방 후 정세

[조사자: 고향에 계실 때는 주로 농사 지으셨어요, 고향에 계실 때, 황해도 계실 때?] 농사지었지. 하고 사과가 잘 돼. [조사자: 사과?] 그래서 과수원이 많고,그 풍해면이 과수원이 많아. 그서 과수원두 있구, 농사도 짓구 그랬지. 농사지, 뭐. [조사자: 그러면 언젯적이 그 동네가 살기가 좋았어요?] 응? [조사자: 언제 적이 살기가 좋았어? 일제 때두 힘들었을 거 아니예요?] 일본정치 그때 가두 좀, 우리는 일정 때 학교 다녔으니깐 그때 뭐 일본놈들 하는대루 따라하니까는 그러믄서 살았지. 그때는 그래두 어 이차대전 나기 전에 그때는 살기 나았지. [조사자: 나았어요?] 그럼. 이차대전이 일어나믄서 그 유기그릇 있잖아, 유기. 그서 안성서 만드는 유기. 유기그릇을 많이 썼잖아. 아, 근데 그거 다 무기 만든다고 전부다 걷어갔잖아, 내중에. 그놈들이. [조사자: 집집마다 있는 걸?] 그럼 집집마다 돌아댕김서 그놈들이 가져가구 그랬어. 대동아전쟁이 일어난 디. 대동아전쟁이란다, 이차대전 일어난 뒤로. 그때부터 살기가 힘들었지.

[조사자: 해방이 되고나서도 힘들어요?] 하고, 하고, 우리 고향에선 목화를 많이 심어. [조사자: 목화?] 으. 면화라고도 하고, 목화라고도 하지. 그걸 이불솜 하잖아 하고 그거 베를 짜서 또 옷 해 입었잖아, 무명옷. 그걸 많이 심었는데 그걸 가을에 와서 또 수확을 하게 되면 농사가 농사짓는 사람들한테 또 그걸 얼마씩 내라고. 또 얼마 내라는 거 얼마 내라는 거 또 나와. 그놈들이 다 가져가고 그랬지. 그때부텀 베두 못 짜입구 그놈들 다 줬지. 일본놈들. 또 그전에가 쪼끔 살기가 나섰어.

그서 해방된 뒤루 이승만 대통령이 와서 대통령을 허구. 또 이북에는 김일성이가 대통령이 되고. 그래가지구선 이북에는 이 저 쏘련이 지배하고 여기는 미, 미국서 지배하구. 그러면서 이 신탁통치를 해가지구서 에 남북을 합칠라고 그 이 대통령이 많이 애를 썼지. 헌데 신탁통치가 이 쏘련하고 미국하고 합의가 됐으면, 에 통일이 됐을지 모르는데 그때는 여야가 있는 거 같어가지고. 반대파도 있고. 그래가지구선 그때 가서 싹 갈리구 말았지, 뭐 남북으루. [조사자: 남북으로 갈리고?] 그래 가지구선 오년 사십오 년도에 오년이 됐지. 오 년간 동안 그러고 살았지, 뭐.

하고 걔들이 이자말대로, 그래 이북정치 따라가니깐 할 수 없이 거기서 살다가 육이오 일어나면서, 육이오전쟁이 오십삼 년도 오십삼 년도에 이 저 삼팔선이 갈렸으까. [조사자: 네, 휴전, 오십삼 년도.] 삼팔선이 그때 갈려가지구선 이북에서 또 넘어오다 잽혀가믄 또 간 곳 모르구. 삼팔선으로두 많이 넘어갔어. 우리들은 해변이 가까워 거기에 가. 그래서 그 배를 타구서 왔지만은 그 해변이 먼 사람들은 그냥 삼팔선으로 넘어오다 산으로 넘어오다 걔들한테 잡히믄 또 죽구. 그라믄서 살아온 세상이여.

[5] 인민군으로 끌려갔다가 탈영하다

[조사자: 그럼 어르신 전쟁이 나고 어쨌거나 군인들이 마을을 지나갔어요? 밑으로 내려가잖아요. 인민군들이. 그때 젊은 청년들 인민군으로 같이 데려가지 않아요?] 나도 끌려갔댔지. [조사자: 그때 끌려가셨어요?] 그럼. 저 인민군 그놈들한테 잽혀가지구서. [조사자: 어떻게 하다 끌려가셨어요?] 그때 걔들한테 끌려가가지구서 인민군에 들어가서 할 수 없이. 해주 용담포라는 데서 즉사포부대가 있었어, 거기서. 사십오 미리 즉사포부대.

거기서 삼 개월 살다가, 아이고 이런 말은 안해야 되는데, 실은. [조사자: 왜요?] 이런 말은 안해야 되는데. 그때 이 유엔군이 또 올라왔어. 올라오는데 이룹게 가만히 앉아있을 수가 있어? 아 또 전방으로 간다구서 차안이 무기 실구서 밤새도록 갔다 내려놓는 데가 예성강 하류네. 거그서 날이 밝으니까 걔네들이 비행기가 한번 비행기가 가믄 그저 와서 폭격하구 폭격하구 하는데. 그때 가을이었지. 구 월 달이었으까. 우리 가지구 온 포두 폭격 맞어가지

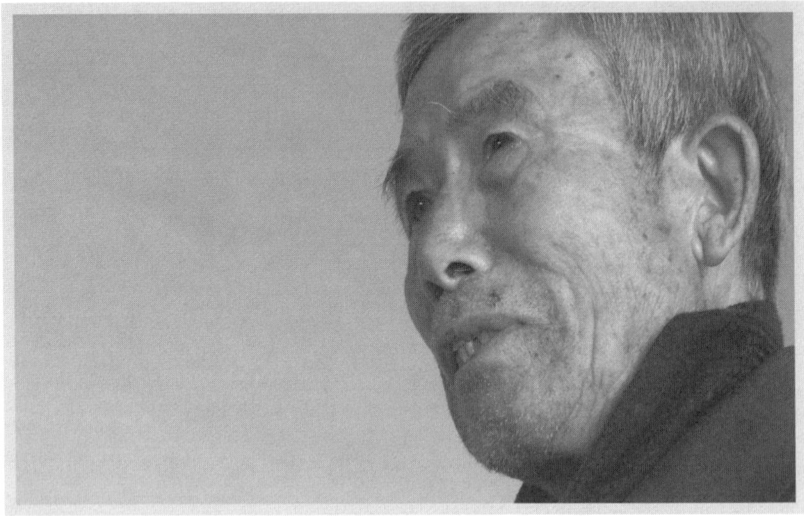

구서 못쓰게 되구. 또 부대장이란 사람은 어깨가 하나 달아났지. 또 한사람은 또 허리가 나가가지구 거그서 쓰러지구말지. 그 일 일개분대가 일곱 명이 됐는데 다 쓰러지구 말았어. 그래두 나는 총만 해. 총을 이룹게 잡았는데 여게 파편이 싹 갈라들어갔어, 이만침. 잘렸었어.

그래서 그때는 후퇴, 후퇴함서 자꾸 뒤꽁무니로 따라오니깐, 이 저 거그서 그저 부상자들 실구 실어갈라구. 차들이 그저 안보이게 해놓구서, 거기 소위가 들어가 있어. 그서 거기서 사람 만나서 세 명이서 왔구만. 한 사람은 광양만 사람이구 한 사람은 봉산 사람인데 서이서 거기서 타구서 이 해주까지 왔어, 해주. 해주 본부에 와가지구서 거기서 그 사람들은 팔 짤린 사람들이랑은 거기다 입원시키구. 나허고 봉산 사람인가, 봉산 사람하고 둘이서 거기서 나와서 본부로 찾아간다고 또 나왔지. [조사자: 거기서?] 나와가지구선 그때는 우선 각자 행동하자. 그때는 탈영해서 집으로 왔지 뭐. 집에 오니깐 큰병 났다는 거야. [조사자: 뭐가 나?] 병이 났다구. 그서 거기서 연락이 왔다는 거야. 탈영했다구. 큰일이지. 어떻게 둘이서 나왔는데 거기 알았는지 몰라. 그래서 집에두 못있구, 그냥 산길루 다니다가 피난 나와서 그래서 살아났어. [조사자: 그럼 일사후퇴 때 피난 나오신 게 그 탈영 때문에 위험하셔가지구 내려오셨어요?] 응. [조사자: 그래서 혼자 나오셨구나.]

[조사자: 인민군한테 잡혀갈 때는 인민군들이 마을로 들어와서 일일이 젊은 사람들 데려가요?] 젊은 사람들 다 데려갔지. 학생들까지 다 데려갔어. [조사자: 어린 학생들까지?] 그럼 젊은이들은 다 데려갔어. 아니 열아홉 살부터 잡어갔지. 걔네들이 무조건, 영장이 있길 하나 무조건 잡아가는 거야. 걔네들도 군인들 있어야 되니깐 할 수 없이 잡아가는 거지. [조사자: 그럼 훈련을 얼마나 받고 전투에 투입이 돼요?] 한 삼 개월 동안 있었어. [조사자: 해주에서? 사 개월동안?] 삼 개월. [조사자: 그래서 예성강 쪽까지 왔어요, 어르신은? 거까지 와서 전투를 해보시고 가신 거예요?] 예성강까지 왔다가 거그서 실패했지. 실패하구서 이자 말대루 그저 이 부상자들 실러다는 차 그걸 만나가지구서 해주까지 와가지구서 해주서 도망왔지, 뭐.

[조사자: 집으로 오시는 기간 동안 위험한 일은 없으셨어요, 혼자 집에 오실 때?] 위험한 일 있으믄 산으로 들어가구. [조사자: 군복을 입고 계셨을 거 아니에요?] 그럼 군복을 입었지. 하고선 총을 메고 댕기니깐 군인들 보믄 무슨 부대에 있었냐, 그러믄. 아무데 있었다 그러믄, 걔네들은 다 통과다 통과됐어, 군인들은. 하고 무서운 기 그 지방에 노동당원 무서워.

그람서 사흘 동안을 집에 와서 밥을 얻어먹어가면서 이 군인갔다 도망나온다믄 이 우익이 많잖아, 거기가. 밥은 주고 하드라구. 아 그래두 그런 데 들어갈 적에는 너무 배고프니깐 아이고 먹고서나 죽자 허구선 잽혀간 날짜는 잡아서 들어가드라고. 너머 배고프니깐. 그래도 거기서 밥을 얻어먹고 다님서 사흘만에 집에 왔지, 해주서. [조사자: 그러면 총을 메고 무턱대고 가서 밥을 달라고 하세요?] 아 근데 거그서 어데까지 왔냐, 하구선 사리원 봉산으로 가는 (기침) 그 사람한테 총은 줬지. 총은 메구 댕기믄 더 위험하니깐. 너는 큰길로 가니깐 걔는 도시 사람이고 나는 큰길로 가니깐 니가 총 가주가라하고 탄알도 백발씩 있드만. 나는 맨몸으루. [조사자: 맨몸으로?] 수류탄만 두개 가지고. 유사시에는 자살할라고, 수류탄을 두개 가지고 왔지. 그 치안할 즉에 수류탄 두개 써 먹었어. [조사자: 언제?] 여그 와가지구 자네들이 후퇴하믄서 이 노동당을 빨갱이라 그러잖아. 그래 사람들 많이 죽었지 뭐 여기서. 치안하믄서 많이 죽었어. 하고 치안이 자치, 자치기관이지 뭐. 그때는 뭐 천지가 없었으니깐. 법이 없었으니깐, 그때는. 그서 치안하다가서 피난내려왔지, 뭐. [조사자: 치안도 하셨어요? 치안대 활동도?] 에? [조사자: 어르신이 치안대 활동도 하셨어요? 치안대원으로 활동하셨냐고?] 어. [조사자: 그건 안하시고?] 안했어.

[조사자: 아까 얘기하시던 대로 집으로 가시는 길에 그렇게 매일 밥을 얻어 드셨어요?] 어. 많이 굶었지, 굶기두. [조사자: 굶기도 많이 굶고?] 그럼. 사흘동안에 한끼씩 먹었지. [조사자: 그래두 누가 도움을 줘요?] 으. [조사자: 도움을 주신 분들 중에 기억나시는 분?] 없어요. 도망댕기는 사람이 으트게 기억을 해. [조사자: 너무 고마워서 생각나는 얘기가 있나 해서요.] 정말 그때 어디냐 신원리라는 데서 잔치가 있드라고. 그 잔칫집에 들어갔어. 들어가니까 인민군이라구 무슨 손 흔들 줄 알았드니 자초지종을 내가 얘기했드니 거기서 잘 차려주드라고. 그래서 거기서 잘 얻어 먹었어. 그 신원리래는 데서. [조사자: 그게 무슨 잔치였는지 기억하세요?] 어? [조사자: 무슨 잔치였는지 기억하세요?] 어 그거, 또 아 초상났드라. 음. 초상이었었어. 그서 먹으믄서 호상이 아니구, 초상이었었어.

[조사자: 그럼 잠은 어디서 주무셔요 사흘동안, 집에 갈 동안?] 잠? [조사자: 예.] 잠은 졸면서 다녔지. [조사자: 졸면서?] 그럼. 정 자고 싶으믄 산 올라가서 바위 밑에서 자고. 쪼금씩 자다가 가고 그랬지. [조사자: 밤에는 못 움직이지 않아요? 밤에도 가셨어요?] 밤에도 많이 다녔지. 근데 해주서 우리 사는 데까지가 몇 백 리되거든. 천 리길. 몇 백 리 돼. 그니께 사흘씩 걸렸지.

[6] 탈영 후 집으로 돌아와 숨어지내다

[조사자: 집엘 왔더니 군대에서 왔다고 그래서 나오셨어요?] 또 집에 들어갈 적에 밤에 들어가야 할걸 낮에 들어갔어. 낮에 들어갔더니 본 사람이 있어. 그걸 또 찔러서 잡으러 왔더라구. 도망나갔다구. 또 그놈들한테 연락두 왔어. 그래서 집이두 못있구. 산에루 왔다 갔다 함서 살다가서 걔네들이 후퇴하게 되서 그때부터 맘 놓구서 치안하다가서 왔지. 치안 생활하다가. [조사자: 그러면 산에는 얼마나 숨어계셨어요?] 아 한 달반. [조사자: 한 달반?] 그러다 그때는 그 부실부실 밤에 비가 오는데 집으로 내려왔드니 해방이 됐다. 걔네들 후퇴했다. 그래서 맘 놓구서 집에 있었지.

[조사자: 그러면 한 달반 동안 어떻게 먹고 사셨어?] 아 집이 왔다갔다 했지. [조사자: 아 왔다 갔다 하시고, 밤에?] 그럼. 밤에 내려와서 밥 먹구선 또 올라가구 그랬지. [조사자: 그럼 거기서는 어떻게 지내셨어요?] 응? [조사자: 산에서는 어떻게 지내셨어요? 뭐하고 지내셨어?] 산에? [조사자: 응.] 산에서 뭐 할 거 뭐 있나. 그냥 도토리도 줍구, 뭐. (웃음) [조사자: 그럼 산에 지내는 데가 동굴 같은 데에요 아니면 땅을 파구 계셨어요?] 이 저 이 굴이 있었어, 굴이. 저 자연 천연동굴이 있었어. 그래서 그런 데 들어가서 살았지. [조사자: 거기선 어르신 혼자 계셨어요?] 응? [조사자: 다른 분 숨어계시는 분 같이는 없었고 혼자만?] 같이 안 있었어. 혼자 다녔어. 같이 있는 게 안 좋아. 그런 데서는. 그서 혼자 있었어.

[조사자: 그러면 인민군들이 후퇴를 하고 마을에 내려와 계시다가?] 그서 이자 말대로 자치. [조사자: 치안?] 치안을 했지. 하다가. [조사자: 그러면 자치 치안을 하실 때 노동당원들 빨갱이 했던 사람들, 그 사람들 보복하고 이런 게 있지 않았어요?] 그 사람들은 다 괴한들이 또 들어오잖아. 그 사람들 묶어 놓구서 그냥 우린 피란을 나왔지. [조사자: 피난을 나오셨고?] 응. 우리가 또 그땐 불리해지잖아. 일사후퇴 하니깐. 그서 또 다 해체하구선 또 피난을 나왔지. [조

사자: 그럼 그때 지방 빨갱이, 노동당 당원들은 인민군들 갈 때 같이 올라가요?] 그럼. [조사자: 같이 다 갔어요?] 쫓아가지, 다. [조사자: 마을에 그런 걸로 인해서 인명피해는 없었겠네요? 그때 잘못한 거 다 총살도 하고 그랬잖아요] 으. 인명피해가 왜 없었어. 있었지. [조사자: 어떤 피해가 있었어요?] 이 갸네들이 한참 날서서 난릴 적에. 그때 이자말대로 민주당에 든 사람 잡아다 죽이구 또 이자말대루 몇 명씩 앉아서 얘기하다 말 한마디 잘못해서 잽혀가서 또 죽구. 인명 피해두 많았어. 읎는 게 아냐.

[7] 1.4후퇴 때의 피난

[조사자: 국군들이 다시 올라왔잖아요. 그때 거기 남아 있다가 국군들에 의해서 죽은 사람은 없어요?] 어, 국군들한테 뭐 죽은 사람? [조사자: 후퇴하다가 남아 있다가 지역민들 말구 못된 짓 하다가 인민군 후퇴하구 죽은 사람들은 없어요?]

후퇴하다가, 후퇴하다가 죽은 사람두 있지. 그 여기서 올라갈 적에 후퇴 잘못해서 미리 못간 사람들, 죽은 사람들 있지. 그때가 어떻게 됐냐믄. 우리 후퇴할 적에 말야, 서울에 한강다리가 하나밖에 없었어. 하나밖에 없었는데 우에서 피난들이 밀려 내려오는데 그 다리를 폭파했어. 그래서 많이 못 내려왔어요. 많이 죽었어, 사람아. [조사자: 그 다리가 컸어요? 큰 다리예요?] 그 저 이 다리 하나 있으니깐 한강교. 이거 다리가 컸겠지, 뭐. 지금은 뭐 스물 몇 갠가 뭐 열 몇 갠가 된다하지만 그때는 하나밖에 없었거든, 다리

가. [조사자: 그 다리를 누가 폭파했어요?] 피란들 내려오니까 피란 못하게. [조사자: 아 못하게 할려고?] 폭파했지. [조사자: 그게 남쪽에서 폭파를 한 거죠, 북에서 내려오면서?] 한때 그때가 폭파 헌 것이 우리 측에서 폭파했다고도 하고, 걔네들이. [조사자: 북쪽에서 폭파했다고도 해요?] 응. 분명히 몰랐어.

[조사자: 어르신은 그때 배를 타고 나오셨어요. 피난을?] 그럼. 배타고 나왔어. [조사자: 몇 명이나? 배에 몇 명이나 타요?] 배가 어 그때가 한 천여 명 탔댔으까. 배가 그룹게 커. 그때가 군산으루 내려왔지 군산으로. [조사자: 그럼 어르신 탔던 그 배가 출발하던 항이 어느 항이라고 불렀어요?] 그때가. [조사자: 어느 항에서 출발해서 가요?] 배가 그룹게 항구에 못닿구 이 저 종선으루 실어날렸지. [조사자: 아 작은 배루?] 그럼 작은 배루 실어 날렀지. [조사자: 출발은 어디서 한 거예요?] 운유면 용수리란 데서 탔어. [조사자: 운율면 용수리?] 응. 잊어버리진 않겠어, 그건. 배 탄 자리는. [조사자: 혹시 부르는 명칭이 있나 해서?] 쌀 한 되가 가지고 나오믄 사흘 지나믄 돌아온다구 복귀한다구 해서 쌀 한 되씩 가지구 나왔거든. 한데 쌀 한 되가 육십 년도 지나서는 사흘이야. [조사자: 쌀 한 되가 육십년이야.] 사흘 동안에 육십 년도 지났어. [조사자: 그러네요.] (기침)

[조사자: 그럼 그때 왜 가족들은 같이 안 나오시고 그때는 어르신 혼자 나오셨어요?] 그때가 겨울이야. 추울 적에 혼자 나왔지 뭐. [조사자: 그니까 어르신 부모님은 안가시겠다고 그러셔요?] 그럼. 아 그때는 사흘이믄 들어간다고 그랬으니까 그땐 나올 생각을 안했지. 부모님은 나올 생각을 안 했지. 그 나는 젊어서 젊어가지구서 그런 놈으 새끼들한테 고생하구 그새끼들한테 너머 단련을 받아가지구서 그 있을 수가 있어야지. 그래서 후퇴한다니께 그냥 나왔지, 나야.

[8] 흩어진 가족과 재회

[조사자: 그때 집에 누구누구 남아계셨어요?] 그때 어머니, 동생, 아 형은 없고. 형수가 한분 계셨지. 하구선 뭐 식구가 많은 다 없어졌어. 뿔뿔이 다 헤어져서 없어졌어. [조사자: 그때 아버님, 부친은 안계셨어요?] 우리 아버지는 나 어렸을 적에 돌아가서 우리 아버지 산소가 거기에 있어. 그서 산소에도 못 가보잖아.

[조사자: 그럼 어르신 형제 분이 몇 분이셨어요? 어르신, 형, 동생 이렇게 세 분 계셨어요?] 형들이 한 분은 나왔는데. 으 지금 포천 이동 이동면서 살다가 그 군인 제대하구 거기서 가족이루고 살다가 거기서 돌아갔어, 형은. 우리 조카들은 거그서 살고. [조사자: 포천에?] 응. 이동서 살고. 조카들은. [조사자: 그런데 그때 피난 나와서 다시 만난 분은 어머니하고 동생분이라고 그러지 않으셨어요? 그때 형은 어디 계셨어요?] 응? [조사자: 형은?] 형은 군인 있다가 서울 저기 포천 있었다니까. 저기 포천 이동. 장항리라는 데 거기서 살았지. 나 거기서 병으로 돌아갔어. [조사자: 그럼 형이 전쟁 때 군인이셨어요?] 군인 제대하고. [조사자: 군인 제대하고?] 하사 제대했드라고 보니깐. [조사자: 그럼 형이 형수님하고 먼저 내려와 계셨어요?] 형은 혼자 내려와가지구서 고향 가까운 데로 간다고 [조사자: 포천으로 가신 거예요?] 포천으로 갔대. 포천서 군인 갔지.

[조사자: 그 다음에 어르신께서 일사후퇴 때 피난 내려오시고?] 한데 이 거기서 사는 걸 몰랐어. 연락처가 있으야 알지, 어트게 알아. 근데 우리 친구라는 사람이거기서 보았다 하드라고. 그래서 우리 어머니가 어떠나 우리 어머니도 젊을 때였으니깐. 여그저기 다니믄서 알아가지구서 거기있다는 걸 알구서 거기 찾아갔지. 그래서 만나게 됐지. 만난 지 그 다음해에 돌아갔잖아. [조사자: 아 만나구 나서요?] 그럼.

[9] 피난 나와서 진도에 정착하기까지 과정

[조사자: 일사후퇴 때 배를 타고 나오셔서 젤 처음에 군산에 가셨잖아요. 군산에 가셔가지구 거기서 따로 지낼 수 있게 수용소 같은 게 있었어요?] 그게 아니구. 군산으로 갔는데 우리는 어청도. 군산 앞바다 어청도에서 젊은 사람들 모집하는데서 젊은 사람들 축에 끼어가지구 백령도로 올라와가지구서 단체생활했다니까. [조사자: 그럼 어청도에서 젊은 사람들만 모집하는 사람이 군인이예요? 훈련했다는 사람들이?] 으으. 해병대. [조사자: 해병대?] [조사자: 백령도에서 훈련을 받고 전투는 안하신 거네요?] 전투를 안했어. [조사자: 안하셨죠. 피복이랑 다 오기로 했는데 군복이 안와서?]

거기서 내중에는 이저 섬에는 밀이 식량이 밀이 올라와서 밀죽도 쒀먹구 살았어. 그것까지 떨어지네 아주 끊어져, 배급이. 배급이 끊어져서 죽게 되니깐 할 수 없이 할 수 없이 살아야겠다 하구서는 초도라는 섬으로 갔다니깐. [조사자: 어르신 혼자 가셨어요? 아니면 거기서 훈련받으시던 분들 다 같이 가셔요?] 나 혼자 갔지. [조사자: 혼자 가셨어요?] 둘이. [조사자: 둘이?] 친구하고, 둘이.

[조사자: 초도가 어디예요?] 초도가, 황해도. [조사자: 거기도 황해도?] 거 저 지금 저기서 사람들은 산 사람들은 거그 섬에서 나온 사람들이야. [조사자: 그럼 어르신 고향이랑 초도는 가깝겠네요?] 그럼. 그래서 그 초도로 갔지. 가가지고 거기로 가니깐 미군부대가 있어가지구 미군부대서 약두 나오고 또 그 미군대 혜택을 많이 보구 있드라구. 그래서 거그서 어 그 어머니가 거기 들와 계시드라고, 초도에가. 그서 어머니 만나서 거그서 두 달인가 살았지 초도서. 백령도서 올라와가지구서 두 달인가 살다가서 석 달 살았나. 목포행 직항했지.

[조사자: 그러면 어머니는 어떻게 나오시게 됐대요?] 거그서 이 상륙작전을 많이 했어. 거기서 부대들이. 상륙작전을 헐 적에 따라들왔드라고. 초도로. 상륙작전 상륙헌 부대, 따라서. 그래서 어머니를 만났지. [조사자: 엄청 반가우셨겠어요. 어머니 만날 때?] 아 그럼 반가웠지 그럼. 아 멫 번 죽었다 살아났

는데 그럼. 반가웠지.

[조사자: 그럼 삼 개월 동안 초도 사시는 동안 거기서는 어떻게 지내셨어요?] 거기서 육지 나대니믄서 식량 가져왔지. 밤에. [조사자: 밤에?] 그람. 밀선 타구서. [조사자: 그럼 뭘 팔아요?] 응? [조사자: 뭘 팔아서 식량을 구해요?] 그 저 살던 집 고향에 있잖아. [조사자: 고향에 가서?] 그럼. [조사자: 그때 집은 다 멀쩡해요?] 아 집은 그대루 있드라구. 이 독을 묻거서 쌀을 거그다 담아놓구 그랬거든. 아 근데 그것두 다 가져가구, 쪼끔 있드라구.

[조사자: 그럼 삼 개월 동안 그렇게 밀선 타고 나가서 식량 가지고 와서 드시고. 그다음에 그때 초도에서 큰 배 타고 나올 때 다 같이 나오셔서 목포로 가셨어요?] 예. [조사자: 목포에선 또 어떻게 지내셨어요? 목포에는 얼마나 계셨어요?] 목포서 목포여자고등학교구나, 지금. (기침) 거기서 하룻밤 자고 해남으로 왔지. [조사자: 해남?] 해남으로 배치시켜 주드라고. 해남 옥천. [조사자: 해남 옥천에는 아까 얼마나 계셨다고 그러셨어요?] 옥천서 한 이 년 살았나. 삼 년 살았나. 해남서 삼 년 살았어요. [조사자: 해남서 삼 년. 그럼 옥천에서 사실 때는 주로 무얼 하고?] 그 공사장 돌아 댕겼지. [조사자: 공사장 가고 일하셨다고 그러셨지요. 그때 할머니 만나신 거예요?] 그람. 그 삼산. 거기서 만났지.

[조사자: 그때 만나가지고 연애하시던 얘기 좀 해주세요.] 거기서 만나가지구서 살다가 이자말대로 진도가 인심 좋다고 그래. 진도가 피난민도 많고. 그래서 진도로 찾아와가지구서 아직까지 여기 묻히게 되겠지. [조사자: 진짜 인심이 좋든가요?] 여가 이차 고향. [조사자: 제 2의 고향이세요?] 제 이의 고향이지, 여가. [조사자: 그러면 어머니도 다 같이 오셨어요?] 으. 어머니는 돌아가신지가 한 삼십 년 돼. [조사자: 그럼 진도 와서 돌아가셨어요?] 으. 삼십, 어머니 산소는 여기 있는데 아버지 산소가 고향 있는 데야. 이거 어트게 해섬 길이 열리면 아들 데리구서 산소가 어트게 생겼는지 하이튼 모르겠지만은 산소에 찾아가는 게 원인데. 여기 와가지구 불효자식 노릇합니다. 산소에두 못 찾아가보구.

[10] 고향에 대한 그리움

[조사자: 어르신 여기 진도가 인심이 좋아요? 오셨더니?] 어, 좋아요. 여기 와서두 피난민 피난민 하믄서 많이 천대받았어. 여기 사람하구 이 피난민하구 가게 되믄 피난민하구 사람하구 간다 이런 말까지 나왔어. 아 얼마나 미우믄 그랬갔어. 피난민이. 자기들 사는 땅에 와서 사는데 그래두 좀 도움은 못줄망정. 그 따지고 보믄 인심이 좋은 데야 여가. [조사자: 그래도 고향 생각 많이 나시죠?] 고향 생각 많이 나지. 고향, 고향은 타고 난, 타고 난 병이야, 고향 생각은. 타고난 병이야, 고향 생각은.

[조사자: 그래도 언제 제일 가고 싶을 때가 언제 생각이 많이 나세요?] 한데 고향에 가고 싶을 때는 몸이 아파서 이 내가 이 관절염이 있어가지고 류마티스 관절염이 있어가지구서 일두 많이 못했어요. 정 아플 적에는 죽기 전에 한번 가봤으믄 싶은데 이제 못 가겄구나. 그럴 적에가 젤 고향생각이 나드라구.

[조사자: 아버님 기일 때는 여기서 제사를 계속 지내시구요?] 기일에는 어 우리 큰아들이 아들이 인천서 살아요. 전부 인천으로 가져갔어, 제사를. 그래서 기일이믄 꼭 어머니 제사랑 같이 모시지. [조사자: 어르신 처음에 피난 오셔가지고 먹을 게 없어서 기일 때는 제사, 제수가 여기 진도랑 황해도랑 뭐 다른 게 있어요? 제수 올리는 게?] 제사 지내는 거. [조사자: 제사지낼 때 올리는 음식들이?] 다 동일해. [조사자: 다 똑같아요?] 으. 약간 다르지 뭐. 아 거 이 책이 있어서 책이 책에 법대로 나와요 하는 식이 다 있어. 없는 게 아냐. 해서 대동소이하지, 뭐. [조사자: 그래도 고향 가시고 싶으실 때는 저기 파주도 가고 하세요? 고향 가고 싶으실 때는 어떻게 하세요? 어디 가까운 데라도 가세요?] 가고 싶을 때는 술로 달래는데 이젠 몸이 아파서 술도 못 먹구 이룷게 늙구 있수.

[조사자: 고맙습니다. 어디 가서 이런 이야길 들어보겠어요.] 병원에 있다가 나온 지가 얼마 안되지만은 피가 자꾸 말라 피가. 피를 맞아야 살아. 그서

피를 또 얼마나 네 개나 맞구 왔어. 또 그래서 그래도 이룧게 활동을 하구 있어. [조사자: 언제 혼자 되셨는데요?] 응? [조사자: 언제 혼자 되셨어요? 할머니는 언제 돌아가셨어요?] 우리 할매 돌아간 지가 한 십오 년 돼. 또 혼자서 살고 있지.

[조사자: 자제 분은 몇이세요?] 아들은 둘이지만은. 여기 막둥아들이 작은 아들이 살아. 여기서 사는데 가스배달도 하구 하믄서 학생이 둘씩 되니깐 나를 잘 못 챙겨. 그래서 밥은 내가 하구 애들이 반찬은 갖다 주구. 반찬은 아이들이 갖다 줘서 먹구 있지. [조사자: 그래도 식사 잘 챙겨 드세요 혼자 계셔도.] 잘 챙겨 먹지, 뭐. 저기 있지만 밥솥이 전기 압력밥솥이잖아. 그래 거기다 해먹지. 밥하는 건 쉽고 쌀만 앉히면 되니깐. 반찬은 해다 주구, 아이들이.

[조사자: 그래도 고향 생각날 때 고향음식 생각나는 게 있으세요? 뭐 드시고 싶은 게?] 고향음식? [조사자: 예.] 우리 고향에선 메밀냉면. [조사자: 메밀냉면?] 응. 그게 제일 생각나. [조사자: 여름에 드세요 그거?] 여름에도 먹지만은 겨울에도 냉면을 많이 먹거든. 겨울에 이저 동치미국에 말아서 먹는 맛. 차게 먹는 거 세상 맛 좋아. 근데 그걸 못 먹어보구 왔어. [조사자: 그럼 여름에는 어디다 말아 먹어요?] 여름에는 냉수에다. [조사자: 냉수에다가?] 냉수, 육수에다가 말아먹지.

[조사자: 그럼 메밀을 면을 직접 뽑아요? 집에서?] 워낙 메밀을 많이 심어노니깐 그걸 갈아엎어 가지구서 만들지. 순메밀이지, 뭐. 여기선 뭐 냉면이라구 해두 그거 믿지 못하잖아. 가다가루 들어간다 뭐 들어간다 다 들어가잖아. 순메밀이지, 뭐. 그러니깐 같이 물 너서 먹을 적에는 끊어먹을 수가 없어 질기지, 뭐. 그룧게 질겨, 메밀. 그거 한번 먹어봤으믄 좋은데 그게 안돼. 못 먹어봐. 그래서 하도 그렇게 헐 적엔 아이고 냉면이나 한 그릇 했으믄 좋겠다 허는 생각 많아. 그 냉면 생각이 많이 나드라고. [조사자: 그걸 먹어볼 데는 없는 거예요 여기에서는? 옛날 고향 맛을 나게 하는 데는 없어요?] 응? [조사자:

고향 맛을 느끼게 할 수 있는 그런 데 가보신 데는 없어요?] 그 냉면집이 가믄 그래두 냉면이라구 그러구 먹지, 뭐. 고향의 맛이니 생각허구 먹어야지, 뭐. [조사자: 메밀냉면은 특별한 날에 먹는 음식은 아니고 그냥 평상시에 즐겨 드시던 음식이에요? 특별한 날에 먹는 건 아니고 평상시에 자주 드셨어요?] 응.

소를 몰고 떠났던 피난길

김 금 예

"아부지가 소 몰고 있는데 총알이 그렇게 날아와. 총알이 씽씽 그래"

자 료 명 : 2014김금예(의성)
조 사 일 : 2014년 4월 28일
조사시간 : 15분
구 연 자 : 김금예(여 · 1944년생)
조 사 자 : 김경섭, 김정은, 이승민, 김민수
조사장소 : 경상북도 의성군 옥산면 실업1리 마을회관

[조사과정 및 구연상황]

조사팀이 의성군 옥산면 실업1리 경로당에 도착했을 때, 경로당에는 이미 다수의 할아버지, 할머니들이 모여 화투를 하거나 소담을 나누고 있었다. 경로당 할머니들을 대상으로 조사를 시작했지만 너무 소란해 녹음작업이 여의치 않았다. 다행히 바로 옆 마을회관이 넓고 조용해 할머니들을 모시고 조사장소를 옮겨 좀 더 나은 환경에서 이야기를 들을 수 있었다.

[구연자 정보]

김금예 할머니는 이곳이 고향인 분이다. 어린 나이에 전쟁이 났고, 피난길에 소를 끌고 가는 바람에 고생이 더 심했다고 한다.

[이야기 개요]

소 두 마리를 끌고 가족들과 함께 피난을 떠났다. 언니는 이불하고 옷을 메고, 오빠는 책이 한이 되어서 책 가지고 갔다. 오빠는 결국 피란이 끝날 때 쯤 도망에 지쳐 자원입대하였고, 4년 후 무사히 제대하였다. 모르고 받았던 배급 때문에 고초를 겪었던 것이 힘들었다.

[주제어] 피난, 황소, 고무신, 언니 오빠, 자원입대, 배급

[1] 소를 몰고 피난가다

[조사자: 어머니 그때 전쟁 때 몇 살이셨어요?] 7살. 그때 우리 피난 갈 때 소를 두 마리 몰고 피난 갔다 카는데 [조사자: 소를 두 마리 몰고 피난가셨어요?] 응 [조사자: 고향이 어디셨어요?] 신감. 사곡 신감. 거 소 두 마리 몰고 가는데 아부지 한 마리 몰구 오빠 한 마리 몰고 그래. 옷 같은 거 싣고 내 기억한다카이 우리는 신이 없어가지고 어매 고무신 이만한 거 여. [청중: 아 엄마꺼 코고무신 여 뒤꿈치를 끊어 내가지고 그래 그거 신고] [조사자: 네]

그래 동생을 신기고 난 걸었는기라. 왜냐면 동생 업었으니께. [조사자: 일곱 살인데 인제 걸어갔구나] 걸었지예. 그래 우리 저저예 항냥골 친정 월계 사장 어른들 하고 같이 가가지고 마캉 고생했다. 사돈어른들 때문에 그러고 개울물에 거 가가꼬 옆에 학교 있는데 거 가가지고 총알이 빗볶았다. 그 학교 저 때 아부지가 소 몰고 있는데 총살이 그렇게 날아와. 총알이 쌩쌩 그래. 그래 총알이 날아와. [조사자: 예] 그러고 아버지는 소 몰고 벽에 붙어서가있고 우

리는 어데 뭐 구덩이 같은데 드가가 구덩이 파논데 거기 드가가 있었다 카이. [조사자: 예]

그리고 보리죽 끓여가 묵고 [조사자: 보리죽 끓여먹고] 보리도 빠사묵고 죽이나 맘대로 얻어먹나. 하이고 죽이야 옳게 돌아오나 열이 넘게 갔는데 우리 오빠는 칠남매지, 사장어른들 있지. [조사자: 예] 그래가 우리는 식구 열 넘게 갔다. [조사자: 열 몇 명이요?] 그래 거 가가지고 오만고생 다 했지뭐. [조사자: 그래도 소 두 마리는 끌고 갔잖아요] 소 몰고 갔지. [조사자: 몰고갔고] 소 한 마리는 다리를 다쳐가지고 오는 데는 또 억지로 왔다대. 오니께 우리 피란한 사람 다 죽었다카네. 다 놓고갔다. 그때 여름 안 같나. 유월달이제 [조사자: 네 유월이죠] 유월달에. [조사자: 기억력이 되게 좋으시네요. 되게 어렸을 때인데.] 일곱 살인데 짊어지고 우리 언니는 자리 짊어 지고 [조사자: 자리 짊어지고] 옷하고 자리하고 또 짊어지고, 오빠는 책이 포은(한이 되어)이래 책 지고 [조사자: 책 지고] 책 지고 가고 책을 구덩이에 묻어놓고 가고. 이랬다고, 책이 포은이 져가지고. [조사자: 오빠는 책이 보물이고] 그러지 공부했으니께.

[조사자: 어르신은 뭐 지고 가셨어요? 일곱 살인데] 나는 일곱 살인데 요런 거 등따리에 매고 옷이든 뭐든 기억도 안 나지. 이런 거 뭐 책보자기 메고 [조사자: 책보자기 메고 그러고 가고.] 응 뭐 고생도. 고생도 많이 하고 우리 동생도 거 가가 자리도 내가지고 [조사자: 먹지도 못하고] [조사자: 계속 도망가서 어디쯤 가셨는지 기억도 안나겠다.] 하양 거 콩밭으로. [조사자: 콩밭?] 하양 학교 지나가지고 [조사자: 하양학교 지나서] 그래가 지나서 어데도 모르지 뭐 하양학교까지 가는 건 알어. 그거하다 어데 더 하는 건 난 잘 모르겠다.

[2] 돌아오니 있던 군인들, 끌려간 오빠

[조사자: 그래서 다시 이렇게 돌아오고?] 응 [조사자: 돌아 오고나니까 군인들 있었어요? 그때는?] 군인들 있었지. 있었는데 우리는 뭐 그게 빨갱인지 뭔지도 모르지 뭐 [조사자: 예] 빨갱이도 있었겠지 뭐. 왜 없었겠어, 있었지. 우악시럽기도 을매나 우악시럽다고 발로 걷어 차댕기뿌고, 막 구두신고 발 휘두르고 우리 피난갔다 와서도 그랬다카이. [조사자: 인민군도 보셨구나. 피란 갔다 와서 인민군 보셨구나.] 피란가지고 구두 같은 거 신고 방으로 쫓아 들어오데요. [조사자: 아 밭에] 방에 [조사자: 그래도 잡혀 간사람 끌려 간사람 없었어요? 인민군한테?] 우리 큰오빠 끌려갔지. [조사자: 큰오빠 몇 살이셨어요. 대충?] 올해로 팔십 얼마가. 올해로 한 팔십 얼마 되었다. [조사자: 그럼 끌려가서 그 뒤로 못 만나셨어요 이제?] 그길로 군대에 갔지 뭐. [조사자: 군대?] 그렇게 끌려가가지고. 숨어 다니다가 숨어 다니다가 안 되가지고 아부지 나 갑니더 고마 식구들 아부지 맡어서 가고 그래서 그길로 군대에 들어갔잖아. 징용이던 뭐던 모르지.

그 뭐 옛날에 우리나라 사람들 우리 아버지같은 사람들 옛날에 이북 같은데 가가지고 얼마나 고생했노. [조사자: 예] 그러고로 뭐 혜택 안주고 신청하라 해서 해도 안 되데. 우리 아부지 거 이북가가지고 고생해가 이 머리 돌아서 계속 일 못했잖아. 어무이 일하고. 그래가 그 신청했는데도 증거인 데려오라 그래가지고 갔는데 안 되데. 안 된다 카대예. [조사자: 그럼 큰오빠는 끌려가고] 작은 오빠하고는 집으로 돌아왔지 뭐. [조사자: 집으로 돌아오고]

[3] 모르고 받았던 배급 때문에 추궁당하다. 그리고 돌아온 오빠

[조사자: 그래서 그 다음에는 막 군인들이 뭐 뺏어가고 이런 건 없었어요?] 뺏어가는 거도 뭐 그때 뭐 설탕이 누런 게 있대. 누런 거 뭐 콩고물 같기로 이런 포대에. 그런데 어떤 사람이 와가지고 갖다 줘. 그래 이걸 밭에다 집어차둘러 뿌니 퍽석 터져가지고. [청중: 먹지도 몬하고] 어. 이거 뭐 시방

"어느 놈한테 받았노 카노 새끼야."

그래가지고 구둣발로 냅다차니까 우리 어무니 '아이고고고고' 그랬다 그르키제. 그랬다카이. 얻었는 거는 어디서 얻었는지 모르는데 거 군인들이 와가지고 구두발을 신고 조라매고 밭 돌아다니면서 설탕포대를 보더니 발로 냅다 차뿌렀다. [조사자: 그럼 비행기 이렇게 날아가는 건요?] 비행기 날아가지. 막 마구재비 이래 돌고 이래 돌고 막 그라대. 비행기가 그렇게 해. 그랬다는 거 봤다. [조사자: 비행기 떨어지는 소리는 못 듣고요?] 떨어지는 건 잘 모르고 그래가 인제 그 집 같은데 초가집 같은데 디립다 놔 가지고 폭탄 그것이 불나고 막 그랬대. [조사자: 비행기가? 쌕쌕이요?] 그래, 뭐 이랬다. 그랬다카이. 피난갔다 와가지고도 그랬다. 다른 데 어른들 같으면 기억 안 나지. 여가 피란지다. 이 동네가 피란지다. [조사자: 여기가?] 여가 피란지라 카이 저 아재 사람들 열로 피란왔다카이. [조사자: 여기가 피난왔던 곳이에요? 여기는 피해가 크지 않았나 봐요.] 여는 뭐 피해 없었제. [조사자: 그랬던 거 같아요.] 그리 마 들에 나가뿌러면 고마 논은 다 남겨놓고 피란 간사람 다 죽었다카대 그래가 약도 없지 그때 약이 있나 뭐가 있나

[조사자: 아 큰오빠가 갔다 다시 오셨구나?] 큰오빠 갔다가 삼년인가 사년인

가 몰라 [조사자: 그래도 갔다가 다시 오셨네 큰오빠가요.] 돌아왔다카대. 제대 맡으러. [조사자: 제대하셨구나 그래도 전쟁 끝나고?] 전쟁 끝나고. 전쟁 때 가 가지고 삼년 살았나? 사년 살았나. 아이고 죽고 말고 그래. 아부지 안 보낼라 갔다카이 이래죽으나 저래죽으나 저세상 가는 게 편타. 피란 거의 다했을 때 갔다. 그래가 마 또 기피자라 칸다고 이카대. 그래가지고 지원하는 게 낫다카고 그리고 군대갔다. [조사자: 응 지원하고] [조사자: 어머니도 그래도 갔던 걸 생생하게 기억하시네요.]

대구까지 걸어서 간 피난길

이 점 례

"피란 가다가 집에 들어가 사람 없으면 막 퍼다 와. 그래 몇 번 안 가드만 다 퍼가 암 것도 없으요"

자 료 명 : 20140428이점례(의성)
조 사 일 : 2014년 4월 28일
조사시간 : 30분
구 연 자 : 이점례 (여 · 1932년생)
조 사 자 : 김경섭, 김정은, 이승민, 김민수
조사장소 : 경상북도 의성군 옥산면 실업1리 마을회관

[조사과정 및 구연상황]

조사팀이 의성군 옥산면 실업1리 경로당에 도착했을 때, 경로당에는 이미 다수의 할아버지, 할머니들이 모여 화투를 하거나 소담을 나누고 있었다. 경로당 할머니들을 대상으로 조사를 시작했지만 너무 소란해 녹음작업이 여의치 않았다. 다행히 바로 옆 마을회관이 넓고 조용해 할머니들을 모시고 조사장소를 옮겨 좀 더 나은 환경에서 이야기를 들을 수 있었다. 이곳 의성은 낙동강 전선까지 남하한 북한군을 연합군의 비행기가 연일 폭격한 곳이어서 주로 폭격의 공포에 대한 사연이 많았다.

[구연자 정보]

이점례 할머니는 의성 원당이 고향으로 전쟁이 나자 고향에서 걸어서 대구까지 피난길을 떠났다. 피난 도중에 보고 듣고 한 경험이 아직도 기억에 생생하다. 시집도 못 가보고 죽는 줄 알고 한탄했다고 한다. 피난에서 돌아와 보니 집이 다 불타고 없어졌고, 마침 온전한 동네로 남아 있던 실업리에서 중매가 들어와 이곳으로 시집을 오게 되었다.

[이야기 개요]

원당에서 대구 동천으로 피난 갔다가 평화가 되었다고 해서 밤새 걸어서 다시 원당으로 왔다. 피난길 도중에 인민군의 소총사격이 심했다고 한다. 콩밭에 아기를 낳고 그냥 버리고 간 사람도 있었다. 가다 밥 해먹고, 또 가다가 밥 해먹고 하는 일이 반복되는 피난길이었다. 전쟁 중에는 피난을 떠난 빈집에 도둑도 많이 들었다. 고향으로 다시 돌아와 힘들게 먹고 살았고, 남편은 낮에는 일하고 밤에는 산속에서 숨어서 자면서 인민군을 피했다.

[주제어] 소총 사격, 총알, 피난길, 산속, 식량, 아기, 출산, 대구 동천, 비행장, 전쟁 중의 도둑질

[1] 등 뒤에서 날아오는 총알, 걸어가는 피난길.

피란 갈 때 원당 그때 여기에 시집 안왔거든요. [조사자: 네] 열여덟살에 원당 그기 인제 살았는데 갔다가 그리인지 또 풍림이라칸데 거기가가 또 하룻밤 자고 [조사자: 네] 또 그리 그리 가다가 언 동넨데 몰라요 또 가야 또 하룻

밤 자고 [조사자: 또 자고] 그래가 그래가 가다 고마 저짝 아군이 와가지고 고마내 이산에 팽 저산에 팽 쫓겨이 가지도 몬하고 우리 여 죽는다이 이래요. 겁이나가. [조사자: 그럼 총쏘는 게 인민군이 쏘는 거였어요? 국군이 쏘는 거였어요?] 저짝 아들이 쏘지요. [조사자: 인민군이 뒤에서 쫓아 오는 거였죠?] 예, 막 따라 오는기라요. 그래가주구 막 여서 팽팽오제 그래가 막 밥 하다가 쌀밥하다 죽 따라삐고 그냥 막 그대로 또 가지고 가다가 인자 소리안나면 또 내랴가지고 밥해가지고 묵으야 사지요. [조사자: 네]

그래 인자 새로 밥 해가지고 먹다 먹다 또 막 팽팽 뛰어가 오는기라요. [조사자: 음] 그래가 밥 한숟가락 떠먹을라치면 보따리 짊어지고 밥한 숟가락 떠먹으매 그래그래 자꾸 간다간다 가다가다 어디까지 가다 배가 시르르 하니 고프면. 이놈의 해도 질어요. 그래그래 가다 보니까서네 어디 어딜 동넨도 몰라요. 저 멀리 찾아갔어요. 가다가 [조사자: 네] 그또 인자 배가 고프이 되나 안되나 고마. 또 밥을 했어요. [조사자: 네] 밥을해가 우리 올캐가 인제 밥을 해가지고 또 인제 쭉 나나주고 먹고 그래그래 가다이까서네 그래 가다 인제 저짝에 인민군이 인제 못 따라오고. 우리 인제 우리 군인들 재태(곁에)왔어요. [조사자: 그때가 대구에서요?] 그때 안적 대구 못갔어요. [조사자: 아직 못갔고요.] 그래가주구 어디까지 가다가이 그래가주 오드니만 여 애 안딸린 아주머니 여 있음 나오라카이드만 그리고 우리 올캐가 얼라 한명 다 컸고 머 해가 이제 나갔어요. [조사자: 네] 가이까서네이 그래 목욕탕 사람은 사람 붙 들어간다 가지마라 가지마라 막 이카는 사람 있어요. 그래가주구 우리 올캐 갔더니만은 참 군인들이 밥을 하는데 밥을 얻어 얻어 먹다 고마 거기 뭐 동네 이름도 잘 몰라요.

거 가 가이 하도 애 우는 소리 나이. 그래 이래 콩밭에 가이. 딸 아를 나 가지고. 콩밭에 나서 [조사자: 아, 콩밭에서요.] 그래 앵 하고 앵앵대. 그 아 들고 가면 못해요. 그 아 죽었지 저 뿌면. [조사자: 그럼 애 낳아가지고 버리고 간거에요?] 예 애 낳아가지고 고마 콩밭에 갔다 낳아뿌고 내비리 뿌고 가는 기. 머 어떤 사람은 아 인제 이래 받쳐가지고 소반 받차가지고 안고 안고 딱 가는데 머 어떤 사람은 내삐리 뿌고 그냥 가요. 머 어떤 사람은 그래 낳아 가지고 콩밭에 내삐리 뿌고 갔다카이. [조사자: 네]

[2] 식량을 찾으며 걸어가는 피난길

밥해먹고 이럭저럭 인제 가다니까서네 여기 어데고 카니 여 얼마 안가면 인제 대구 동천이다. 아이고 우린 멀리 왔다. 그래 대구 동천 하는데 거 가니 비행기 장소래요. 동천 어덴지 다알어요. [조사자: 아] 그래 대구 동천 여기 어데고 하니 대구 동천 비행기장소라카데. 널러요. [조사자: 넓어요?] 야 억수로 넓다다. 그래가 거 가이. 그래 인제 사과 따먹고. [조사자: 네] 가지고간 양식은 다묵어뿌고, 사과 따가지고 때우고 밥솥낫에다 밥묵고 장도가져간 거 다먹고 소금해가지고 밥먹고 으메 한달 동안에 가지고간 양식 식구 열 몇이 더러 먹을 것도 없어요.

그래가지고 다른 식구 저이 피란 갔던 뒤에 가가지고 다른 집에 가가 쌀독 가져오고 보리쌀도 가져오고 그래 가져와가지고 밥해묵어야 안삽니꺼. 그래 인제 자꾸 그래 해먹고 그륵 저럭 가가지고 그래 대구 동천 가이 거 엉간히 사람도 많고, 머 민간인도 많고 군인도 많고 많데요. [조사자: 네] 그래가지고 우리 나이 하믄 열 여덟살인데 시집도 몬가고 인제 우린 이대로 죽는갑다. [조사자: 아, 시집도 못가고] 그때 그마음 들드래요. 시집도 몬가고 인제 우리는 이대로 죽는다. 다른이들은 모두 시집가가 저래 모두 저래 하는데. 마음이 그래 들대요. [조사자: 열여덟살에] 예. 그래가 에이고 시집 몬가면 못가지 뭐 까이꺼. 그래가 물에 가이까서네 무정구지라 카는데 그놈 뜰어가지고 밥해묵으면 어떻게 맛있던디요. [조사자: 그게 뭐라구요? 물?] 물에 물에 인제 무정구지라고 있어요. [조사자: 무정구지?] 예. 여로 말하자믄 말이라 말. [조사자: 말~] 그걸 뜰어가지고 밥해묵으면 맛있데요.

그래 묵고 무논에 나물같은 거 요런거 있는거 먹는데 다 뜯어 먹었다카이요. 그거라도 해묵어야지 안묵고 우예 살아요. [조사자: 예] 그래그래 먹다 보니 다떨어지고 인제는 아무것도 없어 맨몸뚱이다. 그래도 뭐 사람 없는 집 가가지고 쌀독 훔치는게 아이고, 내 혼차만 그라는게 아니고 내 혼차만 그라는게 아니고 전 피란민들이 전부 없는 집에 가가 사람없으면 막 퍼다와. 그래 몇 번 안가가드만 다퍼가 다퍼가고 암것도 없으요.

[3] 하룻밤 사이에 대구에서 동천까지

그래그래 가다이까서네 인제 저 대구 동천에 있다이카서네 아 인제는 아군 전부 다가고 인제 피란민들 집에 가라 카는데 아이고 인제 모두 살거났다. 참 내 성질 요새도 그렇지만 걸은데 대구 동천디로 걸음도 무지무지하게 걸었다카이요. 그때 고마 [조사자: 네] 남자들 두명 오는데 그래

"나는 집에 따라가겠어요."

카이

"못온다 니는 못온다 야야. 여기 어서 대군데 실업까지 못간다 오지마라. 니는 우리만치."

"나는 갈수 있어요. 갈수 있어요."

대구 동천디로 여거이 원당까지 한 반쯤 넘었디이더. [조사자: 그럼 얼마나 가셨어요?] 야? [조사자: 걸어서 가신거에요?] 걸어서 거디로 대구 동천 거디로 걸어가지고 요 어데고 원당까징 왔다카이. 오니 밤이 아마 야심해. 고요하드만. 밤이 막 야심해요. 날 샐라카드만. [조사자: 그럼 한 이틀은 걸으신거에요?] 야? [조사자: 이틀 걸으신.. 많이 걸으셨을 것 같은데?] 이틀 안걸었으요. 하루에 다걸어왔는데. [조사자: 하루에 다걸으셨구나] 밤새도록 걸어 밤새도록. 아침부터 걷고 거기들어 아주 일찍이 먹고 고마 아직도 오다 배가고파서 견딜수가 있나 사과를 까가지고 먹고, 그래가 오다 오다 인제 원당 근처에 인제 다왔어.

고요한기 집은 다 타뿌고 아무것도 없고, 아이고 우리는 인제 이길로 내가 뭐하러왔노. 맽기고 왔더니 집이고 뭐고 다타뿌고 아무것도 없어요. [조사자: 아무것도 없어요?] 없어요. [조사자: 집도 다 타고.] 그래 가만히 저 밑에 사람소리가 약간이 나는 것 같애. [조사자: 네.] 아 옳다 그래. 내한테 날 이러코롬 야야 니는 여기에 있그라. 저 아래 사람 소리 나이 인민군이 있는둥 우리 아군이 있는 둥 사람소리가 난다. 니는 여 속에 가만히 숨어있기 얘가 그리 갔드니만은 무 둘집 안득 안나가고 있드라. 그리 밥하라 해놨다 카드라. 원당에 사촌들 안가고 있었는데 그사람들 다 그만 저사람들한테 다 그만 붙들려 가뿌고 가이까서네 밥해놓고 세상 하얀 이밥을 주여니께 어이케 맛있노. 허연 이밥을 묵으니까 꿀맛 같애요. [조사자: 꿀맛 같아요.]

그래가주구 그리 먹고 그리 잘라카이 잘데 없어요. [조사자: 예, 집이 다탔잖아요.] 집이 다 타고 암것도 없거든. 그래가 인제 인제 뭐 구덩이 같은거. 팔월달에 추버요 하마요. 얼마나 춥드나. 그래가 너는 인제는 봐 봐 너는 나가

라. 그사람들 자니까 쫓아내뿌고 우리 그집가 잤다카이. 봐 그래가지고 도둑질도 어이 그렇게 마이 해다 놨는지 몰라요. 그사람들이. 마 좋다카는건 싹 다갔다놨어요. [조사자: 거기다가요?] 야. 저 집에. 그래가 인제 그 한 삼일 되니까로 피란민들이 막 왁자가지고 원당 다들 와가지고 우에노 우에노 해카이까서네 어디 밭에가마 독 묻어놓은 데 있다. 어데가마 거름자리 파묻은단데 거기 가면 뭐 있다. 가가지고 피란민들이 와가지고 뭐고 디벤다 디베이. 새 그렇게 도둑질 해논다 카는기래요.

거 있는 사람들 거 있는 사람들 의성에 인제 비단같은거 풀때가리같은거 좋은 옷을 다도둑했어. 매 아닌교 저거 매해 카면 다는 말 못해. 저거 우리했다카이 다리 말 못해. 그래 그래가주구 인제 막상 해놓고 나이까서네 인제 피란민들 다들 이사람들 어디로갔는지 어디 간곳도 없어. 너 식구덜 어디갔노카이 저 인민군에 다 붙들려가뿌고 없다한디 그럼 너 같이 인민군이니까 가라카믄서 쫓아내뿌고 그사람들 쫓아내뿌고 그사람들 와가지고 그사람들 고사집에 자고 어드로 가뿌렀는지 몰라요. 그러고 우리는 그래가지고 그래 잘라카니 이노무 잘데가있나 밤낮주야. 추버가지고. 그래가지고 집은 다타뿔고 없고. 참 오니 기가 찼어요. 참 말이 말이 그렇지. 잘데가 있어야되지 팔월달인데 [조사자: 음]

그래가지고 원당 딱 두집 놔두고 저 외딴집 저짝 저 한집 놔두고 [조사자: 그집만 안타고 남았구나.] 예 안타고 근데 이제 나락을 이가 누런데 팔월달 누런데 오니 자 나락 저거라도 훑어가지고 어에야 찌야 밥을해묵 뭐가 뭐 반깡이 있나 뭐있나 요 암것도 없는데. 참 고상했는거 생각하면 말도 몬해요. 그래가주구 자 이거라도 훑어가지고 머 절구방아로 찧어야 먹고 산다 말해. 그래가주구 사과 인제 저 저 들 나가 사과있는거 막 따가지고 그거 띠야합니더. 그거라도 먹어야 살지요. [조사자: 네] 그래그래 그래그래 살었어요.

그래그래 살다가 바로 그이 오니. 자 기집애라고 오니 여기인제 중신이 있었어요. 우리 육촌 형님이 중신했는데. 배는 곯고 집도 없고 고마여기 이 마

을에 피란 안가기로 했으니 일로 인제 중매해가 여 와서 시집와서 [조사자: 아 이리로 시집오신거에요.] 일루 시집와서 양식도 많이있고 [조사자: 아 그러셨구나] 집도 있고 뜨신방 잠자고 그래가지고 이때까정 살았어요. [조사자: 그럼 이리로 시집오길 잘하셨네요?] 야 잘왔어요 (일동 웃음) [조사자: 원래 고향이 어디세요?] 고향 원당요 원당. 의성 원당요. 야. [조사자: 그럼 거기는 마을이 다탄거였어요. 그렇죠?] 야. [조사자: 여긴 산골이어서 조금 덜탔었나보다.] 야. 그래도 좋아요. 요샌 뭐 손 하나만 까딱거리면 뜨신게 뜨시지요. [조사자: 그럼 원당은 왜 마을이 다 불탔어요? 폭격으로?] 마 저저 폭탄 널짜가 다 불타고 없어요. 나락논에도 폭탄 널짜가 이만큼 나락 다 뚫러 빠져뿌고. 없어요. 집도 딱 둘째만 있지 다 그마 다타뿌렀어. [조사자: 거기를 왜 폭격했을까요?] 근데 갈 때 인데 우리가 보리를 단디 여 놓고 갔거든요. [조사자: 아 보리를] 그래가주구 갔다오니 다 타뿌고 아무것도 없는걸 뭐. 집도 다 타뿌고 아무것도 없어요. 먹을 것도 없고, 암것도 없었다카이요.

[4] 국군보다 후한 인민군, 그리고 빨갱이에 대한 착각

[조사자: 그러면 인민군은 보셨어요?] 인민군 저 보지도 못했어요. 그래가 자꼬. 저, 인민군요 여그 사람보다 솔직한 말로 더 후합디다. 여 저저 우리 군인보다. [조사자: 어떻게 후했어요? 어떤점이 후했어요?] 예. 그리 그 사람들이 후하긴 더 후해요. 그래가주구 그 사람들이 하는 소리가 우리는 아군 카지마는 우리 그리 나쁜 사람 아이래요. 이카대요. [조사자: 예예.] 그래가지고 여 시집도 오고 있고선 두 번 피란갔다. 여 시집오니까서네 여 신랑각시 한데 못자요. 여 우리 영감쟁이 바라 소 바라 거 자고. 우리는 방에 자는데 인민군 온다 인민군 온다. 저 왜 저저이 옥서이하고 우리 시누이 그러고. 서이 창가 추버 안에 잘라카고 밖에 안 잘라카고. 피란 와가지고도 고생했어요. [조사자: 네] 이놈 또 그래 인민군 곧 온다 인민군 곧 온다 그러고, 머 오긴 뭘 와 도망마다 가뿌고. 인민군 맘 좋다다. 저짜 저저 인민군한테 빨갱이 빨갱이카대요. 빨갱이 빨갱이 카는데 나는 사람이 빨간 줄 알았어요. (일동 웃음) [조사자: 근데 어땠어요?] 사람들 인심 좋아요. [조사자: 인심 좋았어요.] [조사자: 북쪽 사투리 다 알아 들으실만 했어요?] 예. 빨갛다카드니 안빨갛디더. [청중: 하하하 빨갱이라카니 빨간줄 아나. 빨갱이라고 빨갱이라고 이름지었나.] 음. 빨갱이 빨개카드만 빨간줄 알았어요. 그래 딱 만나보니 말해보니 사람들 좋은 사람들이라요. 근데 빨갱이 빨갱이카 얼굴 절대 안빨개요.

[5] 마을에 찾아온 인민군, 끌려간 사람들, 끌려갈 뻔한 남편

[조사자: 이 마을에 그럼 인민군이 또 왔었어요. 시집왔는데? 인민군이 왔어요? 그 얘기도 좀 더해주세요.] 그렇지 왔지요. 시집와가지고 인민군 와가지고 시집오니 인민군 또 와가지고 막 온다카니 우리 영감쟁이 산속에 저 소마구에 [조사자: 아, 산속으로 도망가시고] 예, 마구에 인자 요갔다 놓고 거가 자고. 그래그래 이따에 한번은 보리집에 둘러 파논데 그 속에 들어가 자고 그랬어

요. [조사자: 아 보리집 하고] 어이고 무서라. 그래했는거 생각해보니까 어마어마하구마네요. 한 달 꼭 한 달 [조사자: 한 달?] 예, 한 달 칠월보름날 팔월보름달까지거든요. 한 달 동안에 고생한 거 생각해보면 무서라 말도 하지 말아요. 참 고생 많이 했어요. 그래도 그래도 팔십 넘도록 이만치 살았으면 많이 살았어요. 많이 살았지요?

[조사자: 인민군이 여기 마을에 와서 곡식이나 뺐지 않았어요?] 왜 안 뺐겨요. 우리 시집에 우리 맨 시집에 큰 황소 한 마리 뺐겨뿠다 카드만. 닭이고 소고 저 맘대로 막 잡아다 가고. 음메 이 얘기할라카면 다 못 해 인제 됐어요. [조사자: 그럼 인민군 오면 젊은 여자들 모아가지고 노래 가르치고 그런건 없었어요?] 뭐 우리 아우 이전에는 그런가 몰라도 내 오고나선 그런 거 없었어요. [조사자: 아 그전에는…] 그라칼라면 사람들이 가만 있나요. 막 그쪽에서는 막 고마 우리 군인들 우왁 다쳐가지고 쫓겨가고 그랬는데요. [조사자: 다시 쫓겨갔구나 군인들 다시 오고] 야. 야. 그리고 우리 시동상 인민군한테 붙들려 가다가 달이 다가뿌고, 가다가 가만히 생각해보니까 도저히 이래가 안되겠다. [조사자: 네] 우리 시동상 저 살았어요. 근데 가다가 야 내 이카면 가다마 가다 죽을까싶어 가지고 어둑해가지고 살짝 고마 우리 시동생 살은 얘기 살짝 요래 비키가지고 고마이리 가는데. 그때 따라갔는 사람 다 죽었어요. [조사자: 아 그렇죠.] [조사자: 저 의용군으로 붙들려가다가 도망쳐 오신거] 예 살짝 요래고마 지금 안적도 살아 계세요. 야. 그랬다카디요. 엄마 고생 많이했어요. [청중: 삼베옷 입고] 예, 그때 무삼베옷 입었시더.

섣달에 우리 시동생 무삼베옷 입었던디요. 무삼베옷 그래 소지낀다고 벌벌벌벌벌벌 불쫑이 벌벌벌 야 그리도 옷이 얼마나 없어가지고 여름 삼베옷인가 했겠노. 사는 것도 좀 어려웠어요. [조사자: 삼베옷에다 예] 사는 것도 너무너무 어려버 가지고 그래가지고 그리 됐다고. 그리그리 이때까지 많이 살았지 오래 살았다. [조사자: 음 그러네요. 그러면 어머니는 그래도 시집와서 따순밥 먹었는데 올캐는 어떻게 됐어요?] 올캐는 그리 그리 계시다가 돌아가셔뿌렀어요. [조사자: 그냥 거기서?] 예. [조사자: 젊은날에?] 예예. 돌아가셔뿟고. [조사자: 아 그랬구나.] 우리오빠는 저 북해도 화태땅 카는데 거기 요곡땅에 거기 보급대 붙들려 가셔가지고마 그길로 행방불명 몰러. [조사자: 보급대, 그거 군인이 데려간거에요?] 예예. 그리고마 고마 잃어뿌렀어요. [조사자: 그리고 오빠는 없고?] 예 오빠는 없고. 그리 그리캤어요. 어이구 무셔라 인제 이얘기 다른이 해야겠다 무서서. [조사자: 얘기한 거 생각하면 무서워요?] 예, 아고 무서리 이얘기 했는거 생각하면 어디가니 말 다해요. [조사자: 그러면 남편은 한번도 할아버지는 한 번도 안끌려 가셨나보다.] 아무것도 안 갔어요. [조사자: 신랑은. 산에 잘 도망다니고] 예 그래가 한번 보급대 끌려갔어요. [조사자: 예, 보급대 붙들려가셔 가지고] 붙들리 가가지고 그짓말 해가지고, [조사자: 뭐라고 하셨어요?] 거짓말 머라했노카면 인제 신체검사 하는데 [조사자: 예] 그래 우리 영감쟁이가 나는 궁디에 치질이 나가지고 아퍼 다리를 못 걷는다. 그짓말로 이래가지고 [조사자: 아 치질이라고 하셔가지고] 예 그래가지고 그래가 안 빠졌는교. 내하고 같이 원당가야 자고. 신체검사한다 할 때 거 가가지고 그래 빠졌다카이, 그래 빠져가지고 오고는 이때금 같이 살았어요.

우리 영감도 93살에 돌아가셨어요. [조사자: 아, 아흔세살에요?] 예. [조사자: 그러면 차이가 조금 있으셨나보다.] 예. 차이 많이 있지요. 십삼년 차이 있래요. [조사자: 십삼년 차이나셨구나.] 예. 그래 오고보니 또 그래요. 그래마 아이고 생각하면 참 생각하면 어마어마하구만 어마어마해. [조사자: 그러면 할아버지랑은 언제 첫날밤 하셨어요. 그렇게 각자주무셨으면. 전쟁하구] (하하하) 그래 뭐, 잘 모르지만. 여 와가지고 가지고 같이 못 잤거든요 오랫동안. 밑에 집에서 잘라카니 인민군이 여 오니 저 오니 카는데 잘 수가 있나요. 영감님 마구에 거 가 잤다카이. 소 , 소 마구에. [조사자: 마굿간] 요 하나 갔다놓고 또 그러코롬 자고. 아침에 나와가 밥이랑 해먹고. 들에가 일하고 밤에 저 가 자고. [조사자: 마굿간에서 주무시고?] 마 생각하면 참 어마어마 했어요. 피란한 거 생각하면 무서라.

홀로 겪어낸 전쟁

김 태 진

"오늘 나갔다가 내일 들어올 줄 알고 책가방만 들고 나간거지."

자료명 : 20130303김태진(홍천)
조 사 일 : 2013년 3월 3일
조사시간 : 28분
구 연 자 : 김태진(남 · 1926년생)
조 사 자 : 오정미, 김효실, 남경우
조사장소 : 강원도 홍천군 홍천읍 연봉5리 경로당

[조사과정 및 구연상황]

김태진 화자는 앞서 전쟁담을 구술한 이훈영 화자의 이야기를 옆에서 열심히 듣고 계셨다. 이훈영 화자의 이야기가 끝나자, 자연스럽게 전쟁담을 구술하기 시작하셨다.

[구연자 정보]

강원도가 고향인 화자는 전쟁이 발발할 때, 홀로 유학을 와서 하숙을 하고 있었다. 갑자기 전쟁이 났다며 피난을 가라고 해서, 홀로 피난을 떠났고 운좋게 부모님을 만났다. 화자는 젊은 학생들에게 전쟁의 실상을 전하고 픈 마음에 당시의 상황을 이야기하셨다.

[이야기 개요]

중학교 2학년 때 고향을 떠나 홀로 하숙을 하며 살았다. 전쟁이 일어난 뒤 피란가라는 방송이 나왔고, 사람들에게 떠밀려 혼자 피란을 나갔다. 당시 서울은 함락되지 않을 것이라 생각하고 남쪽으로 피난가지 않고 양평으로 갔다. 양평에 사는 주민의 도움으로 감자와 보리를 먹으며 두 달을 보냈다. 그 두 달간 부모님이 생각나서 부모님이 피난 갔을만한 곳을 찾아 다녔고, 삼포에서 유연히 부모님을 만났다. 1.4후퇴 때는 부모님과 함께 피란을 나갔었다. 부모님과 피난 가던 중 삼마치에서 타죽은 중공군을 보았다.

[주제어] 고향, 양평, 피난, 부모님, 1.4후퇴, 삼마치, 식량, 삼마치, 부모님, 중공군

[1] 6.25의 산 증인

중학교 2학년 땐데 26일 날 일어났어. 6월 26일 날. 아침 등교를 하라고 했는데 거기 그 스피커를 장치를 단 차량인데 거기다가 마이크를 장치를 해가지고서는. 지금 인민군들이 남침을 해오는 것을 우리 북방군이 지금 이북 전쟁을 전진해가지고 가서 평양을 떠났다. 하는 얘기를 마이크를 들고 정치를 하는거야. 시민들은 이 안심하고.

근데 그 이튿날 느닷없이 그냥 피란가란 얘기야. 근데 난 그때만 해도 집이 시골에 있어서 하숙을 하고 있었는데. 책가방을 싸가지고서 이제 양평면 양평군 단월면 상마리라는 데로 피란을 가가지고. 수복을 해 들어오면서. 수복을 해 들어와가지고서 집에 들어가니까.

내촌면이라는데 인민군하고 이 상당히 그저 심했어 갈등이. 그래서 내촌면의 유지들이 분지소를 습격을 할라고 그 인제 작당을 하고서 전부 다 한군데 모여있는데. 분지소에서 총을 가져오는 사람이 쳤어. 그래서 고 이튿날 저녁에 고 유지들 학교 교장, 무신 면서기 전부 모였다가 피칠갑이 됐어. 아까 무슨 의식이 없는 사람들도 있고, 어떤 사람들 시체가 된 사람도 있는데. 그런 것이 아주 전시 때라서 내촌면 호국용사 뭐 호국용사 이런 비석을 세워놓고서.

6월 달에 그 뭐야. 6월 달에 저 현충일 날 식을 거기서 지내는데. 어른들여 있어요. 지금도 내가 생각을 해보며는 학생들이 정치를 해고서. 뭐 우리나라서 먼저 북침을 해왔다는 거를 전면적으로 내가 보고 그렇기 때문에 그건 절대 내가 인정을 할 수가 없고.

그래서 인제 수복됐다 1.4후퇴가 공천군 내촌면이라는 데는 10월달 피란이라는 게 또 한번 있었다고. 그건 어디까지 나왔냐면 상랑면까지 재침을 해왔어요. 그래서 거기서 피란하고.

거기로 갔다가 1.4후퇴를 만났는데 1.4후퇴 이 만날 당시 포천까지는 중학교 다니는 사람들 학도 호국단을 만들어서 거기서 훈련을 받았어요. [조사자: 학도?]

호국단. 학도 호국단이라는 중학교 이상은 학도 호국단 그게 있었는데. 그걸 받았기 때문에 비록 학교는 나가지 않았지만 소속해가서 들어가서 학도 호국단, 학도 호국대라는 걸 조직을 해가지고서는 잔비토벌을 했어요. 인민군. 그 저 패잔병들 잔비 토벌을 하는 데에 가담을 하는데. 그 간혹 그 전쟁을 나갔다가 희생을 당한 사람들 친구들도 있고.

어 그런걸 기록으로다 해놓은 데가 내가 생각한 데는 어디 기록해 놓은 데가 있는데. 정식으로 발견되지는 않았고. 구국용사, 호국용사는 그 문제는 상당히 내가 집에서도 아주 크게 이 생각을 하고 있어요.

그 호국용사라고 하는 것은 6.25 사변 바로 직전 1년 전에 실랑 전투라는 데가 있었다고. 그때 이북 저 얘기로는 이북에 있는 학생들이 군대를 조직해가지고서는 남침 시험용으로다가 전에 1년 전에 실랑전투라는 거기나가서 포탄 뭐 이런 걸 주선했던 한청, 한국청년 단원들이 나가서 전투해다가 포에 맞아서 죽은 사람들 9명이 그 구국용사야. 그런 사람을 모셔놓고서 그 현충일 날 같이 제사를 지내고 하는데.

우리는 참 6.25라는 그 산 어떤 증인이여. 우리마저 없어진다면 지금 우리도 살았는데도 그런 걸 막 이러고 저러고 얘기 많은데. 비록 어렸었지만 총대를 들고 나가서 그 저 새끼 총을 매고 나가서 잔비 토벌했던 그런 것이 지금도 생각이 역력한데. 그런 것이 저 매장되어 나가는 기분이 들어서 속이 그렇고. 우리가 그렇게 했는데도 불구하고 군인들은 나가서 싸우다 죽었단 사람, 죽은 사람들 그런 사람들의 정신을 한국 사람들은 망각해.

지금 편안하게 부모들이 학교 다니고 그렇게 그걸 배운 사람들이 그렇게 학교를 배워가지고 졸업해서 나와서 떠드는 교수들 그런 사람들 보면 소위

이런 얘기하면 안되는데 적개심이 들어. 그런 사실에 대해서는 참 너무 너무 모르고. 그래서 그 그런 사람들한테 뭐 내가 잘 알지는 못하지마는 그런 사람들에게 적개심이 들어.

[2] 열여섯에 홀로 피난을 떠나다.

[조사자: 어르신 그럼 6.25 전쟁이 났을 때 홍천에 계셨던거고. 홍천이 고향이신거세요?] 어. [조사자: 아, 그러시구나. 그러면 그때 그때 나이가 중학교 2학년이셨으면.] 응. 열여섯. [조사자: 네, 열여섯. 부모님하고 어디 피란을 가시거나.] 아니. 근데 나는 고향이 내촌면이라는 데 거기서 여기 하숙을 하고 있었어. 하숙을 하고 있었기 때문에. [조사자: 혼자서. 따로?] 혼자 살았어. 그래서 휩쓸려 나가, 피란민들한테 나가다가 요기 저 양민들하고 용머리라는 데가 있어. 거 그때 이 저 서울 서 저거 뭐야 형무소 부숴가지고. 그러니깐 형기를 마치지 않은 죄수들이 쏟아져 나오면서 길데 불을 붙이고는. 그걸 보니까 더.

[조사자: 무섭죠.] 아 가차우니까.

그래서 살기위해 달려들은 게 단월면 저 뭐야 단월면 삼가리라는 데. 숱한 산골이 거기가서 보리밥. 보리. 그리고 감자. 그것만 먹는데 그 먹고서는 한 2개월 거기서 먹다가 집에를 갔지.

[조사자: 그러면 중2나이에 피란을 혼자 처음에 떠나신 거네요. 부모님하고 가신 것도 아니고.] 그때 당시에 저 학교다니느냐고 하숙하고 뭐 친척집에 갔다 별안간 탁 터졌기 때문에 집에 갈 수가 없어. 그냥 밀려 가는거지. 오늘 나갔다가 내일 들어올 줄 알고 책가방만 들고 나간거지. 밀려나서 우리 생각에는 왜 양평으로 갔냐면. 여기서 원주로 남쪽으로 가지 않고 글로 갔냐면. 서울은 어떻게든지 함락되지 않겠지. 그때서 일을 생각으로 서울 가다 순간 센터에서 걔들 만나서 삼천포로 가서. [조사자: 아, 그러셨구나. 그 양평 쪽에서 두 달을 피란민들하고 같이 생활을.] 피란민들하고가 아니라 나는 혼자 산 속에 기어들어갔어. 기어들어가서 어느 할머니가 사는 집에 들어가서 나 이렇게 학생이니까 좀 먹여 달라그러니까 거 그러마하고. 못사는 사람이기 때문에 방은 딱 한 칸이야. 부엌 하나 있고 방이 하나 이렇게 있어. 게 무슨 집이냐면 통나무 집이라고. 통나무 집 알어? [조사자: 네네.] 방을 이렇게 놓고 그러는 거. 그 집인데 안방에서 저 불을 때면 연기가 올라와. 그런 집에서 감자만 감자하고 보리만 먹고 살았는데.

[청중: 그 그때 인제 6.25가 나면서 저 사람들이 저기 남쪽 사람들을 죽일 사람이 공무원.] [조사자: 경찰.] [청중: 군인가족. 경찰가족. 지주. 이렇게 손 보자고 그래가지고 손 깨끗한 놈은 가는 거야. 그래서 인제 앞잽이 하라고. 근데 이제 걔네들 머리가 좋은 게. 일본놈도 그랬어요. 자기 직접 안 죽여. 여기있는 사람 시켜 죽이지. 그 어떤 놈인가 보도연맹이라고 여기 말하면 지서. 많이 들었죠?] [조사자: 네네.]

[청중: 그 사람들 완장 차고 가서 평상시 원한이 있거든. 가진 자, 안 가진 자. 죄 없애버리는 거야. 밤에 끌어다 죽이고. 경찰가족이다 그러면 가는 거

고. 군인가족이다 그러면 가는거고. 그게 제일 무서웠지. 농사짓던 사람, 머슴살던 사람이 제일 편했고. 손을 안대니까. 그러곤 공무원, 지주, 경찰가족, 군인가족. 요거 요거 요거. 이건 아주 리스트가 있다고 그랬어. 난 어렸을 때 애기고 그랗지만.]

사변이라고 하는 것은 우리가 생각했을 때. 그렇게 인제 흘러버리고 있지만. 그때 당시에 가서 그 감자 그 돼지감자라는 게 있어. 자주 빛나는 거. 이 누런 빛 나는 건 생감자를 먹어도 아리진 않는데. 배가 고프니까 까먹는단 말이야. 밭에 들어가서 있는 거. 까먹으면 아 그렇게 아릴 수가 없어. 아려. 속에서 상당히 저항을 받어. 위장 장애를 받고. 이 그런 것들을 먹고. 이 그런 고생을 했는데. 이 그런 고생을 해서 지내왔는데. 그것이 지금 차내버리면 적개심이 일어나지.

[조사자: 그 양평에서 그 고향으로 부모님 계신 고향으로 다시 돌아가야 되겠다는 어떻게 아시고.] 아니. 그러는 아주 그냥 만나야 되겠다. 부모님, 내 고향 빨리 찾아가야 되겠다. 나는 다만 어렸던 생각에도 부모님이 피란을 가셔가지고서는 지금 생존해 계신지 아니면 여기서 돌아가셨는지 어쩐지 전혀 모르고 있으니까. [조사자: 전화기가 있는 것도 아니고.]

소식 전할 게 전혀 없었다니까. 근데 두 달 동안 있으면서 부모님 생각, 먹을 거 생각. 그러니까 나중에 그 할머니한테 집에 들어갔다 오겠다니까. 참 할머니가 인자한 할머니야. 찾아준다고. 혼자서 거기서 이틀만에 들었대. 여기서 잤다고. 북쪽에서 저 뭐야 삼포. 거기서 자다가 아침에 내 거길 갔어요. 거기 다 계시더라고. [조사자: 다행이다. 다행이네요. 가시니까 어머니 펑펑 우셨겠어요. 죽은 아들 돌아온 줄.] [청중: 그렇게 해서 남쪽에 있는 백성도 이산가족이 그렇게 해서 많았지. 못나간 사람. 또 나간사람.] 통신도 없었으니까. 집 딱 한 채 있는 데 들어가서. 남쪽으로 들어갔으면 원주로 내려갔으면.

[3] 부모님과 재회하여 다시 피난을 나가다

[조사자: 그러면 인제 돌아오셔서 부모님들하고는 어떻게 홍천에서 지내신 거에요?] 부모님들은 뭐 일부 농사도 짓고 뭐 살았는데. 수복이 돼서는 홍천중학교 다시 나와서 다니고. 농사도 짓고. 아버지 공무원생활 하시니까 공무원생활 하시고. 남들도 뭐. 사변 나고 돌아와서. [조사자: 아니, 제 말씀은 이제 전쟁 중에 다시 홍천에 오셔서 부모님하고 어디 다시 피란을 가신 건 아니셨어요?] 그거는 1.4후퇴 때. [조사자: 아, 1.4후퇴 때.] 1.4후퇴 땐 이젠 말했잖아. 난 외아들이 아니고. 그 사랑스러운 아들이, 열여섯 살 차이니 좀 그렇겠어? 그런 아들이 혼자 나가서 고생하고 들어왔을 때 인제 다신 헤어지지 말자고 해서. 1.4후퇴 때 피란 같이 나갔어요. 나가다가 삼마치 고개를 넘어가다 보니까루, 삼마치 고개가 마지노선이었었어. 근데 중공군들이 거기 인제 더 이상 뭐 진을 치고 있었는데. 거기다 뭘 했냐면. 휘발유 통. 그 휘발유 뿌려가지곤 거기다 그양 불을 질렀는데. 도처에 논에 신작로에 밭에 그냥 전부다 중공군들이 까실려 죽은 거.

그걸 밤에 보면서 인제 피란을 이제 부모님들하고 전부 다 이제 보은군에 가서 피란하다가. 그리고 다시 올러오다가 청원군 부익면 내수리라는 데 있어. 거기 가서 피란생활하다가 서울에 다시 왔지. [조사자: 삼마치 전투 있는 걸, 전투 막 상황을 목격하시거나 그러진 못하셨죠?]

전투 상황 목격한거는 저 1.4 후퇴 전에. 1.4 후퇴 전에 우리 학도 의용대 조직을 해가지고서 잔비토벌을 댕길 적에. 걔들하고 우리 부닥칠 때가 있었어. 군인들이 후방에 있었지만 그때 군인들이 학생들 이용을 많이 했다고. 뭐 저 짝에서 방어를, 뭐 하라. 난 어렸기 때문에 거기에는 가담하지 않았어. 그러나 그 근방에서 같이 보초도 서주고 심부름도 해주는 그런 일을 했었지. [조사자: 학도병 같은 역할.] 학도병인데 학도병은 군표를 받아갔지만, 6.25전에 중학교 학생들이 나서서. 6.25전에 중학교 학생들이 군사 훈련 받았어요. 그때 보급대 인원들이 군사훈련 받았었는데. 그땐 중학교 전부 해석장교가

있었어요. 육군중위가 나와서 군사훈련 가르키고. 그래서 군사 훈련을 거의 다 터득을 한거라. 그렇기 때문에 나가서 뭐 잔비소탕하는 데도 학생들이 이바지하고 그랬는데. 군번 받고 지원해서 간 사람이 학도병이고, 그러고선 다시 1.4후퇴 때 나가와가지고선 들어온 사람들은 학교 다시 다녔지.

[조사자: 그러면 1.4후퇴 때 피란을 잠깐 나오셨다가 이제 다시 또 수복이 돼서 다시 돌아오신거고. 그 삼마치 거기에 이야기를 조금만 더. 어린 나이에 다 탄 중공군 시체들을 직접 보신거죠.] 우리 부모님들하고 전부 같이 피란나가면서 목격한 거기 때문에 그 전쟁 중에 이저 사람 시체 보는 거는 시체로 보이질 않고. 저기에 하나 죽었나. 저기도 하나 이런. 감정이 아주 무뎌지는 거야. 시체에 대한 어떤 인권에 대한 뭐 이런 거. 사람에 이 저 생명존중이란 것도 이런 거를 생각 못하고. 저기도 하나 죽었나 아 저기도 또 죽었네. 이런 정도라. 시체를 뭐 무감각했던거 같애. 얼마나 많이 봤냐면. 수복돼가지고, 6.25 사변 수복돼가지고 그 한청. 청방하고 또 이 토방대. 둘이 있었어요 단체가. 근데 이 사람들이 들어와서 이제 토벌을 하다말고 붙잡잖아. 잔병을 붙잡잖

아 포로잖아. 그럼 그걸 죽이는 데. 총살하는 걸 가서 구경하는 사람 있어.

그런 걸 몇 수십 번을 봤어요. 한번은 쏘는 걸 봤어. 인민군 패잔병인데 아주 젊어 애가. 아주 이쁘게 생겼어. 우리 그 청방 소대장이 칼빙을 메고서 끌고 올라가는거야. 끌고 올라가는데. 살려달라고. 나는 뭐 하여튼 자꾸 살려달라고 처절하게 그때 또. 그걸 살려달라는 데. 확 쏘더라고.

근데 사람을 쏘면 말이야. 머리를 쐈는데 피가 쭉— 뻗쳐요. 그때 그걸 보고 참 잔인한 걸 느꼈어. 그 사람도 오래 살지를 못하더라고. [조사자: 근데 그게 유독 잔혹하게 보이셨어요? 살려달라고?] 살려달라고. 그러니까 젊은 아이가. 약간 잘 봤어도 열. [청중: 열일곱? 열다섯?] 열다섯은 넘고. 인민군 붙잡혀 나올 때니까. 살려달라고 해는 게 나는 참. 글쎄 그걸. [청중: 죽을 라는 거 살려달라는 게 보는 게 참 불쌍하다 그러나. 뭐 표현도 안 나오지 뭐.] [청중: 그러니까 강원도. 남쪽사람보다 여기 사람들이 그런 걸 많이 봤죠.]

이제 나가서 총을 쏘잖아? 우린 전투를 목적으로 총을 쏘는 거. 물론 목적을 어디에 두던지 내가 총을 쏘니까. 그 저 놈들이 날 쏘려고 하니 헐 수 없이 쏘는 거야. 대한민국 애국? 이승만 대통령? 저 놈이 날 쏠려고 하니까 쏘는 거야. 난 난 그렇게 생각을 했어. 총을 한번 쏘면서.

[조사자: 어르신 가족 관계는 어떻게 되셨어요?] 누구. 나? [조사자: 전쟁 날 때.] 할머니. 아버지, 어머니. 나. 여동생. [조사자: 그러면 아들이. 장남이시자 아들 하나인.] 아니 아니지. 우리집이가 나 나갈 때까지 내 내 형하고 누님이 네 사람이 희생을 다, 죽었어요. 예전에 병만 나면 많이 죽었어. 형님하고 나하고 열네 살 차이야. 우리 누님하고 열 살 차이고. 나도 그 날라고 이 할머니, 어머니가 돌아다니면서 빌었데. 그런 자식이래서 집안에서는 뭐 귀하게 그렇게. 저거 없으면 안 된다는 그런. [조사자: 그러면 형님이나 누님은 전쟁 때문에 돌아가신 거는 아니고 그 전에.] 아니고. 우리 형은 경찰관이었었고. 그래서 경찰관은 남하를 했고. 경찰가족이기 때문에 그걸 받았지.

[조사자: 아버님은 그럼 괜찮으셨어요?] 아버님 괜찮았어. 피란 나가서 개들

한테 뜯기질 않았으니까. [조사자: 인민군들한테 해코지 당하거나.] 아버지가 수복돼 들어온 걸 몰랐어. 아무도. [조사자: 그 동네 사람들.] 아니 몰랐지. 아주 전혀 몰라. 밤에 들어오셔가지고. 뭐 이 잠도 뭐 저 앞 딴 데시 주무시고. 가끔 저 어머니가 밥 중에 남비에다 밥 같은거 해서 전달해주고. [조사자: 어디 숨어 계셨구나.] [청중: 그렇게 산 속에 숨어있는 사람 많았어.] [조사자: 네네. 많았어요. 다들 그러셨다고.] [청중: 많이 얘기 들었을 거야. 아이들이 밥 갖다주고 뭐 그러니까 여기는 아는 것만 알지만 그게 부지기수라고. 붙들르면 죽거든. 군인가족, 경찰가족, 지주. 돈 많고 땅 많은 사람.]

가족 찾아 삼만리

곽 창 섭

"자꾸 어디를 피난민이 모여있다 하면 거기 가서 두리번 두리번 허면 우리 식구가 없어."

자료명: 20130701곽창섭(인제)
조사일: 2013년 7월 01일
조사시간: 95분
구연자: 곽창섭(남 · 1937년생), 조수길세(남 · 1923년생)
조사자: 오정미, 김효실, 남경우
조사장소: 강원도 인제군 인제읍 상동 4리 마을회관

[조사과정 및 구연상황]

늦은 오후에 마을회관에서 만난 곽창섭 화자와 조수길 화자는 나이 차이가 많이 났음에도 불구하고 친분이 각별한 사이였다. 먼저 곽창섭 화자가 초등학교 시절의 전쟁담에 대해서 구술하기 시작하자, 조수길 화자도 자신의 이야기를 구술하기 시작했다. 곽창섭 화자의 피난이야기가 자신의 이야기에 비해 힘들지 않다고 판단한 조수길 화자는 자연스럽게 이야기를 받아서 자신의 이야기도 구술하기 시작했다. 조수길 화자는 곽창섭 화자 덕에 쉽게 이야기를 시작하였다.

[구연자 정보]

곽창섭 화자는 6.25사변이 나던 해 초등학생이었다. 어린아이가 떠난 피난이야기에 대해서 구술을 하였다.

반면, 조수길 화자는 대한청년단에 갑자기 차출당해 가족들과 떨어져 지냈지만, 군대에서 도망나와 가족들을 찾으러 다녔던 이야기를 구술하였다. 가족을 찾으러 다니면서 있었던 에피소드를 구체적으로 구술할 만큼 전쟁의 상흔이 깊은 화자였다.

[이야기 개요]

곽창섭 화자는 6.25사변이 나던 해 초등학생이었다. 1.4후퇴 때 부모님과 함께 충청도로 피난을 갔다. 충주에서 가져간 쌀과 얻어온 반찬으로 식사를 해결하며 지냈다. 당시에 라디오가 흔하지 않아서 전쟁 소식을 들을 수 없었다. 휴전 협정이 이루어진 뒤에 다시 고향으로 돌아왔다. 학교에 다니지 않았지만 초등학교 졸업을 하게 되었다.

조수길 화자는 새벽에 자다가 전쟁이 나서 가족들과 피난을 떠나게 되었다. 피난을 가던 중 밤에 대한 청년단에서 지원을 해달라며 남자들을 차출했는데 그 중에 뽑혀갔다. 두 번의 전투가 있었지만 모두 패하고 남쪽으로 도망을 가게 되었다. 헤어진 가족을 찾기 위해 남쪽으로 내려가면서 피난민에 모여 있다는 이야기가 들리는 곳을 찾아다녔다. 전라도까지 내려갔으나 가족을 만나지 못하고 다시 고향으로 돌아가기로 했다. 고향으로 가는 동안 지방 빨갱이들이 증명을 요구했으나 급하게 피난을 오느라 증명을 준비하지 못했다고 이야기를 했다. 짐 수색을 했는데 그때 실패와 가위밖에는 없었다. 사실 그 실패는 증명을 안에 숨겨서 실로 감아둔 것이었다. 증명을 보여주면 정체가 드러나 위험에 처할 수 있기 때문에 숨겼던 것이다. 결국 고향으로 돌아왔는데, 사람들이 보이지 않았다. 알고 보니 광산에 사람들이 숨어 지냈던 것이다. 친구의 도움으로 광산에 들어가 보니 마을 사람들이 광산에서 지내면서 마을에 쉽게 드나드는 것을 알게 되었다. 마을에 드나들다가 인민군에게 발각되면 모두 몰살당할 것이라는 사실을 말하자 그 곳에 모인 사람들 중 마을에 내려가지 않을 사람만 남고 모두 돌아갔다. 광산에서 지내던 중 친구가 자기네 집에서 인민군이 자꾸 잔다고 이야기를 했다. 사람들과 함께 그 인민군을 잡아왔는데 그들은 북한 사람이 아니라 강릉 사람이었고 인민군에게 잡혀서 인민군이 된 것이었다. 경찰서장이 증명을 써줘서 집으로 돌아갈 수 있게 되었지만 헌병 친구가 기다렸다가 같이 가자는 이야기에 기다렸다. 그리고 집으로 돌아가게 되었다며 기뻐했지만 며칠을 남겨두고 지방 빨갱이들이 던진 포탄에 결국 죽었다.

[주제어] 피난, 가족, 지방 빨갱이, 대한청년단, 증명서, 인민군, 광산, 국민학생, 고향, 죽음, 터널, 피난민

[1] 국민학생이 피난을 나가다

6.25사변 나던 해가 내가 바로 국민학교 6학년이었어. [조사자: 아. 그럼 지금 연세가 어떻게 되시는거세요?] 그러니까 일흔 여섯. [조사자: 일흔 여섯 지금? 네. 할아버님 죄송한데 먼저 성함이 어떻게 되세요, 할아버님?] 나는 곽. [조사자: 곽.] 창. [조사자: 창.] 섭. [조사자: 섭자. 곽자 창자 섭자. 네 할아버님 이야기 해 주시면 되세요.] 또 물으면 대답을 하지.

[조사자: 그럼 고향. 고향이.] 고향은 충청북도 제천. [조사자: 그러면 전쟁 때 계셨던 데는 이 충청북도 제천이셨던 거네요. 그러면 그때 부모님들하고 같이 피

난을 가셨던 거세요, 할아버님?] 우리도 피난을 갔지. 갔는데. 6.25사변 나던 해에 피난. 6.25사변 나가지고 피난 간 게 아니고. 1.4후퇴 때 그때 피난을 갔지. 중공군들 막 쳐들어오고. [조사자: 동란때.] 그렇지. [조사자: 어디로 가셨어요, 피난을?] 그때에 어딜 갔는가 하면 충북 음성이라는 델 갔어. [조사자: 그때 피난 다녔던 때가 다 기억이 나세요?] 나지. 그때에 우리 어머니하고 아버지하고 가는데 우리 아버지가 내 동상을 업고. 나도 이불 보따리 하나 해 짊어지고. 우리 형님은 의용군으로 나가고. 아 의용군이 아니고 저거죠 그때 국민병인가? [조사자: 학도병?] 국민병으로 나갔지. 국민병. [청중: 국민병이 아니고 저기 저 제1국민병이라고.] 글쎄. 그걸로 나갔지. 먼저 나갔잖아 그리로.

그래가지고 우린 충주 음성. 음성꺼지 안가고 괴산이라는 데 가가지고 거기 사, 얼마 되지 않는데 그 저 수안보있잖아, 수안보. 수안보 가기 전에 지금 저 경찰학교 있지? 경찰학교 있는데서 우측으로 넘어가면 이제 그 동네 이름도 이젠 잃어버렸어 어려서. 게 거가 있으니까 그 경찰학교 있는 데 미군들이 있었다고. 거 미군들이 꽉– 이러고 있었는데. 우리 댕기면서는 이제 뭐 김치도 얻어다 먹고 부식이 없으니까. 밥을 해면 반찬이 김치도 얻어다 먹고. 거기 사람들은 남쪽으로 피난가고 우리는 그리 또 피난을 가고. 그러니까 그때는 뭐 니집 내집이 없지. 방에서 모두 모여가지고 같이 자고 거 까지 가고 더 못내려갔어. 게 못내려 가고 다시 이제 철수하라 그래서 우린 되로 고향으로 들어왔지. [조사자: 아. 얼마만에 다시 돌아오신거에요?] 그때 얼마만에 다시 들어왔는지도 모르지. 그러니까 얼마 안있다가 다시 들어왔지. 게 겨울에. 그때가 6.25사변은 유월 달에 났으니까 우리 들어올 제 한 겨울. 아주 겨울이 안됐을 때 그때 들어왔지. [조사자: 그러면 피난 갈 땐 부모님하고 그 다음에 동생하고.] 그렇지. [조사자: 할아버님하고 네 명이서.] 그 우리 어머니하고. 그렇지. 너이 갔지. [조사자: 그때 뭐 피난할 때 혹시 누가 뭐 다치거나 돌아가시거나.] 아 그거는 없었어. [조사자: 다행이네요. 얘기 듣다보면 굶어 죽으신 분도

너무 많고.] 아휴. 그래도 거긴 거기만해도 그 충청도니까 인심이 좋은데거든. 그땐 옛날엔 충청도가 인심이 좋았다고 강원도하고. 그래가지곤 피난을 갔다 들어왔는데 6.25사변 날 제는 모 심기 할 때거든 그때. 그때 모 한창 심었는데. 인민군들이 나는 그 충주하고 잭경하고. 잭경에 있었다고. 거서 충주 시내가 20리뱅에 안돼. 게 이제 강을 건네서 마수막재라는 데를 걸어서 넘어가는데. 근데 아이 꿍-꿍 포 소리가 나더니. 인민군들이 그냥 저- 가는데. 행군을 해 가는데. 총 든 놈은 몇 안되고 그저 몽둥이도 들고 그저 총도 들고. 계속 잡고 가는거야. [조사자: 인민군들이.] 그래 인민군들이. 게 우리들은 그 놈들이 우리보고 뭐 뭐 말을 하나? 말 안하고 그저 자꾸 얼로 가기만 하고. 그래 우린 겁만 나는거지. 그러다간 뭐 어딜 점령 했느니, 뭐 어딜 점령 했느니. 그땐 라디오도 없고 이 소문만 들려오는거야. 그땐 라디오도 없었다고. 한거 부잣집 있는디 유신기라는거. 전축 그거 유신기라는 거 있었고 라디오는 없었고 그래. 전부 그걸 이제 구두로 듣는거야. 그리고 이젠 뭐 대고, 대구를 점령했다 뭐 이젠 얼마 안남았다. 부산 얼마 안남았다 이래고 그러더니.

아 이놈들이 얼마 안있다가 아이 다시 인민군들이 들어간단 말이야. 들어가더니 그 놈들은 다시 후퇴한다 소리를 안하거든. 후퇴한다고 그양 후퇴 자꾸 올라가더니 좀 있더니 아군이 어디를 들어왔다 뭐 어쨌다 하는데. 게 우리 거기서 면 소재지에서 총 소리만 뻥 나면 인민군들이 여 있다가 그양 내 튀는 거야. 그래 거 와서 오며는 게 촌 사람들이 으슥, 어리석으니까 그 인민군이 와서 뭐 닭잡아달라면 닭잡아주고. 거 안해줄 수 없잖아 겁이 나니까. 그러다가 총 소리만 나면 뭐 이놈들이 닭이고 뭐고 그양 총을 해들고 얼로 튀어가는지도 몰라. 아 그러더니 며칠 안되가지곤 아군이 들어오더라고. 게 아군이 들어와가지곤 뭐 이젠 또 이제 이북으로 얼마 안남았다 쳐들어간다 하고 그러다가 또 또 밀렸지 그래가지고는. [청중: 동짓달.] 에. 그러다간 고 다음에 이제 서로 싸우고 이래다가 휴전 협정이 되가지고. 게 우린 국민학교 6학년 때 공부도 제대로 못했어. [조사자: 그렇죠. 전란중이니까.] 공부도 6학년 과정을 제대로 받지도 못하고 졸업했지.

근데 그 지금 말하기는 저놈들 말하긴 이쪽에서 먼저 쳐들어갔다고 그러잖아? 그건 새빨간 그짓말이고. 저놈들은 땡크가지고 새벽 불시에 쳐들어온거여. 이쪽에서는 준비도 안하고 있다가 그양 뭐 뭐 그양 어무막지로 당하니까 그저 내주고 가고 가고. 그 난리 친거지 뭐. 그래. [청중: 6.25날때는 싸워보지도 못했어.] 싸워보지도 못하고. 게다가 미군들이 이제 미군들 아니면. 그 유엔군 아니면 뭐 근데 유엔군들이 들어오고 하니까 이제 그때 그놈들이 쨏겨올려간거고. 그러다 저 쪽에서는 중공군들이 내려 쫓아나오고. 그래 그래다가 이제 밀고 올라갔다 내려갔다 올라갔다 내려다가 결국엔 인제도 요 가 3.8이북땅이요. 3.8 이북 땅인데. 그래도 요기 인제는 이쪽에 갔는데. 저 쪽에는 또 이남땅을 뺏겼잖아 평지는. 게 요기는 3.8선이 어딘가하면 관대리 있잖아? 관대리 지금 물받아간 거가 3.8 경계선이야. 그리고 요기는 저-기. 그 그기 원대리. 원대리 있잖아. 다리 있는데. 다리 저쪽 건너는 이북땅이고, 다리 이쪽엔 이남땅이고. 그렇죠?

[조사자: 어르신 그러면 피난가서는 뭐먹고 어떻게 생활을 했어요?] 우리 거 가서 뭐 어리니까 어른들이 밥을 해주니까. 그죠? 밥은 쌀들을 짊어지고 나가고 했으니까. 근데 단순히 반찬이 없으니까 그게 문제였었지 뭐 반찬. 반찬도 그기 모두 거 가는 사람들이 다 놔두고 갔으니까. 뭐 거서 그저 내 집같이 서로 꺼내 먹어야 그 말도 안하거든. 그리고 그 집에 살고 있는 거기가 먼저 온 사람이 우리는 주인이거니 그렇게 생각을 하지. 그 모르거든. 그래서 오래 있어봐야 이제 아, 이 사람도 피난민이다하는걸 알지. 먼저 가 있는 사람이 그 사람이 주인인줄 알고.

[조사자: 주인 행세를 해요? 나도 피난민이다 얘기를 안하고?] 처음에는 그런 얘기도 안하지. 게 뭐 장 같은거 이런거 뭐. 충청도는 처음이니까 장 같은 거 많이 담아먹고. 장 같은거 많이 지저먹고 그저. 근데 그때에는 먹을 거를 다들 안잡았는데. 사변나고 그 후에 이제 먹을 거 때문에 고생들을 많이 한거지. [조사자: 왜요? 어르신 왜?] 왠간하면 전쟁이 일어나가지고 농사도 못하고 병 많이 나고 하니까 그때서부터 고생들을 한거지. 6.25사변 전에는 그렇게 고생을 몰랐지요 뭐. 그러다가 6.25 사변 후에 그대 고생들을 많이 했지. 사변 후에. [조사자: 전쟁이 갓 끝나고 나서.] 그럼. 그 끝나고 나서 휴전되고부터 게 거 참 모두 그랬는데. 결국은 이제 그때 이승만 대통령 했고 이기붕이 대통령 하고 그랬죠? [청중: 부통령.] 에. 그러다 박정희 대통령이, 박정희가 군수하다 쿠테타를 혁명을 일어나가지고. 이제 외국에 가서 알량미 쌀 이런거 가져오고. 그래가서부터 외국 원조를 저거해 그래가지고 차츰차츰 나아지기 시작한거지.

[조사자: 할아버지 근데 전쟁 중에는 그때 국민학교 6학년이셨잖아요.] 어. [조사자: 할아버지 그러면 학교에 가시지는 전혀 못한거죠?] 사변 당시에는 학교를 못갔지. 그래서 이제 그 휴전 협정이 되고 난 뒤에 학교를 간 거지. [조사자: 그럼 그때 가서 졸업장도 받고 다.] 그렇지. 졸업식을 다 했지 그때. [조사자: 휴전하고 가보니까 누구 막 친구들 안온 친구 있고, 죽어서 안온 친구 그렇지 않

았어요?] 그때는 그렇게 거기는 죽은 사람 그렇게 없었어. 모두 피난갔다그래서 그때는 죽은 사람이 그렇게 뭐 없었어 거기는.

[2] 대한 청년단에 차출당하다

(자연스럽게 옆에서 듣고 있던 조수길 어르신의 이야기가 이어짐.)

그런데 6.25사변을 겪고 나서 거 고상을 지독하게 한 사람. 또 좀 험하게 한 사람. [조사자: 그렇죠.] 그 등등 여러 가지도 배불리 잘 먹고 한 사람. 또 배가 고파서 뭐 뭐 이렇게 고생한 사람 들이 여러 가지 있는데.

그때 제일 처음 시작이 밤에 자다가 새벽에 아까도 얘기했지만 공산군이 아 그 고향 남침을 해 와서 어 와서 막 쏘고 저기 하니까 이쪽에서는 언제 이렇게 에 전쟁을 해 오면 우리도 같이 대립을 해야되겠다 이런 준비가 없어. 그냥 가만 뭐 이렇게 군인이 된기 낮에 하나 둘, 하나 둘 뭐 하고 총 쏘는 연습 대강하고 자고. 뭐 그게 훈련이지. 공산군이 예를 들어 저기 오면 같이 대항을 해서 쏴서 잡겠다 뭐 이런 훈련을 하지도 못했어.

그러는데 북한군은 야욕으로 어떡하든지 그 생각도 우리도 몰래 가만 새벽에 남침을 해가지고 이리 오니깐 우린 도망을 헐 수밖엔. 도망을 하는데, 도망을 하다가 얼마나 급하니깐. 어느 한가닥 총 쏘고 어쩌고 그러면 우리 숫자는 적고 걔들은 많으니까 이길 수가 없어요. 또 도망가고 또 도망가고. 그렇게 가는데. 여기가 인제라는 데고 인제에서 홍천으로 요노므 여기 뭐 서울 조쪽 뭐 다 이렇게 대한민국이 돼 있지만. 여기서 이제 간단하게 우리 우리 얘기를 하는데. 쭉 둘러서 어디가면 홍천으로 해서 삼마치라는 고개가 있어. 삼마치. 거기가서 서로 맞붙어서 좀 싸워보니 또 안되는거야.

또 안되고. 그러다보니까 그냥 이제 막 해달리고. 홍천 1리라는 데다가 피난민을 모아놨고 모아놓고 밥을 주는데. 그때만해도 그렇게 우리 대한민국이 뭐 어렵고 굶고 이걸 안해요. 그래서 밥을 솥에다 해서 소금물 이렇게 손에다 묻혀가지고 피난민을 한 덩어리씩 이렇게 갖다 주는데.

내가 지낸 얘긴데 이거는. 갖다 주는데 밤에 이런 뭐 학교던가 무슨 창고던가 좌우간에 그런 공간에 사람이 둥글둥글 여기는 다섯 식구, 여기는 몇 식구, 몇 식구 이렇게 모여서 밥을 타다가 이렇게 옹기종기 돌아앉아서 타다가 먹고 이래는데. 젊은 사람들이 그때 우리 후라쉬 그 전등. 그거를 들고설라므네 몇 사람이 이렇게 오더니 이렇-게 보더니 음 신체가 든든한 사람,

"어, 너 나와." 불러내는거야.

그것도 요렇-게 가다가 또 그런 사람 있으니까. [조사자: 누가 그렇게 나오라고 얘기하는 거에요? 누가?] 그 사람이. 내가 얘길 할게. 그 젊은 사람인데 그렇게 불러내. 그 불러내는 사람이 그 지역에 대한 청년단. 대한 청년단 어 단원 간부들이야. 간부들. 그 일선에서 이렇게 이렇게 우리가 고통을 겪고 있으니까 실탄도 좀 날라주고 밥도 좀 갖다주는 이런 사람을 지원해다와. 이런 청을 받았어. 그 청을 받으니깐 보내야되겠으니깐 밤에 와서 그렇게 사람을 뽑는데.

"너 나와! 나와!"

그래서 이제 뽑아놓은 사람이 예를 들어 그냥 많아. 그러고 오니깐 사람이 원래 많이 모여. 피난민이 많이 모여 있으니깐 거기서 고른 사람이 꽤 많아요. 그 다음엔 따라오라 이거야. 그 죄수 끌고 가듯이 오라니깐 따라간거야.

따라가는데 따라가니깐 대한민국 헌병대 사무실인데 헌병이 이렇게 지키고 헌병대 사무실로 끌고 갔어. 그 이층집에 헌병이 이렇게 있고 그런데 그 이층에 오라 그래서 이층에다 올려다놓고서네 문을 채우더니 이 사람 불러온 사람은 가버렸어. 없어. 그 우리만 거기 갇아 논거야. 감금해놨어. 그래 가서 놓고 거기 있었어. 있다가 아침에 날이 훤하게 새니까 아우들이 그 문을 따고 설라므네,

"아휴, 수고들 참 많았다고. 고생했다고."

그 오줌이 메려워서 나가 오줌을 누고 거기서 막 무리하게. 아 수고했다고

좀 나와 나와 나와. 게 나왔어.

게 나와서 우리를 데리고 홍천읍에 그 장마당. 장날이믄 5일장인데. 장날이믄 쌀 뭐 뭐 가져오는 마당 크-다란 마당이 있었어. 있는데 그 미전마당이라고 이제 그러는데. [조사자: 미전마당?] 미전. 쌀도 팔고. 그런데 거기매 갔다가 쭉— 내려. 거 갖다가 쭉 앉혀. 이렇게 열을 내려서는 쭉 이렇게 앉었는데. 그 마당으로 거의 한마당 돼. 그렇게 붙들려 간 사람들이. 한마당 돼. 그 영문도 없이. 세상도 모르는거야. 난리는 나서 피난을 가다가 모였겠지만 시방 어디서 싸우는지. 뭐 어디가는지도 모르고. 있으니깐 앉혀놓는데. 밥을 한가지로 소금물을 묻혀거지고 밥을 하나씩 갖다주는데 주면서 하는 소리가 그래,

"먹으라고. 먹고 양에 더 먹고 싶은 사람 있으면 더 달라 그랴. 게 더 주께."

게 한 덩어리 먹고 좀 적은 사람은,

"어 나 나 하나 더 줘."

게 이만한 걸 한 걸 더 주니깐 두 개를 못 먹잖아. 반을 쪼눠가지고,

"한사람, 너 이거 더 먹어."

하고 주고 밥을 이렇게 먹고.

그 인제 막 먹는 도중 군인이 대한민국 군인 어 재무시(GMC60 트럭을 말함.)라고 있었어. [조사자: 재무시?] 시방 그런 차들이 없었어. 없어요. 그러니 대한민국 군인 재무시. 그 군인차 트럭. 트럭이지 트럭. 트럭이 오더니 이쭉 와가지고 우리를 꺼꾸로 이렇게 들이대고. 몇 댄지 그건 몰라. 와서 이렇게 툭 대더라. 대더니. 대니까 그 책임자들이 뭐라고 그러냐하면,

"밥이고 뭐고 빨리 타라고."

아 이런 정신. 아 밥먹다말고 먹지도 못하고 그냥 뭐 차가 몇 찬지 뭔. 네갠지 다섯갠지 그것도 시방 기억을 잘 못하는데. 아 탔어요.

타고서 운전을 해서 운전수가 큰 길에 나오더니 하나는 북쪽으로

돌아서서 이렇게 가는거야. 아, 인제 걸렸구나. 아 걸렸구나. 그때 생각을 했어. 가는데 몇 리 안가서 거기서 홍천서 여기 이 저 삼마치가는 말 고개. 말고개가 몇리요? 말고개가 있어. [곽창섭: 말고개 그 철장. 터널 있잖아? 터널에서 빠져서 여기 올라오는기 있지? 거기를 말고개라고 해. 지금 거 부대도 있고. 그 전에는 걸어댕겼거든.]

홍천서 거기 오는데. 거기 오더니

“내려. 내려.”

빨리 내리라는 거야. 내리는 놈은 하나씩 지급해줘. 뭘 지급해주느냐. 실탄. 실탄. 이렇게 넣은거. 지급해설라므네 빨리 올라오라 빨리 올라오래. 이 놈을 메고 설라므네 이제 올라가 이렇게 나 낮이지 밝았지. 아침이라. 가다보면 군인들이 오목하게 이렇게 파가지고래 쓱 엠왕총 요렇게 네 대고 고 안에 들어앉아서 드믄 드믄 드믄 있어요. 있는데 총을 저쪽에 토토토톡 그양 정면에다 쏘는데. 이렇게 머리도 못들고 그양 총을 이것만 내두르고서리 빵빵 쏜다고. 그 실탄이 없으니까 우리가 가다 실탄 얼른 달라고 달라고. 그래 엠왕 그걸 해서 실탄을 줬으니깐 거기다 장전해가지고 아무튼 쏘느라고.

[3] 피난민 속에서 가족을 찾으러 다니다

근디 그기 전장해가지고 그기 전쟁인디 전쟁인데 거기서 북한군 물리치고, 재 되로 쫒질 못하고 쫐겼어. 결국엔 쫐겨서 남으로 해가지고 나오는데 어디로 가느냐믄 홍성에 마을에 삼마치라는 고개가 있어. 또 거기가서 한바탕 또 붙었는데 거기가서도 승리를 못하고 또 쫐겨서 거기서 한발 한발 군인은 총쐈고 쫐겨가고 이쪽 북한군은 쫒아오는데.

쫒아오는데 어떻게 쫐겨갔느냐면 그 당시에 나는 군인이 홍천 거기 있다가 피난민 한 사람인데. 그 실탄갖다 쳐다주다가 아 도망을 해가지고 식구 찾을라고 돌아댕기다 이제 민간인이니까 군인도 아니고. 민간인이라니까 피난민이 되가지고 식구들 찾아야지 하고 이제 두리면거리고 이리로 절로 다니고 하는 도중에. 자꾸 어디를 피난민이 모여있다 하면 거기 가서 두리번 두리번 허면 우리 식구가 없어. 그 또 가다보면 찾아보면 없고 또 가서. 그래 인제 저기 저 음성으로 가서 저 순천동 저쪽으로 해서 자꾸 남한으로 가는거야. 피난민 모여있다는 데는 다 가본거야 나. 고상 많이 한 사람이야.

가는데. 뭐 어떤 사람이 장 그 몰라. 그 사람이 진짜 빨갱이라고 말하는 저 스파이 인지. 저거를 제공하는 그 놈인지 아닌지 뭐하는 놈인지 좌우지간에 짧은 바지 이만큼 올라오는거 낫닝구 입고 설라므네. 그렇게 우리들 모여있는데 눈이 번들거리고 뛰어오는거야. 뛰어와가지고서니,

"크, 큰, 큰, 큰일, 큰일났어. 큰일났어."

말도 못해.

"큰일났어. 큰일났어. 새빨개, 새빨개."

이런다 이거야. 그런데 그 놈 소리만 들으면 피난민이고 경찰관이고 공무원이고 잔뜩 모여가지고 밥을 해서 먹고 와글거리고 아휴 뭐 저 학교에 운동경기날 사람 모이는거는 일도 아니여. 엄청 모여. 그 죽고 애들 은근히 많어나고 은근히 모여서 거기서 밥먹고 소리라므네 뭔 유세를 듣고설라므네 어떻게 해야지 하고 기대하고 있는 차판에 그런 사람이 허덜털 들어와서 그래는거야. 그래믄 진짜 고개 넘어 새빨갛게 왔는지 안 왔는지 알아보도 안하고 그 길로 그냥 막 가는거야. 그렇게.

가는데 시방 눈에 훤한기. 한 여섯 일곱 살 먹은 남자 아이가 저 부모가 데리고 손잡고 뛰다가 놓쳐버리고 그양 사람이 막 내밀으니까 걸어가지도 못해. 뒤에서 막 밀고 나가 이상. 즈 어멍 떨어져가지고설라므네 거기 들어서,

"어 어 엄마야. 엄마야. 나 두고가 나 두고 가 나 두고가."

어느 사람이 이거 엄마가 누군지 데려다주겠다고 안고설라므네 엄마 찾아다줄라고 하는 사람 한 사람도 없어. 애 버리고 그양 가는거야. 한 명이 이런, 이런 한 명이 있었어.

그래서 인제 내가 자슥을 고향 식구를 찾아보겠다고 간기 전라남도 광주까지 갔어. 가기도 많이갔지. 미친놈이. 결국 찾지도 못하고 또 한 그때가 그 다음에는 아군이 어떡하냐며는 저 낙동, 낙동강 거까지 내려가있고. 거기가서 있을 땐데. 그래서 민간인이고 거기를 어디라고 아군들, 군인들 있는데를 가야 살든 오지든 한데. 거기를 어떻게 가. 전라도 광주에서 거기를 어떻게 가느냐고.

'에라. 이제 죽으나 사나 한발자국 한발자국. 죽어도 고향 집에서 죽어야지.'

그래가지고 몇 식구. 한 네 다섯 식구씩. 친구들이 이제 모인 친구들이 한 네 다섯이 하루 십리도 오고 이 십리도 오고 버둥거리고 어디서 왔어.

[4] 굴 터널 속 피난민들을 살리다.

그렇게 왔느라고 오니까 그 세월이 언제가 됐느냐 8월달이 되는, 얼마 있다가 7월 언제가 됐는데. 8월달이 되니깐 그 동네 군인들, 청년들이 강원도 홍천 두촌리라는 데가 있어요. 거기 광산도 하고. 내가 거기 살았는데. 저놈 저놈들이 보이고 이랬는데. 보다보면 없어져. 구름 한 점 없어. 아 이상하다고. 저 있던 사람은 아는 친구가 여기 있다 이거야. 그래서 내가 일단은 그제서 쫓아가보자고.

"이거봐, 도대체 어디로 가는거야. 피난을 하면 같이, 같이 가 댕겨야지. 혼자 댕기면서 피난을 하면 어떡하느냐."고.

그러니깐. 정말 피난 끝까지 해볼라느냐고. 아 그럼 피난을 해야 사는데 어떡하느냐고. 그땐 젊은 사람이라. 젊은 사람이라 그런데 그런 소리를 하니까 그 사람이 대답을 뭐라고 그래냐면,

"우리는 광산 금 캐는 광산 터널 굴이, 산 파낸 굴이 있는데. 거기 들어가 모여가 거 가 있다. 거가 있는데. 아군이 와서 평화가 돼서 우리 군인이 완전

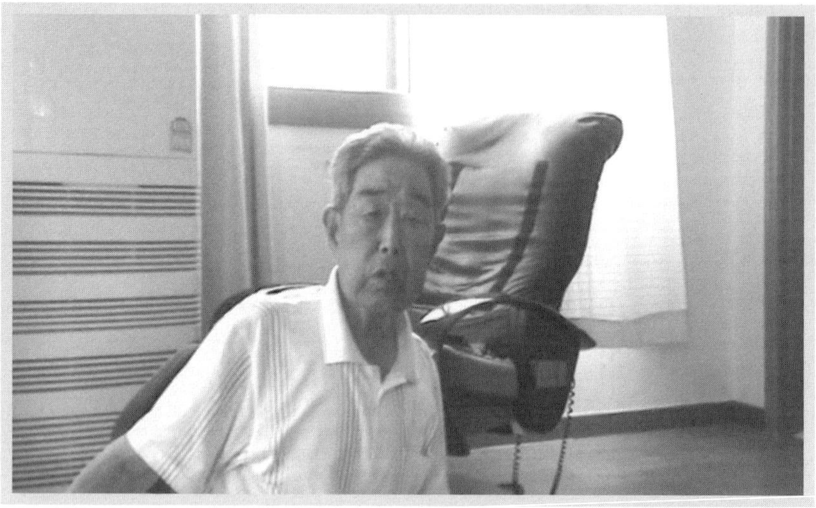

히 와 점령을 해야 와야 나오지. 그래지 않으면 안나온다."

안 나온다 이거야. 그 안나오면 어떻게 뭘 먹고 살아. 집에서 가마니 가마니 먹을걸 갖다 먹지. 그럼 나도 가자. 그 사람이 뭐라 그래냐면. 볏짚으로 지붕에 덮는 이렇게 엮은 거 그거를 이렇게 하─나, 하─나, 한─뭉치 해 걸머지래.

걸머지고 밤에 그 사람을 쫓아서 그 굴 터널로 가서 가니까 식구가 여기는 다섯식구, 쪼금 가면 단 몇 식구. 그 굴로 하나야. 사람이 와글와글하는거야. [조사자: 아, 광산 안에.] 어. 굴 안에 와글와글 해 있는데. 집에서 가마니 갖다가 식량 갖다가 거기서 숯불 요렇게 피워가지고 익혀가지고 먹고. 이런 고상하고 있는데.

애, 으른. 어른이 가만─이렇게 저녁때, 인제 좀 있다가 보믄 집으로 산─산이 집에 살짝 보고 온다고. 한 사람이 한 한 몇 집에 한 사람씩 이제 교대로 하는지 어쨌는지 가요, 집으로. 가만─히 가만히 갔다 와가지고는. 엊저녁에 우리 동네는 아무 무사했어. 아무 일이 없었어. 또 인민군이 누구네 집이 몇 사람이 자고 아침에 떠나갔어. 뭐 이런 제공을 해줘. 그 거기서 듣고 와. 그러냐 하고 인제 거기 이렇게 모이는 거야.

모여 있으면 내가 머리에 가만 생각을 해보니까. 사람들이 그렇게 드나들다가 저거한테 발견이 되면 굴 물 많은 데 가나 그 저거할거 같으면 거기 있는 사람은 몽땅 한 놈도 안 남고 다 죽는 거 아니야. [조사자: 그렇죠.] 그 내가 하는 얘기가 비난을 할라믄 이렇게 할라믄 못해요. 그러니까 이렇게 한다면 나는 가겠다. 가는데. 여기서 나 올 적에는 아군이 점령을 해서 와야만 들어와야만 나온다고 자기들이 굴 안에서 나온다고 얘기를 했을 때 내가 왔는데. 하루에 한번 씩 사람이 이렇게 드나들다 들키면 다 죽는거지. 그래서 내가 나가겠다고. [조사자: 지혜로우세요.] 그럼. 그러니깐 나는 나가겠다고 그러니깐. 사정이 그렇긴 그렇대.

그래 요렇게 저 군인들이 내보내는 걸 그거 듣고 실탄 들고 보초도 서는거야. 뭘 들어오면 쏠라고. 그까짓게 뭐 소용있어. 굴 무너뜨리면 그만인데. 그래 그런 소리를 했더니 한 사람이 딱 하는 소리가,

"저 새기(새끼)가 옳아. 우리가 여기서 끝까지 끝까지 피난을 할 사람은 남아있고 이렇게 드나들 사람은 빨리 가. 내려가야지."

그래 그래서 그 사람들이 가만 생각하니까 남을 도리가 없잖아.

"우린 가겠다. 우린 가겠다."고.

이렇게 패가 갈라진거야. 그 몇 사람이 젊은 사람들, 젊은 사람들 남자들만 한 20명 남고 그 다음 사람들은 그렇게 오래도록 있을 수가 없으니까 내려가겠다고. 집으로 가겠다고. 그 일부 보내. 보내면서 생각을 하니깐. 그 앙심으로 사람이 급한 일을 당하면 별에 별 생각이 다 나요. 앙심으로 어디매 어느 굴, 터널 어느 굴에 인민군이 오든가 오믄 거기매 있으면,

"몇 명이 가서 뭐하고 있다."

이렇게 얘기해주면 우리는 죽는 거 아니야. 그래서 만분에 우리가 여기서 어떤 놈이 그런 소리 해가지고 죽는다고 보면 여기 이십명, 삼십명이 다 몰살

을 해서 한 사람도 안남고 다 죽는다 아니요. 열 사람에 한 사람이든 몇 사람에 한 사람이든 남을거요. 남으면 그때가서 판결을 봐야지. 사실 옳아. 그러면 가는데 사람이 가서 당하느니 거기 사람이 몇몇이 있다는 얘기를 안하고 숨겨줘가지고 거기서 피난을 잘 했어.

[5] 전쟁에 참여하다

잘해가지고 그제서 아군들이 거 낙동강에서 거기서 인민군이 패해가지고 이제 북한으로 쫓겨, 후퇴를 해가고 아군들은 거 들어오는데. 인민군이 한 이십명도 오고 한 열명도 지나가고 뭐 몇 명 지나가고. 가끔 이리로 지나가는 거야. 그렇게 그렇게 지나가는데 그때 이승만 대통령이 이제 얘길하다 나는 환자가 돼서 이 말하다 저 말도 하고 순서가 맞질 않아요. 이승만 대통령이 어쨌냐면 인민군이 나와서 그때 6.25때 나와 가지고 자기들이 승리하고 들어갈 적에 유엔군이라고 아니, 무슨 군? 무슨 군이라고 이름을 지어가지고. 이쪽 남한 청년들을 군인으로 입대해서 저 군인을 만들어가지고 데리고 갔어. 그런게 몇천명이 되는지 숫자는 난 모르지만. [곽창섭: 의용군] 의용군이라면서 그렇게 해서 데리고 갔는데. 데리고 갔는데 이승만 대통령이 가만히 머리를 짜고 생각을 해보니까 이렇게 그 다음에 4월 달인가 언제 또 또 나오고 제자리야. 이쪽에 만분에 고향 놔뒀다가 걔네들한테 몽땅 다 우리 청년들을 또 뺏기고 나면 먼저도 뺏기고나면 걔들 숫자 병력 숫자만 늘려주지 우리는 점점 망해가는거 아냐. 그러니깐 안 돼. 남자로 생기고 생겨서 써먹을만한거. 뭐라고 할만 한 거는 의용, 저기 저 제1국민병이라고 이름을 지어가지고 동짓달이여 그때. 이름을 지어가지고 저 남한으로 무조건 무조건 대한민국 청년들은 전부 남한으로. [곽창섭: 제1국민병.] 제1국민병이라고 그래가지고. 머스매라고 생긴거는 저 남쪽으로 다 내려보내는거야 내려보내. 잘한거지. 참 잘했어.

그 갔다가 그 남쪽 청년들이 이렇게 수용을 시켜. 거기서 이제 쌀도 거기도 뭣도 하고. 나라에서도 뭐 저 쌀도 주고 뭐도 주고 그래가지고 밥해주고 거기서 수용을 시켰어요. 대략 이제 무슨 훈련이라고 이제 거 이거 하고.

거 훈련 하는 도중 제일 좀 몸이 건강한 사람. 그 사람을 육군 본부에서 와가지고 저거 했어요.

"너는 건강하고 너는 씩씩한 놈이니까 정식 군인."

정식 군인. 이렇게 군인 해가지고 며칠 한 한주일인가 두 주일인가 군인 훈련을 시켜가지고. 전 그 전장, 전투하러 데려가는거야. 데리고갈라고 그렇게 지정을 했어요. 그런데 거기에 한 사람으로 내가 지켰지. 지켜서 훈련을 받는데. 공교롭게 그 훈련 도중 몸이 좀 병이 생겨서 몸살처럼 이렇게 몸이 아파가지고 앓았어요. 앓는 바람에 못 갔어. 실지 군인을 못 갔어요. 못가고 그래서 있다가 그 작게 무슨 제1국민병. 제1국민병이라는 게 이 지역이 조금 조금 아군이 예를 들어 여기서 어디쯤 탈환을 해 갔다 그러믄 요 후방에 있는 청년들은 이 가 가서 동네서 돌보고 가라하고 보내고. 또 조금하면 보내고 또 보내고 보내고. 이렇게 해서 내가 차츰 차츰 이제 해서 왔어요.

집에 와가지고 어 한국군 대한민국 5사단이라고 있어. 5사단. 5사단에 가서 1년 어 병원 5사단 36연대 3대대 병원에서 근무해줬어요 1년간. 1년간 군인 아니고. [조사자: 군인으로써 근무하신거에요?] 군인 아니고 그냥 군속으로 근무를 해주고 집에 왔어.

집에 와보니까 집에 식구들이 아버지고 어머니고 마누라고 간에 걸거지 중에 상걸거지고. 뭘 먹질 못해가지고 풀, 풀. 풀 비어다가 낟알 요만큼 얻어서 끓여가지고 어떻게 이렇게 먹고 그러니깐 부어서 이렇게 얼굴도 그렇고 퉁퉁 붓고 사람도 아니야. 야 안되겠어. 내가 나라도 나라지만. 우선 날 낳아준 어머니, 아버지도 살리고. 마누래가 있는데 마누래도 봐줘야지 도리가 있느냐. 그래 군인을 군속 5사단을 안가고 그 집에서 농사를 1년 지었어.

농사를 1년 짓고 12월 며칠날인데. 며칠, 12월 며칠날인데 농사지은 거 먹어도 못 가고 곡석이 많이 있어. 농사를 그렇게 열심히 했는데 농사를 잘 지었어요. 많이 지었는데 나라에서 너 군인가라 영장이 왔어. 영장이 왔는데 영장이 왔는데 내가 그때 몇 살이냐면 스무여덟살. 스무여덟살. 스무여덟살은 군인 안가요, 군인 못가요. 군인 못가. [조사자: 그래요? 나이가 많아서?] 그 사람들은 뭐하느냐면 군인들 짐이나 좀 져다주고. 어쩌고 심부름이나 좀 해면 했지 군인을 갈 나이가 못돼.

그런데 뭐 어떤 혐의로 동네 그 일 보러 온 놈이 내가 그 동네 원래 살던 사람이 아니고 이 원대 들어가는데 북한에 살다가 거기 이사 월남해 가서 사는거야. 그래믄 자기 동네 쉽게 얘기해서 자기 동네 좀 군인도 갈만한 놈들이 많이 있지만 그걸 슬쩍 빼놓고 알아주고 대신 잡아넣으면 되는거지. 북한에서 왔고 뭐 아무것도 아닌 걸 적어 놓은 거 거기 들어갔어. 거기 적어서 그때 군인을 내가 갈 적에 그걸 모르고 간 게 아니야. 도리가 있어. 군인을 가라고 영장을 받았는데 그런 사람이 한 이십, 두명인가 삼명인가 있었어.

"좋다. 우리 가자. 가서 죽지만 않고 살아오면 살아오면 살아오면 어쩔꺼야. 살아오면 우리가 그 노무 새끼 살아오면 으으으으."

이러고 갔어.

이러고 가서 제주도 훈련소 훈련받고 제주 훈련 받을 적에 내가 뭘 했느냐면 2분대장이라고 2분대장을 했어요. 2분대장 했는데 제주도 훈련을 딱 마치고 나니깐 육군 본부에서 분대장. 1분대장, 2분대장, 3분대장. 공급대 거기서 간부를 해먹던 놈들은 몽땅 다 이름을 적어가지고 하사관 학교라고 있어. 우리 저 대한민국 하사관학교 갖다가 집어 너 버렸어. 그건 왜? 그때 시저 협정 그 저거 그 저. [곽창섭: 휴전.] 휴전 저기 때문에 전투를 살벌하게 해서 사람이 이 저 아군에 분대장 할 놈이 없어. 하사가 분대장을 해야 하는데 하사가 분대장을 못하고 1등병이 분대장을 해요. 1등병이 분대장. 그래면 육군에서 생각을 하기를 어떻게 생각을 했느냐면 똑똑한 요놈들을 훈련소에서 뭐 뭐 그래도 가지고 있던 놈들을 빨리 빨리 교육을 시켜서 하사를 저거를 만들어 보내자. 만들어서 일선에 갖다가 박아줘야 된다. 휴전되기 전에 생각을 하고설라므네 하사관학교 보내서 졸업을 하고 화천 부대에서 가가지고 얼만 안있다가 재수가 좋아서 그래 휴전이 덜커덕 되버렸다고.

그래서 전투는 5사단에서 전투를 해봤지 진짜 저거는 전투를 못하고. 육군하사로 제대를 했어요. 그래서 시방 이따구거 달고 다니는 그런 사람이여. 내 시방 이 얘기가 얘기 정확하게 해가지고 싹 할라면 뭐 해가 넘어가도 안돼. 간단하게 요걸로 그칠게.

[6] 재치로 죽을 위기를 모면하다

[조사자: 할아버님 근데 너무 말씀을 술술술술 잘해주셔서 질문을 못했는데. 그럼 고향이 홍천에 두촌리였던 거에요, 할아버님?] 어, 두촌리. [조사자: 그럼 거기에서 전쟁이 터진 걸 알게 되고 거기서부터 이제 피난을 가신거에요, 가족들과 함께?] 어. [조사자: 그때 그러면 부모님. 부모님 계셨고. 결혼을 하셨던거죠? 그때.] 응? [조사자: 결혼.] 응. [조사자: 아이는? 아이는 없으셨어요?] 아이는 못났어. [조사자: 아, 그때 아이는 없었고. 그럼 그때 막 전쟁 때문에 그때 인제 가족들이랑 흩어져서 다시 만났을 때 누구 혹시 뭐 형제나 누구 죽거나 다치서나 이런 사람은 없었어요? 그냥.] 난리에 우리 여자 동상, 여자 동상 하나가 좀 몸이 좋지 않았어. 그래서.

[조사자: 할아버지 그리고 아까 그 그 광산. 광산 안에서 그 피난민 이야기. 그 광산 얘기 너무 재밌었는데. 그 광산이 어디 있던 광산이에요? 지역이? 그것도 강원도?] 광산? [조사자: 아까 광산에 안에서 사람들 모두 피난해있어서 이렇게 있다가 더 위험하다.] 위험하다. [조사자: 예. 거기.] [곽창섭: 두촌리.] 두촌군 두천면. [조사자: 아, 고향으로 와보니 그러고 있어서. 아- 그러셨구나. 그러면 그 전라도 광주까지 올라갔다가 다시 홍천까지 내려오신거네요. 와 그러면 그 기간이 어느 정도를 그렇게 쭉 다니신거에요, 할아버님?] 그거 뭐 매일이지. 매일 그렇게 걸었는데. 갔다가 오는데. 갈 때는 인제 그렇게 아까 얘기 한자리로

어떤 길로 가느냐면. 그러면 쫓겨가고 쫓겨가고 이렇게 거 까지 간거라. 가 갔는데.

그 다음에 그렇게 가 가지고 올 적에는 인제 그 몇 명이, 몇 명은 같이 갔던 일행이 이렇게 오는데. 오는데, 인민군대는,

"당신네들이 어디서 사는 데 어디까지 갔다오느냐? 뭘하러 댕기는 사람이냐?"

묻는 인민군대 하나도 없어. 말 안해. 저으는 저으 군인은 저으는 저으고. 아무 소리 안하는데. 그 동네 젊은 사람들. [곽창섭: 지방 빨갱이.] 젊은 사람들이 문제지. 몽댕이. 몽댕이 끝에 이렇게 쇠 하나 꼽아가지고. 그거 등등 둬 가지고 이렇게 몇 명이 몇 명씩 한 이삼명씩 모여 서서 불러. 우리 가믄,

"이봐요. 어디서 어디 갔다 오는 사람이냐?"고.

그래서

"전라도 무슨 어디 있는 사람인데. 어디까지 볼일을 보러 갔다. 시방 고향은 강원도 홍천 어디가 돼서 글로 간다."

이렇게 말을 하고 싶어도 못해. 왜 못하느냐. 우리 강원도 말은 말 사투리가 써. 말이 강원도 말이고 전라도 말은.

"그런디-."

이 말이 틀려서 안돼. 거짓말을 못해. 고대-로. 고대로. 증명보재. 증명. 증명.

"이거봐요 증명이 어딨어."

그 왜 증명이 사람으로 치면 주민등록이고 도민증이라고 있어.

"내노라."고.

"어딨느냐"고.

"생각을 해보라"고.

우리 살던, 나 살던 데는 딱 3.8선이다 이거야. 3.8선. 3.8선 너머는 북한이고 이쪽은 남한이고 살았는데. 갑자기 자다가 포가 떨어지고 총을 쏘고.

자다가 바지도 못입고 그양 들고 뛰는데. 증명을 언제 증명을 가져가고 어? 언제. 증명을 누가 해주느냐고. 그래 사정을. 그러냐고. 없다고 사정하니깐 사실 그렇겠다고. 그러나 증명이 내가 없는게 아니고 증명은 자기 생명인데 소중히 가지고 있었어. 증명이 주민등록. 시방으로 말하믄 도민증. 또 대한 청년단이니까 대한 청년단 단원증. 대한 청년단 열심히 한다고 그 저 뭐 이렇게 잡으러 밤이믄 어 돌아댕기고 이러는사람 이래는 사람 감찰대라고 있었어. 대한 청년단 감찰대원이라고. 감찰대원 증명서. 또 뭐 무슨 증명이라고 한 네 가지 있었어. 있었는데 인민군대가 딱 차를 타고 딱 나오고 보니까 이 증명을 매일 조사를 이제 받아야할 판국인데. 꼼짝없이 증명을 보면 걔들이 대한민국에서 뭐 하던 새끼라고 인정을 하는데. 살을 날짜가 있어? 못살잖아. 우선 살아야되는데 못살어.

그래는데 같이갔던 여자, 아줌만데. 여잔데. 이렇게 도와주고 그랬더니 거기서 그제선 남으로 우린 이제 고향으로 이제 헤어지고 됐어. 헤어지게 되니깐 그 여자가 하는 소리가,

“아이고 인제 이것들 어떡하느냐.”고.

안달하고 울고불고 하더니 그 니꾸사꾸(リックサック, 배낭)라고 니꾸사꾸라고. [조사자: 네. 가방.] 가방이 있었어. 근데 가방이 여기도 달리고 여기도 달리고 이렇게 쭈룩 달려 있어요. 근데 큰 짐에서는 옷을 이렇게 꺼내서 소나무가 있는데 거기다 막 집어던져. 집어던지고서리 좀 반바지 하나하고 티 하나하고 토록 대면서

“이건 아저씨. 더운데 이거 입었던거 벗어 내버리고 이거 입어.”

이거 입고 고향가라고. 헤어지는데 뭐 어떡해.

다 내비리고 그래고서리 가방을 내가. 내가 이렇게 가만히 생각하니 빈 몸이 그양 아무것도 안걸치고 어정어정 댕기는 거보다 가방이나 하나 걸머지고 이렇게 댕기면 조금 조금 그렇잖아? 그래서 그 니꾸사꾸를 걸머져. 사람이 살 때가 되면 걸머지면 가방, 쪼끄만 주머니에 납작한. 요거보단 넓은 손바닥

이 짤뚱하게 깎은 데다 실을 실을 이렇게 잔뜩 감은 실패하고 쓰는 가새(가위)하고 그 주머니에 들어있어. 들어 있는게 그거백에는 없었어. 아 그게 무신 뭐라고 내비리나 어쩌나? 실패하고 가방하고.

그걸 짊어지고 전라도 저그 광주서부텀 조사를 하니 순시를 받았는데. 그거를 가방을 짊어지고 그 실패를 꺼내가지고, 꺼내가지고. 따지는거야.

"그 실 이걸 왜 가지고댕겨?"

하는 소리가.

"아이 이거봐요. 아니 난리에 어디 옷이라도 타지면 뭐 이걸 꿰매. 뭐할려고 실패댕기는게 죄요? 내가 죄요? 실패. 아이 필요하면 가져요."

그렇게 태연하게. 가새. 가새가 나왔어. 아이 이 가새는,

"아휴 가새는 거 쓰던거니까 거기 들어있은거 가지고 댕기지. 가새도 필요하면 가져. 에이. 꺼내서 뭐가 들어있든."

조사 다 받고서리 하는 소리가.

"주워담아요."

주워담아가지고 집에까지. 집에까지 그걸 짊어지고 왔어. [조사자: 그 조사한 게 인민군인거에요, 군인이에요?] 응? [조사자: 그 가방 그렇게 조사한 게 인민군이에요, 군인이에요, 할아버님?] 아 피난갔다 오는. [곽창섭: 조사한 사람이.] [조사자: 할아버지 가방을 뒤지고 이런 사람이.] 아까 얘기하던 지방 촌에. [조사자: 아, 지방 빨갱이가.] 군인은 안하는거지. [곽창섭: 지방 빨갱이가 더 무섭지.] 그래서 짊어지고 왔는데. 집에까지 왔지.

증명이 어딨느냐고 그렇게 핑계를 대면 난리가 금방 그랬는데. 밤에 자다가 옷도 못입고 피난 피했는데. 증명이 어딨느냐고. 그 나는 증명을 그렇게 해서 실패를 푸르고서는 실패에다가 접어놓고 실을 딱 감으니까는 실패야. 증명이 실패 안에 들어가 있어. 그렇게 넣었어요. 그래서는 그 가방 안에 넣었는데. 조사하는데 실패 이거나 가지라고. 그 실패지. 그 뭐야. 옷이라도 따지며는 기워입으려고 가지고 댕기는거야 뭐. 필요하면 가져요. 그 뭐 조사받

고 이렇게 가지고 집에 왔는데.

한달 넘게 있다가 수복됐어. 한달 넘게 얼매있다 가니깐 읍사무소에서 통지가 왔어. 증명 새로 새로 그 뭐야 해야 저기 할테니깐 오라고. 가서는 증명 뵈 주니깐 물도 한방울 안 묻은 새거잖아. 주민등록도 새거. 뭐 이런거 새거야. 난리를 하고. 아이 놀래가지고.

"아이 어떻게 된거야?"

"뭐이 어떻게 돼요?"

"아이, 증명이."

"증명이 어떻게 돼?"

증명을 들더니 하는 소리가,

"아니 난리가 저 난리가 났댔는데. 어떻게 증명에 물도 한 방울 안 맞고 멀쩡한 새거 거냐고."

새거라고 이상하대. 이상하대.

"아이 증명이 새거야. 이거봐."

친구들한테 이러는거야.

"아이, 이거봐 증명이 새거야."

그 내가 딱 하는 얘기가,

"그럼, 새거지."

그거 어떻게 새거냐고. 그래 내가 얘기 했어.

"갔다가 증명이 개들한테 증명을 제시하면 나 살려주느냐고. 그래서 마침에 죽지않고 살을라고 그랬는지 가방에 실패하고 있어서 머리에 떠오르는게 그노무 실패 안에다가 넣는다고. 화장실에 일단 길옆에 화장실가서 다 풀러 놓곤 거기다 접어놓곤 실을 냅다 감아놓고 감아놓고 가고. 가새는 이렇게 가져간거야."

그랬더니. 아유 지방공비가 공비가 나오며는 잡을라고 심지어 정보원을 여기다가 감시나하고 이리. 속 깊이 다 우리가 조사하라고 그러고 만져보고 이러는데. 보라고. 어떻게 어떻게 잡겠느냐고. 이거 좀 보라고. 그런 칭찬도 듣고. 내가 그랬어. [조사자: 정말 지혜로우세요. 지혜롭다고요. 이런 상황을 그렇게 실패 안에 두셔서.] 그래서 오는데. 그렇게 해가지고 오는데 여기서 어디냐면 여기 어디 저 저 동네서 저기. 아이 이렇게 얘기하다가 자꾸 잊어버려. [조사자: 괜찮아요.]

거기 있는 친구 두 사람을 광주 경찰서에 뭔 죄로 경찰서에 수감돼있다가 미처 못 내놔서 죽지 않고 살아서 나오는 친구를. 그 친구를 만났어. 삼척. 삼척 친구를. 그 같이 오기로 했어 같이. 같이 이렇게 오면설라므네 이런 얘기 저런 얘기 하면서 오는데. 오는데. 어쩌다 사람은 그 사람들은 이쪽 남한 죄를 짓고 유치장에 갔던 사람들이 북한 정권을 지지하고 북한을 좋아 한 사람 두 사람이야 그 사람. 그렇죠? 죽지 않고 살았으니. 그럼 그 사람이 우리를 적이야. 우리하고 그 사람하고. 죽여야지. 그런 저기를 잡아야지 하는 생각을. 오는데 같이 오면 오는 날까지 같이 빨갱이가 됐네. 도리가 없잖아. 아이고 인제 살았지 우리가. 아 이제야 위대한 인민군 동지들이 아 인제 열심히 저기 해가지고 응? 우리 국민들이 살게 됐잖아. 아이 그렇다 그러고 말고. 이렇게 빨갱이 노릇을 안할래야 안할 수가 없다고. [조사자: 그렇죠. 살아야되니까.] 그런 사실을.

[7] 구사일생으로 살았다 다시 죽은 친구를 보다

[조사자: 그 친구는 어떻게 사귀게 된 건데요, 할아버님? 그 친구는 어떻게 알게 된 건데요?] 그래서 그 사람들은 그 저기로 갔어요. 헤어져 가고. [조사자: 어디로. 북한으로? 북한으로?] 아니. 북한이 아니고 삼척이니까. [조사자: 강원도 삼척으로.] 강원도 지역으로 가고. 우리는 홍천으로 가고. 인제 이렇게 헤어졌어요.

묘한 얘기가 한 가지 있는데. 하루는 그 광산 굴에 앞에 며칠 와서 그렇게 있었다가. [조사자: 아까 그 광산 굴?] 있는데. 친구 하나가 가만히 가만히. 남자들만 많이 친구들만 모여 있는. 친구 하나가,

"내가 집에 좀 갔다 올게."

"갔다 와."

집에 사람이 갔다 오더니 하는 소리가,

"엊저녁에 우리 집이 인민군이 둘이 우리 집에서 잤어."

그 가다가 자지. 자고 그 이튿날 하루 묵어서 삼일 되는 날

"집에 또 가봐야 되겠다."고.

집에 또 갔어. 또 갔다 오더니 하는 소리가,

"그저께 그 놈이 엊저녁 내려와 자고. 벌써 사흘을 그 집에 자고 낮에는 간다."고 그랬어.

[조사자: 인민군이?] 어. 그 사람이 그랬잖아.

"그래? 그럼 그 잡아와야지."

밤에 어두운 밤에 그때는 총이라는 게 인민군이 내버리는 거 주워오고. 이렇게 써. 그 뭐 총을 이렇게 해서 매고서리 몇 친구 그 집으로 갔어. 가서 가가지고서리 문에 문에 앞에 있잖아. 둘러매고 문에 양쪽에서 일제히 들이대고 손 들으라고 총을 딱 들이대요. 거 둘이 자다가 손 안들어요. 게 들어가 잡았어. 잡아가지고

"너희 뭐하는 놈이냐? 너희 인민군이지?"

그러니까 인민군 맞대. 인민군이면 빨리 고향을 찾아가야지. 가만 우리가 정보 해보니까 벌써 여기서 세 밤 자는 거야 세 밤. 우리가 다 알어. 세 밤 자. 맞다고.

"그래면 너희 총 있지?"

총 있대.

"실탄도 있지?"

실탄은 없대. 실탄 없대.

"총 어쨌어?"

그래니까

총 요기 저기 밖에다 나와서 산 옆에다 가면 산 옆에 둑방 거 산에다가 다 묻었대. 그거 시방 가져올 수 있냐 그러니까 가져올 수 있대. 고놈을 압수하고 우리는 뒤에서 앞에 총 하고 데리고 가서 니 손으로 파라고. 총. 인민군 단총이, 긴 장총이 있고 단총이 있는데. 단총에도 또 작은 놈이 있어. 그 고놈 고놈 총은 뭔 총이냐하면 그 양반도 잘 알지. 북한 애들이 권총 비스듬하게 쓰는 운전수, 기마병 뭐 이런 사람들이 쓰는 총이 작은 총. 그거 하나 갖고 있더라고. 그거를 뺏었어. 뺏어가지고 우리 있는데로 가자고.

그 광산. 우리 그 안에 광산 거기 두 놈을 데리고 가서. 거기서 재왔어. 재우고 밥해주고. 그 놈들이 대한민국 군인 담배, 화랑 담배라고 있어. 화랑 담배. 이거를 세 보룬가 네 보룬가 싸 짊어지고 왔어 어서. 아 우리는 담배가 피고싶어 죽겠는데 노나주니 얼매나 좋으나. 아 고맙다고 읃어먹고.

거기서 며칠을 있다니깐 아군이 왔다그래. 들어왔다고. 수복. 우리 있는 데는 군인들이 먼저 온 게 아니라 경찰관이 왔어. 경찰관이 먼저 경찰관이 와가지고 우리 마누라 어디 피난 잘했나 뭐 우리 엄마 잘 있었나 뭐 왔다가 돌아서고 볶아쳐서 볶아치는데.

지나가고 그 이튿날 그 사람들도 경찰서 바로 여기 경찰서가 그때 인제 거기매 있었어요. 경찰소에 두 사람을 데리고 갔어. 이 사람이 이 사람들 둘을 여하고 여하고 이렇게 설라므네 시방 죽이지 않고 우리가 데리고 온 사람이다. 그런데 이 사람들이 고향을 갈라고 그래서 여까지 하는 소리가,

"북한이 여기서 얼매나 거리가 얼매나 되느냐?"

그러니까 여기 사람들이 하는 소리가.

"북한이 불과 몇키로 안 남았다."

그러니깐 인제는 그 사람들이 이북애들이 아니야. 강, 강릉 도민 애들이야.

'아이고 인제는 완전히 뭐야 이북 북한 군인이 되는구나.'

이렇게 생각하고 가지않고 밤에는 그 집에서 하루는 그 집 할머니, 할아버지가 너무 고마워서 재탐색을 해서 자고. 낮에는 간다고 그러고 가다가 산에 숨어 있다가 저녁에 들어오고 이랬대. 그래 경찰소 소장한테 사실이 요렇게 요렇게 해설라므네 두 사람 살렸다고 경찰서장이 우리 치사해주지. 그 사람들 다 좋은 사람들이라고 그렇게. [조사자: 인민군이 아니었던거에요?] 인민군이 아니지. [청중: 인민군한테 잽혀가지고 인민군이 된거지.] 고마운 사람이라고 치사해주고 인제 이렇게 살렸어.

살렸는데, 살렸는데 인제 경찰소서장이 가라고 귀가증을 써설라므네 도장을 찍어서 주니 그걸로 증명도 없이 가다가 증명이 경찰서장이 해준 걸 옆에 넣고 놨으니 얼매나 든든하노. 인제는 됐다. 마음 좋게 든든하게 나서는데 그걸 가지고 어딜 가느냐면 홍천읍에까지 갔어. 사람 사는 게 이상해요 지금은. 홍천읍에 가가지고 고향을 갈라고 강릉가는 차는 어떻게 가야지 하고 거기서 더듬하는데 군인을 하나 또 만나고 보니까 강릉에서 군인한 헌병을 만났어 헌벼을. 친구 헌병이지. 친구. 친구를 만났는데 친구가 헌병이야.

"아이 어떻게 된거니?"

아이 반가워서.

"그렇게 해서 의용군으로 잽혀 갖다오다가 여기 두촌면이라는 데 청년들이 이렇게 이렇게 살려줘서 살아가지고 시방 봐라. 인제 경찰서 서장이 증명을 해줘서 이걸 가지고 가는 길일세. 이러네."

"아, 고맙다. 참 고맙다."

이래는 사판에 헌병이 하는 소리가 뭐라그러냐. 그래지말고 사흘만 사흘만. 하나가 사흘. 나도 집에 어머니, 아버지 살았는지 죽었는지. 시방 죽을 지경이다. 그러니깐 나도 집에 좀 가봐야, 얻어가지고 집에 가봐야되겠는데. 그때 나하고 같이 가자꾸나 같이 가자꾸나. 그래니깐 그 사람이 생각하길 경찰서장 증명이 있지. 아 헌병이 데리고 가면 이거 어느 놈이 막을 놈이 어디 있어? 헌병이 데리고 가지 경찰서장 증명이 있지. 그 외에 더 든든한 저기가 어디에 있어. 좋아서 그래 그 헌병대 차가 그때 군인들인데 보급갖다주러 차 두 대가 왔다가고. 실어다주고 나가고 그랬어. 고 싣고설라므네 갖다주고 두 촌 우리 있는데 와가지고 해준 자기 해준 고마움으로 와서 인사하고 이렇게 이렇게 해서 저기 보급 갖다주고 가는거야. 내일이면 그 헌병하고 집에 갈 셈이야 그렇게 자랑을 하고.

이틀만인가 사흘만에 홍천읍에서 십리 오믄 겨론, 겨론리라고 있어. 겨론리라고. 신작로 둑방 위에 수류탄 그땐 포탄이 많아. 주워다가 거기다 모아놓고서 차 보급 싣고오는 고기다 홀랑홀랑 까놓고. 고 두사람이 거기서 사람이 죽었지. 사람이 다 살아가지고도 죽을라면. [조사자: 그 같이 가시다가 그 헌병하고 살려준.] 헌병은 안죽었지만 고 두 사람은 그 보급 갖다주고 나오다가 지방, 동네 빨갱이 놈들이 군인이 뭘 싣고 갔다고 저기 하니깐 잡는다고 폭탄 모아놓고. [조사자: 기껏 살려주신 그분이 그럼 돌아가신 거에요? 그 자리에서?] 죽을라면 그렇게 죽어. 사람이 복이 없을라면, 복이 없을라면. 복이 없을라면, 나도 이렇게 복이 없이 살고 있는데.

귀한 목숨이라 명이 긴 사연

유 정 숙

"참 너무 허망해요, 산 게. 그렇게 죽을 고비를. 장질부사 걸려갖고도 다 죽는다고 했는디도, 안 죽고 살아나고. 그 속을 다 썩으면서도 안 죽어지고, 어거지로는 안 죽어지대요."

자 료 명: 20130510유정숙(당진)
조 사 일: 2013년 5월 10일
조사시간: 74분
구 연 자: 유정숙(여 · 1937년생)
조 사 자: 박경열, 유효철, 김명수, 김명자
조사장소: 충청남도 당진시 남산휴먼빌아파트 경로당

[조사과정 및 구연상황]

조사팀이 당진시의 남산휴먼빌아파트 경로당을 방문했을 때는 점심시간이었다. 많은 할머니들이 점심을 먹고 계셨다. 조사팀은 점심식사가 끝난 후 할머니들에게 다시 찾아뵙겠다고 양해를 구하고 경로당을 나왔다. 점심식사가 끝난 후 조사팀은 다시 경로당을 방문했다. 대부분의 할머니들이 식사 후 귀가하셨고 세 분의 할머니가 자리를 지키고 계셨다. 유정숙 화자는 스스로가 할 얘기가 있다며 조사에 응하였다. 화자는 다리가 아프다며 구석에 있는 의자에 앉아 이야기를 진행하겠다고 하였다. 조사팀은 화자 바로 앞에 장비를 갖추어 조사를 시작하였다.

[구연자 정보]

고향은 부평이다. 자손이 귀한 집안에 태어났으며 무남독녀 외동딸이다. 아버지가 경제적 능력이 있어서 큰 아버지까지 부양했으나 화자가 9세에 병으로 돌아가신다. 아버지가 돌아가시자 가세가 기울었고 모녀는 외가가 있는 군산으로 내려간다. 큰 아버지가 나머지 재산을 가져간다. 사촌언니가 크게 운영하고 있는 한복집에 다니면서 바느질을 한다. 시집을 당진으로 간다. 구연하는 동안 전쟁에 대한 기억이 잘 떠오르지 않았는지 맞지 않는 부분이 생겨났다. 자식은 2남 2녀, 4남매를 두었다.

[이야기 개요]

전쟁 당시 14세로 아버지가 철도청에 근무하여 풍족한 삶을 살고 있었다. 집안에 자식이 낳으면 죽고 해서 화자는 딸임에도 불구하고 귀한 대접을 받으며 지낸다. 아버지가 돌아가시면서 살림이 기울었지만 다시 회복한다. 전쟁이 나자 피난을 가야 한다고 해서 기차를 타고 피난을 갔고 부안 백산에 도착한다. 미군이 백산에 배를 타고 들어오자 처음으로 외국인을 보았다고 한다. 백산에 살면서 이리를 오갔는데 친척이 운영하는 포목점에 바느질 심부름을 다녔다고 한다. 비행기가 날아다니며 폭격을 하자 폭격 전에 다리를 건너야 해서 앞서 가는 아저씨를 쫓아 무작정 달려간다. 다리를 건너가자 다리에 폭격이 시작되었고 다리가 끊기면서 다행히 목숨을 구한다. 비행기가 무서워서 사람들이 모여 있는 물이 깊은 갈대 속에 몸을 숨기면서 상황을 지켜본다.

[주제어] 아버지, 철도청, 공무원, 부자, 일본군, 집안살림, 피난, 기차, 부안 백산, 미군, 포목점, 비행기, 폭격, 구사일생

[1] 손이 귀한 집에 태어나 귀한 대접을 받다.

[조사자: 성함이 어떻게 되세요?] 유정숙. [조사자: 몇 년생이세요?] 37년생. [조사자: 원래 고향이 어디세요?] 내 고향이 부평이었어요. [조사자: 친정 가족은 어떻게 되세요?] 어머니, 할머니, 할아버지, 아버지, 큰 아버지, 큰 엄마, 애들 조카들. 따로따로 살았지. 우리는 우리 어머니가 애기를, 아들을 낳았는데 홍역허다가 애기가 죽었어. 옛날에는 많이 죽었어, 홍역 허다가. 또 애기를 나서 인자 또 돌 지내고 나니까 또 애기가 홍역을 했는데 그 애기도 홍역을 허다 또 죽었어. 아들만 둘을, 또 죽었어.

그러고는 또 딸을 났는데, 그 애기도 또 홍역 허다 또 죽었대. 그러고서는 나중에 나를 낳은 거야. 그러니까 옛날에 우리 때는 기집애는 사람 취급도 안 했어 여자는. 그런데 우리 집에서는 우리 큰 집에는, 애들이 하나도 안 죽고 잘 컸는데, 우리 집에는 애기를 잘 못 키운 거지, 다 죽는 거여 애기들이. 우리 큰 아버지가 속을 못 채려. 지금으로 말하자면 건달 이었던가봐. 그래갖고 그냥 나가. 나가니까 우리 아버지가 다 멕여 살렸어 큰 집 식구를. 큰 아버지 집 따로 있고 우리 집 따로 있는데.

우리 아버지가 시골에서 전라도에서 부평으로 이사를 와 갖고, 어떻게 어떻게 해갖고 철뚝에를 들어갔어. 철뚝 이렇게 인저, 공무원은 아니고 그땐 왜정 때라 공무원으로 들어갈 순 없고, 일 허는 거 그걸로 들어간 것도 운이 좋아서 들어갔다고 그런 얘기들을 하시드라고.

왜정 때는 그거 한 가지는 또 좋았어. 배급을 줘요. 근데 이런 가정집에서는 옛날에 소금이 굉장히 귀했거든. 근데 소금도 배급 주고. 옛날에 비단이 뭐냐믄, 세루라고 있었어. 이름이 세루. 그게 최고 좋은 비단이었어. 비단은

아닌데 지금으로 말허자믄 양복 기지 정도 돼. 그게 최고로 좋은 기지야.

그런 것까지 배급이 다 나오고. 지금 꼬치장 담는 통 이만씩 헌 거 있잖아, 고기가 앞에 유리가 달렸어요. 그 통으로 한 달에 한 번씩 사탕도 그렇게 하나씩 줘. 통 하나씩. 담배도 굉장히 귀했어요. 우리 아버지는 담배도 안 잡수고 술도 안 잡숴. 우리 할머니도 그러구. 그런게루 다 모여 놨다가 다락에다, 옛날에는 가정집 다 다락 있었거든. 그 다락에다 모여 놨다가, 우리 어머니가 일 년에 한 번씩 친정에를 가, 그 시골을 우리 아버지랑 같이. 다 갖다 외갓집에다 드렸어 할머니 할아버지를.

그렇게 해갖고는 시골에서 아무것도 없이 부평까지 와갖고 그래도 아버지하고 어머니가 열심히 하니까 집도 사고 또 밭도 사고 그래서 먹고 사는 거는 잘 먹고 살었어. 부자로는 같이는 못 먹어도, 굶고 이러지는 않고 살었거든. 근데 우리 아버지가 다니시는데 우리 저기 우리 큰 아버지는 나갔다 한 번씩 와 집에, 한 3년씩 있다가. 애기만 낳고 가는 거야. 그러믄 우리 아버지가 다 식구를 다 먹여, 두 집 살림을 했어요.

우리 아버지가 갑자기 돌아가셨어요. 외가집 있는 디로 우리가 간 거야. 할머니가 글로 오라고 해갖고. 거기서 살다가 어떻게 해갖고 또 군산으로 또 가게 됐어. 군산에서 살다가 또 우리 사촌 언니가 이리서 사는데 나는 또 이리로 가게 됐었어. 그때 열 둬 살이나 먹어서 갔나? 열 살이나 먹어서 갔나 몰라. 가 갖고 거기가 굉장히 부자로 살았어. 농사도 많이 짓고 포목 장사를 해갖고 이리 시에서 아무개 하믄 이렇게 손꼽히는 사람이었어. 가게 가서 일 좀 봐주라 네가. 가게 가서 일을 봐주다 나 혼자 그렇게 살다가 시집을 가게 됐지.

시집을 가게 됐는데 그 6.25 때, 쌀은 먹지 말고, 옥수수 이렇게 드르르 탄 거 그걸 갖다 줘요 깻묵하고. 깻묵도 들깻묵은 먹어도 참깻묵은 못 먹는 거래. 꺼끄러서. 그것을 갖다 주면 우리 외갓집에서 농사를 져 갖고 우리 외삼촌이 한 달에 두 번씩 쌀을 몰르게 갖고 와. 갖고 오다 들키면 경찰서 가야 돼. 그렇게 다 조사를 했어 일본 놈들이.

그렇게 해서 밥을 허면은, 우리 집에서는 내가 최고로 어른이야, 또 죽을까 봐. 벌벌벌 떨고 어른들이. 나한테는 말도 크게 안 했어요. 기집애는 사람 취급도 안 했어 딴 집들은 보믄. 근데 나는 소고기 자장 아니믄 밥을 안 먹어. 그렇게 잘 키운 거야 나를. 근데 쌀을 조금 넣고 옥수수 가루 위에다 놓고 바가지나 양푼이나 그걸로 싹 덮어.

[2] 쉬지 않고 괴롭히는 일본군

옛날에 가마솥에다 밥을 허잖아요. 그러믄 고 가운데다 요렇게 탁 덮고 밥을 해요. 깻묵은 옆에다 넣고 우리 어머니 하는 거 보믄 투가리를 덮어놔. 그러면 끓어도 삭 퍼지지가 않아. 거기가 익지, 가상이것만 나오지. 그러면 그거 걷어갖고 내 밥부터 푸고 할머니 밥 푸고, 우리 할아버지는 큰 집에서 사셨거든. 내 밥 푸고 우리 할머니 밥, 우리 아버지 밥 이렇게 푸드라고. 밥을 푸잖아. 그 깻묵을 주걱으로 털어가지고 우에다 살짝 덮어. 시커매 그 깻묵이.

그러면 이렇게 덮어갖고, 난 참 그게 신기해요. 상을 갖다놓고 밥을 먹을라고 그러잖아. 그럼 일본 놈들이 칼을 막 긴 거 차고 딱 들와요. 어떻게 그렇게 날마다 그렇게 들어 오냐고, 그 시간이믄. 옆에가 있어도요, 있어도 그렇

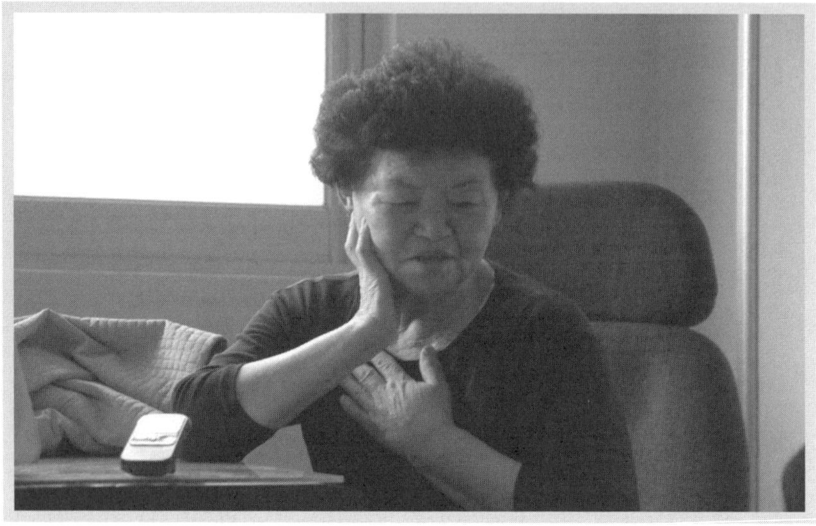

게는 못 와요. 딱 들어와서 상을 딱 치다 봐요. 긍게 일본 놈들이 약으면서도 미련 헌 디가 있어요. 우리나라 사람 같으면 숟가락으로 밥을 이렇게 해봤을 거여. 밥만 치다보고 가.

옛날에는 그 경찰들이 얼마나 무섭든지, 가죽 부츠 여까지 올라가는 거 신고 칼을 차고 막 오므는 울던 애기도 다 끄쳤어. 무서워서. 이만씩 헌 말 못 허는 애기들도 순사 온다믄 울다가도 안 울어요. 그런데 보고는 가요, 저녁에 또 와요. 그 시간 되믄은. 어떻게 그렇게 맞히는지 몰라요. 시간을 보고 와도 그렇게 정확히는 못 올 거여.

상 갖고 들오잖아 부엌에서 밥을 해서, 상 갖고 마루다 노면서, 우리 어머니가 '문 열어라' 그러믄 내가 이렇게 바깥을 쳐다봐 그 대문 달린디를, 그러믄 사람이 없어. 근데 상 갖다 놓으면 딱 와. 어떻게 그렇게 잘 아는지 몰라. 구신 같애 하여튼. 그렇게 해갖고 밥도 제대로 못 먹었어요. 근데 그게 참깨 깻묵은 꺼끄러서 못 먹어.

그러구 술 같은 것도 농사 질라믄 술을 해서 먹어야 되는데. 다 쇠꼬챙이

갖고 대니면서 집안을 다 쑤셔 막. 그래갖고 술 해다 걸리믄 갖다 가둬요. 벌금 물리고. 근데 그때 무슨 돈이 있어서 벌금을 물겄슈. 시장을 우리 어머니가 갈라 허믄은 그 이런 길에다 이만허게 '공사중입니다' 해놓잖아. 고렇게 딱 갖다 세워놔요 다.

그래갖고 그걸 읽으래 다. 그게 조금이 아냐, 설찬히 이만큼 이렇게 글을 써갖고 딱 아주 판자에다 써가지고 갖다 세우는 겨. 일본 놈들이 탁 지켜 서 있어. '고고꼬 신민나리' 고 소리밖에 몰라. 그걸 다 읽어야 보내지, 못 허므는 시장 못 가. 칼로 딱 이케고 있어. 그렇게 아주 심허게 말도 못허게 심허게 살었어요. 그 말을 어떻게 다해.

우리도 한번 술을 했는데, 우리 어머니가 걸러서 요만 헌 널벅지다가 담어 놓고. 양조장 술을 또 대도 한 말을 불렀어요. 양조장 술 실어 담어 갖고 대니는데, 옛날에는 나무로 했어요. 거기다 갖다 놨는데 우리 어머니가 시장가시면서, 갖다 오실라믄 한 나절이 걸리야 돼. 걸어서 갖다 올라믄.

"술 해놨으니까 잘 봐라."

그러드라고. 그러고 가셨는데 우리 어머니가 한 반절 쯤 올쯤 됐는데, 나는 친구하고 마당에서 고무줄놀이를 하고 있는데, 옆에 아줌마가 막 뛰어 오드라고.

"아줌마 왜 그래요?"

그렁게

"큰일 났다. 큰일 났어. 큰일 났다."

막 그래, 그래서

"왜요?"

그러니까

"저 일본 놈들이 술, 뒤로 왔다고 저 밑에서 뒤에서 올라오는데 지금 저까지 왔다."

이래. 근데 어른들은 그걸 어떻게 숨기기라도 하는데, 근데 양조장 술하고 집에서 헌 술하고는 냄새가 틀리데요. 다 알어, 그 사람들, 일본 놈들이 다

알어. 술 했다는 걸 알어. 아무리 치우고 깨끗이 해도 냄새가 난대요. 우리 집은 나 밖에 없으니까 어떻게 술을 감출 수가 없잖아. 나하고 놀던 애도 저 엄마가 데리고 가는 거여, 빨리 가자고. 우리는 꼼짝없이 걸리게 생긴 거야. 그때 내가 열한 살인가 열두 살 먹었나봐요.

'아이고 이거 들키믄 우리 엄마한티 혼날 텐데 어떻게 헐까?'서는, 그 양주장에서 가져온 술을 땅에다 쏟아 버렸어 내가. 어떻게 그런 꾀가 났는지 몰라. 그걸 쏟아 버리고 한 바가지를 퍼 놓고는 그걸 다 쏟아버렸어 시궁창이다가. 시궁창이다 쏟아도 마당이 어디가 흘리 들어가. 그리서 쏟고서는 그 옹박지 있는 술을 통에다 부어놨어.

그러니까 오더니 조센징 뭐 어쩌고 허면서 나무 싸놓고 때는 부엌, 그런 디를 다 쑤시고, 나무 쌓아 놓은 디도 다 쑤시고 허는디, 술은 양조장 술인데 냄새는 집에서 헌 술 냄새가 나거든. 긍게 막 지들끼리 막 쌀라쌀라 하면서나 막 돌아다니는 거야. 술을 그렇게 해서 버리고 물을 갖다가 막 내가 시궁창에다 부섰어요. 그래도 마당에 떨어진 술이 냄새가 나드라고. 아무리 조사를 해도 술이 안 나오니까 기냥 가드라고.

그래서 우리는 안 걸렸는데, 우리 동네 사람들은, 아줌마들 집에 있어도 몇 사람이 걸렸어. 다 끌려가고 벌금 물리고 그랬어요. 그럴 때 어떻게 그런 꾀가 나갖고 그래도 우리는 모면은 했는데, 맨날 불려댕기고 그래. 쌀이 어디서 나서 술을 했냐, 뭐 했냐. 굉장히 심했어요. 지금 경찰서 조사 받으러 안 가봤지만 그렇게까지는 안 허는 거 같애 지금은.

[3] 간신히 들어간 학교에서 매를 맞다

내가 학교 안 들어갔을 때 그랬나봐, 왜정 때. 들어가서 2학년까지 올라갈라고 하는데 막 싸이롱을 불드라고 낮에. 나는 멍청해갖고 왜 싸이롱을 부는가 이상하다 운동장을 보니까 선생님들이 눈이 이만해 갖고. 이리 도망가는 사람 저리 도망가는 사람, 막 도망가. 우리 선생은, 지금 생각해보믄 나이를 많이 먹은 노처녀였어. 뚱뚱해갖고 아줌마 같애. 선생님, 선생님 해도 대답도 안하고 막 도망가드라고. 근데 어떤 아줌마가 자기네 애기를 델러 온 거여. 나를 불르더니

"너 집에 빨리 집에 가라. 여깄으면 큰일 난다."

쪼끔 있으니께 우리 어머니가 막 울면서 나를 불르드라고. 우리 어머니가 나를 업고는 집에를 갔어요. 그때 일본 놈들이 쳐들어왔나봐, 아마, 그때. 그때까지는 없었는데 일본 놈들이 쳐들어온다고 그 소리를 들은 거 같어. 근데 학교를 오라 소리를 않는 거야. 완전히 일본 사람들이 점령을 했었어. 학교를 보내지를 못 하는 거야. 우리나라 사람은 안 받아주니까.

그러드니 한 2개월인가 석 달인가 되니까 학교서 오라고 연락 온 거에요. 우리 어머니가 아유 잘 됐다 학교에서 오라 그런다. 우리 어머니가 나를 손잡고 갔거든. 일본 사람 애들만 교실에다 앉혀놓고, 한국 사람은 없는 거예요. 이렇게 큰 애도 있어요, 일본 사람. 그런 애들, 작은 애들, 섞어서 앉혀놓고 공부를 시키는데. 선생이 칠판에다가, 나 교실에 못 들어오게 하고 복도에다가 세워놓고. 우리 어머니는 저 마당으로 나가래. 우리 어머니가

"아이고 애 혼자 놔두믄 무서워서 안 되는데."

그러니까 막 나가라고 지랄 허드라고. 우리 어머니가 운동장에 나갔는데, 강당에 들어가 갖고 칠판에다가 무엇을, 내가 지금도 작은데, 그때도 키가 작었어. 칠판에다가 뭐를 그리는 거 같은데, 그걸 맞추래요, 나보고. 그림이 보이지도 않애. 그 선생이 저기다 했으믄 여기다 해놓고 저기 서 있으니께

더 가리져서 안 보이드라고. 내가 이렇게 토끼 발을 허고 이렇게 봐도 뭔 그림은 그림인디 뭔지는 모르겄어요. 그걸 맞춰야 공부를 할 수가 있대.

그래서 그냥 짐작으로 내가

"호랑이에요."

그랬어. 암 말도 않대. 지우드니, 그리드라고 그리드니 그게 또 뭔가 맞춰 보래. 저것이 갠가 토낀가 당체 뭐 생각만 나지 뭐라고 말을 해야 되나 하고 벌벌 떨리고 막 무섭기는 하고 그래서, 내가

"토끼."

그랬어. 그랬더니 또 맞았나봐. 암말도 않고 또 지우더니 이것만 맞추면 공부 할 수 있대, 그래갖고 그게 뭔 나빈가 샌가 됐어. 그래서 그런 생각이 나드라고.

"새."

그랬더니 됐다고 내일부터 학교오라고 그러드라고요. 학교를 들어가서 댕기는데 엄청 맞았어요. 우리나라 사람은 선생님이 부르면

"예."

하고 일어나잖아요,

"하이."

허고 일어나야 되는디 그게 되냐고 안 되지. 맨날 맞네, 손바닥을 세 대씩. 저 양반이 내 앞에 불르면, 내가 또 불르잖아. 하이 하이 하이 하고 있다가도 내 이름을 불르면

"예."

하고 일어나요, 그러믄 또 맞어요. 그래갖고 얼마를 맞었나 몰라 하여튼. 몇 달은 맞은 거 같애. 손바닥이 다 뻘건해 갖고, 글씨도 잘 못 쓰겄어 아퍼서. 이렇게 허고 때려요, 두 개 다 아프게. 그렇게 해가지고 학교를 다니는데 도로 일학년으로 다니는데, 다니다가 얼마 되니까 우리 어머니가,

"큰일 났다."

근디 우리 할머니가 그 일본 놈 집을 다닌 것 같애. 우리 아버지가 큰일 난다고, 나중에 우리나라가 이기면은 우리가 죽을 수가 있으니까 거기가믄 안된다고 할머니 가지 말라고 해도, 한국 사람들이 먹기 힘드니께 거기 가서 일해주고 그랬어요, 엄마들이 몰르게. 그러면 맛있는 것도 주고 이러니까. 우리는 안 가도 되는데 우리 할머니가 너미 다니니까 다닌 거 같애. 한 번은, 안가셨어, 우리 아버지가 가시지 말라고 그러니까, 그런 게 일본사람 여자가 이만 헌 그릇에다가 모찌떡을 해가지고 하나를 담아서 갖고 왔드라고. 그 모찌떡이 참 맛있어. 우리나라 지금 모찌떡은 아무것도 아냐. 참 부드럽고 맛있어요. 할머니 왜 안 오냐고, 오시라고. 자기가 아무것도 모르니까 이 한국식을 가르쳐 달라고 오라고 그런대.

그러면 올 때 뭣도 주고 그러는 거 같어. 아버지가 못가시게 허니까 안 갔는데. 우리 어머니가 우리나라가 해방 될 수 있으니까 조금만 참어라 참어라, 나 보고, 어려서 공부 가기 싫아 갖고 내가 맨날 울었거든. 우리 할머니가 업고 가요, 학교를. 업고 갔다가 또 끝날만 허믄 또 와서 앉었으믄 또 업고 와요 나를. 그럼 동네 애들이 막 얼레리꼴레리 따러 댕기믄서 막 놀리고 그랬어요. 그래가지고서는 댕겼는데 조금만 참어라 참어라. 왜, 그러니까, 우리나라가 해방되면 일본 놈 다 도망간다고 참어라참어라 했는디 언젠가 우리 아버지랑 어머니랑 할머니가 용돈을 줘요 뭐 사먹으라고. 부평역이 얼마 안 됐어요. 한참만 가믄 됐어요.

부평 역을 우리 친구 데리고

"내가 사탕 사주께 같이 가자."

그럼 가. 따라와. 얻어먹을라고. 부평역을 가니까 난리가 났어. 그 전에는 부평역에다가, 기차에다가, 석탄을 실어 담아, 이렇게 산덩이같이 싸놨었거든요. 기차는 석탄을 때고 댕기니까 그래서 그렇게 쌓아 놨나봐. 막 일본 사람들만 왔다 갔다 하지, 한국 사람은 하나도 없어. 상점도 문을 닫었어. 못 사고 올라고 허는데, 기차가 죽 끝도 안 보여요. 그렇게 길게 달었는데. 칸이 없고 그냥 바닥만 있어. 짐 싣고 다니는 거. 그런데다 싣고 댕겼어.

지금은 그렇게 짐도 안 싣고 다 칸이 있잖아요. 바닥만 있는데다가. 솔 나무 이만씩 헌거를 중간중간 말뚝을 박고, 산내끼로 양쪽을 줄을 쳤어요. 거기다 일본사람을 하나 실었어. 몸띵이만. 근데 애기 업은 사람, 이런 사람은 우에서 잡어 줘야 올라가지 못 올라가요. 그렇게 높으지는 안 해요. 이렇게 해주믄 올라갈 수 있어. 애기 업은 사람, 걸리는 이런 사람은 기차를 못 탔어요.

그게 하루에 두 번인가 한번인가 부평에서 실어 나른다고 그러드라구요.

그거를 타고 가야, 인천인가 어디 가면은 배를 탄대요. 그런 게 미리 실어 날른 거야 그게, 지금 생각허믄. 그랬는데 그걸 못 탄 사람은 나중에 마지막에 못 탄 사람은 다 한국에 남았었대. 한국에 남어서 여기서 살믄서 한국사람이 된 사람이 많애요. 말 안 허니까 그렇지 많애.

[4] 영등포 광목 공장

그러고 나서 그런 거 같은데, 우리 이모가 지금 서울 영등포 작년까진가 그 건물이 있었는데 때려 부쉈다고 그러대요. 거기가 5층짜리 건물이 있었어요. 광목 짜는 공장. 광목 짜는 공장이 영등포에 우리나라 한 군대밖에 없다는 말을 들었거든. 옛날에는 광목이 굉장히 귀했거든. 그 광목공장을, 우리 이모가 그 시골에 살으면서도 똑똑했든가봐, 우리 막내 이모가. 친구들을 세 명을 꼬셔 가지고 같이 도망 나왔어 그 동네서.

우리 외갓집이 성이 홍씬데, 그 마을에서는 종가집이고, 홍씨라믄 다 알아주는 홍씨래, 남영 홍씨라고. 근데 양반 쌍놈을 무지허게 지키고 살은 분인데, 막내딸이 도망 나갔으니 오죽했겄슈, 동네가 난리가 났지. 처녀가 바람났다고. 그래갖고 찾지도 안했대요. 아주 자식으로 인정을 안 하고. 그때 거기 들어간 거야. 일본 놈 공장을 들어간 거야. 들어갔는데, 우리 이모가 거기서 얼마 있다가 우리가 부평에서 살은 거 알으니까 연락이 돼 가지고 우리 집을 와서 어머니한테 얘기를 해가지구 알었어요.

거기가 수 천 명인가가 한국 아가씨들이 거기서 일을 했어. 거기서는 먹는 게, 그때 한 번 갔어요, 이모가 나를 데리고 구경시킨다고 어렸을 때, 그 일본 사람들이요 애기를 보믄 환장을 해요. 내가 가면은 이모 있는 디도 못가. 경비실에서 딱 잡고 먹을 거 갖다 주면서 막 쳐다보고 웃고 뭐 구경허댓기 허고 나를 데리고 놀고, 안 보내요. 우리 어머니가 나를 데리고 가면은.

그런데 들어갈 때 다 조사를 하거든요, 몸뚱이 만져보고 뭐 해갖고 왔는가 다 열어보고 그런데, 우리 아버지가 공장에서 뭐를 잘 먹겄냐고, 찰밥 찌고 소고기 좀 사서 이렇게 많이 해서 갖다 주라고, 주일날마다 우리 어머니가 갔어요, 애를 업고 나를 손을 잡고.

우리 어머니는 나를 데리고 가믄 무사통과여. 일본 사람들 말을 해도 듣지도 못하지만 거기 가서 일본 놈들이 그렇게 좋아해갖고. 일본 놈들이 우리

어머니보고 나를 달라고 허드래. 일본 갈 때 데려간다고. 그런게 우리 아버지가 막 까무라질라고 그러는 거야. 일본 놈이라믄 넌더리가 나는데 일본으로 보내겄어? 내가 안 죽고 살은 것만 해도 하느님이 도왔다고 허는데 나를 주겄냐고요. 나 데리고 가지 말라고, 우리 어머니가 안 데리고 가믄 다 조사를 헌대.

또 거기 들어가 보니까. 지게로 밥을 하드라고. 지게로 밥을 해갖고 삽으로 밥을 퍼주드라고. 이만 헌 통에다가 밥을 퍼주믄 그걸 갖고 가서 식탁이 죽죽 있는데 거기 가서 앉어서 덜어다 먹어 자기네들이. 5층까지 올라가서 구경을 한번 해봤어요 어렸을 때.

한번 밥을 해갖고 갔는데, 그때가 여름이었어. 막 기차가요, 정거장에서 쉬지를 않고요, 막 달리는 거예요, 그러니까 사람들이 남자들이 어쩔 줄을 모르고 야단이 났는데, 비행기가 두 대가 기차를 따라오는 거야. 기차를 따라오믄서 하나가 비행기가 내려와 갖고 기차 있는 디를 뱅뱅뱅 돌고 올라가믄 또 우에 있는 놈이 내려와서 뱅뱅뱅 돌고 올라가고 계속 그런 게로 영등포역에서 기차가 쉬지 않고 그냥 쭉 갔어요.

그 담에가 거기잖아요. 지금으로 말하자믄 신길역이잖아요. 거기서 보믄 확실히 생각이 나, 산이 있었어요. 거기가. 지금은 산이 하나도 없잖아요. 산이 있는데, 큰 저런 산이 아니고, 에지간한 산이야. 나무가 많이, 소나무밖에 없는데, 큰 소나무는 없었어요. 에지간헌 소나무도 있고, 작은 소나무도 있고.

근데 산이었어. 일본사람들이 산을 갈러가지고, 기차 역 철도를 놨었어요. 가는 거 하나 오는 거 하나. 한국 사람들은 그 산을 넘어서 다녔지, 길이 없었거든. 일본사람들이 나와 갖고 그 길을 철로를 만들었대요. 부평까지 만들었다고 그래요.

첨에는 부평에서 한국 것을 전부다 뺏어다 거기서 배가 그쪽까지 닿았대. 거기서 다 실어갔대요. 인천 송도 쪽으로는 기차역이 없었대요. 그때까지만 해도. 거기까지만 기차역을 냈대. 어른들이 그 얘기를 하드라고. 사람이 내리고 올르고 허는 여름이니까 창문들을 열어놨는데 남자들은요, 창문을 부시고요, 그리로 뛰어 내렸어요. 다친 사람들 많을 거예요. 나는 그 사람들이, 우리 어머니가 더워도 그 안에가 있는데,

"아가 더우니까 서 있어. 꼭 잡고 서 있어."

그랬는데, 이 어른들이 눈이 뒤집어져 가지고 그 문을 열고서는 창문으로 뛰어내리고, 기차는 죽자 살자 가는데. 나는 그 바람에, 그 사람들이 뛰어내리는 바람에 나는 딸려가, 떨어졌어요. 떨어져서 보니까 여기서 떨어졌는데 기차가 저기 가드라구요. 어릴 때니까

"엄마. 엄마."

하고 우는데, 울면서 기차를 따라 온 거야. 따라서 오니까 거기가 영등포역이드라고요. 기차는 온데 간데도 없고. 영등포역 거진 오니까 일본 놈이 호루라기를 불고 막 욕을 하면서 조센징이니, 한국 놈들이, 이런 욕이겄지. 욕을 하면서 나를 손을 잡고는 끌고는 어디를 가는디 보니까 방공실이야.

근데 그 방공실이가요, 물이 여기까지 차드라고 내가 들어가니까. 어른들이 하나 차있어. 그 속에가. 그 속에도 엄마 엄마 하고 울으니까 막 어른들이 막 뭐라고 하드라고, 너 여기서 울으면 너 땜이 우리 다 죽는다고 울지 말라고 막. 암말도 못하고 울지도 못하고 있는데, 어떤 사람이 나를 꽉 안아주드라고. 이렇게 보니까 여자야. 여잔디, 뚱뚱허니 그 선생님 생각이 나. 그때가 여름이 아니다, 솜 저고리 입었드라고. 그 생각허니까 솜 저고리를 입었어.

"아이고 아가 울지마 울지마."

허면서 자기 옷을, 그때는 솜 놔갖고 이렇게 해서 꼬매서 입었거든, 여기를 타고 솜을 찢어갖고 내 귀 피 나오는 걸 닦아주드라고. 그럼서

"피 나온다 귀에서."

긍게 기차에서 떨어지면서 귀를 다치어 갖고 피가 흘렀든가봐. 솜을 찢어갖고 딱고 딱고 하니까 나중에는 안 나오니께 막아 주드라고. 그러고 있으니까 싸이롱이 불드라고요. 싸이롱이 불으니까, 다 나가도 된다고 다 나오대. 거기서 나와 갖고는 막 서서 엄마 엄마하고 울었는데, 내가 그 일본 놈 순경한티 손을 끌려가믄서 보니까, 기차에다 폭격을 해가지고, 그러니까 기차가 역에서 쉬믄 사람 다 죽지. 사람 다 죽으니까 소나무 있는 거기 가서 기차가 쉬믄 산으로 올라가라고 피하라고, 거기가 슨거래. 나중에 어른들이 그런 얘기를 허드라고.

그래가지고 사람들이 산이 하얀 해. 옛날에는 까만 것하고 흰 거 만 입고 살었어 우리 어렸을 때는. 파란물 들이고 이런 거는, 명이나 광목을 입었기 때문에, 그런 거는 명일 때나 한번 씩 입을까. 거진 다 흰옷을 입고 살았어요. 산이 하얀 해, 올라가서. 솔나무 밑이가. 그런데 산에다가는 폭격을 안 하고 기차에다 폭격을 해갖고 새커먼 연기가 막 산을 쌌어요.

그런데도 우리 어머니는 거기서 숨어 있지 않고 우리 어머니는 나를 찾으러 막 애기를 업고 땀을 흘리면서 막 나를 불르면서 우시드라고. 그 일본 놈이 나 방공실에다 데려다, 그놈이 돌아 댕겼거든 거기, 영등포역 바깥이 거기

를. 우리 어머니를 데리고 왔드라고. 그래서 우리 어머니를 만났어요. 만나갖고 집이를 어떻게 갔는지 모르겠어. 갔어, 집으로. 떡이랑 찰밥이랑 소고기 재서 갖고 간 거랑 다 불에다 탔지 인자. 우리 어머니하고 안 죽고 참 거기서 살어났어요.

또 학교를 댕겼는데. 언젠가도 또 도망을 가드라고 일본 놈들이.

"엄마, 왜 그렇게 선생님이 불러도 대답도 않고 도망가?"

그러니까 지금 저 놈들이 잽히믄 죽으니까 도망가는 거라고. 우리가 해방됐다고. 인자 일본 놈헌티 안 맞어도 된다고, 그런 소리를 해고. 참 오래돼서 잊어버린 것도 많지. 무지무지 고생 많이많이 했어요.

놋그릇도 감출라고, 불 때서 밥을 해 먹었으니까, 저 고래 구녕이다 넣고. 밥 해먹고 씻어갖고 고래 구녕에다 넣고 재 퍼내는 당그래가 있었어. 그걸로 막 밀어 너, 고래 구녕까지. 그래도 그걸로 막 뒤져요 긁어서. 쨍그랑 소리만 나믄 다 파고 가져갔어.

[5] 간첩으로 오해 받다

그러고 나서는 편허게 살만 허니까 그렇게 육이오가 돌아와 갖고. 6.25 때도 그렇게 고생 참 많이 했어요. 그래도 안 죽고, 전라도 목청포 다리 끊던 날, 내가 그 다리를 건너갔어. 피난이 아니라 우리는 그때 부안 백산서 살았는데, 우리 언니가 이리 시내서 살았는데 우리 집으로 피난을 온 거야.

하루걸러 한 번씩 내가 걸어서 거기서 여기 이리를 올라믄, 120 리를 걸어와야 돼요. 아침이 밥 일찍이 해줘요. 그것 먹고, 내가 키는 작아서 달음질은 못해도 걸음은 잘 걸어요. 바느질을 해서 주믄 갖다 주고, 노인네들이 계시니까. 그전에는 한복을 입었잖아. 빨래 감 갖다가 언니 주믄 언니가 빨어서 다듬이질 해서 또 꼬매서 주믄 또 갖다 주고 그렇게 댕기니까 거기서 이리서, 우리 집에서 부안 백산이란 데서 이리를 갈라므는, 구루마 하나 다니는 길밖에 없었어요. 그리고 맨 산이야.

거기를 가는데, 군인들 차나 다닐까, 차는 안 다녔어. 군인들 찌프차 그거는 다녔어. 빨래 감, 바느질 한 걸 갖고 왔다고 다니니까, 한 번은 경찰서를 만나. 김제 무슨 경찰서야. 그 앞으로 안 가믄 못가. 이리서 김제를 갈라믄 그 앞으로 건너 가야돼.

한 번은 순경이, 경찰서는 지금은 안 섰대, 옛날에 딱 서 있었어요. 순경들이 둘이 보초를 서고 있었어. 그런데 나보고, 이렇게 오더니

"너 그거 뭐냐?"

그러고 물어 보드라고요, 그래서

"왜요?"

그러니까

"그것 좀 한번 보자."

그러더니 줬더니 막 끌러 보드라고. 끌러보더니, 빨래 감이니까,

"너 이거 왜 갖고 가냐?"

그래.

"이거 빨어서 꼬매 갖고 갖고 올 거예요."

그랬더니 그러냐면서 가드라고, 그러더니 어디 사네, 주소를 가르쳐 줬더니 우리 사는 백산에가 경찰서가 있었어요. 그리 연락이 갔던가 봐요. 나는 몰랐지. 그려서 우리 집으로 왔드랴, 순경이. 이만저만해서 애를 이리 보낸 일이 있냐고, 그랬다니까 간첩인줄 알고. 경찰들이, 맨날 그렇게 왔다 갔다 하니까, 간첩인줄 알고 조사를 했든가 봐요. 심부름 다니니라고 다닌다고.

한 번은 갔다 오는데, 사람들 없는 길을 갔는데 집이 없었어요. 주막집만 있었어. 막걸리 파는, 주막집만. 거기 주막을 지내서 가믄 또 집이 없어. 걸어가는 사람이나 만나믄 만날까. 남자들 둘이 오드라고. 옛날에 니꾸사꾸라고 했어, 그것보고, 그거를 짊어지고 오드라고 두 사람, 젊은 사람이. 나보고 어디가네, 그래서 이리서 자고서 백산 간다고 그러니까 우리도 그리 가는데

우리랑 같이 가자 그래요. 우리 어머니가 그랬거든,

"꼭 넓은 길로 다니고 좁은 길로 가지 말아라. 사람은 항상 넓은 길로 다녀야 되는 거다. 좁은 길로 가면은 빨리는 올 수 있지만 그거는 위험 헌 길이니까 넓은 길로 다니지, 누가 가자해도 가지 마라."

그랬거든. 근데 그 사람이 뭐라 그러냐믄, 그리가면 멀으니까 이 솔 밭 속으로 들어가믄 가찹게 가니까 글로 가재. 그래서

"아니요, 싫어요. 나는 이리 갈래요."

그러니까

"아니야, 우리가 보따리도 들어주고 그럴 테니까 우리 허고 같이 가자."

그러믄서 사과도 하나 주드라고. 이거 먹으면서 우리 따라와라 그래, 자기네 앞에 가면서. 자꾸 가자 그러고, 보따리를 들어준다고 해서 따러갔어요. 그랬드니 얼마를 갔어 솔밭 속으로. 가니까 김제 읍이 나오드라고. 산이 높으니까 보이드라고,

"저게 김제시다. 그러니까 너는 밑으로 가믄 길이 있으니까 그렇게 가라. 우리는 이리 가야 된다."

그러믄서 가드라고. 얼마를 산속에서 나와 갖고 가니까 군인이 있드라고. 군인이 나보고 물어봐

"너 왜 산속으로 왔냐?"

"어떤 사람들이 이리 가자해서 왔어요."

그랬더니 그 사람들 어디갔냐고, 그래서

"그 사람들은 저 산 속으로 가야 된다고 해서 그리 갔어요."

했더니 막 산이로 잡으러 가드라고. 그 사람들 나는 좋은 사람들 만나서 그렇지, 나를 볼모로 잡고 군인들허고 싸운대요. 6.25 때 끌려갔다가 도망해서 오는 사람들이라 다 잡어갔대요 그때는 그 사람들도. 그래서 나를 볼모로 잡을 수가 있어 갖고 큰 일 날 수가 있대. 나는 그래도 좋은 사람들 만나서 잘 가르쳐주믄서 가라 해서 왔는데 그래 갖고 시내 와 갖고서는 시내를 지나

서, 버스가 거기서, 그때 거기 전라도 가는 버스가 하루에 두 번인가 밖에 없어, 아침 절에 한 번, 저녁때 한 번, 못 타요. 콩나물은 말도 아니야. 못 타. 그냥 걸어가는 게 편하지.

그래갖고 많이 다녔는데 한 번은 이리 갔다가 또 오는데, 사람들이 하나도 없어요. 비행기만 막 떠서 돌아다니지. 그런데 어떤 아저씨 하나하고, 언니 같은 사람 하나하고, 아줌마 하나 하고 총각 하나 하고 그렇게 하고 나하고 다섯 명인가가 다리를 건너가게 됐었어. 없어, 사람이. 저쪽도 없고 이쪽도 없고, 전라고 목청포 다리라고는 가보셨나 모르겠네. [조사자: 못 가봤어요.] 굉장히 길어요. 진짜 한강 다리만치나, 어려서 봐서 그런지 길었어요. 거기서 뭐가 많이 나오냐면 뱀장어가 많이 나오는 데에요. 유명 헌 덴데. 다리를 참 잘 봤어요, 굉장히 길어요.

거기를 딱 들어서니까 비행기가 막 하늘에서 뱅뱅뱅 도는 거야. 그 아저씨 말이

"너 어떻게 헐래?"

그래요. 그래서

"아저씨 나 저거 건너가야 우리 집 가는데요."

그랬더니 지금 뱅기가 폭격헐라고 지금 여기 돌고 있으니까 폭격하기 전에 우리가 빨리 뛰어서 가야된다 이거야. 어떻게 내가 그 아저씨 걸음을 따러 가겄어요? 어떤 사람은 뒤로 돌아 가드라고. 나는 가야되니까, 다리를 끊으면은, 배를 타고 가면 시간이 걸리잖아. 거기 건너 갈 때 보니까, 군인들이 가방을 미고 바가지 모다 쓰고서는 총을 맞어갖고 물에가 둥둥 떠댕기는 걸 봤어요 내가 지내가면서. 나도 그렇게 될 거 같애.

"나는 가야돼요,"

그랬더니

"그럼 내가 앞에 뛰어 갈테니까 나 쫓아와."

그러면서 아저씨가 뛰어 가드라고 막 쫓아갔어. 다리 밑에는 물이 꽉 찼잖

아요, 갈대가 여기까지 막 안보이게 갈대가 쫙 서있어요 나 가지고. 아저씨가 막 뛰어댕겨 오더니 그 갈대 속으로 물속으로 들어 가드라고요. 사람들이 그 속에가 들어 있드라고. 나도 물이 깊은지 뭐든지도 생각도 안 허고 들어갔더니 물이 여까지 닿는 거야 물이.

있으니까 폭격이 막 하드라고. 사람 건너가기만 기다리고 있었어. 다리를 막 끊더라고 폭격 해 갖고. 그날 거기 건너와갖고 안 죽고 읍내를 지내서 가는데, 계속 하늘에서 비행기가 떠 댕기는 거여요. 비행기가 내려오면은 솔나무 밑에가 숨어 있다가 가고 가고 그래갖고 그때도 안 죽고 살었는데

우리 백산 살 때는 미국 사람들이 어디서 왔냐면은, 저 부안 변산 고금산에서 배를 타고 넘어왔어요. 길로 안 오고 배를 타고 넘어왔어요. 미군들이, 근디 미군들이 온 게 아니라, 깜둥이가 왔어. 아이고 무서워갖고, 첨 보니까. 무서워갖고 쳐다 볼 수가 없드라고. 개 꼬시른 거 같어. 옛날에는 개를 잡으믄 지푸라기로 다 꼬실랐어. 지금은 그렇게 안하잖아. 새까맣게 끄실러가지고 그걸 칼로 다 이렇게 하믄 벗겨지드라고, 그래갖고 잡었는데. 꼭 그 생각이 나갖고 너무 무서운 거야.

한국사람, 아가씨고 뭐 할머니고 뭐 누구 상관없어, 다 겁탈을 했어요. 깜댕이들이 넘어와 갖고. 나는 우리 어머니가 뒤주 속에다 숨겨놓고 요강 너주고, 쌀 먹는 뒤주가 있거든 거기다 넣어놓고 요강 넣어 주고, 인자 그 사람들 안 오는 것 같으믄 밥도 넣어주고 잡어 간다고. 그래갖고 나갔다 들어갔다 살었는데, 나중에 우리 사는 동네가 동진강으로 뻗친 다리가 있어요. 그렇게 질지는 않애요. 수영 잘하는 사람은 헤엄 쳐갖고 저 짝 갈 수 있는 다리가 있는데, 그걸 끊을라고 비행기가 항상 와서 돌아댕기는 거예요.

그때는 그래도 괜찮았는데 인자 비행기가 낮에도 오고 밤에도 오고 그러니까 다리 끊을라고 온다, 사람들이 다 그렇게 생각을 하고, 피난을 가라고 막 방송을 하드라고 경찰서에서. 그때 모 심어 갖고 나락이 이만했어요. 딱 잡어 갖고 있을 땐데. 비행기가 막 얕게 떠갖고 막 돌아댕겨요. 피난 가는 사람이

옛날에는 소를 끌고 나오는 사람이 없나, 이불 보따리 이고 나온 사람이 없나, 미싱 대가리를 이고 나오는 사람이 없나.

그러는데 식구들 다 보내고는 나하고 둘이만 있는데 이만 헌 대구에서 나오는 개성 베라고 있었어요. 그 기지는 대구에서만 짰어요. 거기다 이만헌 주머니다가 종이돈이야, 돈을 하나 넣어 주면서 엄마는 늙었으니까 여기서 폭격 맞어도 괜찮으니까 죽어도 괜찮으니까 너는 나가서 피난가야 된다면서 이 돈을 꼭 잊어버리지 말고 속에다 넣고 다니래. 어른들이 많이 가는 데로만 따라 가래요.

앉었는데 싸이렌이 부르면 도망 갈라고 나갔는데, 사람들이 다 나온 거야. 동네 사람들이. 논으로 다 들어가는 거예요. 논바닥이 뭐가 있는지, 거가 엎어져 있어도 하늘에서 다 보이지 안 보이겄어요? 그런디도 막 기어서 막 가는 거야. 그런데 나는 더워서 그때 부채질을 허고 있다가 부채만 갖고 도 주머니는 내쏘고 온 거야. 따라가서 보니까 저 물 대는 저수지가 있는데 거기가 나오드라고요.

그래서 거기를 올라갔는데 해방됐다고 괜찮다고 또 싸이롱이 불어갖고 어른들이 '야 집으로 가도 괜찮단다. 집으로 가자.' 그래갖고 집으로 왔어요. 거기서도 그때 6.25 때, 북한 사람들이 들어와 가지고 있는 대로 다 퍼먹고, 소 있으믄 소 잡어 먹고 개 있으믄 개 잡어 먹고 닭 있으믄 닭 잡어 먹고 옷도 좋은 거 있으믄 저네가 다 입고 가고, 그래갖고 엄청 고생허고. 이 고추나무를 이렇게 세워놓고 한 낭구에 얼매씩 달렸나 다 셨어요. 나락도 모가지 하나에 베가 몇 개 붙었는가 다 셌어요. 농사 진 거 다 다 뺏어가고, 일본 때도 그랬어요. 아휴 징글징글혀요.

[6] 명을 길게 타고 나다

그래서 나는 명이 참 길어. 죽을 고비를 기차에서 두 번이나 떨어져갖고 날라가서 이짝귀도 터지고 이짝귀도 터지고. 일본 놈들이 쳐들어와서 못 살은 게 먹을 거 없다고 삼촌이 나를 데리고 부평역부터 이리 역까지 오는데, 옛날에는요, 기차위에 이만씩 헌 막대기가 달렸었어요. 주먹만 씩 헌 것이 죽 달렸어요. 거기까지 다 올라가서 탔어요 사람들이. 안에는 못 다 타니까.

굴을 지내 올라믄 앉았으면 다 걸려서 떨어져서 죽어요. 다 이렇게 다 엎어져갖고서는 굴마다 나올 때는 다 엎어졌다가 나오면은 사람 얼굴이 새카매 연기를 다 뒤집어써가지고. 석탄 연기를 써가지고. 그러믄 눈만 빤짝빤짝 해가지고 깜댕이 같었어요.

그런 기차를 타고 오다가도 이리역이 와가지고 우리 삼촌이 내 손을 잡고 밑에 내려간 사람허고 우리 애기 발 좀 잡아 달라고 허니까 기냥 도망가서 내가 툭 떨어져갖고. 나 기차에서 세 번이나 떨어졌어요. 안 죽고 이렇게 살았어. 그때 그 상황을 어떻게 다 말로 하겄어요. 잊어버린 것도 많고 인제. 그래도 많이 상처받은 거는 안 잊어 버려지더라고.

[조사자: 37년생이라고 하셨잖아요?] 예. [조사자: 그러면, 50년도에 전쟁 났을 때 열네 살 정도 되신 거 같은데.] 열 두 살인가, 세 살인가 됐다고 헌거 같은데. 우리 어머니 아버지가 다 돌아가셔서 몰라. [조사자: 아버지는 나이가 몇 살일 때 돌아가신 거예요?] 우리 아버지가 마흔 살도 못 잡수고 돌아가신 거 같애요. 내가 그때 아홉 살이라고 그랬었어.

[조사자: 왜정 때 돌아가신 거예요?] 그렇죠. [조사자: 그럼 외동딸이신가요?] 아니. 예. 살아남은 사람. 우리 큰 아버지가 못 돼가지고 우리 아버지 돌아가시고 나니까 지금 같으믄 내가 내 맘대로 가서 살 수가 있잖아요. 우리 어머니가 그래도 집도 팔고 밭도 팔고 허믄 그래도 어디가 셋방이라도 얻어서 살 수가 있거든. 바느질 품이라도 팔어서 먹고 살 수가 있어.

[7] 큰 아버지가 재산을 다 뺏어가다

옛날에는 그때는 여자는 한 번 시집 가믄 그 집 구신이 돼야 된대요, 우리 큰 아버지가 재산을 다 뺏어갔어요. 우리가 알그지가 된 거야. 우리 어머니하고 나하고. 집 지어갖고 당신네 처갓집 동네에다가, 처갓집이 어디냐믄, 삼리, 이리 삼리라는 데가 있어요. 거기서 사는데 거기 가서 땅 사갖고 집을 져서 같이 살자. 그러니까 우리 어머니는, 그래도 시가집 식구를 따라가야 되잖아. 우리 할머니네 집, 외갓집으로 갔으믄 괜찮은데 시가집을 따라가야 된다고 하고는, 그 돈을 우리 어머니가 다줬어 큰 아버지를. 집 짓고 허라고.

그랬드니 가서 보니까, 다 자기 살 집만 싹 지어놓고 우리 어머니 살 집이 없는 거야. 우리 할머니 할아버지랑 다 모시고 갔는데. 그러고는 우리 큰 아버지가, 화장실에 우리 어머니가 들어가서 있는데, 대변 볼라고 있는데, 어떤 남자가 오더니, 우리 큰아버지가 거기 온 사람하고 친구였드래요, 말 허는 소리가. 속닥속닥속닥 얘기를 하는데, 어떻게 들으니까 안 좋은 소리를 허는 거야. 우리 어머니를 그 사람하고 살으라고 할라고. [조사자: 그 쪽으로 시집보낼라고?] 재산을 다 뺏어서, 당신 살 것만 해 놓은 거야. 논 사고 새로 집 짓고. 그래갖고 우리 어머니가 나를 손을 잡고 이불 보따리를 이고 나는 보따리를 들었나 어떤가.

거기서 우리 외갓집까지 갈라믄 20린가, 30린가를 가야된대. 울면서 걸어간 기억이 나요. 울면서 산길로. 우리 어머니 울고 나도 울고 우리 외갓집까지 몇 십리를, 삼리서 외갓집까지가 멀어요. 산속으로 들어가야 됐는데, 걸어서 밤까지 걸어갔지. 가면서 울고 갔지. 그런 기억이 있어요. 그래서 우리 큰 집 식구허고는 발을 끊고 살었어요. 지금 어디서 살 거야. 사촌 형제간들이 많으니까, 근디 몰라요

[조사자: 그때가 6.25 하고 해방된 사이에 일어난 일인가요?] 그렇죠. 예. [조사자: 부평에 계실 땐 아버지 직장이 그쪽에 있어서 그 쪽으로 가신건가요?] 예.

거기, 그때는 그것보고 마르보시라고 했어. 거기 일 댕기는 것 보고 마르보시라고 했어, 일본 말인가 봐 그게. 철로 있잖아. 지금도 철로 고치고 놓고 허는 양반들 있잖아, 그런 일 했어요. 그런데 그 배급을 줘서 그런 것은 또 그대로 한 달 먹을 거 빠듯허게 줘도 뭐 소금 같은 거 이런 거 없어가지고 쩔쩔매고 엄마들이 그러지는 않았어. 나무는 엄마가 해다 때도.

[조사자: 외갓집에 있을 때 그때 전쟁이 난거죠?] 아니지. 지내고 나서. 전쟁 지내고 나서 그런 거 같애. [조사자: 이리에 가실 때가 언제에요? 아까 전쟁이 났을 때 이리에 계셨어요?] 아녀, 부평여. [조사자: 부평에서 기차를 타는 게 피난을 갈라고?] 아니 우리 이모 먹을 거 해다 주러 가다가, 영등포 가다가, 많이 댕겼어요. 찰밥하고 고기하고 해서. [조사자: 지금 전쟁하고 왜정시대 하고 제가 잘.] 구분이 안 되죠? (웃음) [조사자: 영등포 폭격이라든가 이런 것은 분명히 왜정시대고.] 지내고 와서 6.25가 왔잖아요. [조사자: 그죠. 아버지는 6.25 나기 전에 돌아가셨잖아요.] 그렇죠. 그래갖고 나는 사촌 언니 네가 이리에서 큰 포목점을 하니까 거기 가서 있었죠.

[8] 없는 살림에 군인들을 뒷바라지 하다

[조사자: 그때, 이리로 가실 때, 그때가 어느 시절이었어요? 전쟁 지나고 나서?] 다 지내고 나서 갔어요. [조사자: 그때 산에서 두 남자를 만나가지고.] 그거는 우리가 부안 백산에 가서 살 때. [조사자: 백산에서 살 때가 6.25 때잖아요?] 응. [조사자: 그러니까 부평에서도 6.25고 백산도 6.25고.] [조사자: 부평에서 피난을 백산으로 가신 거예요, 피난을?] 6.25 지내고 이리로 갔지. 북한이 넘어올 때, 이북에서 넘어올 때는, 그 사람이 고군산에서 넘어와 갖고 백산까지 왔거든. 그 사람들이 행길로 군인들 가는 것처럼 죽 그렇게 오드라고. 오는데 옷도 그지 같은 거 입고 왔어 군인들이. 고등학생, 중학생도 큰 놈은 다 왔네벼. 총을 질질 끌고 오는 애도 봤어요.

저 동네 오면은 이 동네서 반장이 다 집집마다 돌아다니면서 밥 허라고 해. 그때 무슨 쌀이 있어요, 밥을 못하지. 그럼 다 걷어요, 동네서. 보리하고 쌀 조금 넣고 해 갖고 밥을 해요. 소금물을 바가지다 하나 타다 놓고 뭉쳐서 그 소금을 묻혀갖고. 이만씩허게 주먹밥을 만들어가지고 소쿠리 다라이 이런 데다가 담아서 학교를 가. 학교로 다 와 군인들이. 배가 고프니까 가다가, 먹어야 또 갈 거 아냐, 싸우러 가야될 거 아냐, 딴 디로. 소금을 묻혀갖고 반찬 없어, 소금을 묻혀갖고 갖고 가면 막 두 개씩 주면 막 환장을 하고 그거 먹고도 양이 안차는가봐. 물을 바께쓰다 떠다가 막 놔두믄, 밥도 먹으면서 물도 먹으면서 그러믄서 가요 죽— 허니.

가방 누르끼리 헌 거 가방 하나 달고, 총은 여기다 했는디, 어떤 애는 총이 발허고 똑같드라고, 끄시드라고. 그러면서 막 먹고 바께스다 물을 들고, 내가 먹고, 앞 사람이 주믄 앞 사람이 먹고, 또 주믄 저 사람이, 그러믄 이 동네 바께스가 저 동네 가 있어요. 거기까지 가믄서 먹으니까. 그래서 찾어 오기도 허고 그랬어요. 그렇게 해서 도망가고. 어떤 애는 두 놈이 가다가 우리 집으로 푹 들어 오드라고. 우리 집 부엌이 길었어. 나무 놓고 때는디. 근디 그 속으로 푹 들어가대. 그거 감춰주다 걸리믄 우리도 죽어요.

근디 즈네가 막 그렇게 들어가서, 나무속에 저 들어가서 있나봐. 그러더니 막 뒤에서 어떤 놈이 오더니 여기 들어갔잖냐고 그래요, 몰른다고 그랬어. 그랬더니 창을 갖고 와서 나무를 쑤시고 이렇게 하는데, 저까지는 못 쑤시드라고. 그래갖고 그냥 갔어, 그 사람이. 그러드니 얼마 있다가, 우리는 막 가슴이 벌렁벌렁 떨리지, 그 사람 숨켜주믄 안 되는데. 얼마 있응게 나오드니 갔냐고 그러드라고, 훨씬 다 갔다고 그랬더니 나가대. 그 사람은 인자 안 갔을 거야. 한국에 살았을 거야. 인민군이. 중학교 3학년 이런 애들도 큰 애들은 왔나봐요. 쬐깐해도 왔었어요. 우리나라도 고등학교 학생들 보내갖고 다 죽었잖아요.

[조사자: 인민군들이 막 줄 지어서 내려올 때가 6. 25전쟁 나고.] 전쟁 날라고

막 몰아 온 거지 그때는. [조사자: 그걸 보신 게 이리쪽에서 보신 거죠?] 아녀, 부안 백산에서 봤어. [조사자: 이리하고 가깝잖아요?] 가찹지 않죠. 거기서 이리 갈라믄 120 리를 가야돼요. [조사자: 거기서 인민군들 죽 내려온걸 보셨으면, 그때가 50년도 여름이죠? 그때 분명히 백산에 계셨는데, 6.25 날 때.] 내 말이 헷갈리지? (웃음)

그리고 그거 다 지내고 나서 이리로 이사를 갔어요 또. [조사자: 백산에서 사시고, 전쟁 끝나고 이리로 가신 거예요?] 응. [조사자: 그때 백산하고 이리에는, 어머니가 백산에 사시고 이리에 언니가 사시고, 그래서 왔다 갔다 하신 거예요?] 예.

[9] 사촌 언니의 도움으로 먹고 살 궁리를 하다

[조사자: 언니는 친언니는 아니죠?] 사촌. 지금 나이가 많으셔, 지금도 살아 계시는데, 나이가 많아갖고 정신이 왔다 갔다 해. [조사자: 어머니께서 바느질을 하시면서 우리 아주머니를 부양을 하셨나 봐요?] 수양딸로 그냥 했어요. 그 사촌 언니네 집에서 그냥 딸로 하자, 그래갖고. [조사자: 그러면 젤 처음에서 부평에서 살다가 그 다음 이동한데가?] 이리죠. [조사자: 이리에요? 그리고 그 다음, 백산도 사셨잖아요.] 백산에서 살 때는 우리 외갓집에서 와 가지고 우리 외갓집에서 우리 어머니랑 둘이 갔는데 우리 어머니가 거기서도 오래 살 수가 없고, 그때 또 우리 어머니 나이가 젊고 우리 어머니가 이뻐요. 얌전하고.

그러니까 막 사람들이 결혼을 시키라고, 젊은 나이에 어떻게 혼자 사냐. 그때는 또 아들만 있어도 살았을 거야. 아들만 젤인줄 알고 산 때라. 딸인게 시집 가믄 그만이고 그렇게. 재혼을 해라해라 하도 그래싸니까 어머니가 나를 데리고 나오셨어요 거기서. 나와 가지고 우리 어머니가 아마 군산으로 가신 거 같애. 아는 사람 없는 데로 간다고.

[조사자: 그럼 외가가 정확히 백산이에요?] 아녜요, 백산이 아니고. 하도 오

래돼서 잊어버렸어요. 익산 그쪽이야. [조사자: 그 담에 군산 가서 있다가 그담에 백산에 있다가 이리로 가신 거죠?] 예. [조사자: 여기는 지금 당진이잖아요?] 내가 커서 시집을 갔잖아. [조사자: 시집을 여기로 오신 거예요?] 당진으로 온 게 아니고, 군산에서 어머니가 살었잖아, 그래서 이리로 시집을 갔지.

이리에서 처녀 때는 거기서 살었지 언니네 집에서, 살다가 또 집에 와서 있다가, 또 시집을 가니까 또 이리로 갔지 또. 왔다 갔다 허고 댕겼어. 이리로 시집을 가서 살다가 또 광주에 가서도 살었어. 아이고 그러다가 또 군산으로 또 왔어. 또 인천에서 살다가 부천에서 살다가 우리 막내가 직장에 다니다가, 너무 애가 착해가지고, 회사 사장님이 나하고 합자하자 해갖고 뭐를 했어. 근디 그게 잘 안됐어. 그래갖고 돈을 다 없앴어.

우리 여동생이 여기서 살믄서 직장 생활 하지 말고 이걸 해라. 나이 먹어서까지 할 수 있는 거고 그러니까, 직장 다니는 것 보다 나으니까 이걸 와서 배워라. 그래갖고 이리 왔어요. 그래서 일로 오게 됐어요. 여기 뭐가 좋다고 여까지 와. 하나도 안 좋아.

[조사자: 자제분은 몇 두셨어요?] 아들 둘, 딸 둘. [조사자: 2남 2녀?] 예. 사람이 한 평생을 지금까지 살다 보니까 참 맘대로 안 돼, 사는 게. 맘대로 안 되고 인자 나이 먹어서 아무것도 할 수도 없고. 참 너무 허망해요, 산 게. [조사자: 근데 참 귀한 목숨이시잖아요.] 그런디 그렇게 죽을 고비를. 장질부사 걸려갖고도 다 죽는다고 했는디도, 안 죽고 살아나고. 그 속을 다 썩으면서도 안 죽어지고, 어거지로는 안 죽어지대요 또.

그래도 지금 보믄은 옛날에 가난했을 때 서로 없으면 꿔도 먹고 또 갚어주고 이랬잖아요. 그때가 좋은 것 같애요 지금보다. 지금이 살기가 더 힘든 것 같애. 그전에는 없어도 서로서로 이렇게 도와주고 또 서로서로 챙겨주고 동네서, 동네사람끼리도 서로 챙겨주고 서로 도와주고 그랬는데. 지금 살기가 좋아지니까 더 인심이 나빠졌어.